W0345020

Orban · Verborgene Wirklichkeit

HEINRICH HUGENDUBEL VERLAG
Kailash Buch

Peter Orban

Verborgene Wirklichkeit

Eine Einführung in das esoterische Denken

HUGENDUBEL

Die Deutsche Bibliothek – CIP-Einheitsaufnahme

Orban, Peter:
Verborgene Wirklichkeit: eine Einführung in das esoterische Denken / Peter Orban. 2. Aufl. – München: Hugendubel 1992
(Kailash-Buch)
ISBN 3-88034-462-0

2. Auflage 1992
© Heinrich Hugendubel Verlag, München 1990
Alle Rechte vorbehalten

Umschlaggestaltung: Peter Strauss, Traunreut
Produktion: Tillmann Roeder, München
Satz: Fotosatz Uhl+Massopust GmbH, Aalen
Druck und Bindung: Wiener Verlag, Himberg

ISBN 3-88034-462-0

Printed in Austria

Inhalt

Vorbemerkung

Der vorliegende Text entstand als ein Seminar zur »Einführung in die Esoterik«, er war also als gesprochenes Wort für das Ohr konzipiert. Wenn er jetzt als gedrucktes Wort an dein Auge gelangt, so durchläuft er dabei eine Metamorphose. Er ändert sich, das geht nicht anders, denn er wird jetzt anders aufgenommen.

So weit es mir möglich war, habe ich dieser Veränderung Rechnung getragen und versucht, den Transfer, die notwendige Übersetzungsleistung bei der neuerlichen Abfassung des Manuskriptes zu berücksichtigen. Es bleibt freilich eine Lücke, die derjenige immer schmerzhaft erfahren wird, der einen Text »er-liest«, im Gegensatz zu jenem, der ihn »er-lebt«. Unsere Augen stehen nun einmal enger zusammen als unsere Ohren. Und natürlich ist das Fenster zur Welt um so breiter, je mehr unsere Sinne an dem Erlebten beteiligt sind. So kommt es zu dem Paradoxon: je mehr Bücher einer liest, desto schmaler wird der Ausschnitt, der von der Welt zu ihm hereindringt. Diesem Einengungsvorgang entgeht auch der vorliegende Text nicht. Um einige Härten dieses Vorganges zu mildern, gibt es Passagen, in denen ich dich – den Leser – ermutige, den Text für Momente zu verlassen und dich ganz bestimmten Teilen der Welt mit deinem ganzen Sensorium zuzuwenden. Diese »Zuwendung« ist Teil der Arbeit an dem Text und sollte nicht übergangen werden. Dieses Buch ist ein *Arbeits*buch (was nicht heißt, daß hier Übungen absolviert werden müssen), es verlangt ein *Einlassen* ebenso wie ein *Loslassen* und wer sich auf diesen Wechsel bewußt einstimmt, ihn in sich hineinnimmt, der steht am Ausgang des Buches anders da als an seinem Eingang.

In diesem Zusammenhang sollte auch das »Duzen« des Lesers gesehen werden. Unsere Seele kennt weder Zeit noch Höflichkeit; sie hat noch nie jemanden »gesiezt«. Damit die Seele antworten kann, will sie angesprochen sein. Sie möchte angeredet, angerührt werden. Denn *in ihr* geht es um das Antworten. Und weil meine eigene Seele ebenfalls auf das »Angeredetwerden« wartet – um antworten zu dürfen –, habe ich mir diese Form der Anrede auch dem Leser gegenüber angewöhnt.

Noch etwas solltest du – der Leser – vorab wissen. Obwohl dieses Buch seinem Untertitel nach von »Esoterik« handelt, so meint es doch etwas ganz anderes. Nur: Dieses andere ist nicht sagbar. Aus diesem

Grunde ist kein einziger Satz dieses Textes – für sich allein genommen – zu verwenden. So gibt es in diesem Buch viele verschiedene Definitionen von »Esoterik« – und keine ist richtig. Doch jede stimmt *an der Stelle*, an der sie gegeben wird, 10 Seiten später gibt es eine neue. Die alte ist überholt. So gilt es für Wahrheiten (die für uns erreichbar sind) schlechthin: Sie haben an ihrem Ort, zu ihrer Zeit einen Sinn. An einem anderen Ort, zu einer anderen Zeit gelten sie nicht mehr. Es besteht keine Notwendigkeit, daß du dich auf der Seite 70 noch an dem Satz von der Seite 23 festhältst; du bist weitergegangen, hier herrscht jetzt ein anderes Klima.

Noch etwas: Zu diesem Buch gehören acht »Reisen« in dein Inneres. Es gibt sie auf Kassetten*, der Text ist im Anhang abgedruckt. Dir wird jeweils genau angegeben, an welcher Stelle du für diese Reisen gewappnet bist. Machst du sie, hast du von diesem Buch doppelt so viel. Also entscheide selbst.

---

* Zu beziehen beim Heinrich Hugendubel Verlag oder bei *symbolon,* Dr. Peter Orban und Ingrid Zinnel, Eduard-Rüppel-Str. 3, 6000 Frankfurt/M. 1.

1 Was ist Esoterik?

Wir haben 20 Kapitel zur Verfügung, unser Thema zu durchdringen. Hier am Anfang haben wir also ausreichend Zeit, ganz einfach zu beginnen.

Unser erster Satz lautet deshalb schlicht: Esoterik ist eine besondere *Sichtweise* der Welt.

Und um diese besondere »Weise des Sehens« deutlicher zu verstehen, wählen wir einen Umweg und verbringen erst einmal einige Zeit damit, die *normale* Sichtweise der Welt zu untersuchen. Nennen wir sie unser »Alltagsbewußtsein« (woraus sich mit einer gewissen Boshaftigkeit gesehen »Esoterik« bereits als »Sonntagsbewußtsein« zu erkennen gibt – darüber später mehr).

Zu den Grundbedingungen dieses Alltagsbewußtseins, also der alltäglichen Sichtweise der Welt, oder wie wir im folgenden auch sagen werden, der *exoterischen* Sichtweise, gehört es, eine *Zweiteilung* vorzunehmen. Eine Unterscheidung zwischen »Ich« und »Welt«. »Ich« als Individuum stehe der »Welt« gegenüber. Ich schaue auf die Welt.

'Ich' ⟶ 'Welt'

Ich kann mich dieser Welt, die mir da gegenübersteht, zweifach nähern:

a) Ich versuche die Welt mit meinem *Handeln* zu *greifen*, ich wirke handgreiflich auf die Welt ein. Ich handele an der Welt.

b) Ich versuche die Welt in meinem *Denken* (Analysieren) zu *begreifen*. D.h., ich mache mir einen Reim auf die Welt und trage dieses Verständnis an die Welt heran. Ich erkläre mir die Welt.

Beide Arten, mich mit der Welt zu verbinden, gehören notwendigerweise zusammen, denn ich handele nur, *weil* ich mir vorher ein Bild von der Welt gemacht habe. Ohne Denkmuster gibt es keine Handlungsmuster. Ohne eine theoretische Sicht, eine Vorannahme, eine Vorstellung gibt es erst einmal keine Handlung.

Ich weiß, daß es hier bereits Dutzende von Einwänden gibt. Denkt man an die Kindheit, so stellt sich sofort die Frage, was hier zuerst war. Doch wohl das

Handeln. Aber ich habe ja gesagt, wir beginnen naiv. Die Kindheit – und vieles mehr – kommt später noch. Unser Text setzt an der Stelle an, an der der Leser gerade steht. Er ist ja kein Kind mehr. Unser Text betreibt auch ausdrücklich *keine* Wissenschaft. Er hat keinen anderen Anspruch, als den Leser, der an einer Haltestelle steht und auf die Bahn wartet, abzuholen. (Die Bahn kommt noch nicht, also vertreiben wir uns etwas die Zeit.)

Es gibt eine zweite Möglichkeit, wie in unserem Alltagsbewußtsein »Mensch« und »Welt« miteinander verbunden sind:

'Ich' ← 'Welt'

Die Welt wirkt auf mich ein. Das kann sie ebenfalls zweifach tun:

a) *Sichtbar*, indem die konkreten Teile der Welt sich auf mich zubewegen. Ich lerne jemanden kennen. Ein Auto fährt mich an. Die Lebensmittel werden teurer. Die Bäume sterben. Mein Partner beginnt, mit mir zu streiten.

b) *Unsichtbar*, indem ich von einer Krankheit befallen werde (Virus, Bazillus) oder schlechte Laune »bekomme« oder Ängste (Zwänge etc.) bekomme oder psychsomatisch (also möglicherweise aus der Vergangenheit herkommend) reagiere.

Natürlich ist auch das *Unsichtbare* für das exoterische Bewußtsein nur ein Sonderfall des Sichtbaren, das entweder zu klein ist (so daß ich es mit meinen Sinnen nicht wahrnehmen kann) oder bereits lange vergangenes Sichtbares ist (so daß ich mich daran nicht mehr erinnern kann). Und so ist es nicht verwunderlich, daß ich auch das Unsichtbare sofort verstehen möchte und nach einer Einwirkung der Welt auf mich suche (zu klein oder zu lange vergangen).

Fassen wir zusammen: Die exoterische Weltsicht besteht darin, daß das Ich auf die Welt reagiert, *weil* die Welt auf das Ich gewirkt hat.

'Ich' → 'Welt' weil 'Welt' → 'Ich'

Das Ich und die Welt werden somit *kausal* verknüpft. »Kausal« heißt: es gibt für jede Ursache eine Wirkung *und* für jede Wirkung eine Ursache.

Als Beispiel:

Ich bin heute krank, weil Zugluft an meine nassen Haare kam.

(Ich) → (Welt) weil (Welt) → (Ich)

Oder:

Ich habe heute ein Magengeschwür und kann deshalb nur ganz bestimmte Teile der Welt zu mir nehmen, *weil* meine Mutter in meiner Kindheit immer besonders streng zu mir war. So sieht das kausale Weltbild aus, das jeder von uns zutiefst in sich trägt. Es gibt für alles eine *causa*, einen Grund (eine Ursache) und diese causa gilt es zu begreifen, dann (und nur dann) hat man die Macht über die Wirkungen (Erkältung). An dieser Stelle des Gedankenganges beginnen wir mit unserem Versuch, entweder uns oder die Welt zu verändern.

Warum? Weil uns die Wirkungen nicht gefallen. Einfachstes Beispiel: Es gefällt uns nicht, wie wir erzogen worden sind, weil uns die Wirkungen (unsere heutigen Ängste, Zwänge, Minderwertigkeitsgefühle) nicht gefallen, und so gehen wir daran, die Erziehung zu verbessern, denn »unsere Kinder sollen es einmal besser haben als wir«. Aus dieser Überlegung heraus entstanden solche Gebilde wie z. B. die »antiautoritäre Erziehung«. Ja, so entstanden die Medizin, die Psychologie, fast alle Wissenschaften gründeten aus dem Versuch heraus, die *causa* zu verändern, zu verbessern. Denn da der Mensch immer schon Welt vorfindet, also gleichsam in die bestehende Welt nur einsozialisiert wird, müssen die Ursachen draußen in der Welt liegen – und sei es beim anderen Menschen, denn der ist ja für mich auch Teil der Welt.

So sieht das exoterische Weltbild aus und wir können statt exoterisch auch »wissenschaftlich« sagen: Wir suchen nach Ursachen draußen in der Welt und wir wollen diese Ursachen verändern.

Zu diesem Bild gehört eine ganz entscheidende Komponente. Wir müssen die Wirkungen, die von diesen Ursachen hervorgebracht werden, *bewerten*. Wir müssen ein *Urteil* abgeben. Das ist *gut*, das wollen wir – das ist *schlecht*, das wollen wir nicht. Ohne eine Bewertung ist das gesamte exoterische Weltbild sinnlos. Und dieses Urteil erstreckt sich gleichermaßen auf die Wirkungen wie auf die Ursachen. Nur schlechte Ursachen sind es wert, verbessert zu werden. Der Mensch geht also daran, etwas zu tun, was sonst keinem Lebewesen auf dieser Erde einfiele (möglicherweise begründete dieser Akt sogar erst seine Sonderstellung). Er heftet an alle Teile der Welt kleine Zettel mit der Beschriftung »Das ist gut« und »Das ist böse«. Er *wertet*. Und diese Wertung schickt er hinaus in die Welt.

Das ist eine seiner tiefsten Eigenschaften (»tief« heißt hier, er denkt am wenigsten darüber nach!) und diese Eigenschaft betreibt er seit Anbeginn der Welt.

Schon in der Bibel steht ganz am Anfang (und »Anfang« heißt hier, es ist das größte, das gravierende Problem!): Der Mensch aß vom »Baum der Erkenntnis des Guten und des Bösen«. Dieses »Essen«, also dieses Verinnerlichen – denn im Essen nehme ich etwas ganz in mich hinein – ist, wie wir wissen, das, was den Sündenfall ausgemacht hat. Wir werden uns später noch damit auseinandersetzen. Hier nur soviel: Der Mensch erkannte irgendwann, was gut und was böse ist und aus dieser Erkenntnis heraus organisierte er seine Welt. Jetzt hatte er auf einmal die Möglichkeit, »Welt« in zwei Hälften aufzuteilen. Unser Schema erweitert sich.

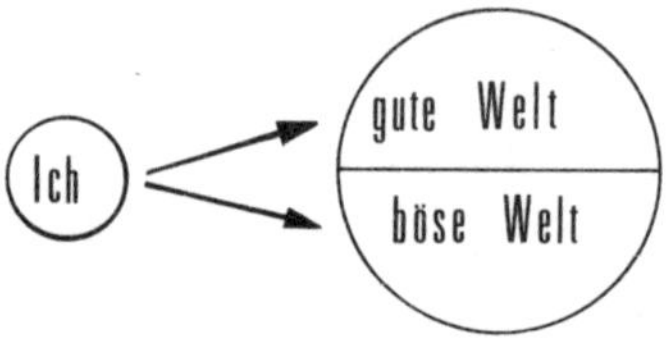

Das Ich geht nach außen und heftet Etiketten an.

»Exoterisch« kommt (immer noch ganz naiv) von ex = außen und terra = Welt, und heißt jetzt: »die *äußere Welt* betrachtend« (und wertend).

(Natürlich ist diese Latinisierung eigentlich nicht zulässig, das Wort kommt aus dem Griechischen und hat ganz andere Sprachstämme. Hier soll es auch nur als Bild gelten.)

Exoterisch heißt aber auch: in der äußeren Welt nach Ursachen zu suchen dafür, daß es mir so geht, wie es mir eben geht. Und da der Mensch nur in dem Moment eine Veranlassung hat, außen etwas zu suchen, wenn ihm innen etwas fehlt (ihn etwas bedrückt, ihm etwas wehtut, er nicht zufrieden ist), wenn es ihm also schlechtgeht, so ist die Suche nach den Ursachen gleichbedeutend mit einer Suche nach den *Schuldigen* an seinem Elend. Kurzum, der nach außen (in die Welt) ausgerichtete exoterische Mensch sucht für seine Misere *Schuldige im Außen.* Und das Außen bietet ihm jetzt eine ganze Menge Schichten, auf denen er das, was er sucht, auch finden kann.

Von der kleinsten Ebene der Viren über die mittlere Ebene des anderen Menschen bis zur höchsten Ebene der atomaren Bedrohung kann alles (und ist auch schon alles) zum Schuldigen an unserer Misere geworden.

Ich habe eine kleine Liste angefertigt und der Leser kann selbst einmal ankreuzen, wen er für schuldig an seinem Elend (bzw. an dem Elend der Menschheit) hält.

LISTE MEINER AVERSIONEN

Es sind hier verschiedene Themen aufgelistet und ich kreuze jene an, gegen die ich etwas habe. Ich überlege mir dabei ernsthaft, ob ich mir nicht etwas vormache: z. B. bei der Bezeichnung »Türken« weiß ich schon, daß es edel wäre, gegen »Türken« nichts zu haben, aber ich frage mich gewissenhaft, ob es tatsächlich so ist.

Erst *nachdem* ich meine Kreuze gemacht habe, schaue ich in die Fußnote auf der nächsten Seite.

- [ ] Viren (krankmachende)
- [ ] Bakterien
- [ ] Schädlingsbekämpfungsmittel
- [ ] Konservierungsstoffe in der Nahrung
- [ ] Farbzusätze
- [ ] chemische Aufheller
- [ ] Antibiotica
- [ ] Teer
- [ ] Blei im Benzin
- [ ] Formaldehyd
- [ ] Schadstoffe in der Luft
- [ ] Plastik
- [ ] Chemikalien in der Kleidung
- [ ] geschälter Reis
- [ ] Hunde, die auf die Straße kacken
- [ ] Maden
- [ ] Coca Cola
- [ ] Kaugummi
- [ ] Fast food à la MacDonald's
- [ ] das Fernsehen
- [ ] Illustrierte
- [ ] brutale Filme mit Zombies oder so
- [ ] Pornographie
- [ ] Comic-Hefte
- [ ] den amerikanischen Präsidenten
- [ ] die Autokonzerne
- [ ] Bolschewismus
- [ ] F. J. Strauß
- [ ] Petra Kelly
- [ ] meinen Hauswirt
- [ ] meinen Nachbarn
- [ ] meine Frau (Freundin)
- [ ] meinen Mann (Freund)
- [ ] die Bank, bei der ich Kunde bin
- [ ] überhaupt das kapitalistische System
- [ ] rücksichtslose Autofahrer
- [ ] rechthaberische Fußgänger
- [ ] Radfahrer
- [ ] die Strompreise
- [ ] die Polizei
- [ ] meine Eltern (insbesondere die Mutter)
- [ ] (insbesondere den Vater)
- [ ] Schwiegermutter
- [ ] die hohen Preise
- [ ] teilnahmslose Menschen gegenüber dem Hunger der dritten Welt
- [ ] Beate Uhse
- [ ] Chauvinisten
- [ ] Feministen
- [ ] die Inquisition
- [ ] Konzentrationslager
- [ ] die Hexen
- [ ] Karlheinz Rummenigge
- [ ] Adolf Hitler
- [ ] Kümmel
- [ ] Türken
- [ ] überhaupt Ausländer
- [ ] typische Deutsche
- [ ] Neureiche
- [ ] die Atombombe
- [ ] SS 20
- [ ] die SS
- [ ] Pershing
- [ ] den Nachrüstungsbeschluß
- [ ] heiße Milch
- [ ] kalte Milch
- [ ] Milchrand
- [ ] mich
- [ ] Goldfische
- [ ] Halbstarke
- [ ] Wehrdienst
- [ ] kein Geld
- [ ] Krebs (Krankheit)
- [ ] Krebs (Tierkreis)
- [ ] Akne
- [ ] Plastiktüten

- [ ] Alkohol
- [ ] Zigaretten
- [ ] hautenge Kleidung
- [ ] Werbung im Fernsehen
- [ ] überhaupt Werbung
- [ ] die Moral der Kirche
- [ ] die CDU
- [ ] die CSU
- [ ] die SPD
- [ ] die F.D.P.
- [ ] die Grünen
- [ ] die Republikaner
- [ ] die Friedensbewegung
- [ ] die Militärs
- [ ] Tierversuche
- [ ] die RAF
- [ ] Marcuse, Adorno usw.
- [ ] prügelnde Eltern
- [ ] Homosexuelle
- [ ] Lesbierinnen
- [ ] antiautoritäre Eltern
- [ ] Richard Wagner
- [ ] die Rüstungslobby
- [ ] Vereinsmeierei
- [ ] Atomphysiker
- [ ] Schlachthäuser
- [ ] die Nazis
- [ ] Wissenschaftler, die Tierversuche machen
- [ ] das Finanzamt
- [ ] Unterarmnässe
- [ ] Soraya
- [ ] Hippies
- [ ] Spinat
- [ ] ABC-Waffen
- [ ] AIDS
- [ ] Theoretiker
- [ ] Praktiker
- [ ] Wucherzinsen
- [ ] solche Fragebögen
- [ ] Frauen ohne BH
- [ ] Frauen mit BH
- [ ] das Baumsterben
- [ ] den Winter
- [ ] Geisteskranke
- [ ] Neger
- [ ] Studenten
- [ ] Terroristen

Fußnote zur Liste auf Seite 13/14:

Die normale Logik geht davon aus, daß man bei einem Test etwas gewinnen kann. Hat man viele Punkte, ist das entweder gut oder schlecht; hat man wenige Punkte, ist man entweder hochneurotisch oder realitätssüchtig.

Da Esoterik nur auf ein Thema ihr Augenmerk richtet, nämlich »Wahrheit und Ehrlichkeit«, müssen ihre Tests natürlich anders ausgehen.

Es gibt hier nichts zu gewinnen, außer einer Antwort, die dich mehr in die Ehrlichkeit zwingt.

Für diesen Test gilt:

A) Bei 60 bis 120 Kreuzen: Du bist der Weltmeister im Projizieren. Alles, was du in dir nicht haben willst, schiebst du in die Welt. Aber die Welt wird diese Probleme nicht für dich lösen, also sieh zu, daß du sie wieder einsammelst und zu dir holst.

B) Bei 1 bis 60 Kreuzen: Du bist der Weltmeister im Heucheln. Du glaubst, du wärest schon so edel und hättest gegen niemanden mehr etwas. Du lügst dir (bewußt oder unbewußt) etwas in die Tasche. Komm wieder zurück von deinem Heiligkeitstrip.

C) Du hast gar kein Kreuz gemacht: Du läßt dich ohnehin nicht auf etwas ein. Erst mal sehen, was das bringt, denkst du (oder: ich finde gerade keinen Bleistift). Wenn ich die Fußnote gelesen habe, kann ich immer noch Kreuzchen machen. Du bist lau und mußt aufpassen, daß du nicht irgendwann ausgespuckt wirst (aus dem Mund der Welt).

Auf der politischen Ebene nennt man den Zusammenhang der »Suche nach dem Schuldigen« gern ein *Feindbild* oder ein *Vorurteil*. So war in der Zeit des Nationalsozialismus der »Schuldige« → der Jude (später gehörte dann die »ganze übrige Welt« zu den Feinden des NS). Im heutigen Deutschland ist (zurückschauend gesehen) das Feindbild, also der »Schuldige« → Adolf Hitler (und seine Parteigenossen). Für die Friedensbewegung ist der »Schuldige« → das Militär und die Atombombe. Der »Schuldige« der Ökologen ist → die Industrie oder das Formaldehyd.

Auch wenn es hart klingt: von der *Logik* des Vorganges her ist das nun freilich um keinen Deut *edler* (oder unedler) als das nationalsozialistische Feindbild. Jeder »Feind«, jeder Schuldige soll bekämpft und abgeschafft werden. Es ist immer die eingestandene oder heimliche Philosophie des »gegen etwas sein« im Spiel.

Ich sage das nicht, weil das esoterische Weltbild da ganz anders vorgeht oder gar, weil ich jemanden auffordern möchte: »Höre auf, gegen etwas zu sein!« Hier geht es mir zunächst einmal darum, die Grundprinzipien des *normalen* Weltbildes auf eine griffige (und damit notwendigerweise falsche) Formel zu bringen. Und diese Formel lautet: »Projektion«. Jede Projektion aber setzt voraus, daß ich die Welt vorher in zwei Aspekte, zwei Teile, aufgespalten habe: in einen *guten* (den will ich) und einen *bösen* (den bekämpfe ich). Denn erst darin habe ich ein Auffanglager für all das, was ich in die Welt hinausschicken will.

Normalerweise machen wir uns keine Gedanken darüber, daß dieser Mechanismus der »Aufspaltung der Welt« jeder (aber auch wirklich jeder) Handlung und Denktätigkeit zugrunde liegt. Die Psychoanalyse hat diese Figur beschrieben als ein den Menschen eingebautes »Lustprinzip«. Es gehe den Individuen darum, Lust zu erlangen und Unlust zu vermeiden. So wird aus der ursprünglichen Zweiteilung

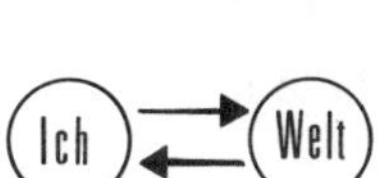

jetzt eine Dreiteilung

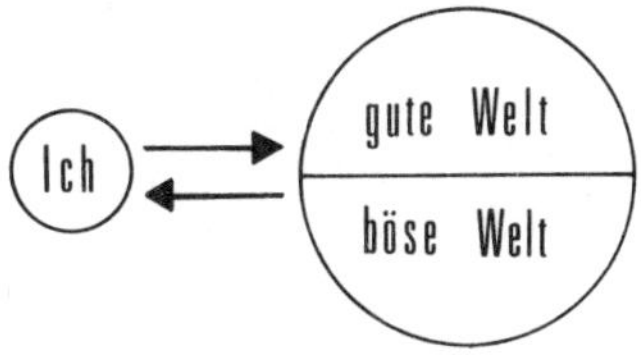

Der guten Seite der Welt wende ich mich zu. Von der bösen Seite der Welt wende ich mich ab.

Das *exoterische* an dieser Weltsicht wird erst an jener Stelle besonders markant, an der wir uns die Frage vorlegen: »Wer entscheidet darüber, mit welchen Teilen der gespaltenen Welt ich jetzt bevorzugt in Berührung komme?« Also *wer* entscheidet, ob ich mich hauptsächlich mit der oberen Halbkugel beschäftigen darf 

? Aber vor allem, wer entscheidet darüber, warum ich so oft mit der unteren Halbkugel in Berührung gerate 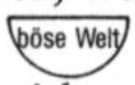

?

Denn *meine* Entscheidung »für Lust« und »gegen Unlust«, also für  und gegen  ist ja – wie ich glaube – ganz klar und eindeutig. Aber wieso geschieht es immer wieder, daß die Welt uns so gern ihre untere Seite zeigt? Die Antwort, die das exoterische Verständnis auf diese Frage zu geben weiß, ist ziemlich eindeutig *der Zufall.*

Das ist auch die Meinung der Wissenschaft. Fragt man sie, *warum* etwas passiert, z. B. warum ich gestern eine Grippe bekommen habe, also warum ich mit einem Grippevirus in Berührung gekommen bin (und damit mit einem Teil der »bösen Welt«), so lautet ihre Antwort: Du bist *zufällig* in die Flugbahn des Virus geraten. Er fiel dir zu! Denn das heißt ja »Zufall«: Etwas fällt mir zu. Und in diesem Wort »Zufall« steckt für die Wissenschaft erst einmal eine totale Beliebigkeit. So als hätte der Virus auch ebensogut vorbeifliegen können. Ich hatte halt, wie man umgangssprachlich sagen würde, »Pech«. Meine Bahn, auf der ich als Mensch gezogen bin, und die Bahn eines Partikels aus der Welt, den die Wissenschaft »Virus« nennt, haben sich gekreuzt und jetzt hat es mich erwischt.

Aus dieser Denkweise, die in uns allen zutiefst herrscht, resultiert der wissenschaftliche Versuch, jene Kreuzungspunkte systematisch zu eliminieren. So sieht man auf japanischen Großstadtstraßen heute schon viele Menschen mit einem Mundschutz herumlaufen. Die Berührungspunkte mit der »bösen Welt« sollen nach und nach reduziert werden. Blickt man diesem Mechanismus einmal sehr tief in die Augen, so stellt sich die *Wissenschaft* vom Menschen im Moment so dar, daß sie heftig bestrebt ist, die Berührungsstellen von

zu umgehen und jene von

herzustellen.

Und doch ist es so – schaue einmal kurz in dein Leben hinein –, daß es noch genügend Berührungspunkte mit der ◡ gibt. Denke einmal an deine Partnerschaften, Arbeitsstellen, Ausbildungsplätze, Elternverstrickungen, an deine Kinder, Krankheiten, Geldsorgen etc.

Fast jeder Mensch steht früher oder später da und fragt sich: »Warum das ausgerechnet mir?«

Das exoterische Weltbild antwortet: »Zufall«.

Das pessimistische Weltbild antwortet: »Pech«.

Das psychoanalytische Weltbild antwortet: »Du gehst unbewußt auf die Suche danach« (und das ist schon fast »esoterisch«).

Das religiöse Weltbild antwortet: »Gott (wird sich schon etwas dabei gedacht haben, aber was? Wenn ich es doch nur verstünde?).«

Das *esoterische* Weltbild und jetzt müssen wir langsam einmal darüber sprechen, sagt uns ein Wort, mit dem wir auch erst einmal nicht allzuviel anfangen können, es sagt »Schicksal«. Diese Formel ist am Anfang noch total sinnleer; sie ist nur ein neues Wort, und die restlichen Teile dieses Buches haben jetzt die Aufgabe, Erläuterung zu sein für dieses eine Wort. Es ist meine Hoffnung, daß der Leser nach 20 Kapiteln dieses Wort etwas deutlicher im Bewußtsein (möglicherweise sogar im ganzen Körper) haben wird. Wir werden sehen, ob das gelingt.

Doch zuvor möchte ich noch etwas Gestrüpp wegräumen.

Es spuken heute merkwürdige Vorstellungen in den Köpfen der Menschen herum, so z. B. Vorstellungen über das Wort »Esoteriker«. So, als ob es Menschen gäbe, die sich von anderen durch besondere Fähigkeiten unterscheiden. Das ist natürlich unsinnig, es gibt kein solches Gebilde wie einen Esoteriker. Es gibt nur Menschen, die haben die Beschäftigung mit der Esoterik zu ihrem Beruf (ihrer Berufung) gemacht – entweder ganz im Stillen oder laut nach außen. Es gibt immer mehr Menschen, die verkaufen esoterisches Wissen in Kursen oder Büchern oder Fernlehrgängen oder auf Kassetten. Das ist nicht edler oder unedler als der Beruf des Metzgers auch. Was ein Esoteriker verkauft, unterscheidet sich im Prinzip in nichts von dem, was auch der Metzger an der Ecke verkauft. Er verkauft Fleisch; derjenige, der aus der Beschäftigung mit der Esoterik einen Beruf gemacht hat, verkauft esoterisches Wissen. Ein Wissen, das sich im Laufe der Jahrtausende angesammelt hat und das nicht jeder beliebig herstellen kann, wie auch nicht jeder beliebig Wurst herstellen kann – man muß etwas davon verstehen. Die Frage, die sich stellt, ist hier wie dort die gleiche: Ist die Ware gut (also macht er eine gute Wurst in der Tradition der Wurstmacher) oder ist sie ungenießbar. Die Antwort: Es ist Geschmackssache. Bei manchen Esoterikern habe ich probiert, es hat mir nicht geschmeckt, bei anderen fand ich die Würste ausgezeichnet. Das lag nicht unbedingt am Händler, sondern meist an meinen Geschmacksnerven. Es gibt

Menschen, die können eine bestimmte Wurstsorte nicht ausstehen (Blutwurst) und sagen dann, das sei ein schlechter Esoteriker. Aber es hat nicht unbedingt mit der Ware zu tun, sie haben eben einen anderen Geschmack. Das ist alles.

Es sagt nichts über den betreffenden Händler (oder doch sehr wenig). Jeder Metzger, der sich an seiner Ecke halten kann, wird schon für manche eine geschmackvolle Wurst zubereiten, sonst wäre er schon längst pleite. Was sich hier – im Vergleich – so geschmacklos anhört, so als wollte ich heilige Kühe schlachten, ist auch so gemeint. Ich möchte dem Leser die Ehrfurcht nehmen, die sich in manche Kreise eingenistet hat, Esoterik sei etwas besonders Wertvolles und Esoteriker stünden (besonders jene, die sich seit 30 Jahren damit beschäftigen) kurz vor der Erleuchtung – oder seien es bereits gar. Einen *Esoteriker* gibt es nicht!

Ich möchte das *Heilige* aus dem Wort Esoterik herausschütteln. Ein Mensch, der durch und durch »Esoteriker« wäre, der wäre per definition bereits ein fertiger Mensch und als solcher gar nicht mehr in der Sichtbarkeit. Solltest du also jemandem begegnen, der von sich behauptet, er sei »Esoteriker«, so frage ihn: »Und was machen Sie in Ihrer Freizeit?«

Es stellt sich heraus, daß der Esoteriker eigentlich nur in der Projektion der anderen lebendig ist, bei jenen nämlich, die glauben, Esoteriker zu sein wäre etwas ganz Besonderes (gehört zu den Teilen der »guten Welt«.) Ebensoviel Unfug wird mit dem Wort »Eingeweihter« getrieben.

Ursprünglich kommt das Wort »esotericos« aus dem Griechischen und heißt »innen«, »verborgen«, »geheim«, »nicht für die Öffentlichkeit bestimmt« und es soll in der Schule des Pythagoras dazu gedient haben, den inneren Kreis der Schüler (denen gewisse Geheimnisse anvertraut wurden) zu kennzeichnen. Daneben gab es einen »exoterischen« Kreis von Schülern, ihnen wurden manche Dinge nicht beigebracht. Der »innere« Kreis wurde damit zum Kreis der »Eingeweihten«.

Zu den Mysterien von Eleusis ging jedes Jahr ein Pilgerzug von einigen hundert Menschen und sie wurden alle »eingeweiht«, so daß man im öffentlichen Leben Griechenlands kaum jemand fand, der nicht eingeweiht war.

Und so schwärmt noch heute jeder, der sich mit Esoterik beschäftigt, von seiner »Einweihung«. Heute gibt es keine Einweihungen mehr, es gibt auch keine Eingeweihten mehr. Oder, was dasselbe ist, *du bist längst eingeweiht*, hast es nur vergessen. Also kannst du getrost aufhören, davon zu träumen. Du wirst nicht mehr eingeweiht (es ist ohnehin psychischer Budenzauber, hübsch, aber problematisch). Es gibt auch keine »wahren Meister« mehr, diejenigen also, die dich initiieren könnten. Die dir die Hand auf den Kopf legen könnten und damit hast du dann die Weihe und das Mysterium erhalten. Es hat sie nie gegeben – sie sind eine Erfindung der Esoterik-Bücher – *so* hat es sie nie gegeben.

Natürlich gibt und gab es Menschen, die allein durch ihre Anwesenheit etwas bewirkt haben. In allen Ländern gab es sie und auch das Abendland kennt so einen Menschen: Jesus Christus. Aber auch er lief nicht herum und hat Einweihungen verteilt, weder hat er eine Schule daraus gemacht, noch hat er sich hinter esoterischem Brimborium versteckt. Er hat *geheilt* – im Großen wie im Kleinen. Da war nichts zu vergeheimnissen. Er hat zu dem Gichtbrüchigen nicht gesagt: »Du mußt jetzt dreißig Tage lang fasten und dann kommst du vor das Heiligtum, trittst mit geschlossenen Augen ein, und ich verrate dir dann das Mysterium, und schon bist du initiiert. Aber vorher 30 Jahre lang Yoga und kein Fleisch mehr und viel beten.« Nein, er ging hin, schaute diesen einen Menschen an, sah mit einem Blick das Problem dieses Kranken und sagte: »Deine Sünden sind dir vergeben, stehe auf und wandle.« Das war alles. Kein Geheimnis, nichts Verborgenes. Aber auch nichts, was sich bei jedem anwenden ließe. Bei einem anderen Menschen wirkt es nicht. Fast hätte ich gesagt, Vorsicht bei allen, die heute auftreten als *Meister*. Finger weg, sie wollen dein Geld oder deine Seele oder sonst irgend etwas von dir. Ich habe von einer Frau gehört, die nach unendlich viel Mühen (und nachdem sie erhebliches Geld bezahlt hatte) und Anstrengung endlich einem von seiner Organisation angekündigten Meister gegenübertreten und ihm die Hand geben (oder küssen) durfte. Von ihm hieß es, wer ihm leiblich ins Antlitz schauen dürfte, der braucht nur noch dreimal zu inkarnieren.

Nein, das ganze Geheimnis ist: Du mußt alles allein machen, ohne Meister, ohne Brimborium, ohne Einweihung.

Der Nerv des Wortes »Esoterik« liegt in der Bedeutung »innen«. »Der innere Kreis« heißt: Es muß alles in dir gelöst werden. Ohne äußere Hilfe ist das freilich ausgeschlossen. Wie diese »äußere Hilfe« aber tatsächlich aussieht, wie wenig prosaisch sie in Wahrheit ist, darüber handeln die nächsten Kapitel dieses Buches. Aber den »Meister« und die »Einweihung« kann man getrost vergessen und auch, daß du bei deiner Beschäftigung mit der Esoterik zum »Esoteriker« wirst. Du bleibst, wer du bist. Oder – wenn du Glück hast – du wirst, wer du bist.

Aber jetzt noch einmal zurück zu unserem Bild vom Anfang. Da derjenige, der sich mit Esoterik beschäftigt, erst einmal ein ganz normales exoterisches Weltbild mitbringt, gilt für ihn wie für jeden anderen auch:

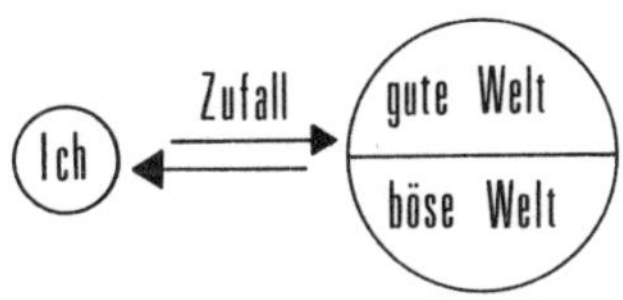

Der Unterschied, den er jetzt – in seiner Beschäftigung mit Esoterik – erfährt, ist folgender: Nach und nach wird ihm verdeutlicht, daß die Welt uns nur deshalb in ihren *zwei* Gestalten (gut und böse) entgegentritt, *weil* sie ihm mit diesen beiden Teilen darauf aufmerksam machen möchte, daß er (sein Ich) diese beiden Teile auch *in sich* hat.

Also sieht das Neue (gegenüber der alten Weltsicht) in der Grafik jetzt so aus:

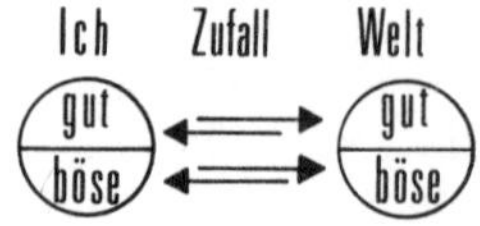

Mit anderen Worten, *die Welt* ist dazu da, *uns zu spiegeln.* Das gilt buchstäblich. Wie in einem Spiegel können wir, indem wir die Welt erleben und betrachten, *uns* erleben und betrachten. Das ist der tiefe Sinn, wenn in einem Heiligtum (wie z. B. dem Orakeltempel von Delphi) die Worte »Erkenne dich selbst« über der Tür eingemeißelt stehen. Es könnten auch folgende Worte dort zu lesen sein: »Schau dir die Welt um dich herum an und du erkennst *daran*, wie es in dir aussieht.«

Die Progression von Exoterik zu Esoterik hat somit zu tun mit folgendem Schritt. Der Exoteriker schaut in die Welt, weil er die Welt erkennen will. Der Esoteriker schaut ebenfalls in die Welt, aber er will sich erkennen.

Jetzt stört uns nur noch das Wort »Zufall« (oder Schicksal). Ich hatte gesagt, daß der Zufall, das, was uns von außen zufällt, in der *normalen* Weltsicht etwas Beliebiges hatte. So naiv kann das esoterische Weltbild jetzt freilich nicht mehr sein. Jetzt muß es heißen: Alles, was uns zufällt, *fällt uns gesetzmäßig zu.* Der »Zufall« unterliegt einem Gesetz! Er ereignet sich mit Notwendigkeit.

Die Fragen, die sich daran anschließen, liegen auf der Hand.

Wie sieht das Gesetz aus?
Wer wacht darüber?
Aus welchem Grund gibt es das Gesetz?
Wann wird es wirksam?
Wie viele Gesetze gibt es?
Wie können wir es anfangen, das Gesetz zu verstehen?
Usw.

Genau mit diesen Fragen hat Esoterik zu tun. Ja, man könnte Esoterik geradezu definieren als die »Beschäftigung mit den Gesetzen des Zufalls, des Schicksals«.

2 Die Welt als Gleichnis

Zwischen dem »Ich« und der »Welt« befindet sich jenes eigenartige »Gesetz des Schicksals«, das beide Teile – so war unsere Behauptung – verbindet:

Wenn wir auch noch nichts über das »Ich« aussagen können, so will ich doch schon einmal festlegen, was wir unter »Welt« verstehen können. Und so definieren wir »Welt« – vorläufig – als alles, was »Nicht-Ich« ist.

Welt = »Alles« minus Ich

Mit »Alles« ist buchstäblich alles gemeint: der gesamte Kosmos mit allen sichtbaren und unsichtbaren Welten und Planeten (deren einer die »Erde« ist) und Gegebenheiten, die alle »der Fall sind« (Wittgenstein). Also ist meine »Welt« – vorläufig – alles außer mir.

Auf diese Weise ist also jetzt mein »Ich« mit »allem außer mir« verbunden über jene geheimnisvollen Wege, die wir »Schicksal« nennen und um deren Gesetzmäßigkeit wir uns in diesem Text bemühen wollen.

Das erste, was es über dieses Gesetz (im esoterischen Sinne, denn jetzt befinden wir uns nicht mehr im Alltagsbewußtsein) zu lernen gilt, ist jener Satz aus der »Tabula smaragdina« des Hermes Trismegistos, der immer so gern in Astrologie-Kursen zitiert wird:

»Wie oben, so unten«

Dieser Satz – vollständig verstanden – enthält die gesamte Gesetzmäßigkeit des Schicksals in einer hochverdichteten Form in sich. Geben wir etwas Lösungsmittel in diesen Satz und sehen die Worte »oben« und »unten« nicht mehr ganz so eng, so können wir ebenfalls sagen:

»Wie im Großen, so im Kleinen«

Es ist der gleiche Satz. Es gilt außerdem:

»Wie in der Welt, so im Menschen«

oder »Wie im Menschen, so in der Welt«,

denn dieser Satz ist jeweils umkehrbar. Du kannst ebenfalls sagen:
»Wie im Teil, so im ganzen«
oder »Wie im ganzen, so im Teil«.

Die abstrakteste Formel für die Erläuterungen dieses Satzes lautet: »Es ist immer alles in allem enthalten«.

Wieder möchte ich als erstes diesen »esoterischen« Satz – um eine sehr genaue Unterscheidung zu erreichen – mit seinem »exoterischen« Pendant konfrontieren. In der wissenschaftlichen (= exoterischen) Welt wird dieser nämliche Zusammenhang zwischen »Ich« und »Welt« mit der Konstruktion hergestellt:

»Wenn ... dann«

In der Wissenschaft ist dieser Satz bekannt als das »Hempel-Oppenheim-Schema« und in ihm liegt die Grundlage für jede wissenschaftliche *Beweis*führung. Wer sich mit Logik, Wissenschaftstheorie oder Erkenntnistheorie akademisch auseinandersetzt, der bringt Monate damit zu, die Ableitungen und den Wahrheitsgehalt dieses Schemas (an sog. »Wahrheitstabellen«) in allen Richtungen zu belegen und zu lernen. Und dieser Satz gilt in der Mathematik ebenso wie in der Soziologie, in der Psychologie wie in der Medizin. Er gilt auch – und das macht ihn so attraktiv – scheinbar in jedem noch so alltäglichen Zusammenhang.

»Wenn ... (ich in die Flugbahn eines Grippevirus komme)
dann ... (bekomme ich eine Grippe).«

Er läßt sich auch umkehren, er lautet dann:

»Dann und nur dann ... wenn.«

»Ich bekomme eine Grippe dann und nur dann, wenn ich *vorher* in die Flugbahn eines Grippevirus geraten bin.«

Dieser Satz entspringt den normalen Erfahrungen mit der Welt, er wurde zu einem Leitmotiv für jede Arbeit an der Welt *und* er steckt uns allen tief in den Gliedern. (Auch denen, die Esoterik betreiben!)

Das Faszinierende an diesem Satz ist, er konstituiert *Kausalität.* Er sagt: Es gibt für jede Wirkung (Grippe) eine Ursache (Flugbahn des Virus). Habe ich eine Wirkung B, *so muß* eine Ursache A da sein, die für die Wirkung B verantwortlich ist. Diese Art des Herangehens an »Welt« habe ich im letzten Kapitel als die »Suche nach den Schuldigen« bezeichnet. Ja, man könnte sagen, das Hempel-Oppenheim-Schema ist das wissenschaftliche Urbild der Suche nach dem Schuldigen. Der Suche nach den *Gründen*.

Der Satz »Wie oben so unten« hat diese Kausalität *nicht* in sich. Er ist, so banal er sich anhören mag, ein Trompetenstoß hinein in ein vollständig anderes Weltbild. (So gravierend anders, daß es etwa 20 Jahre dauern dürfte, bis man ihn verinnerlicht hat, bis man ihm wirklich traut.)

Man kann mit Fug und Recht behaupten, daß er der wichtigste Satz der »Esoterik« überhaupt ist. Alles weitere leitet sich aus ihm ab. Er ist der Prüfstein dafür, ob etwas esoterisch gesehen wird oder exoterisch.

»Wie oben so unten« heißt, es gibt keine Ursachen, keine Schuldigen, keine Kausalität, kein »wenn ... dann«, sondern nur eine *Gleichzeitigkeit*, Synchronizität. *Etwas liegt vor,* und wenn es vorliegt, dann liegt es oben vor *und* es liegt unten vor. Basta.

Die erste Regel, die wir aus diesem Satz herausdestillieren können: *Es gibt keinen Schuldigen für irgend etwas.* Es ist jetzt so! Der Satz geht aber noch ein Stück darüber hinaus. Da er sagt: Es ist immer alles in allem enthalten«, sagt er ebenfalls: »Es *zeigt sich* immer alles in allem.« Wo immer wir hinschauen (und wir können ja erst einmal nur in die Welt schauen), zeigt sich, *wer wir sind.* Da die »Esoterik« die Disziplin des »Erkenne dich selbst« ist, geht sie davon aus, daß sich bei jedem »Blick in die Welt« immer das Individuum zeigt, *das du bist.* Nun, das wußten wir ja schon, denn im letzten Kapitel stand:

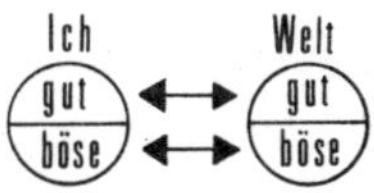

Das exoterische Weltbild hatte die Formel »Erkenne die Welt« (damit du einen Halt bekommst und d. h. Sicherheit in der Welt). Das esoterische Weltbild hat die Formel: »Erkenne dich selbst« (damit du haltlos wirst und letztlich von der Bildfläche verschwindest).

Exo heißt das »Äußere«, eso heißt das »Innere«.

Exoterik und Esoterik beschäftigen sich somit zwar mit dem *gleichen Gegenstand* (»Welt«), doch das *Erkenntnisinteresse* der beiden ist grundverschieden.

Nun könnte man einwenden, daß der »Esoteriker« (man vergesse bei diesem Wort nie, die Anführungszeichen mitzudenken) ja zu seinem Erkenntnisprozeß die »Welt« gar nicht benötige; da ihm an Selbsterkenntnis gelegen ist, würde es ja hinreichen, wenn er sich ausschließlich mit sich selbst beschäftigte (gleichsam unter Umgehung der Welt). Er hätte ja nur in sich hineinzuhorchen und schon würde er sich selbst auf die Schliche kommen, schon würde er sich erkennen. Das ist richtig, und manche »Esoteriker« verhalten sich auch so; sie fliehen die »Welt«, gehen in den Himalaya, meditieren in einer Höhle (oder bei sich zu Hause), fixieren die Augen 20 Zentimeter *vor* dem Fußboden. Oder sie setzen sich vor den Spiegel aus dem Bewußtsein heraus, daß die Welt ohnehin nur Spiegel sei, und da könne man sich auch gleich vor einen richtigen Spiegel setzen.

Wie gesagt, so etwas wird gemacht, und auch wenn die Überlegung richtig ist, so hat doch diese Art der Arbeit an sich selbst ein größeres Problem: Man macht sich dabei zu schnell etwas vor und man verliert zu schnell die Lust daran. Man brauchte in der Tat nur einen Spiegel und ein paar Jahrzehnte Zeit und dann wäre man entweder erleuchtet oder wahnsinnig. Die meisten, die es mit dem Spiegel versuchen, werden verrückt. Das geht schon innerhalb von drei Monaten. Wenn du partout geisteskrank werden willst, so gebe ich dir folgendes Rezept: Setze dich jeden Tag zehn Stunden vor den Spiegel, und wenn du es *bewußt* durchhältst, *dich anzuschauen*, so bist du in drei Monaten verrückt. Wahrscheinlich schon weit früher. Warum? Weil das, was du da siehst, dich ebenso zur Salzsäule erstarren läßt, wie Lots Weib – als sie sich umdrehte und ihren Schatten sah. Du siehst dort nämlich die ganze Wahrheit – und die kann niemand vertragen. Du wirst an der Wahrheit verrückt, der Wahrheit über dich!

Und so ist es schon sinnvoller, du nimmst dir mehr Zeit und die Welt als Spiegel.

Die Welt *anzuschauen* mit dem Ziel, immer mehr Teile *von sich* zu erkennen, das – wie gesagt – heißt »Esoterik«.

Diejenigen, die wirklich »Esoterik« betreiben (und nicht nur esoterische Bücher lesen), machen also folgendes:

Das Ich betrachtet die Welt.

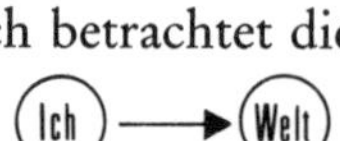

Und je mehr sie über die Gesetze der Esoterik begreifen, desto mehr wissen sie, daß dieser Zusammenhang eigentlich so aussieht:

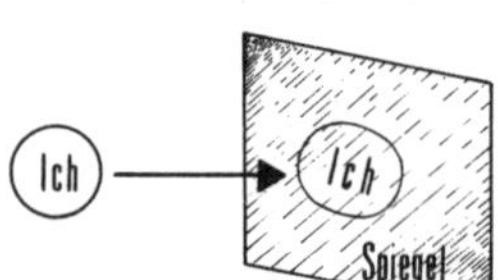

Denn: das »Ich« und die »Welt« sind strukturell identisch. Das, was ich vorher für »Welt« gehalten habe, ist nichts anderes als eine Spiegelung von mir. Wenn ich jedoch sage, die Welt sei strukturell identisch mit dem »Ich«, so heißt das (entsprechend den Sätzen »Wie oben so unten«, »Wie draußen so drinnen«), daß ich in der Welt nur das vorfinde, was ein *Gleichnis* ist für mein Inneres. Wesentlich an diesem Gedanken ist das Wort »Gleichnis«, denn es ist unmittelbar einsichtig, daß diese Arbeit (an der »Welt«, um mich zu erkennen) uns nicht gar so leicht gemacht wird, wie das mitunter in diesem Text behauptet wird. Schon Goethe hat den Satz geprägt:

»Alles Vergängliche ist nur ein Gleichnis«

und Hermann Hesse hat es erläutert:

»Jede Erscheinung auf Erden ist ein Gleichnis
und jedes Gleichnis ist ein offenes Tor
durch welches die Seele, wenn sie bereit ist,
in das Innere der Welt zu gehen vermag. (...)
Jeden fliegt irgend einmal der Gedanke an,
daß alles Sichtbare nur ein Gleichnis ist
und daß hinter dem Gleichnis der Geist und das ewige Leben wohne
Wenige freilich gehen durch das Tor
und geben den schönen Schein dahin
für die geahnte Wirklichkeit des *Inneren.*

Ganz davon abgesehen, daß uns der Mut fehlt, in das Gleichnis einzutreten, es wird uns nicht eben leicht gemacht, die Gleichnisse zu lesen, sie zu entziffern.

Ein ganz einfaches Beispiel macht dir klar, was ich meine. Stell dir vor, du hast ein *Auto* (hast du tatsächlich ein Auto, so schaue dir das innere Bild dieses Autos an) und du siehst ein Bild des Autos innerlich vor dir. Dieses Auto ist Teil der Welt, es ist außerdem *Gleichnis* für dich.

Du schaust dir jetzt *dein* (vorgestelltes oder wirkliches) Auto an und stellst natürlich fest, daß es weder aussieht wie du, noch daß es in seiner Funktion Ähnlichkeit hat, oder daß du irgend etwas entdecken kannst, was zu dir in einer Beziehung steht. (Folgerung: »Die Esoterik spinnt!«)

Aber stelle jetzt einmal folgende Fragen an dieses vorgestellte (oder wirkliche) Auto:

Welche Farbe hat es?
Ist es ein Kleinwagen oder ein großer Wagen?
Ein Sportwagen, eine Limousine?

Welche Farben haben die Sitze?
Hat dein Auto Tücken, Schwachstellen?
Springt es immer sofort an?
Hatte es schon einmal einen Unfall? Wenn ja, wo?
Bekommst du oft Strafzettel? Weswegen?
Ist es ein neuer Wagen? Gebraucht? Sehr alt?
Sind die Sitze bequem? Ist der Wagen rostig?
Sind die Reifen abgefahren?
Fährst du oft damit? Verleihst du es?
Verbraucht es viel Benzin? Wie sind die Scheiben?
Verschmiert? Klar?
Arbeitet der Scheibenwischer so, wie er soll?

Das sind nur einige Fragen, man kann entschieden mehr stellen (am besten natürlich an das tatsächliche Auto). Und alle Antworten auf diese Fragen sind *Gleichnisse*, die sehr aussagekräftig sind. Doch natürlich sagen sie nichts über dein Auto, sondern nur etwas über dich.

Stell dir vor, du kommst zu einem Therapeuten, mit dem du arbeiten möchtest, in die Vorbesprechung und willst ihm gerade dein Problem schildern, willst gerade beginnen zu erzählen, was du für Schwierigkeiten hast (wie deine Mutter in der Kindheit immer zu dir war), aber er läßt dich gar nicht erst zu Worte kommen, sondern fragt dich als erstes: »Haben Sie ein Auto?« Und nachdem du das bejaht hast, fährt er fort: »Erzählen Sie mir etwas über Ihr Auto!« Hättest du zu ihm Vertrauen?

Und doch ist es so, daß er hier schneller etwas über dich erfährt, als wenn du über dich redetest. Denn bei dir zensierst und filterst du (das geht gar nicht anders) alles mögliche. Bei deinem Auto sagst du eher die Wahrheit über dich. Doch das nur am Rande.

Das Problem besteht nun darin, daß man diese Übersetzungsleistung, dieses Entschlüsseln (die Fähigkeit, die Gleichnisse lesen zu lernen) nicht in der Schule gelehrt bekommt. Man lernt es auch nicht (als Wissenschaft) in der Universität. Man lernt es allerdings in der »Esoterik«. Sie ist die einzige Disziplin, die dieses Handwerk systematisch betreibt. Wenn ich vorher gesagt habe: »Esoterik beschäftigt sich mit der Gesetzmäßigkeit des Schicksals« so muß ich diesen Satz jetzt erweitern: »Esoterik beschäftigt sich mit der *Entschlüsselung* der Gesetzmäßigkeiten des Schicksals, damit ich daran begreife, wer ich bin.« Denn diese Gesetzmäßigkeiten sind – ebenso wie ich selbst – verkleidet. Sie zeigen sich – ebenso wie ich – nicht offen. Sie haben ein *Gewand* an – ebenso wie ich – und ich muß wissen, welches Gewand zu welchem Anlaß gewählt wird.

Also, wenn ein Mensch eine Badehose anhat, dann brauche ich gar nicht mit ihm zu reden und ihn zu fragen: Was willst du gerade machen? Sondern ich *schließe* nach dem »Wenn-dann-Schema« der herkömmlichen Logik: Von der Kleidung (wenn ...) auf das, was er tun will (dann ...)

Von der Badehose → schwimmen.

Vom Hochzeitskleid → heiraten.

Vom Wintermantel, Schal, Ohrenschützer → Spaziergang im Winter.

Von roter Unterwäsche, Strapsen und Büstenhalter mit kleinen Löchern drin → Sex.

Was bei der Kleidung (im exoterischen Sinne) noch relativ einfach ist, wird bei der *inneren Welt*, also bei der Frage, wo einer gerade steht (im esoterischen Sinne), bereits sehr viel komplizierter.

Wenn ich bei einem roten Sportwagen, den jemand fährt, auf das Thema oder Problem »Männlichkeit« bzw. »Aggression« *schließe*, dann spielt unser an Psychologie geschulter Menschenverstand noch ein wenig mit. Wenn ich jedoch von einem pepitagemusterten Jackett oder einem Auto der Marke Audi auf »Unsicherheit« und »Angst« schließe, dann beginnt das ungläubige Staunen. (»Die spinnt, die Esoterik.«)

Und weil diese »Inhalte«, innerhalb deren sich die Esoterik aufhält, so kompliziert sind und mit dem »gesunden Menschenverstand«, der ja exoterisch erzogen worden ist, nicht so leicht nachvollzogen werden können, so hat sich die »Esoterik« *besondere Systeme des Lernens* dieser Gesetzmäßigkeiten ausgedacht. Der Grundgedanke eines jeden esoterischen Systems ist folgender: Da ja immer alles in allem enthalten ist, könnte ich natürlich prinzipiell auch *alles* nehmen, um mich darin zu entdecken.

Aber da ich mich schon so lange in der Welt aufhalte und die Welt von mir schon so sehr in den alten Gedankenbahnen eingeteilt und festgelegt ist, ist es für den Anfang meines Studiums nicht sonderlich sinnvoll, wenn ich die Teile der Welt zur Selbsterkenntnis heranziehe, die ich mir ohnehin schon seit Jahrzehnten wie selbstverständlich anschaue (also z. B. mein Auto).

Selbstverständlich macht es nicht die geringsten Schwierigkeiten, eine esoterische »Automobilogie« zu entwerfen, doch da das Auto mit so viel Exoterik befrachtet ist (Ratenzahlungsprobleme, Statussymbol, Sauberkeitszwänge etc.) falle ich zu leicht in die alte Betrachtungsweise zurück.

Diesem Gedanken folgend war die »Esoterik« angewiesen, Systeme zu ersinnen, die mit dem Alltäglichen so gut wie gar nicht belastet sind, um an ihnen ihr Studium der Selbsterkenntnis *zu beginnen*. Solche Systeme hat sie seit Jahrtausenden in vielen Ländern entwickelt. Einige davon lauten:

Astrologie
Tarot (und andere Kartenspielarten)
Handlesen
Runenwerfen
das I Ging
Physiognomie
Auspizium (Vogelschau)
Haruspizium (Eingeweideschau)
das Orakel (eine Priesterin war in tiefer Trance, ihr wurde eine Frage vorgelegt und sie antwortete etwas total Unverständliches, welches von einem zweiten Priester, der nicht so tief in Trance war, interpretiert wurde)
Kaffee-Satz-Lesen
und in neuerer Zeit: die Bach-Blüten.

So siehst du, es gibt viele Systeme, und sie alle haben nur eine Absicht: es wird in einen (winzigen) Teil der Welt *hinausgeschaut*, damit ich in mein Inneres *hineinschauen* kann. Du lernst *mit Hilfe* einer bestimmten Technik, die Welt der Gleichnisse (d.h., die Geschehnisse der Welt) zu entschlüsseln. Beherrschst du diese Technik dann vollständig, so kannst du sie getrost weglegen, denn du brauchst sie dann nicht mehr – sie war ja nur Hilfsmittel auf deinem Weg, *dich* in den Gleichnissen der Welt zu finden. In Zukunft kannst du die Welt *direkt* befragen, weil du *das Fragen* (und die Interpretation der Antworten) innerhalb eines bestimmten Systemes gelernt hast. Das heißt aber auch: du bleibst nicht lebenslang ein Astrologe.

Das ganze ist natürlich auch ein Trick!

Bei alledem geht es ja um die Beschäftigung mit der eigenen Person, und das ist etwas, was in Wahrheit niemand gerne tut (auch kein sog. »Esoteriker« – obwohl er immer gern davon redet). Und jetzt beschäftigt man sich jahrelang mit etwas vermeintlich ganz anderem, was sehr spannend, sehr interessant, sehr weit von mir entfernt ist (»Saturn«) und dennoch lernt man – ohne es so recht zu merken, ohne richtig darüber nachzudenken – gleich sich selbst mit kennen. Diesen Trick verwendet jedes esoterische System. (Es macht auch gar nichts, daß du weißt, daß hier ein Trick am Werke ist, er wirkt trotzdem.) Und natürlich muß ich als Autor diesen Trick ebenfalls einsetzen.

So magst du dich jetzt fragen: Welches System verwendet dieses Buch, um eine Einführung in das esoterische Denken zu geben?

Es gibt nämlich nur zwei Möglichkeiten: Entweder ich *schreibe über Esoterik* (dann könnte ich Systeme beschreiben) oder ich *gehe in ein System hinein*, d.h., ich versuche, mich in ein (bzw. den Leser in ein) nicht alltägliches *Gleichnissystem* hineinzuversetzen. Dieses Buch hier will von beidem etwas tun: Es will einerseits *beschreiben und erklären* und andererseits *lebendig arbeiten.*

Das kann man im Rahmen eines begrenzten Buches nicht mit vielen Systemen tun, denn die meisten Systeme erfordern zu viel Zeit, zu viele Vorarbeiten (und oft auch zu viele und zu unbequeme Hilfsmittel, denn um das Haruspizium zu betreiben, müßtest du anfangen, Tiere zu schlachten). Wir verwenden hier eines der ältesten Systeme überhaupt, es ist das Mysterienspiel.

Und weil ich vermute, daß du dieses System nicht allzugut kennst, werde ich vorher einige Erläuterungen darüber geben. Was ist ein *Mysterium?*

Das Weihnachtsfest ist in seiner ursprünglichen Form z. B. ein reines Mysterienspiel. Heute ist es das nicht mehr, aber wir haben eine Erinnerung daran aufbewahrt, in der Form nämlich, daß wir die Requisiten dieses Spieles heute noch – sogar als regelrechtes Bühnenbild – vor unserem Weihnachtsbaum aufbauen. Die Krippe steht da – aber das Stück wird nicht mehr aufgeführt. Es muß im Inneren unserer Seele gespielt werden, aber wir versetzen uns nicht mehr in das Stück hinein. Diese Eigenschaft haben die meisten von uns durch die Jahrhunderte hindurch verloren.

Und dieses Mysterienspiel (»Ostern« ist ein ebensolches), also das, was wir heute noch *seiner Form nach* aufbauen (wobei wir den Inhalt fast schon vergessen haben), war nicht etwa gedacht als eine schöne Erinnerung daran, was einmal vor 2000 Jahren geschehen sein mag, sondern der Sinn liegt darin, daß es sich an jedem Weihe-Nachts-Fest aufs neue ereignet, ja ereignen soll.

Wo? In der Seele des Feiernden. Es soll gespielt werden, sich ereignen dürfen.

Warum? Damit die tiefen seelischen Gesetze, die diesem Spiel zugrundeliegen, von der Seele verstanden werden und erlebt werden *als eigene Gesetze.*

Hier muß gleich eine Korrektur zu dem vorher Gesagten erfolgen: Ein Mysterienspiel ist *kein* esoterisches *System*, das sich eine esoterische Schule ausgedacht hat. Derartiges kann sich niemand ausdenken. Ein Mysterienspiel ist eine Begebenheit, die sich aus der Seele des Menschen *in die Welt hinein* entwickelt, sich dort materialisiert hat und Anlaß gibt für jene Höhepunkte der Menschheitsgeschichte, an denen »Geschichte« erst entsteht. (Wem das hier zu abstrakt klingt, der warte einige Kapitel, bis wir auf die Entstehung von »Geschichte« zu sprechen kommen.)

Mit anderen Worten, das »Mysterium« findet statt und wird im Anschluß daran – weil der Mensch hier reine Seelennahrung bekommt – immer wieder aufgeführt, um weiterhin an dem »kostbaren Gut« teilzuhaben. Es ist reine Seelennahrung, und jede Seele (wie zerstört auch immer sie erscheinen mag) erkennt auf Anhieb, wo es etwas als Nahrung hineinzunehmen gibt.

Mysterienspiel heißt immer: Hier wird der Seele ihr *authentischer Weg* gezeigt, ohne Umschweife, ohne Umwege, ihr *Weg nach Hause.* Diesen Weg begreift die Seele instinktiv und sofort, auch wenn das »Ich« als Träger dieser Seele blind und dumm ist, d. h., sich noch im tiefen Schlaf befindet.

Ein Mysterienspiel hat Ähnlichkeit mit einem heute weitverbreiteten Therapieverfahren, dem Psychodrama (dem Rollenspiel). Doch im Gegensatz zum Psychodrama, in dem die individuellen Menschenspiele (also *mein* Spiel mit *meiner* Mutter) aufgeführt werden, sind im Mysterienspiel jene Spiele zu Hause, die viel universeller sind. Diese Spiele behandeln die großen Themen der Menschheit, die jeder Mensch natürlich auch in seiner eigenen Seele hat. Während also die »kleinen« Spiele unserer singulären Person so mannigfaltig sind, wie es individuelle Personen gibt, wird im Mysterienspiel in Wahrheit *nur ein einziges Stück* aufgeführt. Es gibt nämlich nur ein einziges Stück, in dem wir alle – erst einmal – Teile sind.

Dieses Stück wird freilich in jedem Jahrhundert in immer neuer Dramatisierung, mit einem neuen Drehbuch, neuen Kostümen, einem vermeintlich neuen Handlungsablauf, wieder neu beschrieben. (Nicht etwa, daß es sich neu ereignet, es wird nur neu beschrieben!) Doch es ist immer dasselbe Stück. Naturgesetzlich treten jedoch auch immer wieder Menschen auf, an denen es sich neu inszeniert (wir nennen sie Gottessöhne). Doch das geschieht sehr selten. Doch immer wieder treten Menschen auf, die es neu formulieren: in Dantes »Göttlicher Komödie«, in Miltons »Verlorenes Paradies«, in Goethes »Faust«, oder auf einer viel banaleren Ebene, in Michael Endes »Unendliche Geschichte«. Wir nennen diese Menschen Schriftsteller. Es ist wirklich eine »unendliche Geschichte«, unendlich, weil sie immer wieder erzählt werden muß, solange bis auch die letzte Seele ihren Weg gefunden hat.

Zu einem Mysterienspiel gehört es, daß die Teilnehmer an einem solchen Spiel sich *in das Spiel hineinversetzen*, sonst hat es keinen Sinn. Sie müssen selbst die Rollen der Darsteller übernehmen, oder anders gesagt, sie müssen sich (über bestimmte Techniken) *mit den Handelnden identifizieren*. Man darf das nicht falsch verstehen. Das heißt jetzt nicht, daß du als Schauspieler in einem Stück auftreten und agieren mußt. Damit würdest du ja Theater spielen. Nein, die Teilnehmer an einem

Mysterienspiel sind zuallererst Zuschauer. Aber sie sind besondere Zuschauer: solche nämlich, die im Laufe des Stückes *vergessen*, daß sie Zuschauer sind und die mit wichtigen Teilen ihrer Seele in das Stück eintauchen. Subjektiv entsteht in ihnen das Gefühl, sie spielten mit. Sie leiden wie die Spieler, lachen wie sie, zittern vor Angst, weinen wie sie.

Das deutlichste Bild erhältst du, wenn du dir Kinder beim Kasperletheater anschaust. Sie sind im Stück, obwohl ein Teil von ihnen weiß, daß sie gleichzeitig Zuschauer sind. Aber dieser Teil ist vollständig unwichtig geworden. Im Grunde genommen hat ein Mysterienspiel sehr viel Gemeinsamkeiten mit dem Kino, ich meine mit richtig gutem Kino. Auch hier passiert es sehr oft (wenn auch in viel milderer Form), daß die Seele spazierengeht. Nehmen wir einen Film wie »Casablanca« (oder meinetwegen: »Vom Winde verweht«). Der Zuschauer starrt auf die Leinwand, er identifiziert sich, er leidet, lacht, weint.

Ja, du kannst sicher sein, daß jeder richtig erfolgreiche Film, wie z. B. »Tootsie« oder »Star Wars«, Filme also, die weltweit einige hundert Millionen Zuschauer haben, heute – in unserer an Mysterienspielen so armen Zeit – das gleiche universelle Menschheitsthema (in einer zeitgemäßen Verpackung) transportieren, wie damals das Mysterium von Demeter oder dem Christuskind. Freilich, die Intensität ist anders geworden. Das liegt daran, daß unser Bewußtsein sich heute (durch die Intellektualisierung) verändert hat und daß zu einem richtigen Mysterienspiel *Techniken* gehören, die den Zuschauer deutlicher in die Lage versetzen, sich in die Position des »Helden« hineinzufühlen, als das im normalen Kino der Fall ist.

Jedes Mysterienspiel handelt von Geburt, Tod und Auferstehung der menschlichen Seele. Ob es in der heidnischen Welt des griechischen Mysteriums von Eleusis um die Geburt, den Tod und die Auferstehung der Fruchtbarkeitsgöttin Demeter geht, ob es sich im Weihnachtsmysterium um die Geburt des Heilands – die sich bis Ostern zum Tode und weiter zur Auferstehung wandelt – handelt, oder ob in einem Italowestern der Held furchtbar mißhandelt (fast umgebracht) wird und dann schließlich doch siegt. Es ist überall das gleiche Mysterium und jedes Mysterienspiel will dem Menschen die Gesetzmäßigkeit des Schicksals im Inneren der eigenen Seele aufzeigen.

Last not least, über das, was ein Mysterium will (und tut), kann man sehr viel sagen, doch alle Worte treffen nicht das Eigentliche. Es ist eben ein Geheimnis, über dessen Wirkung im Inneren der Seele sich *gar nichts* sagen läßt.

Bleiben wir deshalb noch einen Moment bei der *Technik*, mit deren Hilfe die Position innerhalb des Mysterienspiels etwas deutlicher eingenommen werden kann (deutlicher zumindest als im Kino).

Mit diesen Techniken tun sich Esoteriker immer etwas geheimnisvoll. Sie behandeln alles, was dazu dient, der Seele näher zu kommen, als etwas Ehrfurchtsvolles, mit viel Brimborium. Und doch kann man heute über Techniken, auch ohne viele Geheimnisse hineinzuinterpretieren, offen sprechen. Es ist nämlich recht einfach. Es gibt sehr viele Techniken und alle dienen dem gleichen Zweck. *Es soll ein anderer Bewußtseinszustand hergestellt werden.*

Aha, mögen jetzt einige sagen, Drogen!

Ja, das gab und gibt es auch. Du weißt vielleicht, daß viele amerikanische oder mexikanische Völker ihre Mysterien unter dem Einfluß von Mescalin, Peyote, von Pilzen oder Gebräuen abgehalten haben. Das gibt es seit uralten Zeiten. Schon die Priesterin Pythia saß auf ihrem dreibeinigen Schemel über einer Öffnung, aus der betäubende Dämpfe aufstiegen, war ziemlich angeturnt (zugekifft, würden wir heute sagen) und murmelte (auf Anfrage) unverständliche Worte.

Auch die Hexen des Mittelalters – ich meine die richtigen Hexen, nicht die, die einfach nur beschuldigt wurden – schmierten ihren Körper mit der sog. »Hexensalbe« ein und gingen dann (natürlich nur nach innen!) auf ihrem Besen auf die »Reise«. Castaneda hat einige der Geheimnisse, die seine Lehrer ihm überlieferten, in seinen vielen Büchern beschrieben.

Das alles sind mächtige Techniken, die sich freilich heute von selbst verbieten. Wo eine Droge bereits in den allgemeinen Konsum hineingezogen ist, eignet sie sich nicht mehr für das Mysterium (ebensowenig wie das »Auto« als esoterische Erkenntnis-Disziplin). Menschen, die derartiges glauben (und ein wenig lebt in jedem Kiffer noch die Rationalisierung, er mache es aus Gründen der Bewußtseinserweiterung), sind auf dem Holzweg. Sie kommen nirgends an.

Also, welche Techniken gibt es noch?

Nun, z. B. das *Fasten.* Man ißt zehn Tage *nichts.* Gar nichts. (Freilich unter Beachtung aller notwendigen Regeln. Siehe dazu das ausgezeichnete Fasten-Buch von Rüdiger Dahlke: »Bewußt fasten«). Dabei geht der Körper automatisch in einen anderen (fast hätte ich gesagt einen esoterischen) Zustand über. Denn was passiert beim Fasten? Nun, was passiert beim Essen? Der Körper wendet seine Aufmerksamkeit der Welt zu, weil er aus der Welt Impulse, Signale in Form von Nahrungsmitteln erhält. Die Hinwendung geht nach außen, Kartoffelsalat mit Würstchen.

Beim Fasten entfällt jetzt der Richtungspfeil, es kommt nichts mehr von außen. Man sagt es beim Fasten wörtlich: *Der Körper stellt sich*

um. Er behandelt, bearbeitet jetzt nicht mehr die Nahrung, die von außen kommt, sondern *er sieht sich jetzt in seinem eigenen Inneren um* nach Nahrung, die er hier noch verbrauchen kann, die hier noch vorhanden ist in Form von abgelagerten Fetten, Giften etc. und er verbrennt jetzt das innen Überflüssige. So siehst du, auch beim Fasten findet das Wort »Esoterik«, d. h., dem »Inneren zugewendet«, seine tiefe Berechtigung. Der Körper stellt seine Blickrichtung um. Und im Inneren findet er neben seiner Nahrung natürlich auch noch andere Probleme, denen er sich normalerweise nicht zuwendet. So entsteht das, was wir »Fastenkrisen« nennen: Psyche, Seele kommt zum Vorschein. Doch auch diese Technik wollen wir hier – in der Form dieses Buches – nicht anwenden.

Was gibt es noch (als Technik, an einem Mysterienspiel teilzunehmen)? Nun, es gibt sehr einfache Formen. Formen, bei denen erst einmal niemand an ein verändertes Bewußtsein denkt. Die erste und sehr wichtige Form ist die *Dunkelheit.* Unser normales Bewußtsein ist daran gewöhnt, im Hellen zu arbeiten. Bildlich gesprochen, tagsüber. Die Tagesseite unseres Gehirns ist die linke Hirnhälfte. Daneben gibt es eine zweite Seite, die Nachtseite, die rechte Hirnhälfte.

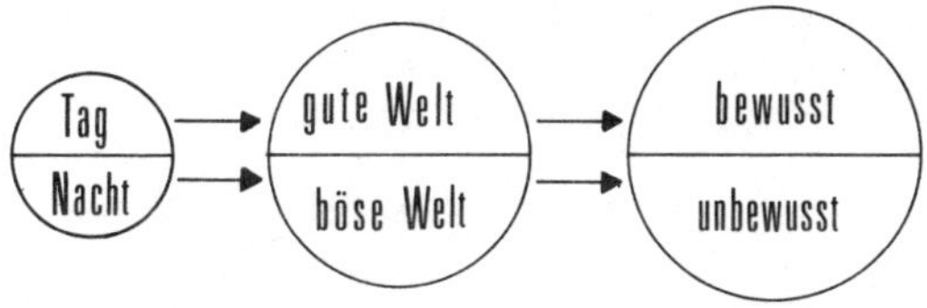

Weshalb haben Kinder (aber auch viele Erwachsene) Angst im Dunkeln? Weil sie ihre eigene Nachtseite fürchten. Sie haben Angst vor dem, was sich da in ihrem Inneren aufhält. Jetzt projizieren sie es nach außen und sagen »da *draußen* ist ein schwarzer Mann« oder ein Wolf oder Schlimmeres. Da sind die Mörder und die Vergewaltiger unterwegs. (Es gab einmal einen Film über einen deutschen Frauenmörder, der hieß: »Immer wenn es dunkel wird ...«) Regel: Immer wenn es dunkel wird, geht das Bewußtsein tendenziell hinüber auf die andere (rechte) Seite. Es bearbeitet jetzt den dunklen Teil, den, den wir normalerweise nicht sehen wollen. Und da du das jetzt weißt, kannst du es genauso machen. Du kannst dieses Buch möglichst im Dunkeln lesen (indem du dir ein paar Kerzen anzündest) und du solltest auch die Kassetten (falls du sie hören willst) abends spielen.

Die nächste Technik, die seit Jahrtausenden bei einem Mysterienspiel eingesetzt wird, ist die Verwendung von *Musik.* Zu einem

Mysterium gehört eine ganz bestimmte Musik. Unsere Weihnachtslieder sind direkte Abkömmlinge dieses Brauchs, der eine Notwendigkeit ist. Wir kommen über das Singen oder das Musikhören automatisch in einen anderen Bewußtseinszustand. Wir kennen das von Festen der Eingeborenen. Bei jedem Ritual findet man entweder einen eigentümlichen Singsang oder Trommeln, die nicht etwa eine ausgefeilte Melodie mit komplizierten Klangfiguren und elaborierten Tonkandenzen kunstvoll arrangieren, nein, es sind monotone, eintönig ablaufende Klangpassagen. Stundenlang. Wer hier lange genug hinhört, geht automatisch in einen veränderten Bewußtseinszustand. Das ist nicht anders möglich.

Natürlich findet man hier auch einen der Gründe dafür, daß in der Kirche seit jeher gesungen wird. Das Problem mit dem Kirchenlied ist freilich: Je mehr auf den *Text* Wert gelegt wird, den der Singende vom Blatt ablesen muß, desto mehr bleibt der Sänger in der linken Hirnhälfte, denn das Ablesen erfolgt mit links. Der Sinn eines Kirchenliedes ist nun der, daß der Andächtige auf die rechte Seite hinüber geht. (Das Gespräch mit Gott findet niemals links statt!) Wenn aber die linke Seite lesen muß, bleibt ein Teil von mir immer links – es findet im günstigsten Fall ein Hin und Her statt. Das sinnvollste Kirchenlied wäre also jenes, das den einfachsten Text hat. Sehr deutlich erkennen wir dieses Prinzip in den »Gospels« der Farbigen in manchen amerikanischen Kirchen. Hier besteht ein Lied oft nur aus einem Satz, der immer wiederholt wird. Den singt man automatisch und geht dabei nach rechts.

Mit anderen Worten, es muß eine besondere Musik sein. Ein Schlager eignet sich überhaupt nicht, denn er ist seiner Natur nach (seinem Rhythmus nach) zu kompliziert und meist zu schnell. Wir werden im Laufe dieses Buches noch einmal auf das Thema »Musik« zurückkommen.

Die nächste und wichtigste Technik des Mysterienspiels ist, daß eine *Geschichte* erzählt werden muß *und* dies auf eine bestimmte Weise geschieht. Sie muß so vorgetragen werden, daß man sich die Geschichte nicht einfach nur anhört, sondern daß man die Position derjenigen, die in der Geschichte vorkommen, übernehmen kann, denn das heißt ja das Wort »Identifikation«.

Je deutlicher das geschieht, desto mehr ist man im Spiel. D. h., je mehr diese Geschichte auch inhaltlich von den universellen Themen handelt, die in der Seele eines jeden Menschen wohnen, desto mehr lernt die Seele und desto mehr *weitet* sie sich. Von daher ist das modische Wort von der »Bewußtseins-Erweiterung« ein für unsere Arbeit sehr gut brauchbarer Begriff. Denn es geht in der Esoterik darum, das *Bewußtsein zu weiten*, so daß immer mehr in das Bewußtsein hineinpaßt. Und wenn ich sage »immer mehr«, so bezieht sich das natürlich auf jene Teile, die zuvor als negative (böse) Teile in meiner Person unbewußt verankert waren. Auf jene Aspekte also, die wir psychologisch in Zukunft »Schatten« nennen wollen.

So können wir jetzt eine neue Definition für Esoterik ableiten: »Esoterik beschäftigt sich mit dem Kennenlernen und der Integration des Schattens«. Dazu im Gegensatz die Exoterik: Sie beschäftigt sich damit, die Berührungspunkte mit dem Schatten zu vermeiden, ihn zu fliehen oder – wenn er schon einmal auftaucht – ihn zu bekämpfen.

Zu dieser Technik des Geschichtenerzählens gehört es, daß die Geschichte auf eine besondere Art erzählt wird. Natürlich geht das auch nicht mit jeder Geschichte. Mit dem Wetterbericht ist das kaum möglich. Die Geschichte muß so erzählt werden, wie man einem kleinen Kind ein Märchen erzählt, langsam und mit einer bestimmten Betonung. In die Sprache muß eine gewisse Getragenheit kommen, quasi eine Melodie, die langsam vorgetragen wird.

Hier gilt ebenfalls, wenn jemand eine bestimmte Geschichte in einer bestimmten Weise erzählt, dann ist es *unmöglich* für das Bewußtsein, sich nicht zu verändern. Es stellt sich dann das her, was man einen Trance-Zustand nennt. Ich werde im Laufe dieses Buches noch einiges über Trance sagen, hier erst einmal so viel: Wenn du alle drei Elemente verwendest (Dunkelheit mit einer Kerze, Musik, eine langsam vorgetragene Geschichte), dann gelangst du automatisch und ohne die geringste Chance, das verhindern zu können, in einen Trancezustand. *Ich* weiß, daß du das tust, nur *du* weißt es möglicherweise nicht.

Es kann sein, daß du mit einem Trance-Zustand nicht vertraut bist und *glaubst*, du seist in einem normalen Wach-Zustand. Der Verstand, die Ratio, die Vernunft sind nicht so leicht zu überzeugen. Möglicherweise *zweifelst* du daran, ob du in Trance bist. Nun, du mußt wissen, daß deine Fähigkeit zu zweifeln im Trance-Zustand vollständig erhalten bleibt. D. h., du kannst auch in tiefer Trance an der Existenz der eigenen Trance zweifeln. Das hat nichts mit der Tiefe der Trance zu tun, sondern mit einer Person in dir (die in den Schattenbereich gehört), die ich den »eingebauten Versager« nenne. Jene Stimme also, die daran zweifelt, ob wir überhaupt irgend etwas richtig machen können, und die jetzt daran geht, zu sagen: »Das kann ich nicht, bei allen anderen mag es ja funktionieren, aber bei mir nicht«, oder »Aha, wieder einmal ein Beweis dafür, daß ich zu nichts tauge« usw.

Was ich sagen will: Du kannst zweifeln soviel du willst, wenn die obigen Bedingungen erfüllt sind, bist du in Trance. Also zweifle, soviel du magst, die Geschichte, die in dir ablaufen wird, wirkt ohnehin auf deine rechte Hirnhälfte, und diese Hirnhälfte erreicht sie in jedem Fall – auch wenn deine linke Hälfte mit ihren Zweifeln beschäftigt sein mag.

Noch ein Wort zum Inhalt des Mysterienspiels, das in den nächsten Tagen (oder Wochen, denn du solltest dir genügend Zeit nehmen) in dir ablaufen wird. Es wäre natürlich sehr schön, wenn wir eines der bekannten Mysterienspiele im Inneren deiner Seele aufführen könnten. Zum Beispiel das Weihnachtsmysterium.

Aber es hat so seine Tücken, denn wir sind möglicherweise mit dieser Geschichte in unserer Vergangenheit so gequält worden, daß wir sie jetzt nicht mehr mit der nötigen Unbefangenheit in uns wirken lassen können. Vielleicht muß erst eine Menge Kindheitsschutt (Wut, Neid, Enttäuschung) in uns beiseite geräumt werden, bevor wir diese Geschichte der Geburt von Jesus, dem Christus *in uns* noch einmal nachvollziehen dürfen. Sie ist durch unsere individuelle Geschichte zu sehr befrachtet, diese Geschichte.

So habe ich mich für ein Mysterienspiel entschieden, welches in unseren Herzen noch neutral sein dürfte, ja, welches du vielleicht noch gar nicht kennst. Diese Geschichte ist aufgeschrieben worden von Manfred Kyber und heißt: »Die drei Lichter der kleinen Veronika«. Es ist deshalb ein Mysterienspiel, weil es alle Ebenen eines Mysteriums in sich enthält. Aber möglicherweise ist es jetzt so, daß du sagst: »Ach, kenne ich schon, ich habe das Buch schon gelesen!«

Glaube mir (vorübergehend) einmal: Selbst wenn du das Buch schon zwanzigmal gelesen hättest, du kennst diese Geschichte noch nicht. Denn zwischen dem *Lesen* und dem *Erleben* eines Mysteriums im Inneren deiner Seele liegt buchstäblich ein Unterschied, wie zwischen Tag und Nacht. Der Unterschied ist der: beim Lesen sitzt du im Zuschauerraum des Theaters und schaust dir das Stück an. Beim Erleben bist du auch auf der Bühne und spielst erst einmal mit. Du bist im Stück. Das Stück wird Wirklichkeit.

Soviel an Vorinformationen sollten reichen. Du bist jetzt in der Lage einzusteigen. Zum wirklichen Einsteigen (nein, die Bahn ist immer noch nicht da) benötigst du noch etwas. Jedesmal, bevor du eintauchst in das Mysterium, gebe ich dir eine Zusammenfassung *eines* Kapitels des Buches von der Veronika. Du hast freilich entschieden mehr davon, wenn du dir das Buch selbst kaufst und das jeweilige Kapitel liest (denn hier bekommst du nur die Kurzfassung).*

Bevor du also beginnst, warte bis zur Dämmerung, zünde dir eine Kerze an (oder drei), du kannst auch ein Räucherstäbchen abbrennen (Düfte bringen

* Ich zitiere im folgenden den Text der Veronika nach der Taschenbuchfassung aus dem Wilhelm Heyne Verlag, 1984. Die gebundene Fassung ist erhältlich im Drei Eichen Verlag.

dich ebenfalls, weil sie mit dem Verstand nicht zu fassen sind – nein, nicht »um den Verstand«, sondern – nach rechts) und lege eine Platte auf, die ruhige, getragene Musik ohne viele Rhythmen (Meditationsmusik, Michel Jarre, Andreas Vollenweider, Georg Deuter, Kitaro oder Klaus Schulze) enthält, und dann lies entweder das Kapitel 1 der »Veronika« oder meine Zusammenfassung, die auf der nächsten Seite beginnt, *laut* und *langsam* dir selbst vor. (Natürlich ist es noch besser, du hast jemanden, der sie dir vorliest...)

3 Im Garten der Geister

Dieses ist der Beginn unserer Geschichte.

Die kleine Veronika sitzt im Garten und spielt. Um sie herum lebt alles, blüht alles; alle Tiere sind damit beschäftigt, ihr Leben zu leben, und Veronika schaut dem ganzen Treiben zu; sie sieht noch mit ihren »inneren Augen«, sie hört noch mit ihren »inneren Ohren«. Ja, sie sieht diese Fülle noch so, wie wir sie alle einmal gesehen haben, damals – als wir noch Kinder waren. Die Pflanzen reden, die Tiere unterhalten sich mit ihr, laden sie ein, teilzunehmen. Die Elfen, Nixen und Kobolde sind noch sichtbar, solange die »Augen des Himmels« noch geöffnet sind – der ganze Garten ist voller Gestalten und alle reden munter durcheinander. Veronika sitzt da mit ihrem Kater Mutzeputz, und auch ihn kann sie genau verstehen und er auch sie.

Gerade hat der Käfer Veronika eine lange Geschichte erzählt. Jetzt hört sie der Amsel zu und wundert sich, denn der Käfer beschwert sich über die Amsel (sie wolle ihn fressen), und die Amsel beklagt sich über den Kater Mutzeputz, er wolle sie fressen.

Eine Baum-Elfe zeigt Veronika, wie sie es anstellen kann, mit einem Ruck aus ihrem Körper zu schlüpfen und in das Innere des Baumes hineinzugehen. Das ist wirklich alles sehr wundersam und kommt nur dadurch zustande, daß Veronika noch im Stadium der Kindheit ist. Ihr Körper und ihr Seelenleib sind noch nicht endgültig verwachsen, und so kann sie noch aus ihrem körperlichen Kleid hinausschlüpfen. Noch nie war ihr alles so klar, leicht und deutlich, wie es ihr jetzt die Elfe sagt: »Das Schlimme dabei ist, daß ihr immer dümmer werdet, je größer der Erdenleib wird und je mehr ihr mit ihm zusammenwachst.» (S. 19)

Das ist neu für Veronika. Sollte sie denn auf die Welt gekommen sein, um dümmer zu werden?

»Das ist es nicht«, sagt die Elfe, »ihr werdet bloß dumm, weil es dunkel wird, und dann sollt ihr das Licht suchen, um wieder klug zu werden. Denn wenn ihr das Licht aus dem Dunkel gefunden habt, dann seid ihr ein ganzes Stück klüger geworden. Das Licht zu suchen, ist eben die Aufgabe des Menschen, die Gott ihnen gegeben, und sie müssen es suchen und finden für sich, für die Tiere, Pflanzen und Steine, für die Elfen und Männchen und für alles, was mit ihnen lebt. Das ist aber eine recht schwierige Geschichte, ich kann es dir auch nicht so erklären.« (S. 19f)

Und so erfährt Veronika, daß alle Wesen verzaubert sind, alle Menschen, alle Tiere, alle Pflanzen, alle Elfen verzaubert sind, ganz ebenso wie Schneewittchen verzaubert ist und jetzt in ihrem gläsernen Sarg liegt und schläft. Und noch etwas sagt ihr die Elfe: »Um zu erlösen, mußt du, Veronika, selbst in den gläsernen Sarg hinein und tief ins Dunkel, bis du das Licht findest. Aber es müssen alle Menschen das tun – die anderen Geschöpfe warten so sehr darauf.« (S. 21)

Und jetzt zeigt die Elfe Veronika auch die »schwarzen Männchen« im Inneren der Erde; es sind jene, die diese Durchlichtung verhindern wollen. Und als Veronika aufbegehrt und die kleinen Gestalten einfach wie Mäuse zur Seite schubsen möchte, erklärt ihr die Elfe: »Das können wir beide nicht, ich nicht und du auch nicht, Veronika. Wenigstens heute noch nicht. Und sieh einmal, wenn du auch ein schwarzes Männchen beiseite schubst und das wirst du später noch manches Mal tun – es sind eben doch sehr viele, und hinter ihnen stehen ganz große und starke Gestalten. Wenn du sie sehen könntest, würdest du nicht mehr von Mäusen reden.« (S. 22f)

Nach einer Weile kommt ein Luftgeist daher, der den Auftrag hat, Veronika noch einmal zu einer »silbernen Brücke« zu führen. Und so fliegen der Luftgeist und Veronika in ihrem Seelenleib ganz ans Ende des Gartens und dort, wo Onkel Johannes sein kleines Häuschen hat, erhebt sich eine riesige Brücke. Ihr eines Ende steht auf silbernen Pfeilern im Garten der Geister und dann steigt sie in einem weiten Bogen in die klare Sonnenluft empor und verliert sich in der Weite des strahlenden Himmels. Noch nie hat Veronika so etwas Schönes gesehen. Gestalten aus Licht passieren dieBrücke hin und her und in der Mitte der Brücke – gerade eben noch sichtbar – stehen lauter weißgekleidete Engel mit silbernen Schwingen.

Einer der Engel tritt auf Veronika zu und sagt: »Sieh dir die silberne Brücke an, kleine Veronika, du kamst von ihr und du gehst wieder zu ihr – aber erst kommt die Dämmerung.« (S. 30)

Veronika spürt, wie eine große Angst über sie kommt, Angst vor der Dämmerung. Fast ist es, als erinnere sie sich, daß sie schon oft hier an dieser Stelle stand, und die Erinnerung an das Dunkel, das anschließend erfolgte, setzt mit Macht ein. Doch der Engel spricht:

»Hab keine Furcht, kleine Veronika, die Dämmerung kommt, und der Glanz der silbernen Brücke wird erlöschen, und auch den Garten der Geister wirst du nicht mehr so sehen, wie du ihn heute sahst, zum letzten Mal. Es wird sehr dunkel, wenn die Dämmerung kommt. Aber ich werde mit dir gehen und ich werde dir deine drei Lichter anzünden, kleine Veronika, und werde über dir wachen.« (S. 30)

Jetzt fällt ein Schleier über die Brücke und Veronika kann – so sehr sie sich auch anstrengt – die silberne Brücke nicht mehr erkennen. Eine tiefe Stille und Traurigkeit überfällt Veronika, jetzt, wo auch der Luftgeist sich verabschiedet. Sie bittet ihn zu bleiben, sie fürchtet sich, allein zu sein. Doch der Luftgeist erklärt ihr, daß sie nicht allein sei, der Engel wache über sie, außerdem der Kater Mutzeputz und es gäbe auch noch andere, die sie um Rat fragen könne. Und außerdem: »Im Haus der Schatten lebt ein kleines Geschöpf, das nahe mit uns, den Luftgeistern, verwandt ist. Es heißt Magister Mützchen und es wird dich betreuen, so gut es das kann nach seinen Kräften.« (S. 31)

Jetzt wird es endgültig dunkel im Garten der Geister. Veronikas »innere Augen« haben sich geschlossen.

Als Veronika eine Stimme laut ihren Namen rufen hört, schlüpft sie mit einem Ruck wieder zurück in ihren Körper und antwortet der Stimme. Es ist ihre Mutter. »Du hast geschlafen, Veronika, komm, wir wollen ins Haus gehen.« Mutzeputz kommt herbei, und als sie das Haus erreichen, da steht bei der Treppe eine kleine lustige Gestalt mit einem grauen Gewand, dünnen Beinen und einem lustigen Hut auf dem Kopfe. Merkwürdig, daß die Mutter diese Gestalt nicht bemerkt, wo sie doch so schöne Grimassen schneiden kann. »Zu dienen«, sagt die Gestalt zu Veronika, »ich heißt Magister Mützchen und bin zu dienen.«

Die Gestalt faßt Veronika bei der Hand und geht mit ihr ins Haus.

In derselben Nacht geschieht es noch einmal, daß der Engel in Veronikas Zimmer tritt, eine große Helligkeit ist um ihn herum, und er spricht: »Heute hast du für eine lange Zeit zum letzten Mal den Garten der Geister und die silberne Brücke geschaut, und deine himmlischen Augen haben sich geschlossen. Nur im Haus der Schatten werden sie noch sehen. Die große Dämmerung ist gekommen und nun beginnt deine Wanderung. Aber du mußt keine Angst haben, wenn es dunkel ist, ich will dir deine drei Lichter anzünden und über dir und ihnen Wache halten.« (S. 34)

Und so stellt der Engel einen großen Leuchter vor Veronika hin. Drei Flammen brennen an der Spitze der Arme des Leuchters. Blaue und rote Flammen an den Seiten und eine goldene ein wenig höher in der Mitte.

»Nun brennen deine drei Lichter in der Dämmerung«, sagt der Engel, »Segen auf deinen Weg, kleine Veronika.«

Veronika hört noch, daß Mutzeputz leise schnurrt und sie sieht, daß Magister Mützchen andachtsvoll in einer Ecke hockt, und dann kommt eine große Müdigkeit über sie – und sie schläft ein.

So weit der erste Akt unseres Spiels.

Vergegenwärtigen wir uns noch einmal, was wir hier tun wollen. Wir beschäftigen uns mit Esoterik, d. h. mit den *Gleichnissen*, die uns aus der Welt entgegengebracht werden, damit wir uns *in ihnen erkennen* können.

Zu diesem Zweck wollen wir uns in ein Mysterienspiel einlassen. Wem dieser Name zu anspruchsvoll ist, der kann auch sagen, wir führen im Inneren unserer Seele ein Theaterstück auf und tun so, als wären wir die Schauspieler in diesem Stück.

Nun magst du einwenden »Ja, aber das macht doch keinen Sinn, denn im letzten Kapitel wurde gesagt, wir schauen uns die *Welt* an, um an der Welt uns selbst zu erkennen. Das sei Esoterik! Jetzt aber schauen wir uns nicht die Welt an, jetzt schauen wir nach innen. Da ist doch nicht mehr Welt. Gehen wir jetzt nicht den Weg der Innenschau, also letztlich jenen, den auch der geht, der sich auf den Himalaya setzt?«

Die Antwort ist ja und nein zugleich.

Ich möchte es an einem Gleichnis verdeutlichen, und dieses Gleichnis soll dargestellt werden durch einen einfachen *Baum*. Wenn ich sage »Wie oben so unten«, »Wie drinnen so draußen«, dann ist der esoterische Weg dadurch gekennzeichnet, daß wir sagen können »Gehe einmal vor deine Haustür, wende dich nach links und der erste Baum, auf den du triffst, ist ein tiefes Gleichnis über dein Leben«. Du kannst den Baum sogar photographieren, das Photo nach Hause tragen und Tage und Wochen darüber meditieren. So wird der Baum sein Geheimnis, sein Gleichnis im Laufe der Woche enthüllen.

Du kannst aber auch einen zweiten Weg einschlagen, indem du folgendes tust: Schließe deine Augen, atme tief durch und *stelle dir jetzt vor*, du gingst aus der Haustür, wendest dich nach links und jetzt taucht ein Baum vor deinem inneren Auge auf. Es ist *dein* Baum, du schaust ihn dir genau an, öffnest dann deine Augen und *malst* diesen Baum.

Auch dieser Baum wird bald sein tiefes Geheimnis in dein Leben hinein entlassen. Auch dann, wenn er vollständig anders gewachsen ist als jener, der in Wahrheit dort steht.

Du darfst jetzt freilich nicht den Fehler machen, zu glauben, es müsse sich in beiden Fällen um die gleichen Bäume handeln. Derartigen Unsinn versucht die Parapsychologie herauszufinden, die deshalb mit Esoterik nichts, aber auch gar nichts zu tun hat. Sie versucht zu beweisen, daß der vorgestellte Baum und der tatsächlich vorhandene Baum möglichst identisch sein sollten. Ja, sie versucht, daraus eine Wissenschaft zu machen, was absurd ist, weil sich *Gleichnisse* und *Wissenschaft*, d. h., der Satz des Hermes Trismegistos und der der Herren Hempel-Oppenheim absolut nicht vertragen.

Zurück zu unserem Mysterienspiel. Am Ende dieses Kapitels werden wir ein erstes Mal die Brücke in einen anderen Bewußtseinszustand hinein überschreiten und uns ein bestimmtes Gebiet anschauen. Dazu müssen wir verschiedene Dinge wissen. Dem ersten Akt des Spiels gibt Manfred Kyber den Namen »Im Garten der Geister«, und dieser Name ist so treffend, daß wir ihn beibehalten werden. Wir sollten uns freilich vorher einige Gedanken zu dem Thema, das hier berührt wird, machen. Dieses Thema ist die Kindheit. Jede Kindheit hat zwei Aspekte. Der erste ist der, der uns hell, freundlich und liebenswert erscheint; der zweite kommt uns düster, grau und zerstörerisch vor.

Im ersten beschwören wir die Geister des Lichtes, im zweiten die Geister der Finsternis. Beide Reiche gehören zur Kindheit. Beide sind Teil unseres Weges. Mitunter erscheinen uns beide Teile ungleichgewichtig. So haben manche Menschen die Erinnerung, ihre Kindheit sei nur hell gewesen, während andere Menschen ihre Kindheit nur grau umdüstert im Gedächtnis behalten haben.

Und so ist das erste und entscheidende, was zu unserer Kindheit zu sagen ist, folgendes: *Jeder hatte die Kindheit, die genau richtig war für ihn.* Dieser Satz klingt brutal, so als wollte ich damit sagen, wenn du eine schlechte Kindheit hattest (vielleicht sogar im Waisenhaus aufgewachsen bist), dann bist du ein schlechter Mensch, ein Mensch, der so etwas verdient hat. Ja, wir sind schnell geneigt, Wertungen oder Moral in eine derartige Sache hineinzutragen, und doch haben Wertungen hier so gar nichts zu suchen. Möglicherweise überlegst du oft, was wohl passiert wäre, wenn in deiner Kindheit dieses oder jenes nicht vorgefallen wäre, *wie* du dann heute ein anderer Mensch wärest (es nicht so schwer hättest usw.). Doch es ist ein Gesetz, daß jeder genau die Kindheit bekommt, die er benötigt, damit er eine Ausgangsbedingung, gleichsam ein Sprungbrett hat, von dem aus er seine *Aufgabe*, die Aufgabe für sein Leben, lösen kann.

Stell dir vor, es sei die Aufgabe deines Lebens, endlich deine Weiblichkeit in dir zu entdecken, dasjenige also, was als Lebensthema auszudrücken wäre mit den Worten »Wärme«, »Weiblichkeit«, »annehmen können«, »gebären können«, »empfangen können«, »einverstanden sein können«, »Mutter sein können«, »sich bestrahlen lassen«, »passiv sein« etc. (astrologisch gesehen, das Thema des Mondes!). Du sollst also in dieser Inkarnation das Thema des Mondes in dir finden. Wozu? Nun, vielleicht weil dieses Thema seit vielen Inkarnationen in dir verschüttet ist, weil du es weggegeben, versteckt, verstoßen hast. Aber ohne diesen Anteil bist du nicht komplett, und so wäre dein jetziges Leben dazu da, dieses Thema zu suchen.

Wie sieht nun – in bezug auf diese Aufgabe – deine Kindheit aus? Hattest du jetzt in deiner Kindheit eine liebevolle Mutter, eine, die dich zärtlich in dieses Thema eingeführt hat? Eine, die dir verständnisvoll beigebracht hat, was man bei diesem Thema alles beachten muß, die dir dieses Thema vorgelebt hat. Wohl kaum!

Eine derartige Mutter würde dir das Thema so leicht und d. h., so selbstverständlich machen, daß du gar nicht weiter darauf achten würdest, was so alles in deiner Seele passiert. Eine derartige Kindheit wäre einfach nur schön. Summerhill. (In Summerhill fehlte freilich auch die Mutter, ein alter Mann trat an die erste Stelle. Und so könnte es sein, daß auch die Kinder von Summerhill heute auf der Suche nach ihrer Mutter sind.)

Nach meinen Erfahrungen hattest du – mit einem derartigen Problem – eine Mutter, die bereits in der Kindheit gestorben ist, oder deinen Vater und dich verlassen hat, oder anderweitig nicht anwesend war. Warum? Damit jetzt in dir ein *Impuls* sehr deutlich einsetzt, der nämlich: auf die Suche zu gehen. Suche deine Mutter (deine Weiblichkeit, deinen Mond, deine Anima). Aber in der Kindheit ist erst einmal Schmerz da, Verzweiflung, Elend. »Mutter, warum hast du mich verlassen?« – Zorn, Anklage, Jammer.

Möglicherweise brauchst du erst einmal 10 Jahre Psychoanalyse (»böse Mutter«). Wenn du in das Wort »Vorwurf« einmal hineinhorchst, so wird schnell sichtbar, daß du, der du Vorwürfe machst, damit etwas *vor dich wirfst*. Es liegt jetzt vor dir (du glaubst, es läge vor jemand anderem, aber das stimmt nicht, es liegt immer vor dir). Früher oder später siehst du, daß du mit dem, was da vor dir liegt, arbeiten kannst. Du hast jetzt mit dem Thema »Mutter« lebenslang zu tun, triffst Frauen, in denen du deine Mutter suchst (triffst Männer, in denen du deine Mutter suchst), trennst dich wieder von ihnen, bis du eines Tages diesen Teil, der dir solange gefehlt hat, *als Fehlenden* in dir triffst. Du sollst ihn *in dir* entdecken, *deine* Weiblichkeit, *deine* andere Seite, *deine* Fähigkeit, empfänglich zu werden, schwanger zu werden, deinen Mond (der da möglicherweise ganz verschollen im 12. Haus deines Horoskopes sitzt). Aber erst einmal mußt du entdecken, daß er dir fehlt und das macht deine Welt lange Zeit ziemlich düster.

Während sich die Wissenschaft seit einigen Jahrzehnten (eigentlich seit Freud) damit beschäftigt, was in deiner Kindheit alles falsch gemacht worden ist, möchte die Esoterik dir verdeutlichen, daß in deiner Kindheit *alles genau richtig war*. Die Zerstörung hatte ihren tiefen Sinn. Max Picard hat die tiefe Logik dieses Vorganges in einem Brief einmal mit folgenden Worten beschrieben (jemand beklagt sich, daß eine bestimmte Handlung wohl alles zerstört hätte):

»Das Leben ist so. Das Zerbrochene ist schon in das Leben hineingewickelt, der Mensch ist nicht notwendig, daß er das Leben noch besonders zerbricht, er rollt im allgemeinen nur das schon Zerbrochene heraus.« (Max Picard, Briefe an den Freund Karl Pfleger, Zürich 1970)

Du hattest genau die Kindheit, die du benötigtest, um auf *deine* Suche zu gehen. Der Boden ist genau richtig bearbeitet worden, damit *deine* Pflanze, die eine einmalige Pflanze ist, ihren Nährboden hat.

In diesem Zusammenhang ist sehr deutlich zu erkennen, daß es *eine* Sozialisationstheorie gar nicht geben kann. Jede Theorie sagt etwas über Nährböden generell: wie also der Boden der Kindheit beschaffen sein müßte, damit die Kinder gedeihen. Aber es gibt nicht *die* Kinder. Es gibt nur *einen* Boden pro Kind. Jedes Kind braucht seinen eigenen Boden und – *jedes Kind bekommt seinen eigenen Boden.*

Da ist nichts mehr zu tun. Die einzige Kindheit, in der du dich entfalten konntest, war *deine* Kindheit. Auch wenn sie wehtat, ja, gerade wenn du das Gefühl hattest, daß sie sehr wehtat. Sie ist der Nährboden für dein Schicksal. Ohne diesen Boden wärest du nie ein Mensch geworden. Oder besser gesagt, ohne diesen Boden würdest du nie Mensch werden.

So lautet das erste Grundgesetz der Kindheit: Du hattest deine – und sie war genau richtig. (Auch wenn du weitere 50 Jahre benötigst, ihren Sinn für dein Leben zu erkennen.)

Das zweite, was du zu deiner Kindheit wissen mußt, besagt, daß jede Kindheit eine *Fortsetzungsgeschichte* ist. Man kennt das aus den Comics. Hinter jeder Folge steht »Fortsetzung folgt«, gerade wenn es spannend wird. Wie ist das zu verstehen?

Nun, schauen wir uns einmal die Kette der Leben an, unserer Leben, die wir seit undenklichen Zeiten leben. Da gibt es ein »Diesseits« und ein »Jenseits« (um es erst einmal auf den einfachsten Nenner zu bringen). Und diese beiden Reiche sehen ungefähr aus wie eine Sinuskurve.

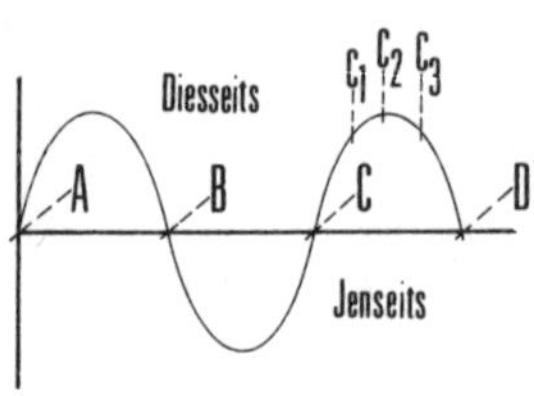

Alle, die diesen Text jetzt lesen, laufen im Moment von Punkt C nach Punkt D. Wir wissen nicht genau, auf welchem Punkt der Bahn CD wir jetzt gerade sind, denn wir wissen nicht, wie langgestreckt (in der Zeit) diese Kurve ist. Ob wir also bei C_1, C_2 oder C_3 sind, läßt sich vorher nicht sagen.

Eines aber können wir wissen, daß wir nämlich vorher schon von A nach B gelaufen sind (und diesen Anfang habe ich willkürlich gewählt, denn davor gab es schon unzählig viele andere Kurven). Diese Sinuskurve geht endlos nach links hinab in die Ewigkeit hinunter. Und sie geht endlos nach vorn in die Ewigkeit. Sie ist in Wahrheit ein Kreis, wie wir ihn heute noch als unser Horoskop-Mandala darstellen.

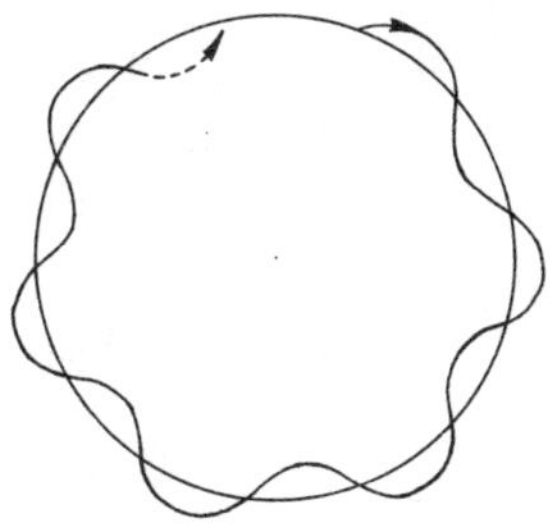

Es ist das »Rad der Wiedergeburten« von dem die östliche Philosophie redet. Und solange wir im »Rad« sind, kommen wir wieder, denn es hat kein Ende.

Wir kommen also von der diesseitigen Strecke AB und gehen hinüber in die jenseitige Strecke BC (das nennen wir Tod und Wiedergeburt). Von der jenseitigen Strecke BC gehen wir wieder herüber nach CD (wo wir uns jetzt befinden). Bei B starben wir im Diesseits, bei C wurden wir wieder ins Diesseits hineingeboren. Interessant ist dieser Umschlagpunkt in zwei Hinsichten.

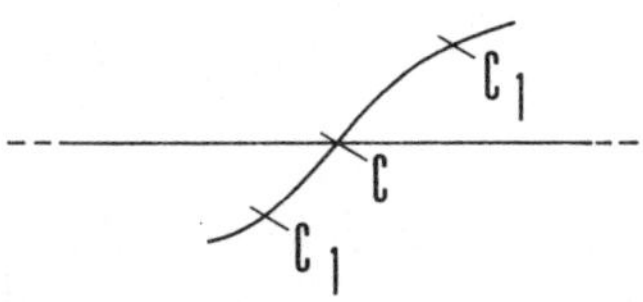

Der Punkt C_1 ist jener Ort, an dem die Befruchtung stattfindet. Da *kommt* die Seele herbeigeeilt und tritt in Kontakt mit dem, was jetzt körperlich heranwächst. An dieser Stelle weiß die Seele noch ganz genau, was auf der Ebene BC vor sich gegangen ist, sie weiß auch ganz genau, was sich *davor* auf AB ereignet hat. Sie hat noch *alle* Erinnerungen. Je mehr sie sich an den heranwachsenden Körper bindet, desto mehr muß sie ihre Leichtigkeit zurücklassen, desto mehr Erinnerungen verliert sie.

Hier (im Uterus) ist ihre Welt noch ein Garten der Bilder, oder, wie Kyber es ausdrückt, ein Garten der Geister. Alles lebt, atmet, pulsiert in einer solchen Pracht, wie wir es heute kaum ermessen können. Vergangenheit, Gegenwart und Zukunft tanzen ihren bunten Reigen. Alle Seelen, die je an dem Leben dieses Wesens beteiligt sind, sind hier in diesem unglaublichen Universum in einem gespenstischen und abenteuerlichen Ringelspiel versammelt. Ein inneres Kino läuft ab und der werdende Mensch ist ein gebannter Zuschauer in diesem Panoptikum des Lebens.

Doch irgendwann einmal kommt der Punkt, da wird der Mensch geboren und er verliert fast vollständig seine Gabe, dieses Panoptikum sehen zu können. Es tut einen Schlag, und seine Seele hat nicht mehr ohne weiteres die Möglichkeit, auf eine Seelenreise zu gehen.

In der jüdischen Mythologie gibt es das schöne Bild des »Engels des Vergessens«. Er legt seinen Zeigefinger auf die Oberlippe des gerade geborenen Kindes (dadurch entstehe die Einkerbung zwischen Nase und Mund) und das Kind hat alles, was vorher war, vergessen.

Jetzt ist der Punkt C erreicht. Zwar hat das Kind alle Erinnerungen an die Vorleben (alle Erinnerungen konkreter Art) verloren, zwar wird es nie mehr so weise, wie es einmal war, aber dennoch ist noch ein Teil dieses Zaubers geblieben. Und dieser Zauber bleibt noch etwa 9 Jahre lang erhalten (so viele Jahre, wie es vorher Monate waren, sagen manche). Aber die Bilder, die jetzt vorhanden sind und gesehen werden können, sind nicht mehr direkte, sondern auf eine eigenartige Weise verkleidete Bilder. Da gibt es jetzt Schutzengel, Waldgeister, Feen, Elfen, Kobolde, Verbündete, Tiere, die reden können, und mitunter in bildhafter Form ein Symbol dafür, woher wir gekommen sind und wohin wir gehen müssen (bei der Veronika eine silberne Brücke).

Neun Jahre lang hat jedes Kind sich diese Gabe mehr oder weniger bewahrt, und dann erlischt sie endgültig. Sodann beginnt das intellektuelle, vernünftige Leben, fast jede Spur an das Damals wird getilgt.

Das klingt auf den ersten Blick sehr phantastisch, doch was ich damit sagen will, ist, daß jeder Mensch einmal im Besitz jenes Wissens war, was die Aufgabe seines Lebens sein könnte, woher er kam und wohin er geht. Wir alle haben in den neun Monaten vor unserer Geburt die großen Visionen unseres Lebens geschaut *und* wir alle haben in den ersten neun Jahren unseres Lebens im »Garten der Geister« gelebt – und wir können zu diesem Zustand zurückkehren (wenn auch nur für Momente).

Ja, wir können einen Abstecher in diesen »Garten der Geister« machen und uns einen – unseren – Abschnitt dieses Gartens anschauen. Genau das ist es, was wir am Ende dieses Kapitels tun werden (wenn du die Kassetten zu diesem Buch hast!)

Doch zuvor (solange du noch an der Haltestelle stehst) möchte ich dir noch eine Eigenschaft, eine Fähigkeit, die deine Seele in sich beherbergt, erläutern. Du hast es im ersten Kapitel der »Veronika« gesehen, daß Veronika ihren Körper verlassen kann, sie kann sich einen Ruck geben und, wie der Dichter sagt, ihr »Erdenkleid« abstreifen. Jetzt, mit ihrem *Seelenleib* kann sie auf »Reisen gehen«, sie ist so leicht, daß sie fliegen kann.

Und dieses Wort »Seelenleib« ist so schön, daß wir es beibehalten wollen (es gibt in der Esoterik andere Ausdrücke dafür, Astralleib, Ätherkörper etc. – stören wir uns nicht daran). Dieses Wandern mit dem Seelenleib ist ein Phänomen, das jeder beherrscht, du weißt es nur meist nicht. Jede Nacht spazierst du im Tiefschlaf mit diesem Leib herum und wanderst durch die Zeiten, die Räume, die Bewußtseinsebenen. Ja, es gibt heute esoterische Techniker, die diesen Vorgang auch im Wachzustand beherrschen (das sog. »Astralwandern«). Es ist zwar ziemlich sinnlos, daraus eine Sportart zu machen, weil es für sich gesehen ebensowenig Sinn in sich trägt wie das 100-Meter-Hürdenlaufen, aber manche, die es können, behaupten, es erweitere das Bewußtsein. Wie dem auch sei, ich möchte dir verdeutlichen, daß in den Phasen von der Zeugung bis zur Geburt der *Seelenleib* und das *Erdenkleid* noch nicht verbunden sind, und von daher ist es oft so, daß die Seele des ungeborenen Kindes mitunter drei Meter über der Mutter schwebt und sich ganz interessiert anschaut, was sie so alles tut. Erst im Geburtsvorgang passiert es, daß Seelenleib und Erdenkleid (also der Körper) etwas fester zusammenwachsen.

Durch die Geburtskontraktionen, das Drücken und Pressen im engen Geburtskanal, wird die Seele gleichsam in den Körper einmassiert (mit Masse erfüllt). Im Tierleben geschieht Ähnliches: Das Junge wird von oben bis unten abgeleckt. So sorgt das Muttertier dafür, daß beide Leiber fester miteinander verankert werden.

Die Betonung liegt freilich auf *etwas* fester. Denn auch in der Kindheit ist es noch möglich, etwas neben sich zu treten (besonders in schlaf*ähnlichen* Zuständen). Meist glaubt man dann, das Kind schlafe oder träume. Eine wunderschöne Geschichte der Wanderung des Seelenleibes ist übrigens »Alice im Wunderland«, denn mit dem »Wunderland« ist ebenfalls der »Garten der Geister« (oder die Astralebene) gemeint.

Auch hier treten Tiere auf, die sprechen können, Wunderwesen, Verbündete usw. Es ist aber gleichermaßen das Betreten der *symbolischen Ebene*, die – und das kann nicht deutlich genug betont werden – *sehr real ist* und die sowohl vor der Geburt als auch in der Kindheit betreten werden kann. Es treten hier Mitspieler auf, die zu dieser Ebene unmittelbar gehören. Bei Kyber wird es sehr deutlich. Die Tiere, die Pflanzen beginnen zu reden. Der Käfer, die Amsel, die Rose, also der ganze *materielle Bereich* der Natur beginnt zu leben. Sodann beginnt der *immaterielle* (seelische) *Bereich*, sich zu entfalten: die Quellennixe, die Baumelfen, der Luftgeist. Und schließlich wird sogar der *geistige Bereich* sichtbar gemacht. Ein weißgekleideter Engel mit einem dreiarmigen Leuchter (in den Farben blau, rot und golden) tritt auf. Körper, Seele und Geist der kleinen Veronika treten symbolisch vor ihr Angesicht. Wir werden diese drei Formen noch studieren. Jetzt sehen wir, daß diese drei Seelenformen (oder Bewußtseinsformen) von da ab Veronika als ihre *Verbündeten* begleiten, denn sie hat

– einen *körperlich materiellen Verbündeten*, den Kater Mutzeputz

– einen *immateriell seelischen Verbündeten*, der keinen Körper hat, den man nur mit den Augen der eigenen Seele sehen kann (weshalb er natürlich für andere unsichtbar ist). Es ist ein kleiner Kobold mit Namen Magister Mützchen

– einen *geistigen Verbündeten*, der diese Dreiheit, die *in* Veronika und deshalb in jedem Menschen beschlossen liegt, in der Form eines dreiarmigen Leuchters zusammenhält, den Engel.

Wie gesagt, wir alle sind »Veronika«, wir alle haben diese drei Bewußtseinsformen, diese drei Ebenen, die in uns wirksam sind. Natürlich sehen unsere *Verbündeten* jeweils anders aus. Den Engel als Zusammenschluß dieser Dreiheit können wir nicht unmittelbar sehen, er wird nur von jenen Seelen wahrgenommen, die schon sehr weit gegangen sind (bzw. schon sehr leicht geworden sind, was dasselbe ist). Aber wir alle haben ihn.

Und wir alle haben einen materiellen Verbündeten – so wie den Kater Mutzeputz –, doch das muß kein Tier sein. Da es bei diesem Verbündeten um eine seelische Form – gleichsam um ein Symbol – geht, kann der Verbündete unserer Kindheit ebenso ein Teddybär sein, eine Schmusedecke, ein bevorzugter Platz im Garten, ein Spielzeug, ja, er kann die unmöglichsten Formen annehmen. Du solltest also an dieser Stelle keine Meinung darüber haben, was da vor deinem inneren Auge auftauchen kann. Laß es einfach geschehen, laß einfach das

Symbol – in der anschließenden Reise – im Inneren deiner Seele auftauchen.

Du bist jetzt bereit für die erste Reise, die auf der Kassette den Namen »Im Garten der Geister« trägt.

Lege sie jetzt ein, lasse sie abspielen, damit die Straßenbahn kommen kann.

(Solltest du – aus welchen Gründen auch immer – die Kassetten nicht besitzen, so kannst du die Reise auch lesen. Sie ist im Anhang zu diesem Buch abgedruckt).

4 Über die Zeit

Wir alle haben uns angewöhnt, die Zeit als eine Größe zu betrachten, die konstant ist. D. h., Zeit verläuft in einem scheinbar objektiven von uns nicht beeinflußbaren Strom, dessen Richtung und Geschwindigkeit wir mit ebenfalls objektiven Meßgeräten (Uhren) erfassen können. So lautet denn auch, ohne daß je groß darüber gesprochen würde, das erste (exoterische) Gesetz der Zeit *»Zeit verläuft linear«*.

Anders gesagt, eine Sekunde als Zeiteinheit hat unter allen Bedingungen die Dauer, die ein Cäsium-Atom benötigt, um xmal (hier steht dann eine entsetzlich große Zahl) zu schwingen. Zeit verläuft also nicht einmal langsam, einmal schneller, ganz wie es ihr beliebt, sondern ihr Fluß ist immer gleichbleibend. Das ist die herkömmliche Meinung. Daran wird nicht gezweifelt, und es muß auch keineswegs gezweifelt werden.

Freilich hat man subjektiv mitunter das *Gefühl*, daß Sekunden zu Stunden werden (beim Zahnarzt) oder daß Stunden zu Sekunden werden (bei der Geliebten, wenn der Morgen bereits dämmert). Aber da man weiß, daß der Uhrzeiger – hätte man ihn verfolgt – tatsächlich in dem einen Fall fünf Sekunden und im anderen Fall 8 Stunden durchlaufen hat, so sagt man: »Na ja, in bestimmten Situationen *kommt es einem so vor*, als ob ...«

Das sei eben ein psychisches Problem, gehöre als *subjektive Zeit* in den Bereich der Psychologie, habe also mit Zeit in einem objektiven Sinne nichts zu tun.

Ein zweites Gesetz, das die Zeit betrifft, lautet: Zeit verläuft immer in einer bestimmten Richtung. Nie kehrt sich die Richtung um, sie ist irreversibel. Errichtet man eine Zeitgerade, so verläuft Zeit immer von der Vergangenheit über die Gegenwart zur Zukunft (gleichsam in Uhrzeigerrichtung).

Diese beiden Gesetze enthalten vollständig die exoterische Auffassung der Zeit, an ihnen wird seit 2500 Jahren nicht mehr gerüttelt. Es ist so, also was soll man sich Gedanken machen.

Zwar ist am Anfang unseres Jahrhunderts ein Mann aufgetreten, der, jedenfalls für den Bereich der Wissenschaft, diese Anschauung gründlich durcheinandergewirbelt hat – Albert Einstein –, doch hat dieser Vorfall auf unsere Zeitvorstellung im Alltag keine Wirkung gehabt.

Und es ist leicht, zu sehen, warum nicht. Einstein hat in seiner allgemeinen Relativitätstheorie beschrieben, daß die Zeit relativ ist zur Geschwindigkeit und zur Masse, die ein Körper hat. Das Zauberwort ist: *relativ*, d. h., je mehr ich einen Körper beschleunige, *desto mehr kommt die Zeit in Bewegung.*

Anders ausgedrückt, zwei Menschen, die zur selben Zeit mit zwei verschiedenen Geschwindigkeiten losfliegen (wobei die Geschwindigkeiten zwar unterschiedlich, jedoch sehr groß sein müssen), und die zur gleichen Zeit wieder zurückkehren, sagen wir nach zwei Jahren (wobei der eine, seiner höheren Geschwindigkeit wegen, natürlich sehr viel weiter geflogen ist), sind beide verschieden *gealtert*. D. h., gemessen am Stand ihrer Borduhren ist im einen Falle mehr Zeit vergangen als im anderen. Das geht (theoretisch) soweit, daß bei einer Reise mit Lichtgeschwindigkeit jemand ein Jahr unterwegs ist und wenn er zurückkehrt, sind auf der Erde mehrere Jahre vergangen. Solche Rechenspiele werden heute regelmäßig durchgeführt (auch bei der NASA), aber wegen der geringen Geschwindigkeiten, die bisher erzielt werden können, fallen die Unterschiede nicht ins Gewicht. Heutige Raketen erreichen bestenfalls Geschwindigkeiten von 70 000 km in der Stunde, während die Lichtgeschwindigkeit 300 000 km pro Sekunde beträgt.

Es gibt bereits einen sehr schönen Limmerick über diesen Zusammenhang, ich kenne ihn leider nur auf Englisch:

A rocket explorer named White
once travelled much faster than light.
He started one day
in a relativ way
and returned in the previous night.

Nun, dieser Zusammenhang ist für uns erst einmal nicht sonderlich interessant, weil die Esoterik über die Zeit ohnehin eine gravierend andere Auffassung hat. Ich erwähne ihn an dieser Stelle nur, weil mittlerweile auch die Exoterik auf die Idee gekommen ist, daß die Zeit kein so einfaches Phänomen ist, wie sie sich dem schlichten Gemüt darstellt. Esoterik weiß nämlich seit Jahrtausenden, daß *Zeit weder linear ist, noch eine eindeutige Richtung hat.*

Freilich, unter den Bedingungen, unter denen wir hauptsächlich leben, oder sagen wir besser, *in dem Bewußtseinszustand*, in dem wir die meiste Zeit verbringen (vor allem, in dem wir Wissenschaft betreiben), sieht Zeit tatsächlich so aus, als unterliege sie den beiden genannten exoterischen Gesetzen. Und solange wir in diesem Bewußtseinszustand bleiben, ist es ganz vernünftig, die Zeit so anzusehen, wie wir sie eben ansehen, aber sie *ist* nicht so!

Ja, Esoterik geht sogar noch einen Schritt weiter, und dieser Schritt wird oft gründlich mißverstanden. Sie sagt nämlich in einer großen Apotheose: *Es gibt keine Zeit.*

Zeit, das sei einzig und allein ein Konstrukt, das von unserem Bewußtsein aufgerichtet werde, existiere also nur *in unserem Bewußtsein* und nirgends sonst. Das ist schön und gut und mag auch so stimmen (wer kann es schon prüfen?).

Dieser Satz ist freilich für unsere menschlichen Belange vollständig wirkungslos, denn da wir Menschen sind, haben wir ein Bewußtsein und leben infolgedessen in der Zeit. Von einer objektiven Warte aus gesehen, mag der Satz also richtig sein. Wenn Gott sagt: »Ich bin der, der war, der ist, der sein wird«, so mag das ebenfalls stimmen, aber wir hier können es noch nicht einmal verstehen. Man könnte ebensogut sagen, die Sonne sei, objektiv betrachtet, ein Würfel, nur durch die Augen des Menschen gesehen (die rund sind) erscheine sie uns als Kugel. Da wir nur darüber reden können, wie etwas durch unsere Augen gesehen aussieht, bleibt die objektive Betrachtung folgenlos. Es gibt nämlich auf der ganzen Welt keinen objektiven Beobachter. Ebensowenig gibt es eine objektive Wissenschaft, denn jede Wissenschaft sieht immer durch das Auge und das Bewußtsein des menschlichen Wissenschaftlers, und der ist Subjekt.

Zurück zur Zeit. Den Satz »es gibt keine Zeit«, den du dir vielleicht eingeprägt haben magst, kannst du an dieser Stelle getrost wieder vergessen. Alternativ dazu möchte ich dir einen anderen Satz anbieten »Zeit ist abhängig von einem bestimmten Bewußtseinszustand«. Mit deinem normalen Bewußtseinszustand, mit dem du vielleicht (?) jetzt dieses Buch liest, verläuft Zeit so, wie du es gewohnt bist – linear und in eine Richtung. Du hast das Buch aufgeschlagen (vorhin), liest diese Zeilen (jetzt) und wirst dieses Buch wieder aus der Hand legen (später). Alles gilt, wie du es im Laufe deines Lebens erfahren hast.

Aber einmal angenommen, du würdest jetzt gleich müde werden und einschlafen, du kannst dich nicht mehr richtig auf die Zeilen konzentrieren, sie verschwimmen vor deinem Auge und du nickst ein... so würdest du sofort in einen anderen Bewußtseinszustand gehen. Jedesmal wenn du schläfst, ist das so. Und auf einmal wird die Zeit etwas vollständig anderes. Sie vergeht viel schneller oder sehr viel langsamer in dir. Man weiß heute (auch wissenschaftlich), daß Träume, gemessen an einer irdischen Zeit, unglaublich schnell ablaufen können. Du weißt es ebenfalls vom Klingeln deines Weckers, den du mitunter in eine sehr weitschweifige Geschichte einbaust. Fragen wir uns, was da passiert, so kann ich es noch am ehesten mit Hilfe eines Bildes auszudrücken versuchen, das aus Bewußtseinszuständen besteht.

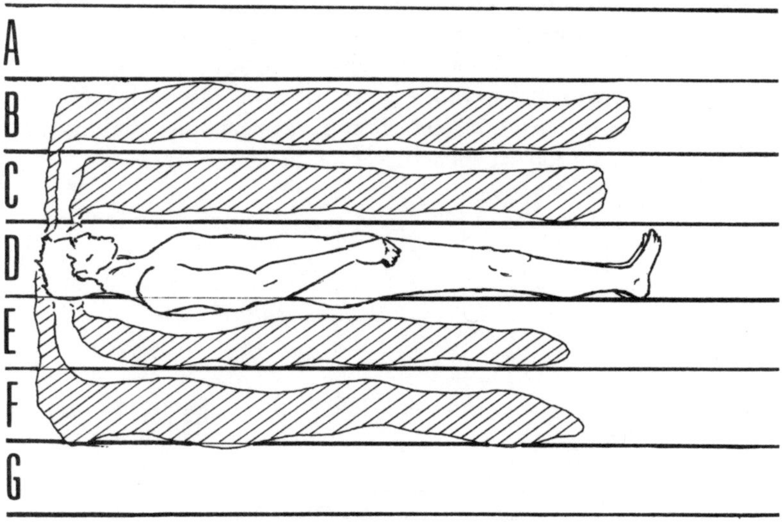

In D, das ist der normale Zustand des Wachbewußtseins, legst du dich hin und schläfst ein. Zustand D ist normal, Zeit verläuft, wie sie immer verläuft. Beim Einschlafen betritt das Bewußtsein eine neue Ebene. Bliebe es in D, so brauchtest du keinen Schlaf, denn dann könntest du den Vorgang der Regeneration deines Körpers, des Bearbeitens von Problemen etc. auch beim Radfahren lösen oder am Schreibtisch. Beim Einschlafen betritt das Bewußtsein also die Ebenen C, B, E oder F. Der Witz daran ist, daß dein Bewußtsein (dein Seelenleib) deinen materiellen Körper verläßt und jetzt auf einer anderen Ebene spazierengeht. Je nach Schlafstadium, d. h. je nach *Tiefe des Schlafs*, wechselt der Seelenleib die Ebenen noch ein paarmal. Das Bewußtsein verläßt also den Körper (bleibt freilich mit einer Art Faden – so eine Versorgungsleine, wie die Astronauten sie benutzen – am Mutterschiff verankert) und geht jetzt auf Bewußtseinsebenen spazieren, auf denen vollständig andere Gesetze gelten. Insbesondere andere Gesetze der Zeit. Ja, man kann die verschiedenen Bewußtseinszustände gerade dadurch charakterisieren, daß es verschiedene Zeitschienen oder Zeitebenen sind.

Natürlich besteht die Schwierigkeit darin, zu erfassen, was denn das für Ebenen sind und wo sie existieren.

Manche sagen, diese Ebenen lägen wie verschiedene Schichten in unserer Welt, es seien eine Art Parallelwelten, die innerhalb unserer Realität lägen, so als würde man durch den Sucher einer Infrarotkamera schauen und auf einmal die Welt vollständig anders wahrnehmen. Andere sagen, diese Schichten existierten nur in unserem Inneren, in unserem Hirn würden also andere Bewußtseinsebenen betreten.

Wieder andere malen ein Modell, das – obwohl es so wahrscheinlich auch nicht stimmt – *als Bild* sehr schön dazu angetan ist, die gegenseitige Verwobenheit der Ebenen zu verdeutlichen.

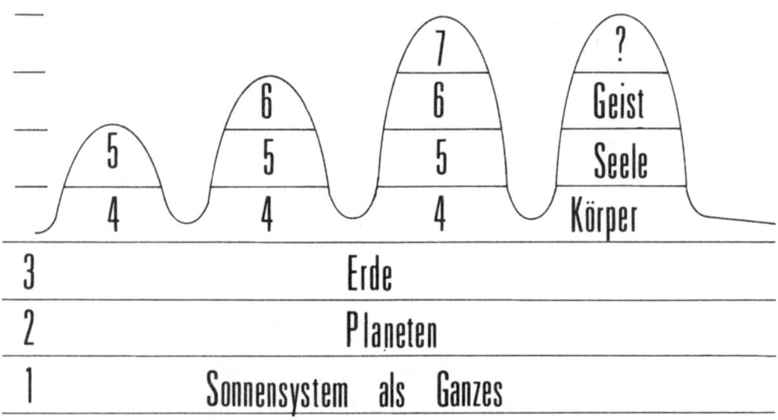

Dieses Bild sieht aus wie eine Berglandschaft im Schnitt. Die Grundidee besteht darin, daß es nicht verschiedene »Bewußtseine« geben kann (du siehst es daran, daß das Wort »Bewußtsein« eigentlich nur als Singular gedacht werden kann), sondern nur *ein Bewußtsein.*

Aber dieses eine Bewußtsein hat gleichsam Erhebungen, und diese Erhebungen stellen die vielen verschiedenen Individualformen dar. So stellen wir uns vor, unser gesamtes Sonnensystem wäre ein einziges Bewußtsein, d. h., also die tiefste Schicht unseres Bewußtseins. Eine Schicht darüber wären die Planeten, die nächste Schicht wäre die Erde (weshalb man jetzt mit Fug und Recht von einem »Bewußtsein der Erde« sprechen könnte, wie es die »New Age«-Bewegung ja auch tut). Auf der vierten Schicht treffen wir alle materiellen Gegebenheiten auf der Oberfläche der Erde an (also Körperlichkeit), die 5. Schicht umfaßt alle Pflanzenwesen, die 6. Schicht alle Tierwesen und die 7. Schicht schließlich das menschliche Bewußtsein. In diesem Modell kann allein das menschliche Bewußtsein die Ebene 7, das wäre die Ebene der All-Einheit (aller 7 Ebenen), erreichen.

Du siehst sofort, daß dieses Modell (bitte, es ist wirklich nur ein Modell) davon ausgeht, daß jeder Organismus unterirdisch mit jedem anderen Organismus verbunden ist. Alles sei *ein* Bewußtsein, nur hätte dieses Bewußtsein gleichsam Höcker und jeder dieser Höcker könne ab einer bestimmten Bewußtseinsschicht sprechen und sagen: »*Ich* habe ein Bewußtsein.« Die einzelnen Höcker (Menschen), sehen jetzt nicht mehr, daß sie Teil sind (teilhaben) an dem Gesamtbewußtsein. Der Mensch hat nämlich etwas entwickelt, was man heute »Ego« nennt, ein Bewußtsein seines »Ichs«, seiner »Einzelheit«, indem er glaubt, er könne heraustreten aus der Gesamtheit des Bewußtseins. Er könne sich heraussondern, in die »Sonderung« treten (daß er damit in die »Sünde« tritt, wird ihm lange Zeit nicht klar). Er ist herausgefallen aus dem Bewußtsein seiner Verbindung mit dem Ganzen und – so wird gesagt – das eben sei die Vertreibung aus dem Paradies. Dieser Gedanke, dieses Modell, hat einiges für sich. Es ist und bleibt ein Modell (also halte dich nicht zu sehr daran fest), aber dieses Modell hat den Vorteil, daß es zeigen kann, wie ein Betreten der verschiedenen Bewußtseinsebenen zu denken ist.

Unter bestimmten Bedingungen können wir es nämlich bewerkstelligen, in einen anderen Bewußtseinszustand zu gehen (nicht nur im Schlaf). Wir steigen dann einfach in unserem Inneren hinab. Nennen

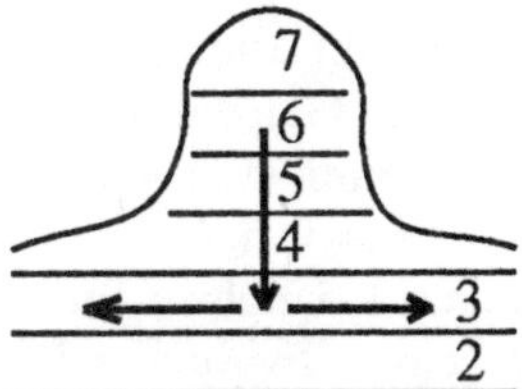

wir es den Abstieg ins Unbewußte. Fast wie in einem Traum können wir auf die jeweils uns interessierende Ebene hinabsteigen und dann auf dieser Ebene in der für diese Ebene typischen Zeit herumgehen. Denn nur die Höcker, also die konkreten Organismen, sind der Zeit in

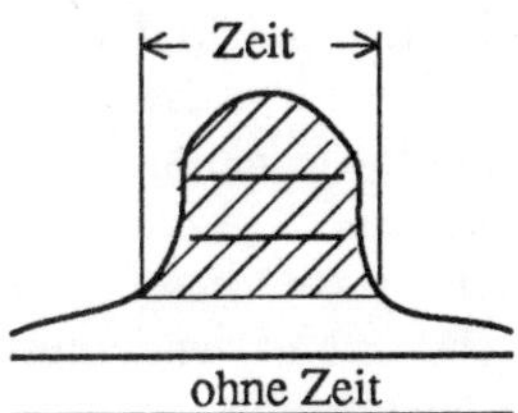

unserem Sinne unterworfen. Wo der Höcker aufhört, gibt es keine Zeit. Hier ist die Ebene in einem gewissen Sinne zeitlos.

Sobald also das individuelle Bewußtsein, das sagt: »Ich bin Peter Orban«, wieder zurückgefallen ist in die Gesamtheit des Bewußtseins, ist sein Seelenleib wieder Teil des Ganzen und lebt außerhalb der Zeit. So kann man sagen, wir als Individuen sind nichts anderes als »Erhebungen« eines gemeinsamen Bewußtseins. Der Mensch hat sich »erhoben« (man sieht es bereits an seinem aufrechten Gang) über die Bewußtseinsformen rings um ihn herum. Er ist, wie man so schön sagt, die »Krone der Schöpfung«. Und dieses »Sich-erhoben-Haben«, dieses »er wollte werden wie Gott« ist sowohl seine Besonderheit wie auch sein Problem. Denn indem er sich erhob, tauchte er in das hinauf, tauchte er in das ein, was wir als »Zeit« kennen. Und indem er in die Zeit tauchte, tauchte er ein in die Sterblichkeit.

Im Paradies (in der All-Einheit) gab es das Wort »Tod« noch nicht, hier gab es noch »ewiges Leben«. Gott warnte den Menschen, er sprach: »Du darfst essen von allen Bäumen des Gartens, aber vom Baum der Erkenntnis des Guten und des Bösen sollst du nicht essen, denn an dem Tage, da du von ihm issest, mußt du des Todes sterben.«

Damit war nicht gemeint (aber das erfuhr der Mensch erst später), daß er sofort nach dem Genuß des Apfels sterben werde. Gemeint war, daß jetzt der Tod in der Welt war. Erst in der Erhebung gegen Gott (»Ihr werdet sein wie Gott«, sagte die Schlange, »wenn ihr davon eßt«), in der Aussonderung aus dem Ganzen (denn die Unterscheidung von Gut und Böse sondert) kommt jetzt Vergänglichkeit, d. h. Zeit ins Spiel. Zeit hat immer zu tun mit Tod. Gäbe es den Tod nicht, dann wäre auch die Zeit eine ziemlich belanglose Sache. Erst als sich aus dem allgemeinen Bewußtsein ein individuelles Ich-Bewußtsein herausgesondert hatte, entstand die Zeit und damit die Geburtsstunde der immer wiederkehrenden Absonderung, oder – was nur ein anderer Name dafür ist – das »Rad der Wiedergeburten«.

Ich möchte dieses Modell noch einmal unter einer anderen Perspektive zeichnen und verdeutlichen. Haben wir uns die (Berg-)Massive der Zeit vorher im Schnitt angeschaut, so stellen wir uns jetzt vor, wir blickten *von oben* auf diese Landschaft der Zeit bzw. des Bewußtseins. Und wir stellen uns weiterhin vor, dieses Gesamtbewußtsein wäre ein riesiges Grundstück, etwa so, wie man sich vor 800 Jahren die Erde vorgestellt hat, als Scheibe. Nur ist das jetzt nicht die Erde, sondern das Gesamtbewußtsein, alles, was ist. Aus diesem Gesamtbewußtsein erheben sich die Höcker – wir sehen sie in der Draufsicht – als kleine Kreise. Natürlich ist das Ganze viel größer, mit unendlich vielen Höckern.

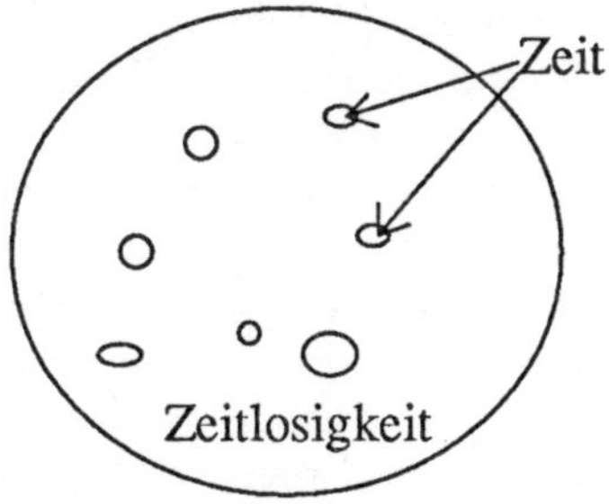

Der Untergrund der Scheibe ist die Ebene der Zeitlosigkeit, die Höcker ragen in die Zeit. Ich, als Peter Orban, als Individualität, lebe mit meinem Zeitbewußtsein *und* mit meiner materiellen Existenz im 20. Jahrhundert. Ich zeichne einen gestrichelten Kreis hinzu, er soll mir angeben, daß mein Bewußtsein sich jetzt in dieser Zeitstruktur (und in diesem Körper) befindet. Der Körper kann dort nicht heraus, er ist gebunden. Das Bewußtsein ist freilich nicht restlos gebunden.

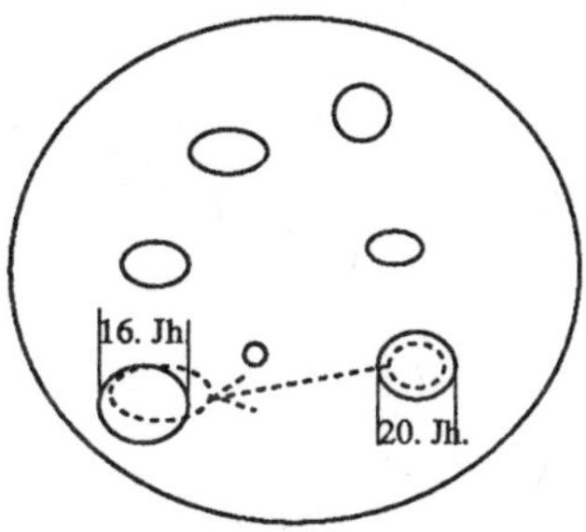

Wir wissen ja aus dem Traum, daß das Bewußtsein spazierengehen kann. Es ist Teil des großen Ganzen, sitzt nicht im Körper fest, kann als *Seelenleib* auf die Reise gehen. Wenn ich es jetzt – mit einer geeigneten Technik – verstehe, den Seelenleib zu lösen, dann kann der Seelenleib in das zeitlose Bewußtsein (nach unten) zurücktauchen (wobei der Faden mit dem Leib verbunden bleibt), und dann kann ich es bewerkstelligen, daß der Seelenleib vorübergehend an einer anderen Stelle wieder aufzutauchen vermag. Da er ja zuerst in die Zeitlosigkeit hinabtaucht, ist er jetzt nicht mehr an die normalen Gesetze der Zeit gebunden, sondern kann vor und zurück durch die Zeit wandern. Stellen wir uns vor, ich dirigiere ihn in eine andere Erhebung hinein – z. B. in eine Erhebung des 16. Jahrhunderts (siehe Bild oben) –, so taucht jetzt mein Bewußtsein (mein Seelenleib) auf einmal in einer Landschaft des 16. Jh. auf. Der Faden bleibt freilich an meinem Körper (meinem Höcker aus dem 20. Jh.) befestigt, d. h., ich kann mit meinem Seelenleib nicht endgültig im 16. Jh. bleiben. Die Verbindung kann nicht gekappt werden.

Diesen Vorgang, den ich gerade beschrieben habe, nutzen wir für unsere Therapien. Mit Hilfe einer Technik versetzen wir unser Bewußtsein zurück in die Zeitlosigkeit, tauchen dann wieder in die Zeit, die diesmal freilich eine andere Zeit ist. Wir nennen das mitunter Reinkarnations-Therapie. Wir gehen bei irgendeiner Erhebung (an einer Stelle also, an der etwas »Erhebendes« passiert ist) mit unserem Bewußtsein eine Weile vor Anker. (Die Gründe, warum wir so etwas tun, lassen wir hier erst einmal beiseite.) Unsere Leiblichkeit bleibt bei diesem Vorgang wohlbehalten hier im 20. Jh. zurück. Sie können wir nicht zurückdirigieren – und das ist auch gut so.

Aus dieser Überlegung heraus ist es auch verständlich, daß wir im strengen Sinne keine objektive Zeit haben können. »Inkarnation« heißt »in das Fleisch treten«. Ich habe dir vorher ein Bild gegeben, das so aussah. (A).

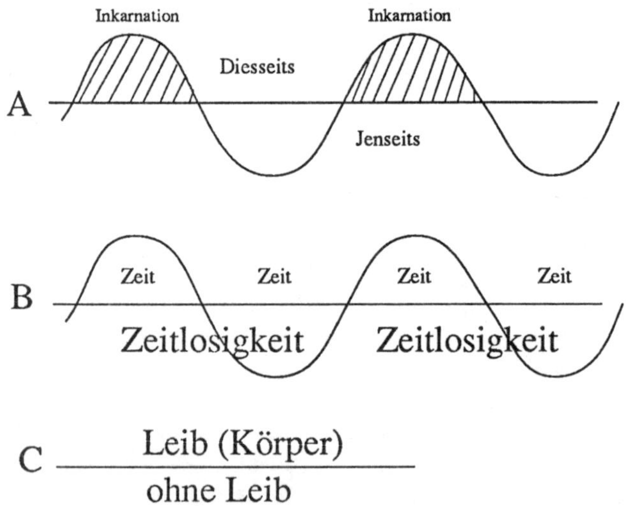

Wir können dieses Bild jetzt neu beschriften (B), wir könnten natürlich ebensogut hinschreiben (C). Aus diesem Bild leitet sich schnell folgender Trugschluß ab. Da ich, Peter Orban, heute inkarniert bin (seit 1944), könnte ich ja vermuten, daß meine letzte Inkarnation einige Jahre oder Jahrzehnte davor lag. Nun habe ich in der Tat ganz am Anfang meiner Arbeit an meinen Inkarnationen ein Leben erlebt, das

1928 zu Ende ging. Und so habe ich lange Zeit gedacht: Aha, 1928 gestorben und 1944 wiedergeboren, dazwischen liegen 16 Jahre Niemandsland. Ich kannte also jetzt vermeintlich den unteren Teil meiner letzten Kurve. 16 Jahre Zeit- und Leiblosigkeit. Aber bei Licht

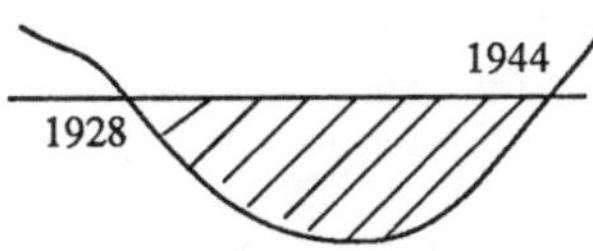

besehen, ist das natürlich Blödsinn. Der Trugschluß lag darin, daß ich mein *zeitliches Denken*, in dem ich großgeworden bin, auch auf die Ebene der Zeitlosigkeit übertragen habe. Ich hatte Logik in diesen Zusammenhang hineingebracht, und die Logik rechnet 1928 bis 1944, also 16 Jahre sind vergangen seit meiner letzten Inkarnation. Der Denkfehler lag in dem Wort *letzte*. Da Inkarnationen aus der Zeitlosigkeit heraus stattfinden, und die Zeitlosigkeit ihren eigenen Gesetzen unterliegt, so heißt das, wenn ich 1928 in die Zeitlosigkeit abtrete und irgendwann wieder in die Zeit eintrete, so kann das ebensogut im Jahre 1422 n. Chr. oder im Jahr 3766 n. Chr. oder bei den alten Ägyptern sein. Mit anderen Worten, auf der Scheibe der Zeitlosigkeit liegt *alle* Zeit der Welt bereits vor, und zwar *gleichzeitig*. Das meint das Argument, es gibt keine Zeit. Vergangenheit, Gegenwart und Zukunft sind unentwirrbar ineinander verwoben, alle Zeiten liegen wie Bonbons in einem großen Bonbonglas, du greifst hinein und wählst dir eines.

Oder es ist, wie ein anderes Bild von Thorwald Dethlefsen es immer wieder verdeutlicht, wie bei einem Radio-Empfänger. Alle Programme sind gleichzeitig in der Luft, alle Sender senden gleichzeitig, aber man muß den Einstellknopf auf ein bestimmtes Frequenzband einstellen, damit man eine bestimmte Sendung hören kann. Erst wenn man den Sender feineingestellt hat, kann er sein Programm in die Zeit hinein entfalten.

Als Bild:

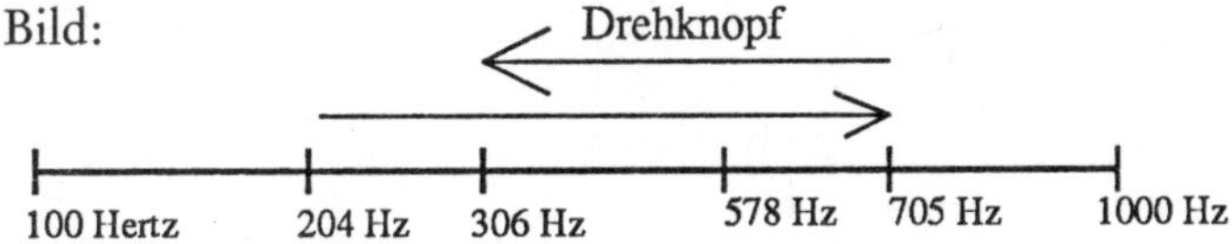

Je nachdem, welche Sendung mich gerade interessiert, gehe ich auf 78 Hz. Landfunk (Bauernaufstände) oder 306 Hz.: Tanzmusik (Jahrh. der Troubadoure) oder auf 70 Hz.: Frauenfunk (Jh. der Hexenverfolgung). (Beim Radio käme auch niemand auf die Idee zu glauben, man könne den Knopf nur in Richtung nach vorn drehen, also zeitlich in die Zukunft.) Wenn ich bei einer *Sendung* sagen kann, ich höre mir das an, was mich gerade interessiert, so ist diese Frage bei den Inkarnationen letztlich ebenso einfach zu beantworten. Wer entscheidet also darüber, in welchem Jahrhundert ich in meiner nächsten Inkarnation landen werde (oder muß ich sagen: gelandet bin)? Antwort: Ich gehe dorthin, wo mir etwas fehlt, wo ich etwas lernen kann, was ich bisher noch nicht gelernt habe. Die Feineinstellung des Senders erfolgt nach dem Gesetz der Resonanz. Und Resonanz heißt hier, es gibt in mir einen Ton (in dem meine Seele schwingt). Jetzt sucht sich die Seele eine Zeit (also ein irdisches Übungsfeld), die diesem inneren Ton entspricht, d. h. eine Zeit, die in dem gleichen Schwingungsverhältnis »schwingt« wie meine derzeitige Seele. Gleiches zieht Gleiches an. Eine Seele sucht sich die Zeit, die sie gerade benötigt.

Ziehen wir diese Aussagen von den hohen Massiven der Theorie einmal herunter auf ihre Anwendbarkeit in der Praxis, so resultiert daraus, daß du, der Leser – ebenso wie ich, der Schreiber – dieses Buches jetzt in dieser Zeit, in diesem Jahrhundert dich befindest, weil du zu diesem Jahrhundert resonant warst. Deine Seele hat sich genau das richtige Jahrhundert ausgesucht, weil sie in ihrem damaligen (?) Zustand genau dieses Jahrhundert gebraucht hat. Wozu? Um sich zu entwickeln (um sich auszuwickeln!). Die Zeit, in die du hineingestellt bist, heute, ist die richtige Zeit. (Was auch immer dein Kopf an Bedenken anmelden mag.) Im letzten Kapitel habe ich gesagt, deine Kindheit, jene Kindheit also, die du hattest, sei genau die richtige Kindheit gewesen, damit du – wenn auch zunächst als Mangel – jene Erfahrungen machen konntest, die dich in die Lage versetzen, deinen Weg zu suchen. Jetzt können wir hinzufügen, daß die Zeit, das Jahrhundert, in das du hineingeboren bist, genau die richtige Zeit ist, die du benötigst, damit deine Seele sich entlang ihrer Aufgabenstellung entwickeln kann.

Aber bisher redeten wir nur über *einen* Aspekt der Zeit, nennen wir ihn den *quantitativen* Aspekt, den zahlenmäßigen Aspekt. Er läßt sich so zusammenfassen: Zeit verläuft nur in unserem *Alltagsbewußtsein* gleichförmig und in eine bestimmte Richtung. Unabhängig von unserem Bewußtsein liegt alle Zeit der Welt gleichzeitig vor, und erst mit unserem Eintreten in die Leiblichkeit spannen wir eine lineare Zeitachse auf. Ohne Leib herrscht Zeitlosigkeit, wir können auch sagen »Ewigkeit«. Zeit ist somit gebunden an unseren Körper (und nicht nur an unseren, denn alles, was in die Leiblichkeit getreten ist (Mineralien, Pflanzen, Tiere) unterliegt ebenfalls den Gesetzen der Zeit.

Zeit ist somit gebunden an Masse. Man kann es auch anders ausdrücken. Zeit ist gebunden an *Gebundenheit*. Ist gebunden an *Dichte* (oder an Haftung), an das Festhaften. Und mit dieser Überlegung gehen wir über zum *qualitativen* Aspekt der Zeit.

Das erste Gesetz innerhalb der qualitativen Analyse der Zeit lautet also

»Zeit bezieht sich immer auf Masse.«

Je *dichter* die Masse ist, desto langsamer vergeht die Zeit. Dieser Satz ist deshalb nicht so leicht nachzuvollziehen, weil ich mit den Worten »Masse« oder »Dichte« nicht unbedingt physikalisch meßbare Einheiten meine, sondern Bewußtseinseinheiten, gleichsam Bewußtseinsfiguren.

Stellen wir uns (entsprechend unserem Modell) vor, die Sonne habe ein Bewußtsein (auf der ersten Ebene unserer Graphik), so ist leicht zu sehen, daß für die Sonne (die ja jetzt in der Leiblichkeit ist) einige 100 Milliarden Jahre vergehen müssen, bis das Bewußtsein der Sonne wieder zurücktauchen darf in die Zeitlosigkeit. Bei der Erde (Bewußtsein der Erde) sieht es schon anders aus. Sie existiert etwa 4 Milliarden Jahre und wird etwa noch 4 Milliarden Jahre weiterexistieren. Und so nehmen die Ebenen weiter ab. Die Pflanzen existieren höchstens 900 Jahre (der Affenbrotbaum), die Tiere höchstens 200 Jahre, der Mensch höchstens 100 Jahre. Bleiben wir einen Moment auf den Ebenen 5, 6 und 7. Wir wissen ja schon, daß für sie Zeit nicht gilt. Sie leben ewiglich, sie sind nämlich nicht von dieser Welt. Das heißt jetzt nicht, sie seien älter als die Sonne, sondern sie haben mit Zeit nichts zu tun. Sie wohnen auf einem anderen Plateau. Mitunter freilich nisten sie sich ein in die Form, wählen sich als Seelenleib eine Verkörperungsebene, in der sie sich dann länger und kürzer aufhalten. Aber der Geist und die Seele leben nicht in der Zeit. Das meint Jesus, wenn er sagt: »Mein Reich ist nicht von dieser Welt.« Das meint auch das *Paradies*, in dem es den Prozeß des Sterbens ebensowenig gibt wie den Prozeß des Geborenwerdens. Die Wesen des Paradieses sind nicht geboren, sie sind »geschöpft«, sind »Geschöpfe Gottes«. Im Paradies leben sie ewiglich und erst wenn sie das Paradies verlassen müssen, fallen sie in die Zeit.

Aber zurück zur Masse.

Nehmen wir das Bild des Affenbrotbaums und daneben das des Veilchens. Der Affenbrotbaum, mächtig, dick, starr, hoch, massiv und – als Gegenteil dazu – das zarte Veilchen; beide entstammen dem Reich der Pflanzen. Nehmen wir ein anderes Bild. Ein Nilpferd und ein

Schmetterling – beide entstammen dem Reich der Tiere. Der Baum lebt einige Jahrzehnte, der Falter einige Tage. Der eine hat riesige Wurzeln, mit denen er sich in der Erde festkrallt oder stämmige, dicke Beine, mit denen er solide und schwer auf der Erde steht, das Veilchen hat ein sehr zartes Wurzelwerk, bzw. sehr dünne Flügel, mit denen er im Wind gaukelt. Der Affenbrotbaum und das Nilpferd sind beide sehr gebunden. Das Veilchen und der Schmetterling sind nur locker gebunden, sie sind beide sehr leicht. Ich möchte zunächst auf Folgendes hinaus: *Masse* ist gleich *Schwere* und Schwere ist gleich *Gebundenheit*. Je schwerer ein Körper ist, desto stärker ist er gebunden. Und je mehr ein Körper gebunden ist, desto stärker sitzt der Seelenleib in ihm fest. Das ist in etwa die Grundlinie. Beziehen wir diese Idee auf das Menschenreich, dann ergibt sich eine *erste* Analogie, die folgendermaßen aussieht. Je *jünger* ein Mensch ist (Beispiel Kindheit), desto weniger Masse hat er, desto lockerer sitzt sein Seelenleib in seinem körperlichen Leib, desto eher kann der Seelenleib den Körper noch verlassen. (Siehe das erste Kapitel der Veronika.) Je älter der Mensch wird, desto schwerer wird seine Masse, desto mehr ist der Seelenleib verbunden, desto lastender wird die Zeit erlebt.

In der Kindheit – vielleicht kannst du dich erinnern – hattest du unbegrenzt Zeit zur Verfügung. Ein kleines Kind, das spielt, spielt in einer anderen Zeit, fast ist es so, als spiele es außerhalb der Zeit. Mitunter bricht die Zeit wie eine Katastrophe in dieses Spiel hinein, indem die Mutter sagt: »Jetzt wird es Zeit, ins Bett zu gehen!«

Wenn du älter wirst, vergeht die Zeit immer schneller, so daß du dich vielleicht mit 40 Jahren fragst, wo denn eigentlich die letzten 5 Jahre geblieben seien. Mit 70 schließlich wird die Zeit wieder langsamer und will gar nicht mehr vergehen. Jetzt sind wir so schwer geworden – das ist jedenfalls die Regel – daß die Zeit unglaublich lange braucht, um zu verstreichen.

Aber – und jetzt müssen wir das Ganze korrigieren – man ist nicht deshalb so schwer geworden, *weil* man älter geworden ist, das Alter hat hiermit kaum etwas zu tun, sondern weil man so gebunden ist. Weil man *Meinungen* entwickelt hat, die man nicht mehr hergibt, *Weltbilder, Vorstellungen, Überzeugungen*, weil man so verstrickt ist in ein Netzwerk von Wurzeln, an denen man hängt. Philsophien, Esoteriken, Vorurteile halten uns jetzt gefangen – und das ist eigentlich gemeint mit »Masse«, mit »Gebundenheit«. Wir sind innerlich zum Affenbrotbaum geworden (und selten zum Schmetterling).

Kinder sind in diesem Sinne nicht gebunden. Die Mutter Veronikas sagt: »Käfer können nicht reden.« Gut, das weiß Veronika jetzt. Aber

Kinder sind auch bereit, in jedem Augenblick eine Meinung loszulassen, wenn sie eine andere Erfahrung machen. Auf einmal fängt der Käfer an zu reden: »Veronika, soll ich dir einmal mein Haus zeigen, so ein schönes Haus hast du noch nie gesehen.« Vergessen sind die Worte der Mutter, daß Käfer nicht reden können. Veronika macht eine neue Erfahrung. Käfer können reden. Sie ist leicht, sie läßt es geschehen.

Stell dir den ›alten Mann‹ daneben vor, er ist 75 Jahre alt und schwer und er begegnet jetzt einem Käfer: »Opa, ich zeige dir das Geheimnis deines Lebens, höre mir zu!«

Was macht der Opa? Aller Voraussicht nach schluckt er sofort zwei Valium und geht zu seinem Hausarzt. Es kommt nichts Neues an ihn heran. Das meint das Wort ›schwer‹, ›massiv‹.

Wenn Jesus sagt: »Ihr kommt nur in mein Himmelreich, wenn ihr werdet wie die Kinderlein«, dann hat er möglicherweise einen derartigen Zusammenhang im Sinn. Kinder sind jeden Moment neu, nehmen jeden Moment das an, was ihnen geboten wird.

Alte Leute (und auch 18jährige können in diesem Sinne schon uralt sein) haben diese Gabe durch die vielen Urteile, die sie bereits gefällt haben, innerlich verwirkt.

Diesen Zusammenhang von Masse, Zeit und Geschwindigkeit möchten wir jetzt in der Form eines kleinen Hörspiels verdeutlichen. Lege also jetzt die 2. Seite der ersten Kassette auf, sie trägt den Titel ›Be-Ziehungen‹. Mache es dir sehr bequem.

5 Im Haus der Schatten

Unsere Geschichte der kleinen Veronika geht weiter. Hier jetzt solltest du das 2. Kapitel des Buches: »Die drei Lichter der kleinen Veronika« noch einmal intensiv lesen. Für die, denen es zu mühsam ist, fasse ich dieses Kapitel zusammen, es heißt: »Im Haus der Schatten.«

Die kindlichen Augen der Veronika haben sich am Ende des letzten Kapitels geschlossen, jetzt öffnen sich ihre weltlichen Augen und Veronika erwacht ein erstes Mal bewußt im »Haus der Schatten« und d. h., in der realen Welt, in der sie mit ihren Angehörigen lebt. Zwar gibt es noch eine winzige Verbindung zum »Garten der Geister« dadurch, daß sie immer noch ihren Kater Mutzeputz verstehen und den (für normale Augen unsichtbaren) kleinen Waldgeist »Magister Mützchen« sehen kann, aber ansonsten ist alles wie bei jedem anderen kleinen Mädchen auch.

Ein erstes Mal schaut sich Veronika ganz bewußt ihr »Zuhause«, denn so lautet der weltliche Name für den »Garten« und das »Haus der Schatten«, an. Es ist ein Haus, wie jedes andere auch, mit vielen Zimmern und mit Menschen, die in diesen Zimmern wohnen.

So geht sie durch alle Zimmer und landet unversehens vor einem Raum, den sie vorher noch nie betreten hat. Mützchen warnt sie: »Es ist das grüne Zimmer, keiner im Haus mag es leiden und es wäre besser, du würdest nicht hineingehen« (S. 40). Aber die Anziehungskraft dieses Zimmers ist so stark, daß Veronika nicht widerstehen kann und das Zimmer betritt. Es ist dunkel hier und das Mobiliar ist sehr alt. Ölgemälde hängen an den Wänden. »Laß uns wieder gehen«, drängt Magister Mützchen, doch es ist schon zu spät. »Guten Tag, Veronika«, hört sie eine Stimme hinter sich. Ein wenig verschreckt steht sie jetzt einer schönen jungen Frau gegenüber. Doch diese Frau ist eigenartig farblos, so, als bestünde sie aus grauem Rauch. »Es ist hübsch von dir, daß du mich besuchen kommst«, sagt die Frau, die so altmodisch angezogen ist wie auf einem der Ölgemälde, nur nicht so farbig. Und Veronika erfährt, daß diese vornehme Dame schon sehr sehr lange in diesem Zimmer lebt. Ja, daß sie so gerne über eine bestimmte Schwelle dieses Zimmers gehen würde, es aber nicht vermag. Veronika kann das gar nicht begreifen: »Ich kann gerade an dieser Schwelle, auf die du zeigst, nichts Besonderes finden. Die ist doch gar nicht hoch. Paß mal auf, wie ich über sie hinwegspringe!« (S. 43). Aber Magister Mützchen hält Veronika zurück. »Nein«, sagt er, »tue es nicht. Über die Schwelle darfst du jetzt nicht gehen, sonst kommst du sofort wieder in den ›Garten der Geister‹ und es wäre zu früh, jetzt wieder dahin zurückzugehen. Du mußt geduldig sein und noch eine Weile im ›Haus der Schatten‹ bleiben« (S. 43). Gehorsam tritt Veronika von der Schwelle zurück. »Bist du nicht einsam hier?« fragt sie die graue Frau. »Nein, schau dich doch um, es sind doch so viele andere hier!« und jetzt sieht Veronika, daß im ganzen Zimmer ringsumher lauter graue, durchsichtige Gestalten in alten Gewändern sich aufhalten. Sie sind noch viel schemenhafter als die graue Frau. Veronika spürt, daß man mit ihnen nicht reden kann. Das Grauen packt sie, sie stürzt zur Tür hinaus und schlägt sie hinter sich zu. »Siehst du«, sagt Magister Mützchen, »das ist keine Gesellschaft für dich!« und er erklärt ihr, daß die graue Tante zwar noch ein wenig lebendig ist, daß aber die anderen Gestalten nur »Gedanken« der grauen Frau sind. Sie lebe inmitten ihres eigenen Bilderbuches, sei gefangen in ihren Gedankenbildern und kann nicht über die Schwelle gehen. Sie wohne zwischen zwei Welten. »Unter all denen, mit denen sie vor vielen Jahren einmal in diesem Haus gelebt hat, die aber bereits tot sind – so wie sie selbst.« »Ich finde das Bilderbuch schrecklich, ich habe Angst davor und will es nie wieder sehen« (S. 45).

Im Laufe des Kapitels lernen wir noch weitere Weggefährten Veronikas kennen. Wir begegnen dem blöden Peter (er ist der Sohn des Gärtners) mit seinem Hund Zottel, an dem er mit großer Liebe hängt. Peter ist sehr schwerfällig, kann kaum etwas lernen und »sieht« auch nicht so viel wie Veronika, aber er glaubt (und vertraut) ihr blind.

Wir begegnen Onkel Johannes, dem Bruder von Veronikas Mutter; er ist nach dem Tode von Veronikas Vater (ja, Veronika ist eine Halbwaise, ihr Vater starb so früh, daß sie kaum eine Erinnerung an ihn hat) in die Familie gekommen, weil er weiß, daß hier vieles noch in Ordnung gebracht werden muß. Er kümmert sich um Veronika und bemüht sich darum, dem blöden Peter etwas beizubringen. Im Moment ist er im Zimmer der grauen Frau und spricht mit ihr: »Ich bin gekommen, dir zu helfen. Ich möchte, daß du endlich über die Schwelle gehen kannst. Du bist schon viel zu lange hier« (S. 50).

Aber die graue Frau, Helga ist ihr Name, kann sich noch nicht lösen. »Ich habe doch eben erst noch mit allen gesprochen. Wie soll ich denn wissen, ob das stimmt, was du sagst, daß alle anderen schon tot sind. Saß nicht Heinrich vor einigen Minuten noch dort?« »Heinrich ist schon lange gestorben, Helga«, sagt Johannes Wanderer leise. »Und du, sag mir, bist du Heinrich oder bist du Johannes?« »Ich war Heinrich und bin Johannes. Und keiner von beiden bin ich ganz.« »Das ist alles so schwer zu begreifen«, sagt die graue Frau. Und Johannes Wanderer erklärt ihr noch einmal die ganze Geschichte. Es gab einmal zwei Männer, die beide um Helga stritten; Heinrich tötete den einen im Duell und floh dann nach Paris. Dort vergaß er Helga und tat sich mit einer anderen Frau zusammen. Beide landeten nach einer kurzen Zeit des Glücks auf dem Schafott der französischen Revolution. Und Helga, als sie davon erfuhr, nahm Gift. Johannes weiß, wovon er redet, denn er selbst war Heinrich. Er weiß auch, daß es jetzt seine Aufgabe ist, Helga den Weg über die Schwelle zu ermöglichen. Doch Helga kann noch nicht gehen. Auf eine geheimnisvolle Weise ist ihr Hierbleiben verknüpft mit einer alten Kirche, in die sie als junges Mädchen sooft gegangen ist. Sie weiß, daß sie erst gehen kann, wenn es wieder hell wird in der Kirche zu Halmar. Sie sagt: »Der, welcher jetzt redet in der Kirche zu Halmar, weiß nicht, was Tod und Leben ist, er kann uns nicht über die Schwelle führen.« »Wir alle müssen viel Geduld haben«, sagt Johannes, »und warten, bis der Pfarrer von Halmar ein Priester wird. Das Wunder ist noch zu jedem gekommen, der darauf wartete und es rief. Rufe es jede Stunde!« »Ich will es versuchen«, antwortete Helga (S. 55).

Beim Abendessen sitzen alle am Tisch: Veronikas Mutter, Johannes Wanderer – sie sind Geschwister – und Veronika. Tante Mariechen ist unverheiratet geblieben und kocht für alle, sie ist für das leibliche Wohl der Familie zuständig. Alle streiten sich, ob es die graue Frau wirklich gibt, denn Mariechen und Veronikas Mutter haben nicht die Gabe, sie zu sehen. Johannes und Veronika erzählen von ihr, wissen aber auch, daß die beiden ihnen nicht glauben. »Du mußt einfach mehr essen«, sagt Mariechen zu Johannes, »dann werden dir keine solchen Gedanken mehr kommen. Du bist unterernährt und die graue Frau und solch ein Zeugs gibt's gar nicht!«

Wir haben im letzten Kapitel den qualitativen Aspekt der Zeit in einen Zusammenhang gesetzt mit den Einheiten »Masse«, »Schwere« oder »Gebundenheit«. Wer sehr festhält, für den verstreicht die Zeit langsamer. Wer sehr losläßt, für den verstreicht die Zeit *nicht* etwa schneller, sondern der tritt schneller aus der Zeit heraus.

Es liegt mir sehr viel daran, daß du diesen Zusammenhang nicht mißverstehst, deshalb möchte ich ihn noch einmal in einem Bild verdeutlichen. Es ist das Bild des Zusammenspieles von Seelenleib und

Körperkleid: Der Seelenleib, der eine Mischung aus Geist und Seele ist, lebt *immer* in der Zeitlosigkeit. Der Körper, der die irdische Verkleidung für den Seelenleib ist, lebt *immer* in der Zeit.

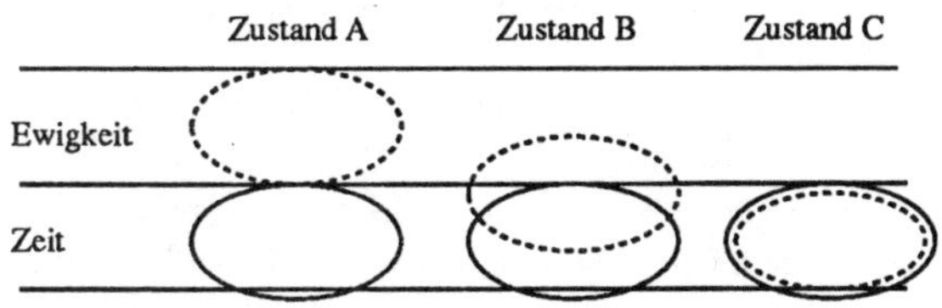

Im Zustand A sind beide voneinander getrennt. Es ist der Körper, der noch keinen Seelenleib hat (*Lebensodem* steht in der Bibel), er ist nicht etwa tot. Tot kann nur etwas sein, was einem Prozeß unterworfen war, was vorher »lebendig« war (und was dann als reine Leiblichkeit zurückgelassen wurde). Der Zustand A ist also »ohne Leben«.

Im Zustand B finden wir einen beseelten Körper, er lebt. Aber es ist eine recht lockere Verbindung, der Seelenleib ist noch nicht endgültig mit dem Körper verlötet; es ist der Zustand der frühen Kindheit.

Erst im Zustand C ist die Verbindung endgültig erfolgt, der Mensch ist alt geworden, er kann nicht mehr spielen. Und *spielen* heißt soviel wie: *den Seelenleib ein wenig herausbewegen.*

Noch einmal: Natürlich gibt es Menschen, die mit 80 Jahren noch locker und jung sind. Man muß nicht schwer werden. Aber das ist nicht die Regel. Ebenso gibt es 25jährige, die sind bereits so starr, ihr Seelenleib ist bereits so festgewachsen, daß man prognostizieren kann, er sei bereits so alt, daß er mit 30 verkalkt. Im Körper zeigt sich dieser Prozeß des Festhaltens, des Starrwerdens (unseres Seelenleibes) in der Körperlichkeit genau an diesen Altersphänomenen, oder sagen wir besser an den Härtephänomenen: Verkalkung, Gicht, Steinbildung, Erstarren der Gelenke, Rheuma etc. Und so wird natürlich auch die Zeit beim Zahnarzt deshalb so lang, weil wir uns so versteifen, starr werden vor Angst.

Auch ein anderes Bild taugt dazu, diesen Zusammenhang zwischen Seelenleib und Körperkleid etwas mehr zu erhellen (und gleichzeitig unsere Diskussion in ein neues Gebiet vorzutreiben): Stelle dir einmal vor, *man würde dein Leben auf der Bühne darstellen.* Man führte also ein Stück auf, dessen Thema »du« bist. Es gibt einen Regisseur (nenne ihn ruhig »Gott«), der arrangiert das Ganze, bleibt jedoch die ganze Zeit unsichtbar. Aber weil ein Stück mit nur einer Person – mit dir – etwas langweilig wäre, hat sich der Regisseur einen Kunstgriff ausgedacht. Er teilt dich in der Mitte durch in der Überlegung, einmal zwei Persönlichkeitsanteile in dir voneinander abzutrennen. Jetzt beginnt das uralte Theaterstück, der Kampf des Guten gegen das Böse, also ein Zwei-Rollen-Stück. Faust, der Positive, der immer strebend sich bemüht, der schon alles studiert hat und nach Erkenntnis ringt und Mephisto, der Negative, der immer Böses schaffen will. (Oder Michael und der Drache.)

Es stehen sich jetzt auf der Bühne zwei Gegenspieler gegenüber. Aber das ist ja noch keine richtige Aufführung, denn zu jedem Stück gehören notwendigerweise auch *die Zuschauer*. Also sagt der Regisseur: »Gut, ich teile noch eine dritte Person ab (von dir) und setze sie in den Zuschauerraum.« Jetzt bist du zu dritt: der Gute, der Böse, der Zuschauer. Und nun beginnt das Spiel »der Gute im Kampf gegen das Böse« oder »das Böse im Kampf gegen den Guten«. Der Zuschauer sitzt da, ist vom Spiel begeistert, erschreckt, angewidert oder gelangweilt. Aber er tut das, was man von einem Zuschauer normalerweise erwartet; er identifiziert sich, er ergreift Partei. »Sich identifizieren« heißt immer in eine Rolle hineinschlüpfen und die Position der Rolle einnehmen, im Theater ebenso wie im Leben.

Es macht die Faszination des Theaters aus, nur solche Stücke anzubieten und die Stücke so lebendig zu machen, daß der Zuschauer sich total in das Stück hineinversetzt, eine der Positionen einnimmt, ja gleichsam mit der Person verschmilzt. Er spielt mit, leidet mit, freut sich – ist *im* Stück. Man sagt dann, das Stück sei »mitreißend«. Es reißt mich in seinen Handlungsverlauf hinein.

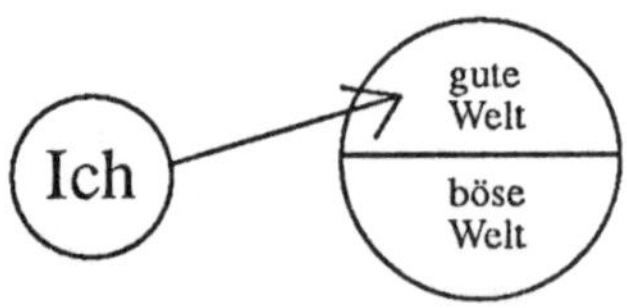

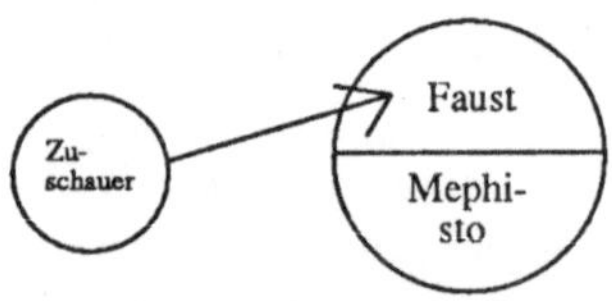

Unversehens sind wir hier wieder in unserem Modell aus dem ersten Kapitel: Als Zuschauer identifiziere ich mich meist mit Faust. Ich schlüpfe in Fausts Rolle, erlebe und erleide die böse Welt des Mephistopheles *als Faust*. Unterwegs habe ich freilich vollständig vergessen, daß dieses Dreier-Arrangement ja aus Teilen von mir besteht (wobei zwei Teile gegen den dritten kämpfen). Auch hier müssen wir wieder unsere Vorstellung von »Zeit« ins Spiel bringen. Je intensiver du als

Zuschauer mit *einem* Teil des Stückes dich verbindest, mit *einer* Person dich identifizierst, desto mehr gerätst du in die Mühlen der Zeit, desto mehr lieferst du dich der Zeit aus. Denn, so müssen wir ergänzend hinzufügen, *Zeit gibt es nur im Stück*. Außerhalb des Stückes, im Zuschauerraum sitzend (der Vorhang hat sich noch nicht geöffnet) bist du nicht in der Zeit. Hier befindest du dich gleichsam in der Warteposition. Du sitzt und wartest auf den Beginn der Zeit.

Eine Sache ist eminent wichtig: Das Stück handelt *immer* von Gut und Böse (mitunter ist es getarnt, tritt nicht so deutlich zum Vorschein, aber von Gut und Böse handelt es dennoch – es gibt kein anderes Stück). Welches Stück auch immer aufgeführt wird, die Darsteller sind in der Zeit und »in der Zeit sein« ist gleichbedeutend mit: *vom Baum der Erkenntnis des Guten und des Bösen gegessen zu haben*. So gilt, daß sich alle Schauspieler und Zuschauer mit dem Apfel in die Zeit gegessen haben. Das Stück verlangt nämlich Parteinahme (jedenfalls zunächst). Entweder für das Gute und gegen das Böse oder für das Böse und gegen das Gute. Entweder du identifizierst dich mit Bobby oder mit J. R. (um auch die »Dallas«-Zuschauer hier einzubeziehen.) Und etwas möchte ich hier bereits vorwegnehmen: Es ist vollständig gleichgültig, mit wem du dich identifizierst. Du weißt schon, die *exoterische* Logik macht einen wichtigen Unterschied. Sie sagt, es sei von größter Wichtigkeit, ob man sich mit Bobby oder mit J. R. identifiziert. Aus diesem Unterschied heraus lebt ja jede Ethik, jede Moral, jedes Dogma, jede Weltanschauung, jede Ideologie. Das Gute tun und das Böse lassen, das ist der Kern einer jeden Philosophie, einer jeden Politik (und der meisten Religionen). Freilich muß dann das Gute und das Böse jeweils – für die verschiedenen Zwecke zugeschnitten – anders definiert werden. Und so kommt es zu den sattsam bekannten Streitigkeiten zwischen CDU und SPD, zwischen Kernkraftbefürwortern und Kernkraftgegnern.

Esoterik versteht sich hier total anders. Sie sagt nicht, es sei wichtig, das Gute zu tun und das Böse zu lassen (weiße Magie), sie sagt auch nicht, es sei wichtig, das Böse zu tun und das Gute zu lassen (schwarze Magie); sie sagt also nicht, das Gute sei gut und das Böse böse oder das Gute sei böse und das Böse gut. Sondern sie sagt, das Problem sei weder das Gute noch das Böse, *das Problem sei die Identifikation als solche*! Das Problem sei die *Haftung*, das *Festhalten* (an welcher Position auch immer). So kommen wir sofort zu einer neuen Definition der Esoterik. »Esoterik ist eine Disziplin, alle Versuche der Bindung, der Haftung zu lösen!« Esoterik ist ein Weg, Bindungen zu lösen.

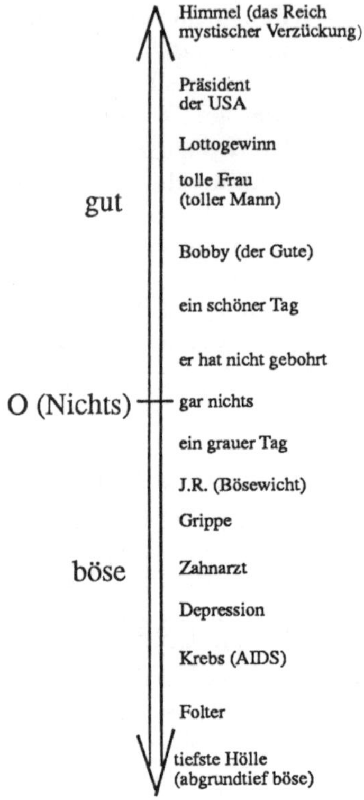

Schauen wir uns einmal das Kontinuum Gut/Böse an. Denken wir es uns als Skala, die von unten nach oben geht, wie ein Thermometer. Wir haben uns ja angewöhnt, zu glauben, das Böse sei die Hölle, das Gute der Himmel, und so steigt die Skala von unten (Hölle) nach oben (Himmel), so also sähe die Werteskala aus.

Auf eine verblüffende Weise hat diese Skala auch mit der Zeit zu tun. Da wir gesagt haben, Zeit habe zu tun mit Bindung, können wir uns fragen, wo jetzt die Bindung am stärksten ist? Nur unten? Natürlich ist sie dort am stärksten, wo du dich am weitesten auf den Polen befindest, also sowohl ganz unten als auch ganz oben. Und so sind wir jetzt endgültig in der Lage, ein etwas deutlicheres Zeitmodell aufzustellen. Dazu nehmen wir die quantitative Form der Zeit, eine waagrechte Ebene.

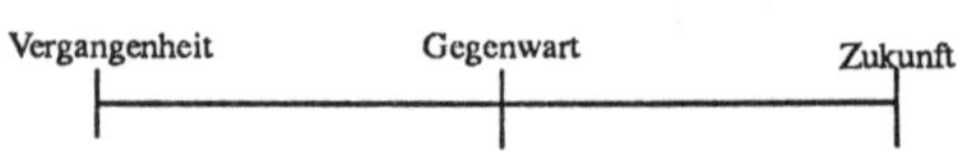

Als qualitative Form der Zeit nehmen wir eine senkrechte Ebene und errichten daraus ein Koordinatensystem, bestehend aus beiden Formen der Zeit.

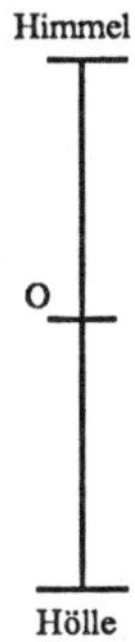

Uns selbst als konkrete Einzelperson können wir jetzt nach unserer eigenen Einschätzung irgendwo in dieses Koordinatensystem hineinstellen.

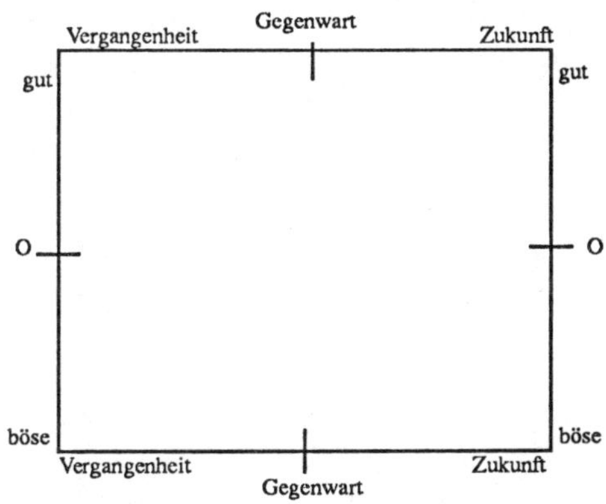

Sind wir jemand, der mehr zur guten oder zur bösen Seite neigt? Sind wir jemand der mehr von der Vergangenheit oder von der Zukunft geleitet wird? Das Problem ist, wir wissen es nicht genau. Wir kennen weder unsere Abhängigkeit von der Vergangenheit (also beispielsweise von unserer Kindheit – von der ödipalen Situation) noch gestehen wir uns unsere Projektionen in die Zukunft restlos ein (wie sehr wir also auf die Zukunft hinleben: tolle Frau, Lottogewinn etc., denn man kann auch in die Zukunft hinein gebunden sein). Ja, wir wissen noch nicht einmal, welche Kräfte in uns uns zu unserer dunklen Seite hinziehen, denn wir dürfen ja nicht darauf vertrauen, daß wir endgültig und eindeutig das Gute wollen.

Aber stellen wir uns vor, wir wären auf diesem Rechteck irgendwo hier (Punkt A).

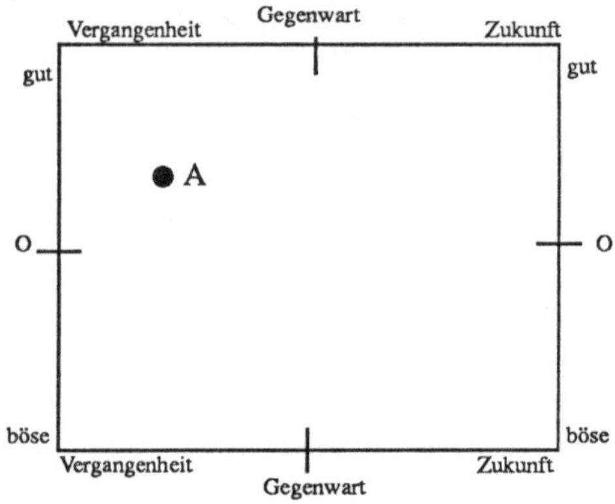

Damit tendieren wir mehr zur guten Seite und wir sind etwas mehr von der Vergangenheit gebunden als von der Zukunft.

So weit, so gut. Jetzt hat dieses Zeit-Koordinaten-System jedoch eine fatale Eigenschaft. (Es hat in der Mitte Spiegelwände, hätte ich beinahe gesagt.) Der Punkt, auf dem du stehst, hat nämlich Entsprechungen (auf der anderen Seite) und diese Entsprechungen werden dir

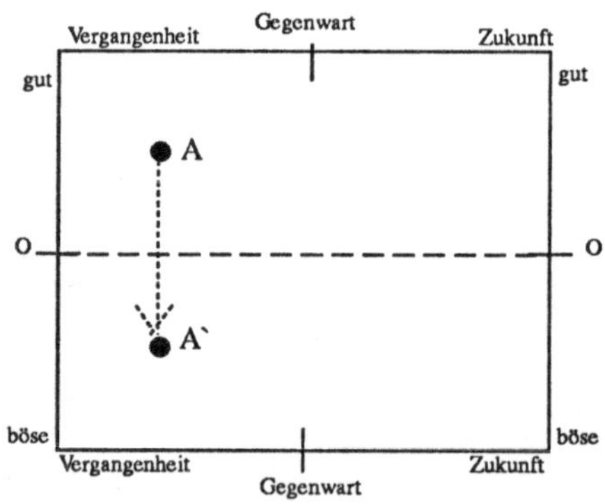

gespiegelt! Schauen wir uns als erstes die qualitative Spiegelebene (gestrichelt) an; sie spiegelt unseren Standort nach unten, von A nach A'. Psychologisch gesehen heißt das: halten wir uns hier (bei A) für Bobby (das paßt ganz gut, er ist ein Mann des Guten und lebt aus der Vergangenheit heraus, denn er hat die Trennung von seiner Frau noch nicht verwunden [Stand: März 1985] – und so wartet jetzt jeder Dallas-Zuschauer darauf, daß die beiden wieder zusammenkommen), halten wir uns also für Bobby, so begegnen wir jetzt, als unserem Spiegelbild, J. R.! (Er ist A'). Also, psychologisch gesehen, unserem Schatten.

Daß Bobby sein Problem zum Teil in der Vergangenheit hat (seine Scheidung) und daß J. R. der Schatten an dieser Stelle ist, wissen wir nun, daß J. R. sogar »verantwortlich« für das Auseinandergehen der beiden ist, wissen Dallas-Zuschauer ohnehin.

Aber es gibt auch eine Achse *innerhalb* der Zeit. Sie verläuft von oben nach unten (gepunktet) und auch hier gibt es Spiegelpunkte und zwar jetzt jeweils zwei (A" und A"'). Was folgt daraus?

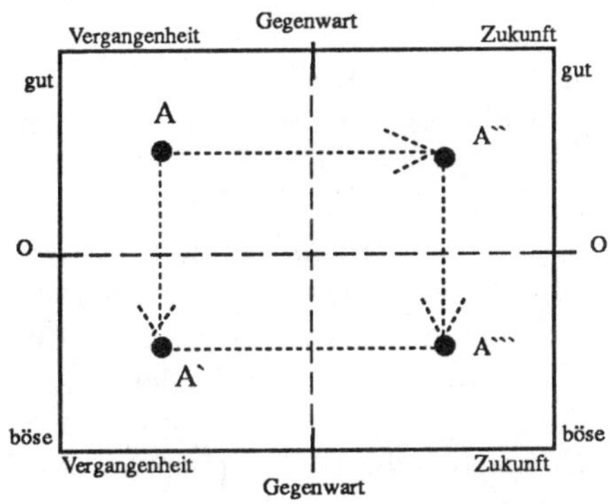

Nun, es bedeutet nichts anderes, als daß jedes Ereignis, an das sich Bobby in der Vergangenheit gebunden empfindet (hier also die Trennung) spiegelbildlich *in der Zukunft noch einmal auftauchen wird*. D. h., daß er möglicherweise mit seiner Frau (oder einer ähnlichen Frau) in der Zukunft wieder zusammenkommt und es dann wieder bei A" (das jetzt noch in der Zukunft liegt) eine *Trennung* geben und wieder einen Schattenanteil A"' geben wird, der der Motor für die Trennung ist. Ob es sich dabei wieder um J. R. handelt, oder um jemanden, der dieses Prinzip (denn eigentlich ist J. R. kein Mensch, sondern ein prinzipieller Schattenanteil von Bobby, der sich als J. R. verkleidet hat) verkörpert, ist dabei vollständig unerheblich.

Was sich hier in Bezug auf die Dallas-Familie noch recht putzig anhört (weil es weit genug von uns entfernt ist), gilt natürlich für jeden von uns ganz ebenso. Es gilt nämlich der Satz »Sage mir, woran du in der Vergangenheit hängst (festhältst), und ich sage dir, was du in der *Zukunft* zu erwarten hast«. Denn diese beiden Phänomene, in die die Zeitachse hineinragt, gelten *immer*. Wo auch immer wir liegen – auf dem guten Pol (oder dem bösen) oder auf dem Vergangenheitspol (oder dem Zukunftspol) – immer gibt es Spiegelungen auf die andere

Seite der Achse. Immer tritt die Spiegelung als *Schatten* und *determinierte Zeit* auf. Nun, »immer« stimmt nicht. Es gibt einen Punkt innerhalb des Koordinaten-Systems, da gibt es keinen Spiegelpunkt.

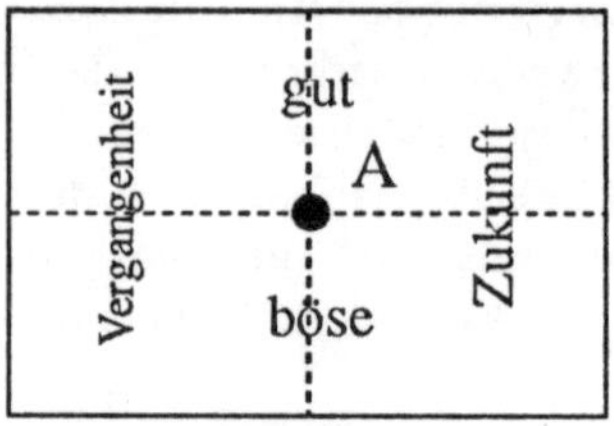

Es ist leicht zu sehen, wo dieser Punkt liegt, in der Mitte, im Mittelpunkt des Koordinatensystems. Senkrecht steht eine Gerade, die (zeitlich) durch die Gegenwart geht, durch den Punkt »Jetzt«. D. h., weder an die Vergangenheit gebunden, noch in die Zukunft hinein orientiert, bist du hier »ganz entspannt im Hier und Jetzt.« Die Aufgabe besteht also darin, in die Gegenwart zu kommen. Aber leider reicht das noch nicht! Du mußt auch noch in den Bereich *jenseits* von Gut und Böse kommen. Du darfst also weder darauf abzielen, ein Heiliger zu werden, noch ein Satan. Im Mittelpunkt der Skala zwischen Gut und Böse stehen die Worte »gar nichts«, »Null«. Und hier liegt in der Tat das »Nichts«. Fast hätte ich gesagt, hier liegt der wahre Tod, das materielle Nichts, das hier west. Andere Völker nennen es das Nirvana, das neti neti (das Weder-Noch). Und an dieser Stelle, an der das »Nichts« sich mit dem »Jetzt« schneidet, befindet sich der Punkt des *Abgrundes*. Es gibt hier keinen Spiegelpunkt mehr, heißt buchstäblich, *die Welt verschwindet hier*. Ohne Spiegel zu sein, heißt, ohne Welt zu sein. Ja, die Welt löst sich buchstäblich in nichts oder ins Nichts auf. Es ist ein unglaublicher Abgrund, der sich hier auftut, denn an diesem Ort stirbt das Ego. Es fällt in den *Abyssos* und verschwindet darin.

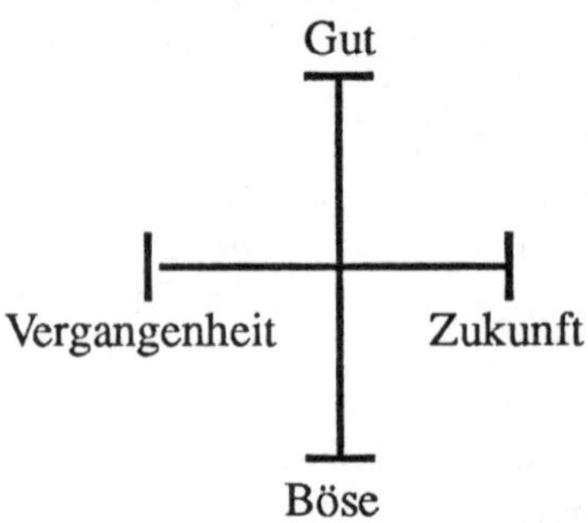

»Mein Reich ist nicht von dieser Welt«, sagt Jesus, dessen Symbol deshalb folgerichtig das Kreuz ist, Jesus' Kreuz, das diese beiden Achsen aufspannt, innerhalb derer wir uns aufhalten.

Nichts anderes bedeutet die Kreuzsymbolik. Jesus hängt ausgebreitet an diesem Kreuz. Als Körper empfindet er den Schmerz, aber sein Geist ist an einem Punkt, an dem sich die Schnittpunkte vereinen. Denn dort befindet sich sein Herz. In der Symbolik der Rosenkreuzler befindet sich an dieser Stelle die aufgeblühte Rose. Und so bedeutet Esoterik auch *diesen einen Punkt (den Schnittpunkt) nicht zu verfehlen* (oder sagen wir erst einmal, ihn anzuvisieren), ebenso wie sich das Wort »meditieren« von mediare, d. h. »in die Mitte kommen« ableiten läßt. Es geht also darum, die Austrittsöffnung aus der Zeit zu finden, und diese Austrittsöffnung liegt mitten in der Zeit.

Aber dieser Vorgang liegt nicht etwa darin, gute Werke zu tun, zu beten, zu fasten oder barmherzig zu sein (das alles mögen auf dem Weg Hilfsmittel sein), sondern darin, jenen winzigen Punkt zu finden und durch ihn hindurch – das Ego opfernd – aus der Zeit zu schlüpfen.

Und vorher wird geübt.

Zuvor müssen wir einmal auf *jedem Punkt* dieses riesigen Raum/ Zeit-Kontinuums gewesen sein, sonst würden wir nicht glauben, daß es kein Entkommen gibt, außer: in die Mitte zu kommen.

Da wir alle glauben, es gäbe das Glück hier auf Erden, also an irgendeiner Stelle *auf* dieser aufgespannten Ebene, müssen wir gleichsam jeden Punkt ausprobiert haben, um zu sehen, ob ich mein Glück hier finde.

Jetzt sind wir genügend gewappnet, wieder zurückzukehren zu unserem Mysterienspiel. Unserem Bühnenbild von vorhin folgend, auf dem die Schauspieler geteilt bzw. gedrittelt waren (damit Projektionsbilder zur Verfügung stehen), schauen wir uns jetzt an, in wie viele Teile die kleine Veronika zerlegt worden ist, d. h., also wie viele Projektionsbilder sie zur Verfügung hat. Denn natürlich ist auch die kleine Veronika – wie wir alle – eingebettet und eingebunden in ein Theaterstück. Im Anschluß an das erste Kapitel der Veronika haben wir – in unserer Phantasie-Reise – gesehen, wie es war, wenn das Bewußtsein von außerhalb (gleichsam aus dem Zuschauerraum) langsam auf die Bühne (des Lebens) zuschwebte, sich immer mehr näherte, bis es schließlich mit den Handelnden auf der Bühne verschmolz (und sich identifizierte).

Der jetzt sich anschließende zweite Akt heißt folgerichtig »das Haus der Schatten«. Veronika tritt ein in das Bühnenstück und alle Darsteller, die sie hier vorfindet, sind

a) Teile von ihr

b) Teile, die ihren Schatten darstellen.

(Wenn ich in Zukunft »Veronika« sage, so kann jeder Leser natürlich genausogut seinen eigenen Namen an diese Stelle setzen. Wir alle sind Veronikas ebenso wie wir alle jeder Held in jedem Drama, in jedem Mysterienspiel sind. Ich meine also mit Veronika nicht etwa eine Romanfigur, sondern jeden Leser, der dieses Buch in den Händen hält.) Wie sieht jetzt bei Veronika das »Haus der Schatten«, ihr Elternhaus, ihre Bühne innerhalb der Zeit aus? Welche Gestalten wirken in dem Stück mit und sind identisch mit jener Figur A', die ziemlich oft gespiegelt wird?

Wir müssen uns wirklich die einzelnen Figuren anschauen, die jetzt vorhanden sind, nachdem Veronika zu einem »neuen Leben in einer neuen Welt geboren ward«.

Schauen wir uns, in den Worten des Dichters, noch einmal die Stelle des Übergangs von der einen in die andere Welt an:

»Das kam, weil sie zum ersten Mal im Haus der Schatten wirklich erwacht war. Gewiß hatte sie schon vorher im Haus der Schatten gewohnt, aber es war dies mehr eine körperliche Anwesenheit als eine seelische gewesen. Gelebt hatte sie im Garten der Geister, und im Hause der Schatten war sie nur halb bewußt umhergegangen.

Doch nun war die Dämmerung gekommen, der Garten der Geister war im Schleier verschwunden, und das Haus der Schatten trat in ihr Bewußtsein. Das ist eine der Schwellen im menschlichen Dasein, und wir alle müssen sie überschreiten. Nur vergessen die Menschen das alles, sie vergessen, daß sie im Garten der Geister waren und lächeln ungläubig, wenn ihnen jemand davon erzählt – ja, viele vergessen es auch, was sie später im Haus der Schatten erlebten und sie denken dann, im ganzen menschlichen Dasein sei nur das wirklich vorhanden, was zu greifen ist und was nur dieser Welt angehört. Das eigentliche Leben aber spielt sein buntes Spiel mit all seinen Farben hinter den Dingen, die greifbar sind, und das Schicksal webt seine unsichtbaren Fäden zwischen dem Garten der Geister und dem Haus der Schatten und seiner vielen seltsamen Bildern. Man muß schon ein wenig vom Garten der Geister und vom Haus der Schatten in seiner Seele behalten, sonst findet man sich später nicht zurecht in den Wirrnissen des Daseins, und man muß an seine drei Lichter auf dem Altar des Lebens denken, sonst fällt man über die vielen Schwellen und Stufen, weil es dunkel ist und man sie nicht sieht.

Denn es ist ja ein jedes Haus ein Haus der Schatten, und es war nicht nur die kleine Veronika, die in einem Haus der Schatten lebte. Wir alle wohnen darin, wo wir auch sein mögen auf dieser Erde und wir alle wandern über Stufen und Schwellen, die wir nicht sehen und die nur ein inneres Licht erleuchtet. Es ist schwer, über Schwellen und Stufen zu wandern, es ist traurig, in den Häusern der Schatten zu leben – vielleicht am schlimmsten für die, welche es gar nicht bemerken« (S. 35 f).

1. Als erstes begegnet Veronika in einem grünen Zimmer einer jungen schönen Frau. Diese Frau ist eingesperrt, sie kann das Zimmer nicht verlassen. Sie ist eine »graue Frau« und lebt in einer Welt, die gar nicht mehr richtig in der Zeit ist. Und so ist sie das, was wir heute ein »Gespenst« nennen würden. Inmitten ihrer Welt der Geister, die alle nur aus ihren Erinnerungen bestehen, ist sie eine Gefangene der Welt des *Damals*. Kälte und Grauen gehen von ihr aus. Und doch befindet sich ein Teil von ihr noch hier. Veronika läuft aus diesem Zimmer schnell wieder fort und auch wir wollen uns hier noch nicht mit ihr beschäftigen. Das kommt später. Nennen wir die Frau bei ihrem Namen: Helga.

2. Als nächstes begegnet Veronika *Peter*. Peter ist blöde, er begreift nichts. Ihm fehlt die Kraft des Verstandes, er ist – gemessen an unseren Regeln und Normen – der Dumme. Aber er hat etwas, was den anderen möglicherweise fehlt, er hat die Kraft des Glaubens. Zwar sieht er die Dinge nicht, die Veronika sieht, er sieht Magister Mützchen nicht, er sieht die graue Frau nicht, aber er glaubt, daß es sie gibt. Er glaubt alles, was Veronika sagt. Sein Name ist Peter, Petrus, der Felsen. »Du bist Petrus und auf diesem Felsen will ich meine Kirche bauen und dir will ich den Schlüssel zum Himmelreich geben«, sagt Jesus zu Petrus. So bedeutet allein der Name »Peter« *Starrheit, Steifheit*, der Felsen.

3. Als drittes finden wir *Zottel*, den Hund von Peter. Er ist sein Helfer, sein Verbündeter ebenso wie der Kater Mutzeputz der Verbündete Veronikas ist. Von Peter und Zottel wird gesagt, daß beide ein sehr liebevolles und hingebungsvolles Verhältnis verbindet. Wir werden später auf die Rolle der Tiere für den Menschen noch sehr ausführlich zu sprechen kommen.

4. Als vierte Person tritt *Johannes Wanderer* auf. Der Name »Wanderer« deutet sein Wesen schon an. Dieser Mensch ist nicht gebunden, er ist nicht starr. Wir haben hier das Gegenteil von Peter, dem Fels. Johannes ist nicht auf dieser Bühne fest engagiert, ist nicht festgenagelt. Er ist weit herumgekommen in der Welt und weiß mehr als andere

Menschen. Und so ist seine Aufgabe die, auf der Bühne (im Haus der Schatten) dafür zu sorgen, daß auch die anderen ihre Starrheit verlieren. Er arbeitet als erstes mit der grauen Frau im grünen Zimmer und wir erfahren weiterhin, daß er der Lehrmeister von Peter ist. Er bringt den beiden etwas bei, nämlich nicht mehr so starr an der Dummheit festzuhalten. »Ich war Heinrich und bin Johannes«, sagte er zur grauen Frau. Dieser Johannes hat eine Besonderheit, er weiß etwas über seine Inkarnation, er weiß, daß er jener Heinrich war, der der Leidenschaft (der grauen Frau gegenüber) wegen einen anderen Menschen getötet hat. Er ist dann fortgezogen und hat »Helga« vergessen. In Paris traf er eine andere, war eine kurze Zeit glücklich mit ihr und endete dann zusammen mit ihr – Blut klebte an seinen Händen – auf dem Schafott. Jetzt kehrt er zurück an jenen Ort, an dem seine damalige Geliebte noch heute (nach Jahrhunderten) auf ihn wartet. Denn auch sie kann der Bluttat wegen das Zimmer nicht verlassen. Sie hat zwei Menschen geliebt, beide haben sich ihretwegen duelliert; der eine starb daran. Heinrich ist fortgegangen, und sie nahm Gift. So wartet sie jenseits von Zeit und Raum noch heute darauf, daß er zurückkommt, und sie mit ihm glücklich wird. Er kommt auch zurück, aber als Johannes (also in einem neuen Erdenkleid), der um seine Vergangenheit als »Heinrich« *weiß*. Er sagt: »Nur wandern muß man und nicht stehenbleiben« und möchte sie aus ihrem Stehenbleiben (aus ihrer »Starre«) erlösen. Er weiß, daß es seine Aufgabe ist, denn sie ist seinetwegen stehengeblieben.

5. Die fünfte Person ist *Tante Mariechen*. Sie ist die Schwester von Johannes und Veronikas Mutter, ist unverheiratet geblieben und lebt ein Leben der Fürsorge für die anderen Familienmitglieder. Wenn wir Johannes als den *geistigen* Fürsorger der Familie ansehen, so werden wir Tante Mariechen als ihren *leiblichen* betrachten. Ihr Sprucht lautet: »Du mußt einfach mehr essen.«

6. Als letzte schließlich haben wir noch Veronikas Mutter. Es gibt kaum etwas über sie zu sagen. »Sie war einer von den Menschen, die nie ganz zum eigenbewußten Ich erwacht sind und deshalb nicht wissen, wohin sie steuern sollen.«

Versuchen wir jetzt diese Bühne, die hier vor unseren Augen aufgerichtet wird, wirklich einmal als Theaterbühne zu betrachten. Auf der Bühne gibt es folgende Aufteilung: Wir finden ein Haus mit seinen Zimmern, Küche, Schlafzimmer, Veronikas Zimmer *und* mit einem Bereich, in dem es spukt. Es gibt ein Zimmer, in das keiner hineingeht, und in das Veronika ebenfalls nicht hineingehen soll. D. h., es gibt also im Haus der Schatten einen Bereich, der besonders im Schatten liegt. Dort lebt ein Gespenst, ein Familiengespenst.

Ich werde hier einmal etwas behaupten, für das ich zunächst die Begründung schuldig bleibe: *In jeder Familie lebt ein Gespenst.* Es ist nicht immer so offenkundig, es ist nicht immer sichtbar (wie hier in dieser Geschichte). Aber vergessen wir nicht, sichtbar ist dieses Gespenst ja nur für diejenigen Familienmitglieder, die (noch oder schon wieder) *sehen* können. Für Veronika ist es *noch* so, weil sie ihre inneren Augen noch nicht restlos geschlossen hat, für Johannes ist es schon wieder so, weil er zu sehen gelernt hat.

»Ich aber habe auf meinen Wanderungen gelernt, die Augen wieder zu erwecken.«

»Ist das schwer, Johannes?«

»Ja, es ist sehr schwer. Nur wenige wollen es lernen, denn es werden große Opfer von einem verlangt. Aber wenn man es gelernt hat, ist man über manche Stufe gegangen und kann Menschen und Tieren helfen. Es ist dies eine schöne Aufgabe, und sie ist mehr wert als das, was die Menschen Glück nennen. Ich will ja auch dir helfen, Helga, du mußt es nur selber wollen« (S. 54).

Wenn ich behaupte, in jeder Familie lebt ein Gespenst, so heißt das nicht, daß es dort unbedingt ein Zimmer geben muß, oder eine solche Person, die dort herumgeistert (obwohl das wahrscheinlich ist).

»Familiengespenst« heißt, daß es in jeder Familie ein Geheimnis gibt, und dieses Geheimnis ist so geartet, daß es die Familie als Ganzes besetzt hält. Der ganze Familienverband ist der Träger dieses Gespenstes. Es wird auf der kollektiven Ebene dieser Familie wirksam, nicht nur auf der Ebene der individuellen Person. Oder anders gesagt, jedes Familienmitglied ist an das Gespenst gebunden und muß seinen ganz spezifischen Beitrag zur Befreiung des Gespenstes aufbringen. Solange das Gespenst nicht erlöst ist, ist die Familie als Verband nicht erlöst und muß in dieser Konstellation (freilich in neuen Rollen) als Familie immer wieder inkarnieren. Meist finden wir als Hintergrund des Familiengespenstes ein Liebesdrama bzw. einen Machtkampf, der mit Mord, Selbstmord oder der Todesstrafe einhergegangen ist. Die Familie als Kollektiv muß an der Sichtbarmachung der Schuld solange arbeiten, bis das Gespenst seinen Weg gehen kann, bis es erlöst ist und damit ebenfalls die Familie erlöst ist.

Ich weiß, daß das eine sehr unübliche Sichtweise ist, und in der Literatur findest du dergleichen nicht vor; sie bleibt weit davor stehen.

Aber in einem psychischen Drama, das wir heute recht gut kennen, wird dir ein Vorgeschmack auf dieses Geschehen gegeben; im sogenannten »Ödipus-Konflikt«. Wir übersehen meist, daß der Inhalt dieses Geschehens, den Freud der griechischen Mythologie entlehnt hat, darin besteht, daß Ödipus, der in Liebe zu seiner Mutter entbrannt war, daraufhin (unwissend) seinen eigenen Vater tötete. Dieses Drama – und es gibt deren mehrere – darfst du wörtlich nehmen. Die Psychoanalyse nimmt es leider nicht wörtlich, sondern nur symbolisch als ein Modell für einen infantilen Schuld-Druck. Wörtlich genommen findest du in der Tat einen sehr deutlichen Hinweis auf die Dramatik eines Familiengespenstes.

Es hat sich allerdings herausgestellt, daß innerhalb der Familie nicht jeder Beliebige mit dem Erlösungswerk beginnen kann. Es gibt herausragende Familienmitglieder, die ein Gutteil der Arbeit erst einmal alleine leisten müssen, die etwas deutlicher die Fähigkeit haben, das Gespenst eines Tages erlösen zu können. Es sind jene, die aufgrund ihres Leidens nicht mehr so viel Angst vor dem Dunkel haben.

In unserem Spiel sind es *Veronika* und *Johannes*, die gemeinsam dieses Schuld-Heimholungs-Werk betreiben. Als Leser dieses Buches bist du derjenige, der an die Arbeit gehen muß. Warum du? Weil diejenigen, die diese Arbeit betreiben wollen und müssen, just solche Bücher lesen wie das vorliegende. Blickst du einmal in deiner Familie zurück, so kannst du schnell diejenigen erkennen, von denen du weißt, daß ihnen die Einsicht und der Mut fehlt, dem Gespenst ins Antlitz zu schauen. Es sind jene, die über deine Beschäftigung mit der Esoterik die Nase rümpfen und von dir behaupten, du wärest jetzt endgültig unter die Spinner gegangen.

Wir sind jetzt bei einer weiteren Definition von Esoterik: »Esoterik beschäftigt sich mit dem Aufdecken von Familiengespenstern.«

Und da jede Familie instinktiv etwas von dem Vorhandensein eines Familiengespenstes weiß oder ahnt (und auch etwas von der Angst spürt, die damit verbunden ist) und an dem Familiengespenst *hängt* (denn es garantiert den Zusammenhalt der Familie), setzt jede Familie der Entzauberung des Familiengespenstes ziemlich viel Kraft entgegen. Denn sie weiß genau, daß *ein entzaubertes Gespenst diese konkrete Familie zum Verschwinden bringt.*

»Ja, wenn ihr so an eurer Krankheit hängt, dann laßt mich doch in Ruhe«, so lautet der Stoßseufzer so manches Therapeuten. Er vergißt freilich so leicht dabei (wenn er überhaupt schon davon gehört hat), daß es ja gar nicht um die Gespenster der anderen geht (denen er in der Therapiesitzung begegnet) sondern um seine eigenen. Oder anders gesagt, du sollst ja nicht »Tante Mariechen« heilen, sondern dich selbst. Wenn sich dabei Tante Mariechens liebgewordenes Gespenst auflöst, dann um so besser. Aber deshalb machst du es (hoffentlich) nicht. Wir werden jetzt – am Ende dieses Kapitels – keine Phantasiereise machen, jedenfalls keine, die auf einer Kassette ist. Hier möchte ich, daß du etwas anderes tust.

Wenn ich »jetzt« sage, dann schließe deine Augen und denke an irgendeine Bluttat. Irgendeine. Such nicht herum, sie erscheint von ganz alleine. Du kennst sie selbst. Es ist eine Gewalttat. Und du schaust sie dir an, indem du 20 Sekunden deine Augen schließt.

»Jetzt«.

Gut. Und du merkst dir: diese Bluttat gehört irgendwie zu dir – und zu deinem Familiengespenst, sie ist Teil des Gespenstes. Sicher ist sie nicht das ganze Gespenst, aber ein Teil, und du bewahrst sie in deiner Erinnerung auf.

Und noch etwas solltest du dir heute schon anschauen, *deine* Bühne. Ich habe gesagt, jedes Drama, jedes Gespenst ist erst einmal ein Familiengespenst. Und ich habe dir die Familienbühne der kleinen Veronika hier vorgestellt, nicht etwa, weil diese Bühne so spannend ist, sondern weil du es dadurch leichter hast, *deine Familienbühne zu betreten.*

Auf Veronikas Bühne – fassen wir jetzt das erste und das zweite Kapitel zusammen – gab es folgende Mitspieler (in der Reihenfolge ihres Auftretens)

1. Veronika
2. der Kater Mutzeputz
3. der Engel mit den drei Lichtern
4. Magister Mützchen
5. die Mutter
6. die graue Frau (Helga)
7. der blöde Peter
8. sein Hund Zottel
9. Johannes Wanderer
10. Tante Mariechen.

Es stehen also jetzt 10 Personen als Akteure auf der Bühne, oder sagen wir besser, im *inneren Kreis* der Geschichte, denn die eigentliche Geschichte hat noch gar nicht begonnen. In den ersten zwei Kapiteln der Veronika finden wir nämlich nur das Vorspiel, *die Handelnden werden vorgestellt.*

Die eigentliche Geschichte, das Bühnenstück, beginnt erst im dritten Kapitel. Das ist für dich vielleicht nicht ganz nachvollziehbar, ist aber dennoch so und wird im Verlauf der weiteren Handlung klarer. Der Autor nimmt sich zwei Kapitel Zeit, die Handelnden einzuführen. Noch passiert nichts, aber es ist wichtig, zu begreifen, daß die Zahl 10 für den Verlauf unserer Geschichte nicht ganz unerheblich ist. Wir haben zehn Finger und zehn Körperöffnungen. Wir finden in der Astrologie zehn Himmelskörper, die die entscheidende Rolle spielen (Sonne, Mond, Merkur, Venus, Mars, Jupiter, Saturn, Uranus, Neptun, Pluto). Natürlich sind diese zehn Faktoren auf der oberen Ebene (Himmel) nichts anderes als Verbündete in dem Bühnenstück, das du »mein Leben« nennst (auf Erden).

Es sind auch zehn Personen (oder besser »Verbündete«, denn ein Hund ist ja keine Person), die in deinem Leben (im *inneren Kreis* deines Lebens) eine Rolle spielen. Natürlich gibt es auch in dem *äußeren Kreis* deines Lebens jene zehn Mitwirkende, die die Ergänzung nach außen darstellen (wie innen so außen), und darüber erfährst du in den nächsten Kapiteln mehr. Hier geht es jetzt um den *inneren Kreis*. Einer davon bist du (in deiner ganzen Person) und dann gibt es noch neun Gestalten drumherum (so wie die Sonne mit ihren neun Planeten). Und so möchte ich denn, daß du jetzt *deine* Bühne innerlich aufspannst, d. h., daß du dir die Frage vorlegst: *Welche Personen* (Tiere, Phantasiegestalten etc.) *gehören zu meiner inneren Bühne?*

Wichtig dabei ist, daß du keine Gestalten wählst, die du erst heute (also irgendwann als Erwachsener) kennengelernt hast. Es geht um neun Mitspieler *deiner ersten Kindheit*, denn die *Kindheit ist der innere Kreis*. Es gibt auch in deinem Stück zehn Darsteller, einer davon bist du, die neun anderen solltest du versuchen zu finden. Möglicherweise sind einige davon nicht sichtbar (wie der Engel, oder die graue Frau oder Magister Mützchen), dann merke dir das Gefühl, das dabei entsteht. Nimm dir Bleistift und Papier und genügend Zeit, die Darsteller des inneren Kreises deines Stückes aufzuschreiben. Mache es dir ruhig bequem dabei, mit schöner Musik und Kerzenschein und schreibe es ebenso auf, wie ich die Darsteller der Veronika hier aufgeschrieben habe. Tue es bevor du weiterliest!

6 Die Bürde

Die Personen des inneren Kreises unseres Stückes sind jetzt vollzählig versammelt. Die Ausgangsplattform steht, das »Stück« kann nun also beginnen.

Das dritte Kapitel der Veronika trägt den Titel »Aron Mendels Bürde«. Zum ersten Mal kommt eine Person von außen *in das Spiel hinein. Der Dichter Manfred Kyber, der 1933 gestorben ist, berichtet zuerst von seiner eigenen Kindheit in der Landschaft des Ostseeraumes.*

»Um jene Zeit war es, daß auf den einsamen Straßen seltsame Gestalten pilgerten, ruhelos von Hof zu Hof, von einer kleinen Stadt zur anderen. Es waren alte Juden mit einem schweren Bündel auf dem Rücken. Unermüdlich traten ihre emsigen Füße den Staub der Straße, und demütig und ergeben krümmten sich ihre Schultern unter einer viel zu schweren Last. Sie wanderten, wie Ahasver wandert, und der Wind fuhr ihnen durch die ärmliche Kleidung und in ihr graues flatterndes Haar. Ich sehe sie noch heute vor mir, wie ich sie als Kind gesehen. Noch heute empfinde ich etwas von der seligen Erwartung, wenn sie ihr schweres Bündel vom Rücken nahmen und die Herrlichkeit ihrer Waren zeigten. Es war ein ganzer Kasten, den sie mit sich schleppten, aus Holz gearbeitet, und in einem starken Leinensack mit Traggurten verborgen« (S. 59 f).

Viele bunte Sachen, hauptsächlich für Kinder, enthielt dieser Kasten, Taschenmesser, Kämme, Bürsten, Seidentücher, Buntstifte, Bonbons und all diese Herrlichkeiten standen zum Verkauf.

Einer dieser wandernden Juden ist heute zu einer kleinen Rast auf seinem weiten Weg bei Johannes zu Gast. Sein Name ist Aron Mendel. Er ist dürr, alt und groß, er überragt die meisten Menschen um Haupteslänge, doch man merkt es kaum, weil die Last, die er so viele Jahre durch die Lande getragen hat, seinen Rücken gekrümmt hat. Seine Haare und sein Bart sind schlohweiß und sein Gesicht ist vom Wetter gefurcht. Es war im Laufe der Jahre zu einer Angewohnheit geworden, daß er jedesmal, wenn er in die Gegend kam, in Johannes' kleinem Gartenhäuschen eine Pause mit Kaffee und Hörnchen einlegte. So sitzen die beiden auch heute beieinander.

»Hörnchen sind sündhaft«, sagt Aron Mendel, und bestreicht sein neues Hörnchen sorgsam mit Butter, »es ist heute kein Feiertag. Ich habe auch schon zwei Tassen Kaffee getrunken, es ist gegen das Gleichmaß der Dinge.«

»Wenn ich sie vor mir sehe, Aron Mendel, so kann ich mir gut vorstellen, daß sie vor tausend Jahren einmal ein König der Wüste gewesen waren. (...) Kann es nicht sein, daß wir auch damals so beisammen gesessen haben wie heute? Vielleicht sprachen wir von einer Zukunft, die nun Gegenwart ist. In den alten Kulturen wußte man mehr vom Wandel der Seelen und vom Werden und Vergehen als jetzt, wo die Menschen laut geworden sind, aber nicht mehr tief.« Aron Mendel wiegte den alten Kopf hin und her. »Wer soll das wissen, Johannes? Es kann sein und es war wohl ein leichteres Leben als heute. Wir sind Verstoßene, man muß es tragen.« »Das ist in gewisser Hinsicht wahr«, sagte Johannes Wanderer, »aber wir wollen das Vergangene nicht zurückwünschen. Es ist ein Berg, auf den wir alle hinaufgelangen müssen, und es ist besser, Aron Mendel zu sein auf der Hälfte des Weges, als im Königsreif unten zu stehen. Man schleppt zwar schwerer, aber auf dem Gipfel des Berges hören alle Lasten auf.« »Und doch sind wir verstoßen, seit der Tempel zerstört ist«, sagt Aron Mendel« (S. 66 f).

Aron Mendel trägt schwer an der Geschichte seines Volkes, er kann es nicht verwinden, daß der Tempel zerstört, daß Gott kein Haus mehr hat im Volke Israel. So stellt es sich im Laufe des Kapitels heraus, daß Aron gar nicht mit seinem schweren Kasten wandern müßte. Sein kleiner Laden zu Hause wirft genug ab, um seine Familie zu ernähren. Nein, es gibt einen ganz anderen Grund, warum Aron jahraus jahrein seine schwere Last über die Landstraßen trägt. »Es sind innere Dinge, warum ich wandere«, sagt er, »es ist um Rahels willen und weil der Tempel zerstört worden ist, darum muß ich wandern« (S. 70).
Aron lebt mit seiner Tochter zusammen, ihr Name ist Esther und Esther hat ebenfalls eine Tochter, Rahel. Und so wandert Aron für sein kleines Enkelkind.

»Sie denken, daß Sie am Tempel bauen, wenn Sie Ihre Bürde schleppen?« fragt Johannes Wanderer. Aron Mendel schüttelt den Kopf. »Der Tempel ist zerstört, Johannes. Wer weiß, wann er wieder erbaut wird? So meine ich es nicht. Aber es ist ein Fluch über uns, weil der Tempel zerstört ist, wir sind Verstoßene und schleppen unsere Bürde im Staub der Straße. Die, welche es nicht tun, sind verblendet, denn sie sühnen den zerstörten Tempel nicht, und der Gott unserer Väter wird sie

heimsuchen. Doch es kann einer für den anderen tragen, und wenn ich den schweren Kasten über die Straßen schleppe, so sage ich mir: du tust es für Rahel, daß du diese Bürde trägst. Ich bin zu alt und von mir würde es Gott nicht fordern, um meiner Sühne willen nicht mehr. Ich bin ja ein Leben lang gewandert und habe mitgetragen am Fluch der Verstoßenen. Wenn ich jetzt wandere und mich mit dem schweren Kasten mühe, so ist es für Rahel, und ein jeder Schritt, den ich mache unter der Bürde mit gekrümmtem Rücken, nimmt etwas vom großen Fluch für Rahel hinweg. Ich will Gott auch für sie versöhnen, ich will nicht, daß sie eine staubige Straße wandern und daß sie den Fluch der Verstoßenen schleppen soll« (S. 70 f).

Aron möchte so einen Teil der Schuld, den das Volk Israel auf sich geladen hat, seiner kleinen Enkelin ersparen. So kommt es, daß auch Johannes Aron davon erzählt, daß er seine eigenen Reisen unterbrochen hat, weil er weiß, daß er hier in diesem »Garten« etwas zu bearbeiten hat:

»Ich pflege hier einen anderen Garten, Aron Mendel, die kleine Veronika und der blöde Peter haben mich nötig. Es sind innere Dinge, die stärker sind als die äußeren, es sind Fäden, die gesponnen wurden, als wir noch nicht waren, was wir heute sind. Diese Fäden muß ich entwirren, Aron Mendel« (S. 69).

Aber der Gedanke, daß der alte Aron für die kleine Rahel diese schwere Last trägt, macht Johannes doch traurig.

»Wollen sie denn immer wandern, Aron Mendel?«
»Bis mir Gott am Ende meiner Tage die Bürde abnimmt.«
»Kann sie nicht auch eher abgenommen werden?«
»Wenn die Bürde so leicht wird, daß sie kein Opfer mehr ist, dann will ich aufhören zu wandern. Das wäre ein Zeichen Gottes. Aber geschehen heute noch Zeichen, Johannes? Es ist sehr dunkel geworden überall, wie mir scheint, und es reden keine Zeichen mehr zu uns« (S. 72).

Beide nehmen Abschied voneinander. In diesem Moment kommt Veronika zu den beiden in das Gartenhaus. Als sie sieht, wie Aron das schwere Bündel wieder auf den Rücken lädt, sagt sie:

»Du trägst sehr schwer, wenn ich groß bin, werde ich dir helfen!«
»Dafür danke ich dir viele Male, Veronika. Ich werde es nicht erleben, daß du groß wirst und ich würde dich meine Last auch nicht tragen lassen. Sie ist zu schwer für dich. Aber du hast mir heute schon

tragen helfen, als du das sagtest. Ich will daran denken auf meinem weiten Wege. Vielleicht beginnen die Zeichen doch zu reden.«

Groß und gebeugt stapft er davon. Die beiden schauen ihm lange nach und sein weißes Haar leuchtet im Wind.

»Onkel Johannes, ist Aron Mendel ein König, warum trägt er eine Krone auf dem Kopf?«

»Siehst du das?« sagt Johannes Wanderer. »Nein, Aron Mendel ist heute kein König. Er war es vielleicht einmal. Aber die Krone, die du an ihm siehst, trägt er darum, weil er seine Bürde schleppt für die kleine Rahel. Es ist das Königtum der Last, die wir tragen für andere.«

»Müssen wir das tun, Onkel Johannes?«

»Man muß es freiwillig tun, Veronika. Wir müssen es versuchen, einander die Bürde tragen zu helfen, Menschen, Tieren und allem, was lebt. Das ist der Weg zum Licht« (S. 73).

Fassen wir zusammen, was uns die letzten Kapitel gebracht haben. Wir haben die Darsteller eines Bühnenstückes angeschaut, eines Familienstückes, und ich habe behauptet, daß es in diesem Stück einen inneren Kreis (einen esoterischen Kreis) gibt, der aus zehn Personen besteht.

Ich sage das nicht deshalb, weil bei Veronika diese zehn Gestalten auftauchen, sondern aus astrologischen, zahlenmystischen, kabbalistischen, mythologischen Gründen, die in der Logik der Welt liegen. So muß natürlich auch ein (ausgesprochen esoterisches) Stück wie »Veronika« mit diesen zehn Personen beginnen. Und natürlich sind nicht alle Personen *in der Form*, in der Materie, das kann ebenfalls nicht anders sein. Drei Personen sind *nicht* materiell (der Engel, Magister Mützchen und die graue Frau) ebenso wie drei Körperöffnungen nicht *offen* sind und drei Planeten nichts Materielles mehr umgreifen. D. h., diese drei Personen sind nur der Tendenz nach da, *gleichsam geistig*.

Jeder von uns hat diese Bühne in sich. Auch in dir – als Leser – hat sich diese Bühne in der Kindheit in eben dieser Form aufgespannt. Aber es ist wahrscheinlich, daß du den einen oder anderen Darsteller (aus diesem Zehn-Personen-Stück) in dir noch nicht finden konntest. Das ist ganz natürlich, denn nicht alle Personen (oder Gestalten) befinden sich offenkundig auf der Oberfläche der Erinnerungen. (Das tun sie nur in Romanen, wie der »kleinen Veronika«). Ich meine damit nicht nur jene drei nichtstofflichen Personen, sondern möglicherweise fehlt dir auch der Zugang zu der einen oder anderen stofflichen Person auf deiner Bühne.

Du solltest dir daraus nichts machen, es ist kein Grund, graue Haare zu bekommen, *denn alle Personen, die zu deinem inneren Stück gehören, kommen auf jeden Fall auf einer zweiten Ebene noch einmal von außen auf dich zu.*

Anders gesagt, nach dem Gesetz »wie oben so unten«, nach dem Gesetz »wie innen so außen« (oder: »wie in der Kindheit, so im Erwachsenenleben«) sind alle Personen unseres inneren Stückes (des esoterischen Kreises) im Außen *noch einmal* vorhanden, d. h., sie kommen als *Außenstehende* noch einmal (nach der Pubertät) in das Stück des Lebens hinein. Es gibt also in jedem Lebensstück, auf jeder Bühne des Lebens *zwei Personenkreise*, einen inneren und einen äußeren Kreis. Esoterik und Exoterik, könnte man fast sagen.

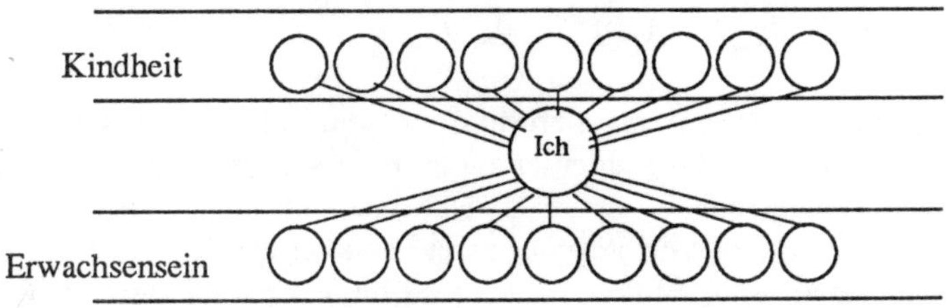

Präzisieren wir das. In der ersten Lebensphase gehören zehn Gestalten (neun und du) zum inneren Kreis. Sodann trittst du ein in das Leben, deine inneren Augen schließen sich, die äußeren Augen, die ganz der Welt zugewendet sind, öffnen sich endgültig im »Haus der Schatten«. Ab diesem Datum treten noch einmal zehn (neun und du) Personen auf dich zu, die den ersten zehn Gestalten im Inhalt (natürlich nicht in der Form) entsprechen. Als Bild ergeben sich drei Ebenen: Die neuen Gestalten sind ein Spiegelbild der ersten zehn auf einer *neuen Ebene*. Sie tragen das Thema der ersten neun Gestalten noch einmal an dich heran. Dabei ist eines sehr entscheidend und du solltest es gut verstanden haben: Es sind eigentlich *keine* Personen, oder anders gesagt, ihr Dasein als Person (Mensch oder Tier oder was auch immer) ist sehr gleichgültig gegenüber *ihrem Dasein als Thema* für dich. Eigentlich treten Lebensthemen an dich heran, die sich als Personen angezogen haben.

Weil aber mehr als neun Personen im Verlaufe des Erwachsenenlebens (ggf. auch der Kindheit) auf dich zugekommen sind, kann man sagen, daß alle Personen, denen du im Laufe deines Lebens begegnet bist (und denen du begegnen wirst), sich in neun Gruppen einsortieren lassen. Mehr als diese neun Themen, d. h., eigentlich mehr als diese neun Personen (mit dir zehn) kommen auf deiner Bühne des Lebens nicht vor.

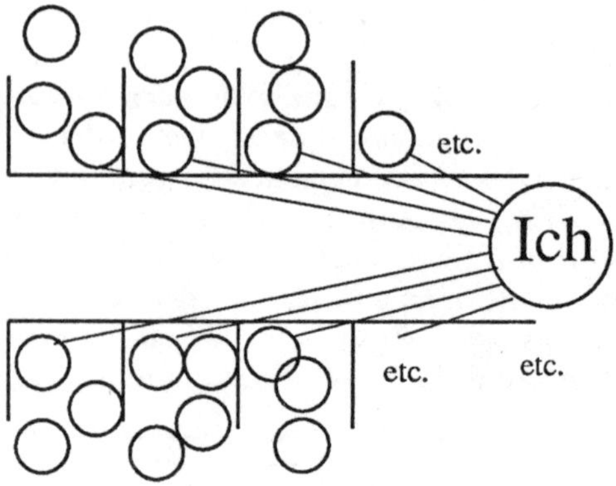

Begreifst du das Thema nicht in der ersten Person einer Gruppe, so bekommst du es in Gestalt einer anderen Person immer wieder in dein Stück hineingestellt.

Wir wollen dieses Prinzip der zwei Personenkreise noch anschaulicher machen und denken uns die Bühne des Lebens nicht nur sinnbildlich sondern tatsächlich als Theaterbühne (von oben gesehen). Da unsere heutige Zeit vom Theater nicht mehr allzuviel versteht, denken wir uns die Bühne als griechische, so, wie sie am Anfang der Menschheit war, nämlich als *Kreis*. Auf der Bühne stehen die Schauspieler des inneren Kreises.

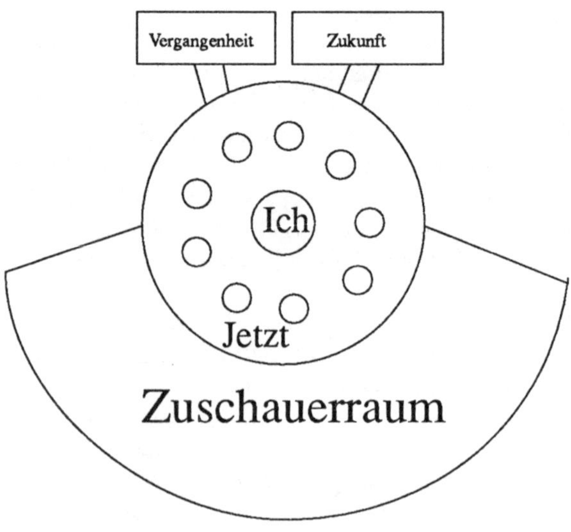

Im Hintergrund befindet sich ein Raum, in dem warten jene Personen, die noch nicht aufgetreten sind, aber noch auftreten werden. Nennen wir diesen Raum deshalb »Zukunft«. Es gibt einen weiteren Raum außerhalb der Bühne, in den sind jene gegangen, die bereits ihren Auftritt hatten, jetzt also fertig sind und sich abschminken. Nennen wir diesen Raum »Vergangenheit«.

Sodann gibt es als gleichwichtigen Raum (gleichwichtig neben der Bühne) den Zuschauerraum. Wenn der Vorhang aufgeht (Kindheit), sind zehn Personen auf der Bühne versammelt. Einer in der Mitte (du) und neun drumherum. Das Stück beginnt. Jeder dieser neun Personen steht in einer bestimmten Be-Ziehung zu dir. Der erste Akt stellt die zehn Personen vor; die Kindheit des Stückes. Doch hier bleibt das Stück noch unklar, wir lernen ja erst die Personen kennen (aus denen du bestehst), aber noch nicht das Thema des Stücks. An dieser Stelle waren wir nach den ersten beiden Kapiteln der »Veronika«. Wir erfahren etwas über die Einzelaspekte dieser einen Person (denn wir erinnern uns ja noch, daß Veronika in zehn Personen aufgespalten worden ist) und über das Grundmuster, in das diese Personen zerlegt worden ist. Ist dieser Akt beendet, so geht der Vorhang ein erstes Mal zu, die Augen, die noch sehen konnten, schließen sich fast vollständig und so – mit der Pubertät – bereitet sich alles auf den zweiten Akt vor. Jetzt beginnt die Handlung in der *Welt der Formen*, es wird materiell, handgreiflich. Weil man die Bedeutung der ersten zehn Personen (des ersten Aktes) noch nicht versteht, kommen jetzt im zweiten Akt einzelne Darsteller *neu* hinzu.

Aber – und das ist entscheidend – es kommen hier nicht etwa andersartige Themen (oder Personen) in das Stück hinein, sondern es

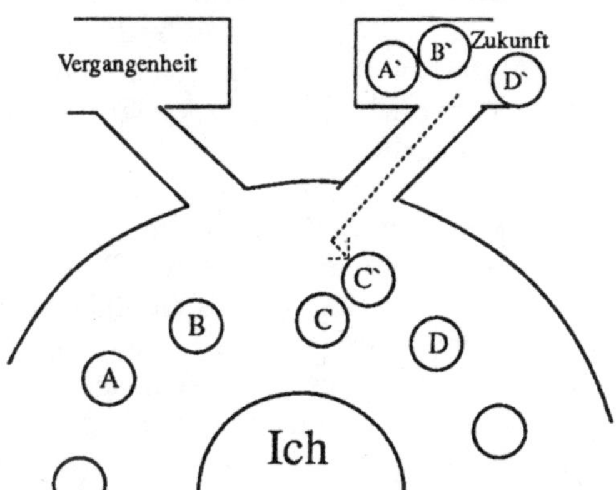

treten die alten Themen in einem neuen Gewand von außen noch einmal auf. Vergrößern wir einen Ausschnitt unserer Bühne um das Dreifache.

Wir sehen, es kommt aus dem Reservoir der Zukunft (des Stückes bzw. deines Lebens) eine Person, ein Thema neu auf die Bühne, sie wird aus der Zukunft in die Zeit hinein entlassen (C'). Statt C und C' könnten wir auch sagen C+ und C–. Warum geschieht das? Die Antwort ist recht einfach: Damit zwischen dem Ich und C+ und C– eine *Auseinandersetzung* stattfindet. Solange das Ich und C+ noch fest aneinandersitzen, gibt es ja keinen Prozeß. Solange hätten wir ja nur das Bild, das wir schon im ersten Kapitel kennengelernt haben.

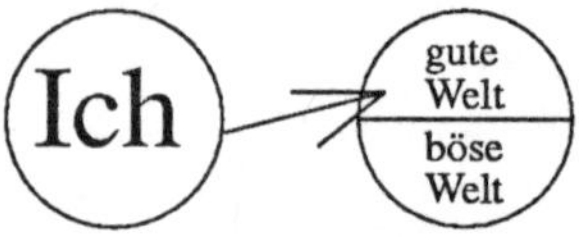

»Ich wende mich der guten Welt zu«, d. h. ich bin *gebunden* an einen Teil der positiven Welt. Damit es zu einem Prozeß kommen kann, muß jezt der negative Teil der Welt – also C– – auftreten. Jetzt kann eine Auseinandersetzung stattfinden, denn Auseinandersetzung heißt ja immer, ich möchte die positive Seite von der negativen getrennt halten. Ich möchte beide Seiten *auseinander setzen*. Was aber soll passieren?

Beide Seiten sollen *in eins* gesetzt werden, die positive Seite soll sich mit der negativen Seite vereinigen, beide sollen verschmelzen. Solange C positiv ist, hafte ich daran, halte ich an ihr fest; solange C negativ ist, hafte ich ebenfalls daran, will sie zum Verschwinden bringen. Das aber ist ebenfalls eine Bindung. Sind C+ und C– jedoch miteinander vereinigt, so ist die Ladung neutral. Beide miteinander addiert ergibt 0. Und Null heißt, daß ich nicht mehr daran festhänge.

Was mir nichts Gutes tut und was mir nichts Böses tut, kann ich getrost loslassen. Es zieht mich nicht mehr, es wird von mir nicht mehr gezogen, ich kann es freigeben.

Das Thema C=0=leer, kann abtreten. Es wird auf der Bühne nicht mehr gebraucht. Wohin geht es? Man könnte vermuten, daß es jetzt seinen Gang in die »Vergangenheit« antritt, die Bühne also durch den »Vergangenheitsausgang« verläßt, sich abschminkt und der Vergangenheit anheimfällt. *Diese Vermutung ist jedoch falsch.* Sie stimmt deshalb nicht, weil wir ja schon gesehen haben, daß Vergangenheit und Zukunft auf eine verhängnisvolle Weise miteinander verbunden sind. Wieder einmal können wir diese Verbindung nur als Modell andeuten, d. h. sie stimmt so nicht, aber mit unserem Bewußtsein, das ja in der

Zeit lebt, kann uns nur ein (wenn auch schiefes) Bild weiterhelfen. In unserem Bühnenmodell sieht es so aus.

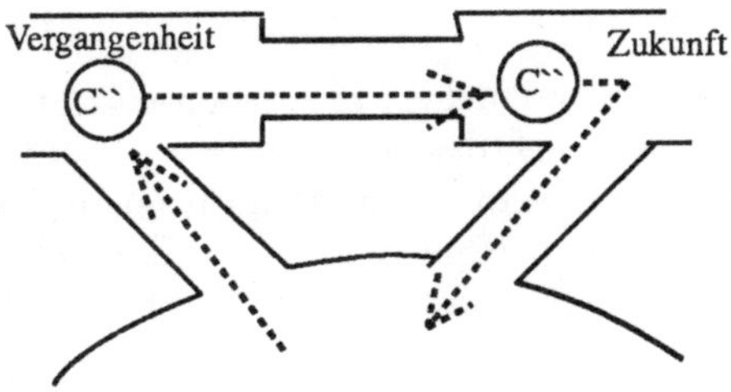

Jedes Thema, das der Vergangenheit überantwortet worden ist, geht in seinen Raum, findet dort einen Schminktisch und schminkt sich ab. Dann geht es aus dem Raum hinaus, will ihn also verlassen. Aber aus diesem gibt es nur einen Ausgang, nur einen Gang und dieser Gang führt in den Raum »Zukunft«. Das Thema findet sich also sofort wieder vor einem neuen Schminktisch. Es legt wieder »Maske« auf und erscheint (irgendwann, denn in diesem Raum gibt es ja keine Zeit) aus der Zukunft aufs Neue. Ein grausames Spiel.

Dieses Spiel wird jedesmal gespielt, wenn C+ und C− nicht miteinander versöhnt sind, wenn sie in Feindschaft einander gegenüber stehenbleiben. Es ist dies der ewige Kreislauf der Zeit, die damit tatsächlich kreisförmig aussieht.

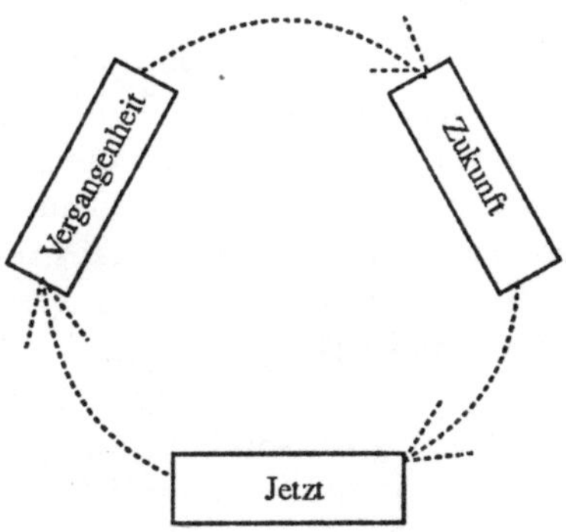

Alles, was aus der Zukunft kommt, kommt in Wahrheit aus der Vergangenheit (mit ein wenig neuer Schminke). Das ist das Rad der Zeit, das Rad der Wiedergeburten, dem der Weise allmählich zu entkommen sucht, wobei »Entkommen« natürlich auch ein »Ende des Kommens« heißt, nicht mehr zu kommen. Solange wir auf der Bühne sind (oder hinter der Bühne sind), müssen wir »auftreten«. Solange sind wir Schauspieler und als Schauspieler an dieser Bühne engagiert. Wir haben einen Vertrag mit diesem Theater.

Wo ist der Ausweg?

Wieder kann ich nur versuchen, es symbolisch zu beschreiben. Der Ausweg besteht darin, daß du immer mehr Teile des Stückes rüberschaffst in den Zuschauerraum. Das klingt für deine Ohren vielleicht merkwürdig, hat aber seinen Sinn darin, daß immer mehr Teile von dir zum *Beobachter* werden müssen, zum Zuschauer, der nicht mehr eingreift.

Du handelst dann nicht mehr, sondern schaust dir das Stück an und sagst: »Ja, es ist ganz hübsch.« Aber du willst nicht mehr Einfluß nehmen, willst nicht mehr agieren, etwas erreichen, etwas machen.

Du kennst dieses Prinzip aus der östlichen Philosophie. Auch dort wird dem Meditierenden eingeschärft, er solle Beobachter werden bei seinem eigenen Stück. Er soll die Bindungen an das Stück lösen (zu diesem Zweck geht er in ein Meditationskloster) und nur noch beobachten.

Ganz gleichgültig, wie das Gute und wie das Böse ausschaut, es ist da, gehört zum Stück, gehört zum Leben, aber du mußt nicht Stellung dazu beziehen. Du mußt nicht mehr festhalten, nicht mehr das Gute wollen und das Böse bekämpfen, sondern sehen, daß beide notwendigerweise zusammengehören, daß das eine ohne das andere nicht existieren kann.

Der Witz des Stückes besteht ja ohnehin darin – und du weißt es schon –, daß du in diesem Stück sowohl der Autor als auch der Schauspieler und ebenfalls immer schon der einzige Zuschauer warst und *bist*. Ja, du bist schon längst Zuschauer. Dein Ich als Handelnder führt dieses Stück sowieso nur für dich, für dein Selbst als Zuschauer auf. D. h., du bist auch immer schon im Zuschauerraum gesessen, aber dieser Teil von dir war (und ist) vom Stück so gebannt, daß er das Gefühl hatte (hat!), er wäre (sei) mit den Schauspielern identifiziert. Es sind einzig und allein die Identifikationen mit dem Stück, die dich davon abhalten, zu sehen, daß du längst im Zuschauerraum bist, und daß da vor deinen Augen »Theater« gespielt wird. Das ganze Stück ist wirklich »Theater«, *in Wirklichkeit* existiert es gar nicht (nur leider sind wir nicht in der »Wirklichkeit«). Ebenso wie die *Zeit* in der Wirklichkeit nicht vorkommt, sondern nur von unserem Bewußtsein als Zeitachse aufgespannt wird, wird das Theaterstück in das Zeitkontinuum hineingespannt. Es ist eine optische Täuschung, hervorgerufen durch unsere Annahme, es gäbe das Stück. In diesem Sinne sprechen die Inder von »Maya«. Die Welt der Erscheinungen ist eine Illusion, freilich eine hervorragend gelungene.

In den Zuschauerraum zu gehen, heißt, aus der Verpflichtung an das Stück herauszutreten, heißt, aus der Zeit herauszutreten. Nur der Zuschauer kann das, der Schauspieler nicht. Der Zuschauer ist der einzige, der sagen kann, ich habe keine Lust mehr auf das Stück, ich gehe einfach nicht mehr hin. Der Schauspieler kann das nicht. Er hat einen Vertrag, er muß spielen. Ob er krank oder gesund ist, er muß auf die Bühne.

Aber damit du dich nicht so sehr an meine Bilder festbindest, gebe ich dir auch gleich ein anderes Bild. Es ist nämlich ebenso wahr, wenn ich sage, du mußt nicht in den Zuschauerraum kommen, sondern der Punkt, in dem der Ausweg liegt, ist die Mitte der Bühne. Der Punkt inmitten des Mandalas der Bühne. Hier liegt in Wahrheit jener Ort, der es dir ermöglicht, aus der Zeit auszutreten.

Du siehst, die Dinge liegen nicht so einfach, wie meine Bilder es mitunter suggerieren.

Die alten Griechen wußten sehr genau, daß das »Theater« nur *ein Sinnbild* ist (heute ist diese Erkenntnis leider total verschwunden), sie

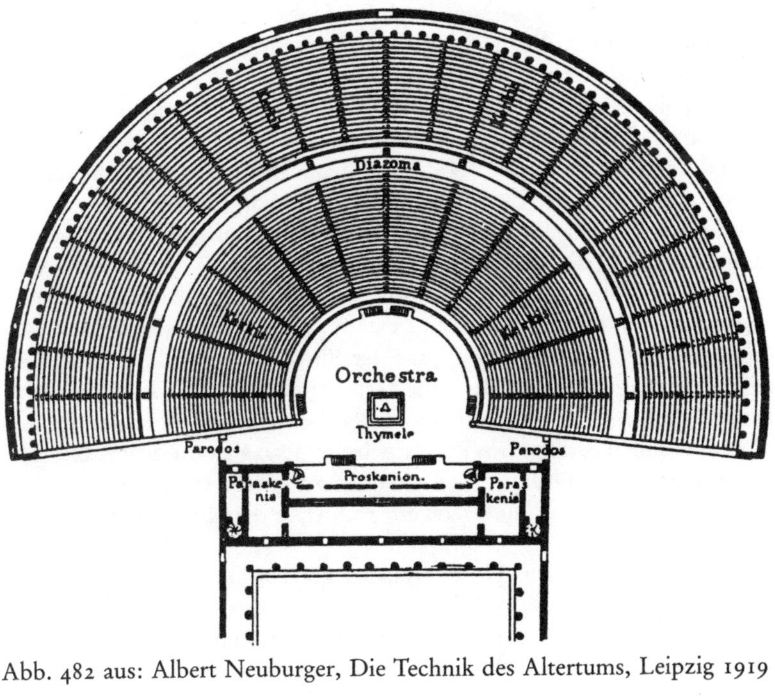

Abb. 482 aus: Albert Neuburger, Die Technik des Altertums, Leipzig 1919

legten ihre Bühnen tatsächlich kreisrund an, so wie ich es dir hier beschrieben habe. Sie wußten, daß das Theater tatsächlich eines der tiefsten Sinnbilder für den Weg der menschlichen Seele ist. Und so gab es die beiden Räume (hier: Vergangenheit und Zukunft) und den Gang zwischen ihnen tatsächlich, wie du aus der Abbildung sehen kannst. Es gab natürlich auch den Punkt in der Mitte. Hier stand der Altar. Wir gehen jetzt wieder zurück zu unserem Stück.

Das esoterische Bild der Bühne der kleinen Veronika war gegen Ende des zweiten Kapitels abgeschlossen. Jetzt beginnt jene Stelle, wo neue Gestalten aus der Welt (?) vor unseren inneren Augen auftauchen. Aus der Zukunft betritt eine Gestalt das »Jetzt« der Bühne. Und damit kommt natürlich wieder einmal geronnenes Vergangenes auf uns zu.

Der Vorhang geht also auf und eine Erscheinung taucht aus dem Dunkel der Vergangenheit, aus der Zukunft, in das Licht der Gegenwart: *Aron Mendel* und mit ihm (unsichtbar) seine kleine Enkelin *Rahel.*

Versuchen wir, diese Gestalt ein wenig zu greifen.

Aron Mendel ist Jude. Und Jude zu sein ist durch die Geschichte der letzten 2000 Jahre hindurch gleichbedeutend mit heimatlos zu sein. Du mußt wissen, daß – esoterisch gesehen – jedes Volk auf dieser Welt eine ganz bestimmte Rolle im Weltganzen einnimmt. Der Jude freilich spielt *die* exponierte Rolle schlechthin.

Das Volk »Israel« ist das *auserwählte* Volk des Alten Bundes. Gott offenbarte sich Moses auf dem Sinai und seit dieser Zeit hat das Abendland seine religiösen Gesetze. Gott wählte (und erwählte damit) dieses Volk, um seine Botschaft zu überbringen, um seine Gesetze zu verkünden. Und dieses Volk errichtete Ihm, dem *alleinigen Gott*, einen Tempel, ein Haus. Aus diesem Tempel heraus sollte der Schöpfergott mit seinem Volke kommunizieren. So machte Gott die Israeliten zu seinem auserwählten Volk. Aber es kam die Zeit, da wurde das, was Gott als Gnade gewährt, von den Israeliten zu einem Prädikat ihrer eigenen Erhabenheit (Erhobenheit) umstilisiert. »Wir sind das auserwählte Volk!« Stolz kam auf, so als wäre es eine eigene Leistung, von Gott erwählt worden zu sein, als wäre es etwas Besonderes. Und die Haltung der Gnade und Demut wurde zu einer Haltung des Stolzes und der Überheblichkeit (siehe S. 67 in »Die drei Lichter der kleinen Veronika«).

An dieser Stelle wurde der Tempel zerstört, die Israeliten in alle Winde zerstreut.

Einen ganz ähnlichen Vorgang finden wir in Platons Geschichte des Kugelmenschen. Sein Frevel gegenüber den Göttern veranlaßte diese, den Kugelmenschen zu zerteilen und seine beiden Hälften in verschiedenen Teilen der Welt auszusetzen. Jetzt läuft die eine Hälfte durch die Welt und sucht die andere.

Seit der Tempel zerstört ist, ist Israel ein sterbendes Volk, es ist ebenso ein wanderndes und suchendes Volk. Seit der Tempel zerstört ist, hat Israel keine Heimat mehr – in Gott. Es ist zum Wandern und Warten verurteilt. Es wartet als Volk auf den Erlöser, den Messias, und es kann nicht begreifen, daß es eben dasselbe Volk ist, das den Messias, der aus den eigenen Reihen kam, bereits geopfert hat. Oder – anders gewendet –, daß sich bereits einer *für* das auserwählte Volk, für seine Heilung, geopfert hat.

Dieser Sachverhalt ist ungemein schwierig zu verstehen. Jeder, der glaubt, *der Jude sei schuld* am Tode des Messias, geht unfehlbar in die Irre. Jude zu sein heißt nicht, schuld zu sein am Tod des Gottessohnes, darin liegt eine besondere Ironie der Geschichte, aber keine Schuld. Jude zu sein bedeutet festzuhalten an einer Fiktion, der Fiktion, es gäbe – in der Zukunft – einen Erlöser, der diesem Volk kollektiv die Schuld von den Schultern nähme. Jude zu sein bedeutet, die ursprüngliche Anmaßung (das auserwählte Volk vor Gottes Gnaden zu sein) heute immer noch als Auszeichnung herumzutragen. Jude zu sein bedeutet, der gefallene Adam zu sein, der noch nichts von Christus gehört hat. (Wohingegen »Christ« zu sein bedeutet, seine ganze Hoffnung auf die Auferstehung zu richten, ohne den »gefallenen Adam« sehen zu wollen! Jedes Volk trägt seine eigene Schuld.)

Jude zu sein bedeutet weiterhin, immer noch im Alten Testament zu leben und nicht wahrhaben zu wollen, daß es bereits ein »Neues Testament«, einen Neuen Bund zwischen Gott und den Menschen gibt. Wir dürfen es ruhig wörtlich nehmen. »Testament« bedeutet »die Regelung des Nachlasses«. Es gibt ein »Vermächtnis« an die Menschen. Wie ein Vater seinem Sohn etwas hinterläßt, so hat Gott den Menschen etwas hinterlassen, das Alte Testament. Doch als er sah, daß die Zeit sich erfüllt hatte und die Kinder mehr verstehen konnten, da hat er sein Testament noch einmal verändert, den Nachlaß neu geregelt. Und natürlich geschieht jetzt das, was bei Nachlaßstreitigkeiten immer geschieht. Die Nutznießer des alten Testaments fechten das neue an. Wollen es nicht anerkennen, sagen, es sei eine Fälschung, es sei nicht von »Vaters Hand (und was man bei dergleichen Gelegenheiten sonst noch sagt). Und so ist Aron Mendel ein Sachwalter des »Alten Bundes« und damit ein Wanderer. Er zieht mit seinem Bündel über die staubigen Landstraßen. Natürlich ist er auch – das wissen wir schon – ein Seelenanteil der Veronika, der als Komplement (als Ergänzung) zu einem Anteil des inneren Kreises der kleinen Veronika gehört. Nun, bei Aron Mendel, ist es leicht, anzugeben, welchem inneren Teil der Veronika er entspricht.

Allein seine Religion und seine Aufgabe (die Bürde für sein kleines Enkelkind zu tragen) helfen uns schnell, zu erkennen, daß er der *andere Teil von Johannes Wanderer* ist. Auch Johannes Wanderer – sein Name sagt es sehr deutlich – ist nirgends zu Hause, ist weit herumgekommen, und jetzt ist er da, um das Kind seiner Schwester (Veronika) und den blöden Peter zu betreuen. Er ist da, sie zu beschützen, ihnen zu helfen, ihre Bürde zu tragen. Hier in diesem Akt treffen sich zwei Arten des Glaubens, zwei Religionen (zwei Stück Rück-Bindungen = religio, zwei Arten, Bindungen zurückzunehmen), die zutiefst miteinander zu tun haben. Hier stoßen das Alte und das Neue Testament aufeinander, der Jude und der Christ. Beide sind einander erst einmal *Schatten*, wie C+ und C– erst einmal immer Schatten sind (vgl. S. 89).

Doch in unserer Geschichte sind beide schon weit fortgeschritten, ihr Schattenanteil ist nicht mehr so groß. Sie essen und trinken miteinander, d. h., sie nehmen ineinander auf, was der jeweils andere zu sagen (aufzutischen) hat. Sie stehen sich gegenüber und es gibt einen tiefen Respekt des einen vor dem Wesen des anderen. Der Deutsche und der Jude durchdringen einander. (Jahre später, Kyber hat das Buch 1929 geschrieben, wird der eine versuchen, den andern total zu vernichten. Aber hier in unserer Geschichte versöhnen sie sich.)

Es liegt in der Tat eine tiefe Ironie in der Geschichte, daß der eine (im Dritten Reich) schuldig wird an der Vernichtung des anderen. Der Deutsche ist nur *der andere Teil* der Anmaßung gegen Gott. Die Deutschen sind ebenfalls in der Geschichte der Völker der Welt ein exponiertes Volk. Unsere Anmaßung als Deutsche ist nicht weniger tief als die des jüdischen Volkes, weshalb unsere beiden Völker auch so schicksalhaft aneinandergekettet sind. Und es ist gut möglich, daß an dem Schicksal dieser beiden Völker die Welt genesen oder (wieder einmal) untergehen wird. Untergehen wird sie, wenn der Deutsche darauf beharrt, »Deutscher« sein, ein Angehöriger des »Heiligen Römischen Reiches Deutscher Nation« (also vermeintlich von Gott beauftragt) und der Jude darauf beharrt, Jude zu sein.

Vielleicht müssen beide erst lernen, daß sie Geschöpfe Gottes sind, Geschöpfe *zu Gott hin* und nicht Geschöpfe *von Gott her*.

Ich weiß, es klingt großspurig und vermessen, wenn ein Deutscher so etwas sagt. Leicht kommt der Verdacht auf, er argumentiere als Christ, also als Angehöriger des zweiten Bundes und sei damit bereits eine Stufe weiter. Festzuhalten ist, daß *unser* Christentum eine ebensolche unerlöste Form ist wie der anderen Judentum. Solange beide darauf beharren, Auserwählte zu sein »von Gott her« und sich diese Auszeichnung als Verdienst anrechnen (»Christlich Soziale Union«), sind beide noch längst nicht *angekommen*, sondern erst einmal »verkommen«.

Und so treffen sich *Aron Mendel*, der Statthalter des Alten Testaments, der weiß, daß der Tempel zerstört ist, und *Johannes Wanderer*, der Statthalter des Neuen Testaments, der weiß, daß nur die Kraft der Liebe den Tempel wieder errichten kann. Beide treffen sich als Seelenanteile auf dem Weg der kleinen Veronika. Das, was sie beide verbindet, ist eine tiefe, schwere Bürde. Aron Mendel trägt sie für *jemand anderen*, für sein Enkelkind Rahel. Johannes Wanderer trägt sie ebenfalls für jemand anderen, für Veronika und den blöden Peter (und für die Frau im grünen Zimmer). Und obwohl das, was beide tun, eigentlich dasselbe ist, ist es doch auch etwas grundsätzliches anderes. Wieder finden wir eine eigenartige Aufstellung von Außen und Innen, von Exoterik und Esoterik. Aron Mendel trägt seine *Last* nämlich *außen*. Er hat einen Holzkasten mit Waren darinnen und diesen Kasten schleppt er jahraus jahrein über die Landstraßen. Wir wissen, er hat es nicht nötig, zu Hause besitzt er ein Geschäft, das für seinen Lebensunterhalt genügend abwirft. Aber er hat es sich zur Aufgabe gemacht, einem anderen Menschen die Last abzunehmen. Er tut es nicht für sich (so sagt er), wie so viele Büßer, er ist bereits einen Schritt weiter, er tut es für die kleine Rahel *und* weil der Tempel zerstört ist. (Der Tempel ist zerstört, könnte bedeuten, daß das Heilige nicht mehr *im Außen* zu betreten ist, im Außen nicht mehr sichtbar und nicht mehr zugänglich ist.) Aron Mendel kennt noch das Wort »Sühne«. Er sagt es sehr deutlich:

»Es ist um Rahels willen, und weil der Tempel zerstört ist, darum muß ich wandern.«

»Sie denken, daß Sie am Tempel bauen, wenn Sie ihre Bürde schleppen?« fragte Johannes Wanderer.

Aron Mendel schüttelte den Kopf.

»Der Tempel ist zerstört, Johannes. Wer weiß, wann er wieder erbaut wird? So meine ich es nicht. Aber es ist ein Fluch über uns, weil der Tempel zerstört ist, wir sind Verstoßene und schleppen unsere Bürde im Staub der Straße. Die, welche es nicht tun, sind verblendet, denn sie sühnen den zerstörten Tempel nicht, und der Gott unserer Väter wird sie heimsuchen. Doch es kann einer für den anderen tragen, und wenn

ich den schweren Kasten über die Straße schleppe, so sage ich mir: Du tust es für Rahel, daß du diese Bürde trägst. Ich bin zu alt, und von mir würde es Gott nicht fordern, um meiner Sühne willen nicht mehr. Ich bin ein Leben lang auf der Straße gewandert und habe mitgetragen am Fluch der Verstoßenen. Wenn ich jetzt wandere und mich mit dem schweren Kasten mühe, so ist es für Rahel, und ein jeder Schritt, den ich mache unter der Bürde mit gekrümmtem Rücken, nimmt etwas vom großen Fluch für Rahel hinweg. Ich will Gott auch für sie versöhnen, ich will nicht, daß sie eine staubige Straße wandern und daß sie den Fluch der Verstoßenen schleppen soll. Ihre Schultern sollen frei sein, ihr Nacken ungebeugt, ihre Füße sollen auf dem Teppich der Wiesen gehen, und wenn die dunklen Geister der Rache nach ihr greifen, soll sie lachen können und sagen: Der alte Aron hat für mich gesühnt! Sehen Sie Johannes, das ist das Geheimnis, warum ich wandere« (S. 70).

In diesen Worten – wie edel auch immer sie gemeint sind – spricht der Exoteriker, derjenige, der im Außen etwas verändern will, der das Seelenheil im Außen wandeln möchte.

Johannes Wanderer *trägt seine Last innen*. Er denkt, daß es nicht damit getan ist, einen Holzkasten zu tragen und bei Arons Warten wird Johannes traurig zumute. Er empfindet Mitleid mit dem alten Mann, Mitleid vielleicht auch mit seinem (in Johannes' Augen) vergeblichen Versuch, einem anderen zu helfen.

Auch Johannes trägt eine Bürde. Er weiß, er hat mitgeholfen, *Menschen zu verderben* (den Tempel zu zerstören), er hat mitgeholfen, Menschen starr zu machen, schwer zu machen, so schwer, daß sie jetzt festsitzen, denn das ist die einzige Art, jemanden zu verderben. Jetzt ist er angetreten, den Seelen, die er verdorben hat, ein Bewußtsein ihrer Verderbnis, ihrer Schwere, zu ermöglichen. Johannes Wanderer handelt aus dem Bewußtsein *seiner* Schuld (an der Unerlöstheit der grauen Frau, Peters und Veronikas) heraus. Aron Mendel handelt aus dem Bewußtssein der *Schuld seines Volkes* heraus.

Der Unterschied zwischen beiden ist, daß Aron Mendel noch nicht seine eigene Schuld am Untergang seines Volkes sieht, und Johannes Wanderer noch nicht die kollektive Schuld der Christen in seiner eigenen Schuld. Beide arbeiten jetzt daran, jeweils das Thema des anderen in das eigene Thema aufzunehmen. Beide arbeiten daran, die Verstrickung, die Bindung, die Beziehung, das Stehenbleiben zu (er)lösen.

Wir werden uns mit dem Thema der *Schuld*, dem Thema des *Tragens* später noch intensiv auseinandersetzen, hier nur soviel: Die Worte

»Schuld«, »Bürde«, »Last«, »Tragen« (und »Ertragen«) haben den gleichen Bedeutungshof, und innerhalb dieses Hofes liegt das Wort »Gebundenheit« und damit das Thema »Schwere« (und daraus abgeleitet natürlich wieder die Themen »Geschwindigkeit« und »Zeit«).

Beide, sowohl Aron als auch Johannes, sind mit einer schweren Last an die Zeit gekettet. Und da beide nur verschiedene Teile von Veronika sind, ist Veronika ebenfalls durch diese beiden Seelenanteile in die Zeit hineingefesselt.

Es sollte sich jetzt hier nicht folgendes Mißverständnis einnisten. Wenn gesagt wird, daß Johannes (und all die anderen) nur Seelenanteile von Veronika sind, so bedeutet das nicht, daß sie darüber hinaus keine anderen Funktionen haben. Für unser Buch gilt das Gesagte deshalb, weil unser Mysterienspiel »Die drei Lichter der kleinen Veronika« als Hauptperson Veronika herausstellt. Sie steht jetzt *für unsere Betrachtung* in der Mitte, und um sie herum sind ihre Seelenanteile versammelt, Johannes, Peter usw.

C+ ist also hier Johannes *bezogen auf Veronika*. Ebensogut könnten wir uns ein Mysterienspiel über das Schicksal von Johannes ausdenken. Dabei wäre er dann in die Mitte gerückt, und Veronika wäre eine der Figuren um ihn herum (sie wäre jetzt z. B. C+ bezogen auf Johannes). Da wir Johannes' inneren Kreis, also seine engere Kindheit nicht kennen, können wir sein Mysterium nicht begreifen. Aber da ich diese ganze Geschichte ja ohnehin nur erzähle, damit du, der Leser, dich in deinen inneren Kreis stellst, können wir getrost bei Veronika bleiben. Ihre Geschichte ist ja nur ein Modell für deine Geschichte ...

So kannst du natürlich auch der Geschichte deiner Mutter nachgehen, indem du sie in die Mitte stellst, um dich (als Sohn oder Tochter) als einen sie umkreisenden Seelenteil wahrnimmst und kannst dich dann fragen, welchen Seelenanteil du für sie darstellst.

Beide Seelenanteile von Veronika sind *hochbewußt*, beide sind schon sehr weit gegangen. Beide haben keine eigenen Bindungen (und Bindungshoffnungen) mehr an diese Welt; sie tragen alte Bindungen ab und wissen das!

Natürlich ist es bei uns allen so. Wir alle tragen alte Bindungen ab, auch und natürlich gerade an der Stelle, wo wir *neue* einzugehen glauben. Aber indem wir neue eingehen, *tragen wir auch wieder neue Hoffnungen hinein* und so müssen wir diese neue Bindungen eines Tages wieder abarbeiten. Wir binden uns immer, um uns zu lösen, und es ist eminent wichtig, daß wir das tun. Aber es ist ebenso wichtig, daß wir das wissen. Daß wir wissen, jede Bindung ist nur dazu da, eine Lösung zu erzielen. Und indem wir neue Bindungen eingehen, müssen wir auch diese neuen eines Tages abtragen.

Derartige Sätze könnten denjenigen entgegenkommen, die sich ohnehin niemals binden. Sie könnten suggerieren, wer sich nicht mehr bindet, wäre schon sehr weit. Das ist natürlich ein Trugschluß, denn wahrhaft lösen kannst du dich erst, nachdem du dich wahrhaft gebunden hast. Erst durch das Einlassen hindurch geschieht das Loslassen. Es ist der zweite Schritt. Die meisten derjenigen, die sich heute nicht binden, stehen damit noch weit vor dem ersten Schritt.

Kurz, Aron und Johannes sind zwar noch auf der Bühne, aber sie sind der Bühne schon recht fern. Sie verwenden die Bühne nicht mehr aus der gespannten Erwartung heraus, was wohl der nächste Akt bringen wird, nicht mehr *aus der Hoffnung auf das Glück* im nächsten Akt (wie wir alle), sondern *sie wissen bereits, daß ihr Platz im Zuschauerraum ist* und sie benutzen die Bühne dazu, den Übergang vorzubereiten. Sie wissen, noch dürfen sie nicht in den Zuschauerraum, aber sie haben eine Ahnung davon, wie der Übergang vonstatten gehen könnte. Sie wenden sich nicht mehr nach vorne, sondern versuchen, das Zurückliegende in Ordnung zu bringen. Die Bühne ist nicht mehr ihr eigentlicher Lebensraum. Sie haben sich *umgewendet*. Sie haben das getan, was man in der Alchemie nennt: Sie haben ihre »Lichter« umgestellt.

So taucht denn auch am Ende des Gesprächs zwischen Aron und Johannes Veronika auf. Mit einem einzigen Satz erfaßt sie die Problematik des »Tragens« auf ihre Weise:

»Du trägst sehr schwer, Aron, wenn ich groß bin, werde ich dir helfen!«

Und Aron, der gerade noch daran gezweifelt hat, ob es noch Zeichen und Wunder gibt, spürt sofort die *heilende* Kraft, die in diesen Worten liegt, er spürt den eigenartigen Zauber:

»Dafür danke ich dir viele Male, Veronika. Ich werde es nicht erleben, daß du groß wirst, und ich würde dich meine Last auch nicht tragen lassen. Sie ist zu schwer für dich. Aber du hast mir heute schon tragen helfen, als du das sagtest. Ich will daran denken auf meinem weiten Wege. Vielleicht beginnen die Zeichen ja doch zu reden.«

Wir wissen natürlich nicht, was in dem alten Aron vorgegangen sein mag. Aber versetzen wir uns einmal in seine Überzeugung hinein. Er trägt ja seine Last – wie er glaubt – für ein kleines Mädchen, für seine Enkelin Rahel. Jetzt auf einmal kommt ein kleines Mädchen daher und sagt *zu ihm*: »Ich werde diese Last *für dich* tragen, Aron.« Das ist ein unerhörter und für Aron unüberhörbarer Vorgang. Aron spürt, daß er jetzt Denkstoff hat für seine langen Wanderungen. Wieso will ein kleines Mädchen ihm eine Last abnehmen, die er doch für ein kleines Mädchen trägt? Im Anfang, so wissen wir aus dem Johannes-Evangelium, war das »Wort«, jenes Wort, das Gott sprach. Wie im Anfang, also auch am Ende – auch am Ende wird das Wort sein, das Wort, um die Verzauberung zu lösen. Wir haben eine vergleichbare Szene wie die zwischen Aron und Veronika im Neuen Testament. Jesus spricht zu dem Gelähmten einen Satz. Er sagt: »Deine Sünden sind dir vergeben, stehe auf und wandele.« Der Gelähmte steht auf und ist geheilt. Jesus hat, so könnte man vermuten, mit einem Blick den krankmachenden Ort des Gelähmten (dieses *einen* Gelähmten) gesehen und er nennt diesen Ort beim Namen. Er spricht aus, was den Kranken quält, was ihn starr macht (Lähmung = Starre = Schwere). Und dieses Wort, das den krankmachenden Ort anredet, setzt einen Heilungsprozeß in Gang. Jesus hat die Krankheit bei ihrem Namen angeredet. So müssen wir auch diesen Satz von Veronika verstehen. Sie spürt den Ort der Verzweiflung bei Aron (und Johannes), denn *es ist ihr eigener Ort*. Sie spürt den Ort, weswegen er wandert, und so sagt sie, aus der Tiefe des Kindes herkommend, den Satz. Natürlich dürfen wir uns nicht anmaßen, das ganze Mysterium dieses Satzes zu verstehen. Wir sind längst nicht in der Lage zu begreifen, was hier passiert ist.

Aber es ist etwas passiert.

Wir werden jetzt ebenfalls eine Reise unternehmen, eine Reise, die uns eine Ahnung vermitteln wird von unserer *Bürde*. Jeder von uns hat etwas auf den Schultern, jeder hat etwas zu tragen, zu dessen Heilung er beitragen muß. Jeder von uns kann Er-Lösung nur finden, indem er sieht, daß er an der Verzauberung eines anderen beteiligt war. Er muß zu dessen Erlösung beitragen, um selbst Erlösung zu finden. Unsere Reise heißt »Meine Bürde« und ist auf der ersten Seite der zweiten Kassette zu diesem Buch (siehe auch Anhang S. 273).

7 Über die Schuld

Wir sind jetzt beim vierten Kapitel des Buches »Die drei Lichter der kleinen Veronika« angelangt.

Auf der Bühne ist Veronikas Zimmer zu sehen. Veronika spielt mit ihren Puppen. Johannes sitzt in einer Fensternische und liest. Magister Mützchen und der Kater Mutzeputz sind ebenfalls in dem Zimmer. Veronika ist mit der Frage beschäftigt, warum die graue Frau erst gehen kann, wenn es in der Kirche zu Halmar hell geworden ist. Johannes erklärt ihr, daß es in dieser Kirche erst so hell werden müßte wie vor langer Zeit, als Helga noch regelmäßig dorthin ging und Trost empfing. »Kann man die Kirche nicht hell machen, Johannes?« Und Johannes antwortet, daß er es nicht könne, und daß es seine eigene Zeit braucht, bis ein Licht hell leuchtet. Doch er möchte lieber lesen und so spielt Veronika weiter, jetzt spielt sie heiraten. Sie sagt zu Johannes: »Ich werde dich jetzt heiraten, willst du?« »Sehr gerne«, sagt Johannes Wanderer, »aber ich darf wohl dabei weiterlesen?«

»Natürlich, Onkel Johannes, bleib nur sitzen. Ich mache es ganz einfach mit den Puppen. Die eine Puppe bist du, und die andere bin ich und nun werde ich uns beide trauen.« Veronika stellt zwei Puppen zusammen. »War das nicht schon einmal?«, fragt sie jetzt leise und ein wenig ratlos.

»Tue die Puppen auseinander«, sagt Johannes, der sein Buch sinken gelassen hat, »stelle zwei Stühle für uns hin, aber nicht die Puppen. An die Puppen kommen so leicht allerlei Schatten heran und heften sich an sie und wachsen, größer, als du sie haben willst« (S. 77).

»Tue die Puppen fort, Veronika«, sagt jetzt auch Mutzeputz und zupft Veronika am Kleid, »es ist ein bläulicher Schein im Zimmer, wie beim Bilderbuch der grauen Frau!«

Aber es ist schon zu spät. Veronika hat mit den beiden Puppen eine Öffnung in der Zeit erzeugt und ist aus der Zeit ausgestiegen. Mächtige Visionen rollen auf sie zu, Bilder kommen aus der Tiefe der Zeit und dringen in Veronikas Bewußtsein ein, ziehen vorbei. Es sind erschrekkende Bilder, und Veronika ist immer inmitten der Bilder, spielt die Hauptrolle in diesem Film. Alles ist so schrecklich und so wirklich. »Nein, nein ...«, ruft Veronika, dann fällt sie in eine tiefe Ohnmacht.

Stunden später erwacht sie in ihrem Bett, doch eigentlich ist es kein richtiges Erwachen, denn noch ist sie nicht wieder in der normalen Zeit. Der Film der Bilder geht weiter, und wieder ist sie inmitten der Bilder, wird fortgetragen durch die eigene Geschichte. Fremde Länder tauchen auf, uralte Zeiten, fremde Sprachen, Personen, die ihr vertraut sind und doch so fremd. Unendlich lange hält dieser Zustand an, bis sie schließlich – geleitet von dem Engel mit den drei Lichtern – wieder in ihren Körper und in die normale Zeit zurückgleitet. Der Engel hatte die ganze Zeit über ihren Lichtern gewacht und das blaue Licht brannte in dieser Zeit am stärksten. Doch jetzt wird die blaue Flamme wieder kleiner, und die goldene in der Mitte übernimmt wieder die Führung. Veronika lächelt das erste Mal wieder. Alle, die um ihr Bett herumsitzen, atmen jetzt auf. »Gott sei Dank«, sagt ihre Mutter, »das Fieber ist vorüber!« »Veronika war nicht krank«, sagt Johannes, »aber es ist manchmal so, daß das eine Licht stärker brennt als die anderen.«

Am nächsten Morgen kommt der Doktor Gallus aus Halmar um nach Veronika zu sehen, denn die Mutter ist sehr in Sorge. »Ich kann es mir nicht erklären, im Fieber sprach sie französisch und redete von Affen und Elefanten, aber sie kennt das doch alles gar nicht« (S. 84).

»Ich fürchte, daß sie unterernährt ist«, sagt Mariechen – was soll sie schon sagen. Wir erfahren an dieser Stelle, daß Veronika kein Fleisch ißt, ganz ebenso wie Johannes, der aufgehört hat, Fleisch zu essen, seit er von seinen weiten Reisen zurückgekehrt ist. »Es ist nicht nötig, daß Veronika Fleisch ißt, sie soll essen, wonach sie Lust hat«, sagt Doktor Gallus. Veronika erholt sich jetzt schnell wieder. Bald schon tritt sie wieder zu Johannes hinaus in den Garten: »Sag mal, Onkel Johannes, war das bei mir genauso wie im Bilderbuch der grauen Frau? Es war doch alles so wirklich?« »Es ist schon wirklich gewesen, Veronika, es war viel lebendiger als das Bilderbuch der grauen Frau. Du hast früher so gelebt, wie du es gestern zurück lebtest. Es ist wie mit den Blumen, die heute blühen, morgen verwelken und übermorgen wieder aus der Erde herauskommen.«

»Du bist auch in dem Bilderbuch vorgekommen, Onkel Johannes, es war in einem Tempel, und außer dir waren Affen da. Ich hätte das alles noch viel besser behalten können, wenn nicht immer wieder dieses klare Wasser da war und alles abwusch und eigentlich war das auch wunderschön.«

»Dafür müssen wir sehr dankbar sein, Veronika, ohne das kristallene Wasser, das uns immer wieder reinigt, hielten wir die vielen mühsamen Wanderungen auf den staubigen Straßen des Lebens gar nicht aus. Es nimmt uns die Bürde ab und macht uns wieder jung« (S. 86 f).

»Ja, müssen wir denn die Bürden behalten und weitertragen oder sollen wir sie vergessen?«

»Manche müssen wir wohl weitertragen«, sagt Johanness. »Jede Blüte, die neu kommt, muß reifer sein als die vorherige. Die Schwere der Bürde dürfen wir vergessen, aber ihren Sinn sollen wir bewahren. Wenn das blaue Licht in dem Leuchter hell aufleuchtet, dann erinnern wir uns deutlich an die Bürde.«

Im letzten Kapitel haben wir über die Bürde gesprochen. Das Bild dafür war der Jude Aron Mendel. Er hat das Wort »Bürde« wörtlich verstanden und ist darangegangen, einen hölzernen Kasten auf seinem Rücken durch das Land zu tragen, der viel zu schwer ist für ihn. Möglicherweise befindet er sich in einem Irrtum, wer kann das schon entscheiden, doch auch in diesem Fall wäre es nur ein *kleiner Irrtum*. Er ist noch sehr gefangen in seinem Glauben an das Alte Testament. Er hat – und als Jude darf er es nicht glauben – noch nicht Kenntnis genommen, daß es einen neuen Bund gibt zwischen Gott und den Menschen, das Neue Testament.

So trifft er jetzt folgerichtig auf zwei Menschen des Neuen Bundes, auf Johannes und Veronika. Beiden ist nicht daran gelegen, ihn vom Neuen Bund zu überzeugen, Johannes will nicht missionieren und Veronika schon gar nicht.

Auch mir geht es in diesem Text nicht darum aufzuzeigen, was an diesem Neuen Bund besser ist oder schlechter. Ich möchte an diesen beiden Gestalten den Unterschied zwischen dem Alten Testament und dem Neuen Testament, ja, wieder einmal den Unterschied zwischen Exoterik und Esoterik aufzeigen und begreiflich machen.

Wir, die wir unsere Heimat im Abendland haben, befinden uns seit alters her in einem Bund. In einem Gebundensein, einem Verbundensein zwischen Gott und uns. Dieser Bund begann damit, daß Gott Moses seine »Gebote« gab. Moses ward auserwählt, die Gebote Gottes seinem Volk – uns allen – zu übergeben, der ganzen abendländischen Welt. Und es ist zunächst einmal unerheblich, wie diese Gesetze aussehen. Sie setzen die Regeln fest, die Regeln der Verbindung zwischen Gott und den Menschen und zwischen den Menschen untereinander. Es sind *äußerliche* Gesetze. So steht dort geschrieben »Du sollst nicht begehren deines nächsten Weib«. Solche Gesetze regeln das Leben im äußeren Raum. Sie waren notwendig in einer Zeit, in der die Menschheit noch sehr roh und jung war. Denn an dieser Stelle waren wir gleichsam in der *Kindheitsphase* der Menschheit. Den Kindern, die noch nichts von Gut und Böse wissen können, die noch nicht die Bedeutung einer heißen Ofenplatte kennen und die noch nicht wissen, was es für Folgen nach sich zieht, wenn man einem anderen Kind im Sandkasten die eiserne Schaufel über den Schädel schlägt, diesen Kindern muß man beibringen, daß man das nicht darf. Also gibt man ihnen Regeln. »Du darfst nicht einem anderen Kind deine Schaufel über den Kopf schlagen, bloß weil es deinen Sandpudding zerstört hat.« Derartige Regeln gibt man jedem Kind. »Du darfst nicht über die Straße laufen, ohne vorher zu schauen, ob ein Auto kommt.«

So werden die äußeren Gesetze *gegeben* und gleichzeitig *übertreten*. Das geht nicht anders. Auf diese Art entspricht der Alte Bund, den die Menschheit geschlossen hat, natürlich nicht nur sinnbildhaft der Kindheit eines jeden Menschen. Jedes Kind und jeder Mensch des Alten Testamentes hat also Gesetze erhalten und hat diese Gesetze übertreten. Die Strafe folgte auf dem Fuß. In der Kindheit waren es die strafenden Eltern, im Alten Testament war es der strafende Gott, der deshalb auch oft als zorniger Gott auftrat. (»Da schickte Gott giftige Schlangen über die Israeliten und wer von ihnen gebissen wurde, der starb.«)

Moses, der »Gehörnte«, der »Widder«, der unreflektiert Strafende, war das Sinnbild für diese Zeit. Sein Volk waren die Israeliten, deren Vertreter in unserer Geschichte Aron Mendel ist, d.h., es gibt heute noch ein Volk, das sich dem Alten Bund verpflichtet fühlt, eben jenen Gesetzen, die Moses vom Herrn empfing. So ist das jüdische Volk, das gezwungen wurde, auszuziehen aus seiner Heimat, das jetzt auf den Messias wartet, gleichsam eine Verkörperung der Exoterik geworden. (Exodus hieß das Schiff, das sie zurückbringen sollte.)

Aber irgendwann war die Kindheit der Menschheit beendet, ein Verkünder trat auf, Jesus Christus, es fand eine Zäsur statt. Die Menschheit trat in die Pubertät und das Erwachsenenalter ein. Die Augen der Kindheit schlossen sich. Das hatte den Nachteil, daß die Menschen die »Wunder« der Welt nicht mehr (oder nur noch selten) *schauen* konnten (so, wie Veronika es noch kann). Es hatte den Vorteil, daß jetzt von der großen Tafel die Schuld, die die Menschen durch das Nichtbefolgen der Gesetze auf sich geladen hatten, auf einmal weggewischt wurde. Das geschah dadurch, daß ein Mensch auftrat, der sich mit der Schuld der Welt auf seinen Schultern erhöhen und ans Kreuz schlagen ließ. Der Erlöser trat auf. Und die Menschheit trat ein in eine neue Phase. Gott schloß einen »Neuen Bund« mit den Menschen. Während der Alte Bund aus den Gesetzen bestand (die damit nicht etwa hinfällig wurden, aber sie waren ja jetzt bekannt, man wußte ja jetzt, was eine »heiße Ofenplatte« bedeutet!), besteht die Quintessenz des Neuen Bundes aus einem Gebet: *aus dem »Vater Unser«!* Mit diesem Gebet kehrte sich alles um, was vorher da war. Während Moses und die Israeliten draußen in der Welt den Tempel errichteten und die Gesetze überwachten, trat mit dem Christentum alles in eine *Wendung*. Versuchen wir, diese Wende als Bild zu begreifen, so ergibt sich folgender Aufbau:

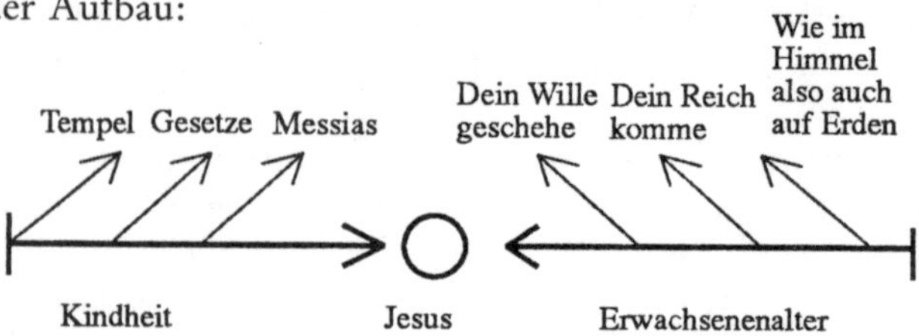

Moses: »Wir bauen Gott einen Tempel!«

Jesus: »Mein Reich ist nicht von dieser Welt. Meines Vaters Reich ist ebenfalls nicht von dieser Welt!«

Während die Kindheit darin besteht, daß das *Ich*, der Mensch, Gott entgegentritt und ihm im Außen ein Haus errichtet, besteht das Erwachsenenalter darin, daß der Mensch sagt: »Dein Wille geschehe!«

Es ist die im letzten Kapitel angedeutete Wendung von

Zu Gott hin (der Alte Bund)
versus
Von Gott her (der Neue Bund)

Zwischen aktiv und passiv, denn der Alte Bund ist eher aktiv. Er häuft Steine auf, damit Gott eine Wohnstatt habe. Der Neue Bund ist eher passiv. Er sagt: »Ich warte, daß Gott in mich Einzug hält: Dein Wille geschehe«.

Ein Sufi-Mystiker des 9. Jahrhunderts hat das Umschlagen von der Kindheit in das Erwachsenenalter einmal sinngemäß so ausgedrückt:

»30 Jahre lang zog ich in der Welt umher und suchte (aktiv) Gott« (»zu Gott hin«), »aber als ich nach dreißig Jahren endlich einmal die Augen öffnen konnte, merkte ich, daß es Gott war, der die ganze Zeit mich gesucht hatte (aber ich war so beschäftigt.).«

Dazwischen liegt als Zäsur »Jesus«. Er könnte gesagt haben: »Es ist unvermeidbar, daß du sündig wirst, denn du bist es längst. Aber es reicht nicht aus, daß die Strafe für die Sünde von außen kommt. Das hat Moses für seine Kinder besorgt. Ich aber möchte dir ein Modell geben, daß du deine Schuld selbst auf deine Schultern nimmst. Und sie trägst. Dazu will ich dich nicht bekehren. Aber durch *mein Beispiel* zeige ich dir, wie so etwas geht. Ich bin ein Modell, ein Gleichnis für etwas, was du selbst eines Tages tun wirst. Ich nehme alles Leid, alle Schuld der Welt auf mich. Aber ich tue es nicht, weil ich will, daß jetzt keine Schuld, kein Leid mehr da ist. Ich kann das nämlich nur einen winzigen Moment lang tun. Dann muß ich die Schuld wieder loslassen. Aber sie wird dadurch etwas anders als das, was sie vorher war. Durch diesen kleinen Moment, an dem sich alle Schuld der Welt über Golgatha versammelt hatte, ist ein Bild entstanden. Ein Bild dafür, was mit Schuld getan werden muß.«

»Ich weiß«, könnte Jesus weiter gesagt haben, »daß du am liebsten unschuldig wärest, ohne Schuld. Das kann ich dir leider nicht bieten. Aber ich kann dir ein Vor-Bild dafür sein, was mit Schuld angestellt werden kann und muß. *Du kannst sie zu dir holen*. Du kannst sie annehmen. Du kannst sie auf dich nehmen – *deine* Schuld.

Ich mußte dir vorher, als Moses, Gesetze geben, *damit* du schuldig wirst (bei Licht besehen habe ich schon vorher – als Adam – gründlich dafür gesorgt), damit ich dir heute – als Jesus – ein Modell zeigen kann, wie du deine Schuld wieder zurückholen, wieder zu dir holen kannst.

Ich mußte vorher die Schuld auf die Erde senken, dadurch daß ich Luzifer herniederstürzen ließ, damit jetzt aus dem Stein (der aus Luzifers Stirnband stammt) der Kelch des Heiligen Abendmahls geschnitten werden kann. Der Alte Bund und der Neue Bund.«

Dazwischen liegt das *Kreuz*, der Galgenberg, Golgatha, die Schädelstätte. Ein Symbol für einen Verdüsterungszusammenhang, für einen Sterbeprozeß.

»Das Kreuz zu Golgatha kann dich nicht vom Bösen, wenn es nicht auch in dir wird aufgericht' erlösen.« (Angelus Silesius)

Zwischen unserem Wunsch, unschuldig zu sein, und der Tatache, daß wir unsere Schuld zurückholen müssen, liegt das *Bild* »Jesus«. (Weshalb es auch vollständig unerheblich ist, ob er als historische Figur tatsächlich gelebt hat. Allein aus seinem Vorhandensein als Symbol ergibt sich eine tiefe Wirkung!)

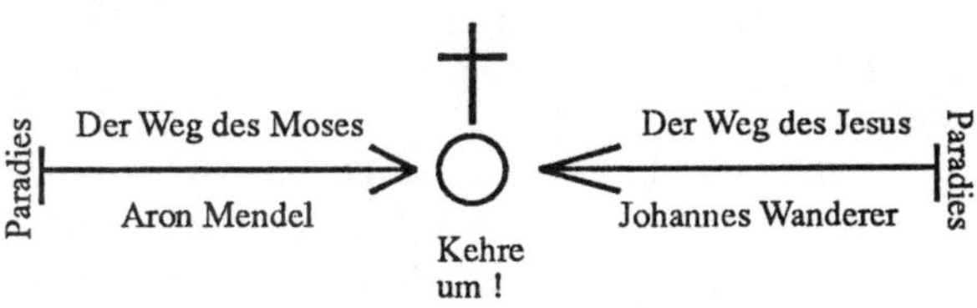

Das Alte Testament beschreibt den Weg zu Gott hin aktiv: »Ich opfere Dir«. Das Neue Testament beschreibt den Weg von Gott her passiv: »Dein Wille geschehe«. Dazwischen, zwischen den beiden Wegen, gleichsam in der Mitte, liegt das Kreuz. Moses geht auf das Kreuz zu, d. h. der Weg der Juden bewegt sich – auch auf der Zeitachse – *auf das Kreuz zu*. Der Weg des Christen führt *zum Kreuz zurück*. Da wir freilich schon wissen, daß der Weg desjenigen, der sich heute »Christ« nennt, auch weiterhin vom Kreuz wegführt (ebenso wie der Weg des Juden heute schon weit am Kreuz vorbei – über das Kreuz hinaus – gelangt ist, weshalb sie heute beide auf der selben Straße stehen), müssen wir sagen, der Weg des *wahren Christen* führt zum Kreuz zurück. (Aber wer ist schon ein wahrer Christ?) Johannes der Täufer sagt es ganz deutlich: »Kehre um. Denn das Himmelreich ist nahe gekommen!« Aber die bisherige Christenheit hat es (übersetzt und) gelesen als: »Tue Buße« (was kaum hilft).

Wir finden in Aron Mendel und in Johannes Wanderer zwei Wegbeschreibungen zu Gott, zwei Teile, die getrennt sind, sich aber treffen sollen. Und es ist mitunter ein *Kind* nötig, die Heilung zu vollbringen, die Pole zu verbinden.

Schauen wir uns Aron Mendel an, so haben wir in seiner Figur schon eine deutliche Analogie, daß er »erhöht« werden kann, denn er geht bereits den Weg des Kreuzes. Er weiß es nur noch nicht. Er geht den Weg nach Golgatha, ohne etwas davon zu ahnen. Er hat eine »Krone« auf (»warum trägt er eine Krone auf dem Kopf?«, fragt Veronika), die sich freilich – weil sie in den Jahrhunderten verloren ging – als Dornenkrone erweist. Und er trägt sein »Holz« auf dem Rücken, ganz ebenso wie Jesus sein Holz auf dem Rücken nach Golgatha trug. Arons »Holz« ist ebenfalls viereckig. Gut, es ist vorerst eine Kiste, deshalb wissen wir ja auch, daß sein Irrtum ein »kleiner« ist. Aber an diesen beiden Attributen wird deutlich, auch Johannes Wanderer geht den Weg zurück zum Kreuz. Zur Schuld. Aber *um diesen Weg zu gehen, muß die Schuld geschaut werden. Sie muß gesehen werden.* Damit man »Schuld« auf sich nehmen und sie tragen kann, genügt es nicht, zu sagen, »ich nehme meine Schuld auf mich – mea culpa!« Nein, diese Schuld muß sichtbar werden, sichtbar gemacht werden. Und zwar die *eigene*, nicht etwa die der anderen. Um dieses *Schauen*, um das Sichtbarwerden der eigenen Schuld geht es im vorliegenden vierten Kapitel der »Veronika«.

Doch zuvor müssen wir noch etwas darüber sprechen, *was Schuld eigentlich ist*. Wir haben eine derart mißverständliche Vorstellung von dem, was Schuld ist, daß heute kaum jemand mit diesem Wort etwas anfangen kann. Das liegt daran, daß es *zwei* Arten von Vorstellungen über dieses Thema gibt; eine exoterische und eine esoterische.

Exoterisch sieht »Schuld« so aus:

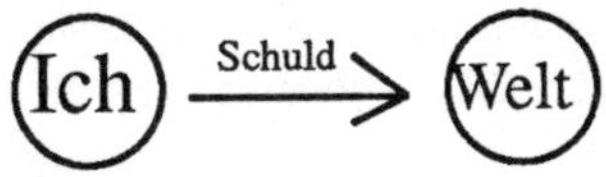

Ich weise Teilen der Welt »Schuld« zu!

Ich sage: »Die Industrie ist schuld daran, daß die Welt stirbt«, oder »Meine Mutter ist schuld daran, daß es mir heute so schlecht geht«, oder »Mein Partner, der mich verlassen hat, ist schuld daran, daß ich so einsam bin.«

Ich suche also für *mein* Unbehagen, für mein Leiden *im Außen* eine Ursache, einen Schuldigen. Natürlich treffe ich dabei auf ein Außen, das diese Schuld nicht annehmen, nicht haben will. Das Außen streitet seine Schuld ab. So stehe ich jetzt da und versuche *zu beweisen*. Und die Außenwelt steht ebenfalls da, streitet alles ab und beweist das Gegenteil. Dieses Spiel spielen wir in allen Variationen. Früher oder später sollte uns dabei klarwerden, daß dieses Spiel mit dem Thema »Schuld« nicht das Geringste zu tun hat. Wollten wir einen Namen für dieses Spiel suchen, so müßten wir sagen, es handelt sich hier nicht um »Schuld«, sondern um »Schuld*zuweisung*«. Indirekt handelt es sich dabei um das Spiel

»Ich bin nicht böse – sondern du«

Es geht eigentlich um den *Versuch, unschuldig zu sein*, d. h. darum, den Teil, den ich gerade in mir spüre, *nicht haben zu wollen* und so versuche ich händeringend, ihn nach außen abzuschieben.

Dieses Spiel wird natürlich überall gespielt. In jeder Ehe, jeder Kindererziehung, in der Politik. Eine politische Partei, die dieses Spiel nicht spielt, hörte damit sofort (und automatisch) auf, *Partei* zu sein.

Ja, wir würden sehr viel gewinnen, wenn uns klarwerden würde, daß immer dann, wenn wir unschuldig sein wollen, wenn wir jemandem »Schuld« zuweisen, daß wir dann das »Politik-Spiel« spielen. Natürlich spielt jeder Mensch in diesem Spiel mit – in der Familie, im Beruf, in der Umweltpolitik. Es ist eines unserer liebsten Spiele und jeder spielt es.

Es gibt eine Variante dieses Spieles, die auch weitverbreitet ist. Sie sieht so aus:

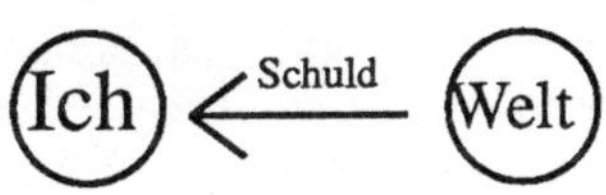

Natürlich ist es kein anderes Spiel, es ist das gleiche Spiel, nur von der anderen Seite her gesehen. »Die Welt weist dir Schuld zu«, sie sagt zu dir: »Du bist böse (und ich als Welt bin gut)«. Es ist jene Spielart, die wir hauptsächlich in der Kindheit erfahren und die wir möglicherweise bereits dort akzeptiert haben. »Ich bin ein böses Kind.« Und jetzt leidest du unter dieser Zuweisung (die du zu deiner eigenen gemacht hast). Jetzt sagst du: »Mea culpa« und ziehst dir etwas an, was die anderen dir zugeschoben haben. Jetzt läufst du »schuldbewußt« durch die Welt und glaubst (wenn auch meist unbewußt), du trügest Schuld und du hältest aus ganz bestimmten Gründen daran fest. Aber das stimmt ebensowenig wie bei der ersten Spielart. Weder du hast schuld noch die anderen.

Ja, es klingt vielleicht komisch, aber auch diese zweite Sichtweise ist Politik. Und, es ist eine gefährlichere Politik als die erste. Im ersten Fall bin ich Täter (ich strafe) und habe als Täter eine größere Chance, meine Rolle, mein Spiel als Täter dabei zu erkennen, denn irgendwann klagen die Opfer mich an. (Ich bin dann der Faschist!) Bei der zweiten Spielart bin ich Opfer und meine Opferrolle ist wesentlich schwerer als Politik zu durchschauen, weil sie immer wieder (unbewußt) davon ausgeht, nach Tätern zu suchen – *damit sie mir etwas tun*, damit mein Bild stimmig bleibt.

Beide Spielarten sind *Politik* und nichts sonst. Sie haben mit dem, was in diesem Buch unter dem Wort »Schuld« zum Ausdruck kommen soll, nichts zu tun. Denn beide suchen *im Außen*. Sie sind – wie schon gesagt – *exoterisch*.

Bleibt zu fragen, was denn die esoterische Sichtweise von Schuld ist?

Nun, wir wissen es schon längst, wir haben das Modell schon kennengelernt, denn es bleibt immer dasselbe.

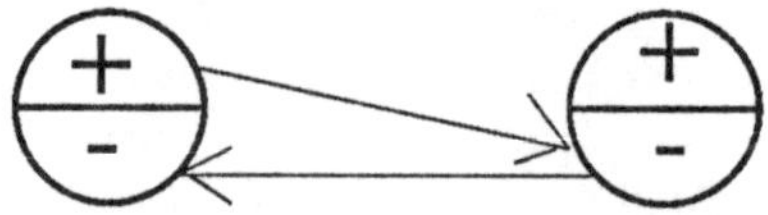

Ich schaue hinaus in die Welt, um in der Welt Aufschluß über *meine* verborgenen, unbewußten, über meine abgespaltenen Teile zu bekommen. Denn sie sind das, was meine Schuld ausmacht. Schuld ist nichts anderes als *das von mir, was verborgen ist*. Es gibt in der ganzen Welt nur eine »Schuld«, nur eine »Sünde« (um einmal ein anderes Wort zu verwenden), und sie besteht aus dem *Abgesonderten*, dem *Abgespaltenen*, aus dem, *was ich in mir habe, aber nicht sehen will*. Das ist Schuld, *meine Schuld.* So gibt es letztlich nur eine Schuld und das ist die, *unbewußt zu sein.* Darin liegt das Geheimnis des verlorenen Paradieses. Darin liegt auch das Geheimnis des wiederzufindenden Paradieses. Deshalb kommen wir immer und immer wieder, bis wir das, was wir vergessen haben, uns wieder aneignen.

Kyber hat diesen Zusammenhang an einer anderen Stelle in ein Gedicht gefaßt:

Nieder stieg ich zu vergessen,
was ich einst im Licht besaß,
und noch nie *bewußt* besessen,
weil ich es noch nie vergaß.
Durch Vergeßnes muß ich dringen,
selber muß ich, geistgeweiht,
in Erinnerung erringen
meines Wesens Wesenheit.
Graben muß ich Grabeshügel,
sterben lassen, was erstarb,
bis der Freiheit Flammenflügel
sich mein eignes Ich erwarb.
Bis die Worte in mir reden,
die ich unbewußt gewußt,
bis in mir der Garten Eden
mein wird in der eignen Brust.

(Manfred Kyber: Einführung in das Gesamtgebiet des Okkultismus, Stuttgart 1923, S. 175)

Aber es genügt nicht zu sagen »Ich bin schuld«, das ist erst einmal genauso unbewußt wie zu sagen »Ich bin unschuldig«. »Die Worte müssen in mir reden«.

Hans Blüher stellt in seiner Biographie fest: »Es genügt nicht, von Schuld zu sprechen und sie zu bekennen, sie muß *dargestellt* werden.« Man kann ergänzen, »Sie muß angeschaut werden«. Das ist das Kreuz, das in dir, in jedem aufgerichtet werden muß. Das ist das Schwerste, was jemand tun kann, freiwillig, ohne daß die Welt ihn dazu zwingt, diesen Weg zu gehen, seine eigene Schuld, sein eigenes Abgesondertes anzusehen.

Der erste Schritt dazu ist, *die Projektionen zurückzunehmen.* (Den Zeigefinger, der gerade hinaus will in die Welt, »das da ist schuld«, »die da sind schuld« zurückzunehmen, so weit zurück, daß er auf mich selbst zeigt.)

Im Neuen Testament wird dieser Punkt sehr deutlich herausgestellt. In der Bergpredigt, in der Jesus als Band für den Neuen Bund das Vater-Unser gibt, sagt er als Erläuterung dazu: »Denn wenn ihr den Menschen ihre *Verfehlungen vergebt* (also wenn ihr sie nicht mehr zu Schuldigen macht), so wird euch euer himmlischer Vater ebenfalls vergeben«.

Das ist alles, was Jesus als Erläuterung zum Vater-Unser für wichtig hält, noch einmal anzumerken. In unserer heutigen Sprache heißt das, nehmt die Projektionen zurück. Das ist die Basis, ohne die ein »Schuld-Heimholungs-Werk« niemals begonnen werden kann. Das ist noch nicht das Werk, aber es ist die Grundlage für das Werk, der Ausgangspunkt.

Alles weitere kommt von selbst. Wir können auch sagen, von Gott, denn dann »wird auch euch euer himmlischer Vater vergeben.« Wir sehen den Unterschied zwischen der exoterischen Sichtweise der Schuld (Schuld wird zugewiesen, und keiner will sie haben und sie ist in ihrem Kern *Politik*, genauer Machtpolitik) und der esoterischen Sichtweise der Schuld, wo es darum geht, sich freiwillig jene Teile zu erarbeiten, die man abgesondert hat. Es erübrigt sich fast schon, darauf hinzuweisen, daß die *erste* Abspaltung mit jenem Bild im Paradies gesetzt war, als Adam auf die Frage Gottes, was er getan habe, antwortete: »Das Weib, das du mir beigesellt hast, gab mir von dem Baum, und ich aß.« Damit trat Adam ein in die Welt der Politik im Sinne von »Nicht ich bin schuld, sondern sie.«

Jetzt schauen wir uns an, wie dieses Schuld-Heimholungs-Werk seiner Tendenz nach aussieht. Das vierte Kapitel der »Veronika« beschreibt es. (Und es ist nicht zufällig das vierte Kapitel, denn vier ist die Zahl des Kreuzes. Das Kreuz hat vier Seiten.) Wie beginnt dieses Werk?

Veronika und Johannes sitzen zusammen, sie spielt, er liest. Veronika bekommt die Idee, »heiraten« zu spielen. »Mann und Frau« zu spielen.

Es ist dies eines der häufigsten Kinderspiele überhaupt. Niemand wundert sich darüber, weil jeder weiß, daß es ein sehr unschuldiges Spiel ist, das alle Kinder spielen. So verarbeiten die Kinder das, was sie bei ihren Eltern sehen, setzen sich in ihrem kindlichen Spiel damit auseinander, denn sie haben ja, wie man weiß, eine zutiefst ödipale (also dramatische) Problematik damit (sagt der Kinderpsychologe). Er hat gar nicht unrecht damit, nur freilich in einem ganz anderem Sinne, als er das glaubt. Es ist in der Tat etwas Nicht-Verarbeitetes da, nur ist es in den seltensten Fällen das von den jetzigen Eltern herrührende Unverarbeitete. Es kommt aus der eigenen Seele (des Kindes). Jede Hochzeit, die das kindliche Spiel aufführt, ist immer die Erinnerung an eine *eigene Hochzeit*, die hier aufgeführt und verarbeitet werden soll.

Und Veronika tut etwas, was Kinder auf der ganzen Welt ebenfalls tun. Sie stellt zwei Puppen zusammen; harmlos, unschuldig, kindliches Spiel – *und doch etwas ganz anderes*. Hier *beginnt* die Darstellung der Schuld.

Es werden im Außen alle Zutaten, die benötigt werden, zusammengestellt. Wie oben so unten, wie im Außen so auch im Innen, wie in der Physis so in der Psyche. Sofort, als sie die beiden Puppen zusammenrückt, geschieht etwas. »War das nicht schon einmal?« fragt sie leise und ein wenig ratlos, als sei ihr etwas eingefallen, was unklar und noch nicht greifbar war.

Und Johannes, der diese Dinge kennt, greift sofort ein. Er kennt das Gesetz: »Schuld muß dargestellt werden«, er weiß, was dabei herauskommt, und er versucht es zu verhindern.

»Mache das nicht mit Puppen, Veronika!«

Auch Kater Mutzeputz »sieht«, was kommt und sagt noch schnell: »Tue die Puppen fort, Veronika!«

Aber es ist schon zu spät. Die Puppen haben sich schon verwandelt. Veronika hat sich mit einem Kunstgriff eingefädelt in die Ebene der Zeitlosigkeit. Sie hat sich zu einer anderen Bewußtseinsebene herabgebeugt, die wir als eine andere Zeitebene empfinden. Die »Marseillaise« erklingt als Auftakt, »Allons, enfants de la patrie...«

Versuchen wir, noch einen Moment inne zu halten, um im Lichte dessen, was wir schon wissen, zu verstehen, was hier passiert. Veronika und Johannes sind Teile voneinander, soviel wissen wir schon. Von Veronika aus gesehen, ist Johannes Teil ihrer Welt, ein Teil, den sie (vor langer Zeit) abgespalten hat. Er ist heute ein guter, wichtiger, positiver Teil, gute Welt ⊕. Aber als dieser Teil ist er nur halb, seine andere Hälfte fehlt. Wir haben schon eine fehlende Hälfte von ihm kennengelernt (das war Aron Mendel, der ehemalige König).

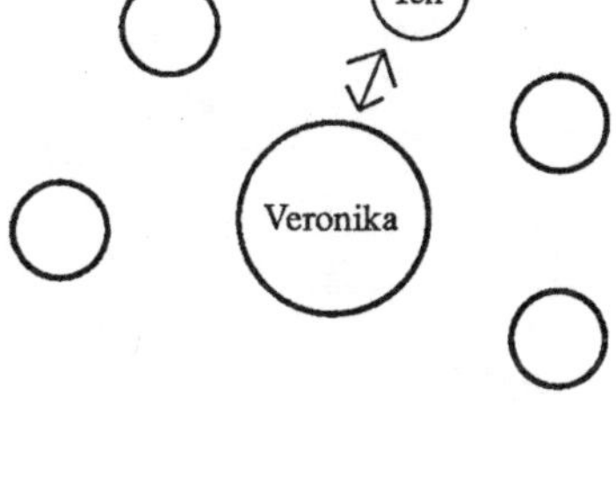

Jetzt lernen wir – von Veronika aus gesehen (vorher haben wir von Aron Mendels Richtung her zu ihm geschaut) – einen neuen Teil von ihm kennen. Und dieser Teil hat jetzt deutlicher mit Veronikas eigenem fehlenden Teil zu tun (mit ihrer »Schuld« wie wir gesagt haben). Wir wissen ja schon, daß Johannes die Kinder betreut, weil er weiß, daß er dort etwas zu tun hat. Seine Hilfe ist nicht mehr blind (unterliegt nicht mehr dem Helfen-Syndrom). Er ist nicht mehr so naiv, zu glauben, Hilfe sei eine moralische Verpflichtung, man müsse helfen, damit es den anderen besser gehe: »Dem anderen geht es schlecht, jetzt mal schnell ein gutes Werk tun und 100 Mark an das Müttergenesungswerk überweisen.«

Nein, Johannes weiß, »Hilfe« heißt, die eigene Schuld abzutragen, das eigene Abgespaltene zurückzuholen. Er weiß noch mehr. Er weiß, *Hilfe braucht den rechten Augenblick*, und man kann diesen Augenblick nicht herbeizwingen. Man kann sich nur *zur Verfügung stellen*, damit das Werk geschehen kann. Und er weiß, es ist immer ein zweifaches Werk – bei ihr und bei ihm.

Ja, eigentlich ist es so, daß Johannes auf *Erlösung* durch Veronika wartet. Er war an ihrem Verderben beteiligt und dadurch wurde *er verdorben*, er war einmal der Aktive. Jetzt muß er warten, bis Veronika den ersten Schritt tut. (Vermutlich ist ihm das alles nicht so bewußt, doch es gibt eine Ahnung in ihm, daß er jetzt tun muß, was er tut, nämlich sich zur Verfügung stellen, damit das Heilsgeschehen stattfinden kann.)

Aber er sorgt sich auch über das, was geschehen kann. Er weiß, daß der Grat, auf dem er wandern muß, schmal ist. Ja, er sagt sogar aus Sorge, daß es jetzt – Veronika ist noch viel zu jung – zu früh sein könnte: »Mach das nicht, Veronika!« Es ist noch nicht die Zeit, mag er denken, denn er kennt die Gefahr.

Aber Veronika ist schon viel weiter, als Johannes ahnt. Sie kann es schon ver-tragen. Sie ist schon so weit gegangen in ihrer Seele, es fehlen nur noch wenige Teile, daß die vielen Teile, die sie schon zusammen hat, sie tragen können. Sie läßt sich darauf ein. So wird die Szene zwischen Veronika und Johannes zu einem tiefen Gleichnis für jeden, der mit Therapie zu tun hat. Alle Therapeuten stehen hier an derselben Stelle. Man wählt diesen Beruf, weil man – wenn auch in den ersten Jahrzehnten unbewußt – *weiß*, daß man soviel Schuld in sich trägt, weil man weiß, daß man sich zur »Verfügung stellen« muß. Man muß sich den Menschen, die man – ich sage es bewußt so hart – verdorben hat (oder in deren Verderbnis man verstrickt ist), anbieten, damit die Schuld sich löst, damit sie nach Hause kommen darf. Man rückt gleichsam, indem man sich zu dem Patienten setzt, die beiden Puppen zusammen, in der Hoffnung, daß sich jetzt das Stück entfalten kann, daß jetzt das »Bilderbuch« zu laufen beginnt. Natürlich ist man längst nicht so geduldig wie Johannes, der einfach da ist, sich anbietet und warten kann, bis das Stück von selbst zu laufen beginnt.

Der Vorteil, den Johannes hat, ist, daß er längst weiß, es ist *sein* Stück und früher oder später wird Veronika es entdecken. Er darf nicht eingreifen, auch wenn er schon genau weiß, was das für ein Stück ist; Veronika muß ihn erlösen, nicht er sie. Anders gesagt, allein dadurch, daß er da ist, ist sein Teil der gemeinsamen Arbeit geleistet, das andere muß sie tun.

Für mich gehört diese Passage zu einem der tiefsten Lehrstücke über Therapie, die ich bisher in der Literatur gefunden habe. Es wäre noch sehr viel mehr zu sagen zu dieser Stelle. Das Thema der »Magie« wird hier sehr deutlich berührt. Jede Evokationsmagie muß mit »Darstellungen« arbeiten (und tut das auch), und wir finden hier einen jener seltenen Fälle, wo Magie angewendet wird, um Therapie zu betreiben. Normalerweise wird Magie zu anderen Zwecken eingesetzt, nämlich um Seelen zu verderben. Und jeder Therapeut hat zu tun damit, die *Schuld* seiner damaligen Magie *heute* aufzuarbeiten: Es ist ein mühseliges Geschäft. (Das noch mühevoller dadurch wird, daß er davon nichts weiß – weil er davon nichts wissen will.)

Bei Veronika finden wir ein (sehr seltenes) Beispiel dafür, wie Magie therapeutisch nützlich eingesetzt worden ist. Freilich geht das nur, weil sie es naiv tut; weder hat sie die Absicht, Magie zu verwenden, noch die Absicht, Johannes zu therapieren. Nur daher funktioniert es.

Wehe dem, der hier Magie bewußt einsetzt, aber das nur am Rande.

Was also geschieht bei Veronika, nachdem die Puppen zusammengerückt worden sind? Sie schaltet um auf jenen Zeitkreis, in dem die Hochzeit zwischen ihr und Johannes sich abgespielt hat. Das »Damals« wird zum »Heute«.

Französische Revolution, eine Tür wird geöffnet. Schergen kommen, es ertönt Trommelwirbel. Ihr Name wird aufgerufen: »Citoyenne Madelaine!« Beide werden abgeholt. »Nein, nein… noch nicht«, schreit Veronika (heute wie damals) ihren Schmerz heraus. Aber der Film hat zu laufen begonnen, nichts kann ihn aufhalten, sie hat die Schwelle überschritten. *Schuld wird dargestellt und geschaut*, beide werden zur Hinrichtung abgeholt. Doch das ist vorerst zuviel für Veronika (heute), und sie wird ohmächtig.

Als sie in ihrem Bett wieder wach wird (heute), ist sie in einer merkwürdigen Verfassung. Sie ist immer noch in einem *Einweihungs-*

zustand, d.h. ihre Seele hat den Körper in einer Art Wachzustand verlassen und steht ein wenig neben ihr: Sie schaut, sie hat Visionen. Die Zeitachse ist verlassen, jetzt schwimmt Zeit auf sie zu als ein bunt durcheinandergewürfelter Haufen von Bildern, an denen ihre Seele beteiligt ist. Ja, man könnte fast sagen, *aus denen ihre Seele besteht*.

Da sind die Straßen von Paris, sie trägt ein seidenes Kleid, neben ihr Johannes als Kavalier mit Dreispitz und Degen. Jetzt ist sie Kind. Neben ihr eine Katze. Mutzeputz in einem anderen Gewand. Jetzt der Garten der Geister, der Käfer, die Elfe, der Luftgeist. Die Brücke mit dem Wasser darunter. Veronika taucht ein in dieses Wasser. Es ist das Wasser der Erneuerung. Alles wird neu. Jetzt ist sie in Holland. Windmühlen sind da. Amsterdam. Hier malt Rembrandt van Rijn, dort eine dicke Köchin, Tante Marie. Jetzt Florenz. Karneval. Lachen. Masken. Lichter, ausgelassene Musik. Wieder steht Johannes neben ihr. Die Tür öffnet sich, doch jetzt nicht die Schergen der Revolution, jetzt – die Pest. Leichen liegen überall herum. Glocken schlagen anklagend. Wieder das Wasser, reinigend, erneuernd. Neue Bilder. Griechenland. Ein Tempel. Am Altar des Tempels ihre Mutter. Jetzt Ägypten. Die Pyramiden werden gebaut. Tausende und Abertausende Gestalten ziehen schwere Blöcke. Veronika hat jetzt den Körper eines Mannes. Neben ihr steht der blöde Peter. Er entziffert Hieroglyphen – heute kann er nicht einmal lesen. Und immer wieder das reinigende Wasser. Jetzt ist sie in Indien in einem Tempel als junges Mädchen. Onkel Johannes darinnen als ihr alter Lehrer und mitten im Tempel der Leuchter mit den drei Lichtern. Angesichts des Leuchters werden jetzt alle Bilder blaß und lösen sich auf. Veronika kehrt langsam in ihren Körper zurück.

Bei all den Bildern stand Veronika, die heutige Veronika, die ganze Zeit dabei und schaute zu. All die vielen Bilder sind ihre Bilder.

Sie sind alle noch da, so wie in der Seele eines jeden von uns alle Bilder ebenfalls vorhanden sind.

8 Therapie

Das, was im vierten Kapitel der »Veronika« als *Bilderbuch* abläuft, hat eine derart auffallende Nähe zu dem, was wir heute als »Therapie« bezeichnen, daß ich die Gelegenheit nützen möchte, darzulegen, wie wir uns »Therapie« zu denken haben.

Zuerst einmal steht der inflationäre Gebrauch dieses Wortes im krassen Gegensatz zu dem, was wir eigentlich über Therapie wissen. Es ist hier tatsächlich wie mit der vielstrapazierten »Elektrizität«. Jeder verwendet das Wort und keiner weiß, was es ist. Man weiß nur, es funktioniert. Aber weiß man auch, warum Therapien funktionieren. Gibt es hier Antworten? Natürlich gibt es hier Antworten, und zwar genau so viele (und verschiedene), wie es heute Therapierichtungen gibt. Zählen wir nur die gerade *populären* Therapie-Richtungen auf, so erhalten wir schon eine Ahnung von der Vielfalt der Antworten: Psychoanalyse, analytische Psychotherapie, Gestalt-Therapie, Bioenergetik Psycho-Synthesis, Reinkarnationstherapie, Primärtherapie, EST, Familientherapie, Hypnose-Therapie, Bach-Blüten-Therapie, Touch for Health, Polarity, Sensory-Awareness. Diese Reihe läßt sich natürlich fortsetzen, denn allenthalben entstehen heute auf der ganzen Welt Therapiezentren, die ihre eigenen Therapie-Richtungen kreieren und deren Namen dann mit »Holistic ...« oder »Integrated cosmic« beginnen.

Fast jede dieser Richtungen hat einen eigenen *theoretischen* Hintergrund, also ein System, das ziemlich genau erklärt, *woher* die Störungen im Seelenleben kommen und *wie* sie (vor dem Hintergrund dieses Systems) geheilt werden können. Jedes System hat das *theoretisch* festgelegt. Das ist die Ebene A einer jeden Therapie; ihr *Erklärungs*zusammenhang.

Jede Therapie hat aber auch eine Ebene B und diese Ebene enthält das, was diese Therapie *praktisch* tut. Jede Therapie behauptet, auf Grund der theoretischen Erklärungen ihres Systems praktisch in einer ganz bestimmten Weise zu handeln.

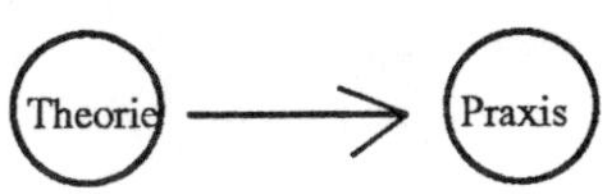

Natürlich entspricht diese Sichtweise erst einmal dem Hempel-Oppenheim-Schema des »Wenn ... dann«.

»Wenn ich davon ausgehe, daß jede Störung ihre *Ursache* in der frühen Kindheit hat, dann muß ich diese Kindheit in meiner Praxis lebendig machen«, sagt der Psychoanalytiker (und mit ihm der Primärtherapeut, der Bioenergetiker und noch einige andere).

»Wenn ich davon ausgehe, daß jede Störung ihre *Ursache* in früheren Inkarnationen hat, dann muß ich die vergangenen Inkarnationen in meiner Praxis lebendig machen«, sagt der *exoterische* Reinkarnationstherapeut.

So haben (fast) alle ein festgefügtes System von Ursache und Wirkung, und von Theorie und Praxis.

Wir hier, die wir über die Illusion der »Causae«, über die Vorstellung der »Schuldigen« schon ein wenig desillusioniert worden sind, können natürlich so blauäugig nicht mehr darangehen. Wieder einmal müssen wir uns die Unterscheidung zwischen »exoterisch« und »esoterisch« bewußt machen und »Therapie« unter anderen Gesichtswinkeln diskutieren. Wir müssen das deshalb tun, weil es auch bei der kleinen Veronika *so aussieht*, als lägen die »Causae«, also die Ursachen für ihr heutiges Sosein, in der Vergangenheit, zumindest lassen die auftauchenden Bilder einen derartigen Schluß zu.

Ja, wir müssen wissen, *es sieht in jeder therapeutischen Praxis so aus*, als kämen die Ursachen in der Therapie zur Sprache (oder zum Schreien, oder zum Weinen); und doch ist es nicht so.

Um diese kühne Behauptung zu verstehen, müssen wir uns noch einmal den *Begründungs*zusammenhang (also die Theorie) und den *Wirkungs*zusammenhang (also die Praxis) gesondert anschauen.

Trennen wir diese beiden Bereiche einmal radikal voneinander. Beginnen wir mit der Frage: Woraus besteht die Theorie? »Theorie« meint ein Bündel von Annahmen darüber, wie die Psyche, wie die Seele aufgebaut ist, und wie sie funktioniert. Jede Theorie enthält also Annahmen über das Wieso und Woher der Störung. Diese Annahmen lassen sich schlüssig beweisen, weil sich innerhalb eines jeden Systems das System immer selbst beweist. Das geht gar nicht anders, denn jede abweichende Bedingung ist im Laufe der Zeit durch eine zusätzliche Annahme in die Theorie integriert worden. Aus diesem Grund ist auch jede Theorie in sich geschlossen und gleichsam rund.

So hat jede Theorie über die Psyche ihre tiefe Berechtigung, ohne deshalb richtig zu sein.

Man muß diesen Gedanken gut verstanden haben: *Keine Theorie ist richtig, aber jede hat ihren tiefen Sinn.*

Natürlich gibt es in unserem Verstand eine Sperre gegen derartige Sätze, denn unser Verstand hat mühsam gelernt, zwischen »wahr« und »falsch« zu unterscheiden und er hätte so gern eine *Theorie*, die der Wahrheit *sehr nahe kommt.* (Er weiß ja schon, wir sind noch nicht weit genug, um die endgültige Wahrheit gefunden zu haben, aber eine Annäherung sollte es doch schon geben. Und wenn es eine Annäherung gibt, dann gibt es Theorien, die dieser Annäherung an die Wahrheit nahekommen oder von ihr sehr weit entfernt stehen. (So etwa denkt der Verstand.)

Doch ich möchte die These noch radikalisieren: Jede Theorie ist richtig, aber nicht wahr.

Theorien haben mit Wahrheit nämlich nichts zu tun. Eine Theorie ist ein *Gedankengebäude*, ein *geistiges* Gebilde, ein Geist, der keinen Körper und keine Seele hat; sie lebt nicht. Eine Theorie existiert nur auf dem Papier oder in den Köpfen bestimmter Menschen; sie lebt nicht selbst.

Sie ist ein *Idol*, dem nachzueifern sich Wissenschaftler bemühen, ebenso wie sich Teenager bemühten, Elvis Presley nachzueifern, aber auch er lebte nicht!

Protest? Natürlich gab es ihn irgendwo tatsächlich, aber nicht für die Millionen Teenager auf der ganzen Welt. Sie hatten nur sein Abbild an der Wand, seine Idee. Aber mitunter tanzte sein Schatten an der Höhlenwand und warf bewundernswerte Bilder auf die Netzhäute der Verehrer, woraus leicht ersichtlich ist, daß Platon seine helle Freude an unseren heutigen »Lichtspielhäusern« (was für ein Name) gehabt hätte. Elvis Presley ist gar kein schlechtes Beispiel für das, was ich im folgenden ausführen möchte. Gegen Ende seines Lebens hat er sich tatsächlich immer mehr bemüht, jedes Leben von sich fernzuhalten, zur reinen Idee zu werden. So ließ er sich von allem Leben (sogar von den Bakterien) total abschirmen und wurde – ähnlich wie Howard Hughes – zu einem Untoten.

Eine Theorie, d. h., eine Gestalt ohne Körper, ohne Seele, nennen wir seit Sokrates' Zeiten einen »Dämon«. Es ist ein Phantom, ein Gespenst. Für jedes Gespenst aber gilt, daß es nur existieren kann, solange ihm jemand seinen Körper und seine Seele *leiht*, zur Verfügung stellt. Wer stellt nun einer *therapeutischen Theorie* seinen Leib und seine Seele zur Verfügung? – Derjenige, der Therapeut wird.

So kommt also ein (ganz normaler) Mensch auf eine geheimnisvolle Weise mit einer (therapeutischen) Theorie in Berührung. Und jetzt hat er sie (oder hat sie ihn?). Ich sage es noch einmal ganz mechanistisch.

Gibt es in dir, in deinem Geist, einen Leerraum, der die gleiche Oberflächenform hat wie jene Theorie, die an dich (per Buch oder Vortrag oder Lehrer) heranfliegt, so kann die Theorie *sich in dir festsetzen.*

(Es ist wie bei jenen Intelligenztests, wo du 30 verschieden gezackte Hölzchen, aber nur eine Öffnung im Brett hast. 29 Gegenstände (Theorien) passen nicht in das Brett, sind entweder zu klein und fallen durch oder zu groß und gehen nicht hinein, aber eines – Gestalttherapie – paßt und sitzt jetzt in der Öffnung fest.)

Natürlich kommst du jetzt in die Versuchung, zu sagen, die anderen 29 Hölzchen seien *falsch*. Und das sagst du jetzt von den 29 anderen Therapien, die in dich nicht hineingepaßt haben, die dich nicht interessieren, dich nicht überzeugen. Du willst lange Zeit nicht sehen, daß das Problem nicht an den Hölzchen (also den Theorien) lag, sondern einzig und allein an deiner Öffnung.

So könnte dir jetzt klarwerden, daß jede Theorie ihre Richtigkeit hat, denn in *irgendeinem Menschen* muß sie sich festgesetzt haben, und sei es nur in ihrem »Er-Finder« (Freud, Jung, Adler, Janov und wie sie alle heißen). Aber ist sie deshalb wahr?

Natürlich ist sie wahr für denjenigen, der sie gefunden hat, denn sie »paßte« ja in ihn hinein. Natürlich ist sie wahr für diejenigen, die sie vom »Finder« übernahmen, denn da paßt sie auch (sonst würden sie sie nicht übernehmen, sondern irgendeine von den anderen).

Aber über wen sagt sie etwas aus? Über *die* Wahrheit, über die Welt?

Nein, jede Theorie sagt nur etwas aus über den *Leerraum* im Bewußtsein desjenigen Menschen, der diese Theorie, dieses geistige Gebilde, hineingelassen hat, der jetzt von diesem Dämon *besessen* ist.

Jede Theorie sagt nur etwas *über den Menschen aus*, der dieser Theorie eine Wohnstatt gegeben hat.

Du kannst mit keiner Theorie die Welt erkennen oder erklären, aber du kannst an jeder Theorie, die du übernommen hast, dich erkennen. Denn jede Theorie, die du übernimmst, oder die du aufstellst, ist ein Spiegelbild, ein Symbol für deine Seele.

So ist jede Theorie ein verkleinertes Abbild des Ichs der Person, die sie besitzt. Der Trugschluß ist der, daß jetzt der Therapeut sagt, er handle gemäß seiner Theorie. Das ist aber nicht so. *Handeln* und *Theorie* haben *keinen* kausalen Bezug. Weil aber mein Handeln meinem Ich entspringt und ich mir eine Theorie gewählt habe, die meinem Ich entspricht, so sieht es wieder einmal so aus, als wäre das eine (Handeln) die Folge des anderen (Theorie). In Wahrheit (?) hänge ich nur um mein Handeln (das ohne Theorie ganz genauso aussähe) ein Mäntelchen, damit ich mehr Sicherheit habe.

Die exoterische Auffassung von Theorie sieht also so aus,

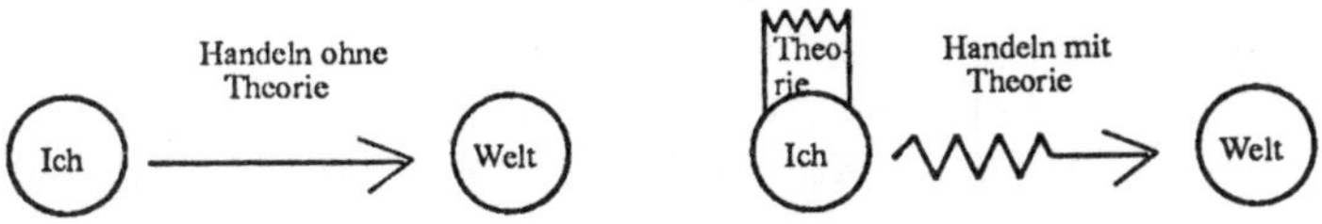

während man die esoterische Sicht so darstellen könnte:

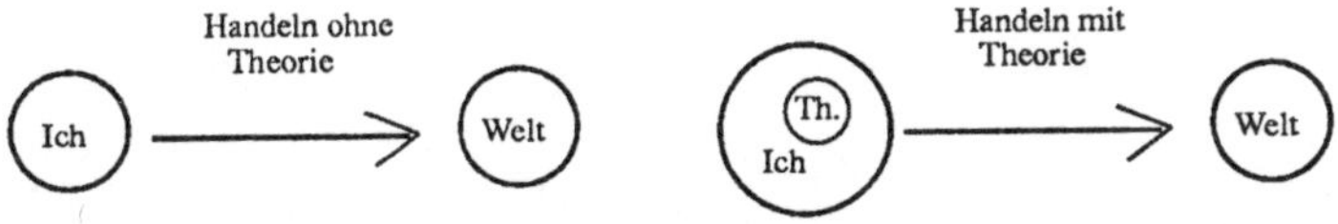

Gehen wir einen Schritt weiter und werfen einen Blick auf die *Praxis*, auf das also, was der jeweilige Therapeut praktisch tut.

Zunächst einmal tut er das, was jeder andere Mensch ebenfalls macht, er handelt. Er handelt in *ganz bestimmter Weise*. Das erste und entscheidende ist, er stellt seinem Gegenüber (dem Patienten) einen *Raum zur Verfügung*. Sowohl einen *Außenraum* (seine Couch, seinen Bioenergetik-Bock, seinen Fußboden etc.) als auch einen *Innenraum*. Er räumt dir in seinem Bewußtsein einen – mehr oder weniger großen – Innenraum ein und in diesem Raum beschäftigt er sich – wie er glaubt – mit dir. Zwar sagt er, er stelle dir seine *Zeit* zur Verfügung (die du ihm bezahlen mußt), aber das ist Unsinn, denn in *der Zeit* kann man nicht arbeiten. Also glaube ihm nicht, *er gibt dir Raum*. In diesen Raum *hinein* handelt ihr jetzt beide. Er, indem er *seine Person* an dich heranträgt (und nicht seine Theorie!) und du, indem du *deine Person* an ihn heranträgst, denn auch du hast ihm Raum gegeben im Inneren deiner Seele.

Fast könnte man sagen, hier würden zwei Puppen nebeneinander gestellt. Jetzt kann das »Bilderbuch« zu laufen beginnen.

Damit du keine Schwierigkeiten mit deiner Therapie bekommst, betone ich, daß ich hier äußerst abstrakt rede. Daß es mitunter Monate, ja Jahre dauert, bis ihr beide den Mut findet, gemeinsam in das Bilderbuch einzutreten, ist der praktische therapeutische Alltag. Johannes war auch einige Jahre bei Veronika und es »lief« nichts.

Zwei Personen treten zusammen und es geschieht etwas. Und das, was geschieht, ist so mysteriös, kann so unglaublich sein, daß zumindest einer der beiden ein sicheres Geländer braucht, um sich in der Welt der Bilder nicht zu verlieren. Dieses Geländer ist die Theorie, hier hat sie ihre Berechtigung, sie gibt Sicherheit, sicheren Halt.

Sie bringt den Verstand ins Spiel, aber auf das, *was* da geschieht, hat sie nicht den geringsten Einfluß. Wohl aber hat sie Einfluß auf die *Verkleidung*, die die Bilder wählen; darüber gleich mehr.

Sie ist aus Gründen der Angst notwendig und sie ist notwendigerweise falsch. Die Pointe liegt darin, daß *jede Theorie* (alle vorhandene und alle noch kommenden) *falsch ist*, daß aber, solange wir als Therapeuten und Menschen Angst haben, eine Theorie gebraucht wird, irgendeine.

Auch hier ist die Gefahr des Mißverständnisses riesengroß, und du tust gut daran, die folgenden Sätze nicht zu überlesen. Es könnte der Eindruck entstehen, daß es jetzt das Ziel eines Therapeuten sein sollte, alle Theorien wegzuwerfen, doch das ist unmöglich. Solange wir den Verstand nicht (noch nicht) verloren haben (!), solange haben wir ein Bedürfnis nach einem geistigen Gebilde, das wir für richtig empfinden; also brauchen wir Theorie. Jeder Therapeut braucht eine und jeder hat eine – seine. Und das ist gut so. Denn sie ist für *ihn* richtig, nur für ihn – und natürlich für seine Patienten.

Jetzt treten seine Patienten an ihn heran und konfrontieren ihn – mit sich.

Und er tritt an seine Patienten heran und konfrontiert sie – mit sich.

Und aus dieser Konfrontation heraus, in dem Raum, den beide einander einräumen, entsteht *etwas Drittes*, ein Etwas.

Man kann dieses Etwas nicht benennen. Alle Namen werden falsch. Ich möchte es in Anlehnung an eine alte (verschollene) Wissenschaft einen »Homunculus« nennen. Es wird ein »Homunculus« gezeugt. Das ist eigentlich nicht richtig, denn der Homunculus ist schon längst da, als Potenz war er immer da. Aber er braucht Vater und Mutter und die Vereinigung der beiden zu einem Bund (das ist das »therapeutische Arbeitsbündnis«), um in die Sichtbarkeit gehoben zu werden. Du kannst den Homunculus ebensogut – sollte dir dieser Name nicht gefallen – »Schatten«, »Dämon«, »Verdrängtes« oder »Abgespaltenes« nennen.

So wird jede Therapie zu einer alchemistischen Operation, in der sich zwei Personen ans Werk machen, etwas Drittes zu zeugen. Und dieses Dritte ist nicht etwa nur der Schatten des Patienten (der Patient ist nur die Mutter, die das »Wesen« austrägt), es ist ebenso der Schatten des Therapeuten (denn er hat es gezeugt).

Sieh dir nur das Verhältnis von Johannes und Veronika an. Es ist ein Kabinettstück für jede Therapie. Johannes ist *formal* der Therapeut, Veronika die Patientin. Johannes denkt »ich muß mich um Veronika kümmern«, aber im vierten Kapitel wird überdeutlich, daß Johannes bis über beide Ohren verstrickt ist, seit Jahrtausenden.

Das gilt für jeden Therapeuten. Warum sonst sollte er Therapeut sein? Jeder Therapeut hat genau so viele Seelen verdorben, wie er heute in seinen Therapien wieder zu er-lösen (zu therapieren) hat. Denn das Stichwort für jede Therapie ist die Er-lösung mit der Betonung auf »Lösung«. Das Gegenteil von »Lösung« ist »Bindung«.

Deshalb muß *erst einmal eine feste Bindung hergestellt werden, ein Arbeitsbündnis zwischen Therapeut und Patient. Jeder Homunculus, der ungeschaut* ist, stellt ebenfalls eine *feste Bindung* dar. Mit anderen Worten, *ich muß eine Bindung herstellen, um eine Bindung zu lösen.*

Jeder *geschaute* Homunculus, jeder lange genug angeschaute Homunculus, wird immer durchsichtiger, löst sich schließlich auf und verschwindet. Damit verschwindet die Bindung der beiden Eltern an ihn und damit einander; die Lösung stellt sich ein.

In diesem Sinne braucht der Therapeut seinen Patienten ganz ebenso wie der Patient seinen Therapeuten. Beide sind verstrickt, nicht gelöst. Jetzt betreiben sie Alchemie.

Ein gemeinsames Werk beginnt. Das, was sie bindet, wird in die Sichtbarkeit gezogen; hinein in den gemeinsamen Raum, jenen Raum, den beide einander eingeräumt haben und der eigentlich *ein* Raum ist. Hier hinein wird der Homunculus in die Erscheinung gebracht, solange bis er ganz aufgenommen worden ist vom Lichte des Bewußtseins.

Natürlich geschieht dergleichen nicht allein in der Therapie. Diese Operationen finden sehr oft in dein Leben hinein statt. Und zwar eigentlich jedesmal, wenn zwei Menschen sich einander zuwenden, wenn zwei Menschen miteinander etwas »auszutragen« haben. Jede Austragung gebiert dieses Dritte. Jede Partnerschaft, jede Liebe, jede Elternschaft, jedes Arbeitsverhältnis (Angestellter – Chef) etc. erzeugt den Homunculus, den *jeweiligen* Homunculus, denn natürlich gibt es unzählige Gestalten, unzählige Formen, die der Homunculus annehmen kann.

Damit du jetzt nicht auf eine falsche Fährte gerätst, muß ich versuchen, dir die Gestalt des Homunculus gleich wieder wegzunehmen. Doch um ihn dir wegzunehmen, muß ich seine Beschreibung liefern. Wie tritt der Homunculus auf? Bleiben wir innerhalb der Bereiche der Therapie, denn das ist unser Thema.

Wie tritt er innerhalb der Psychoanalyse auf?

Nun, hier findest du ihn (normalerweise) in Gestalt deiner Mutter, deines Vaters, und der Auseinandersetzung zwischen dir und diesen beiden Elternteilen. Du findest ihn als deine Angst, deine Wut, deine

Verzweiflung über das Unverständnis und die Gleichgültigkeit, mit der deine Eltern dich behandeln. Du findest Zuneigung und Ablehnung. Und beides merkwürdig legiert.

Wie tritt er in der Bioenergetik auf?
Nun, hier findest du ihn eingelagert in deinen Körper, als Blockade, Energiehemmung, merkwürdige Körperhaltung, du findest Zittern, Schreien und ebenfalls rückerinnerte Bilder des frühkindlichen Systems.

Wie tritt er in der Primärtherapie auf?
Nun, nicht anders als bei der Psychoanalyse und der Bioenergetik, wobei du noch tiefer in die Zeit hineingerätst, in deinen Geburtsverlauf hinein. Auch tiefer in deine körperlichen Verstrickungen, so daß du die (alten) Schmerzen ganz real *fühlst*, weinst, schreist, dein ganzes Körpersystem gerät in den Sog des Homunculus.

Wie tritt er in der Reinkarnationstherapie auf?
Nun, hier gehst du durch einige deiner Leben hindurch, du »schaust« dir deine Schicksale ebenfalls unter starken »Sensationen« deiner Gefühle und deines Körpers an, erlebst Tode und Geburten und noch vieles mehr. Hier tritt der Homunculus zunächst als eine dir unbekannte Gestalt vor dich hin. (Deren Position du aber auch selbst einnehmen kannst.) Hier findest du die deutlichste Ähnlichkeit zu dem, was Veronika im vierten Kapitel erlebt.

Wir können hier schon aufhören. Es geschieht nämlich in allen Therapieformen dasselbe.

Jenes Gebilde, das ich Homunculus genannt habe, triffst du immer nur eingebettet und damit *verkleidet in ein Bildersystem* an. An dieses Bildersystem angeschlossen sind (oft) deine Gefühle und deine körperlichen Sensationen, die damit ebenfalls *freigesetzt* werden können.

Der Homunculus kann dabei so viele verschiedene Gewänder anziehen, wie es verschiedene Therapierichtungen gibt. In jeder Therapie begegnest du ihm.

Du begegnest ihm auch in jeder Beziehung, wo er als Streit, als Konflikt, in sexueller Form, ja in unzähligen Formen sein Haupt erhebt.

D. h., das eigentliche Dritte, der Homunculus, tritt immer nur als Symbol auf, als Bild. Und deshalb ist es im Prinzip vollkommen gleichgültig, welches System du wählst, ihn zu schauen.

Nur einen gewichtigen Unterschied gibt es dennoch. Solange du in deinem Denken im *causalen* Modus bleibst, also Schuld weiterhin abschiebst, zu deiner Mutter, zu deiner schlimmen Geburt, zu deinen Inkarnationen (der böse Herrscher aus dem 14. Jahrhundert, der dich hat hinrichten lassen), solange bleibt deine Therapie, was dein Bewußtsein anbelangt, blind. Du kriegst dann nur einen neuen Schuldigen, von dem du dich jetzt wieder lösen mußt.

Jede Therapie will dir in ihren Bildern, mit dem Auftauchen des Homunculus zeigen, *wer du bist* und nicht etwa, was *damals* geschah. Jede Therapie will dir zeigen, was du heute noch nicht in dich hineingenommen hast, *also was dir heute fehlt.*

Der Homunculus leidet nämlich darunter, daß du ihn verstoßen hast, daß du ihn weggeschickt hast. Erst daran ist er entstanden. Du hast ihn aus dir herausgesondert, damit hast du dich nicht etwa von ihm gelöst, sondern hast nur ein *unsichtbares* Band geschmiedet, gleichsam eine Umlaufbahn, auf der er jetzt (unsichtbar) kreist, dich umkreist. Er hat jetzt eine Ladung erhalten.

Schau dir – als Analogie dazu – das Sonnensystem an. Die Sonne steht in der Mitte. Um sie herum kreisen in Umlaufbahnen neun Planeten. Auch die Planeten sind irgendwann einmal aus der Sonne herausgesondert worden und ziehen jetzt ihre Bahnen außen herum (draußen herum). Jeder Planet ist damit (vielleicht nicht nur als Bild) zu einem Homunculus für die Sonne geworden, ein abgespaltener Teil; nicht zu Hause, sondern unterwegs.

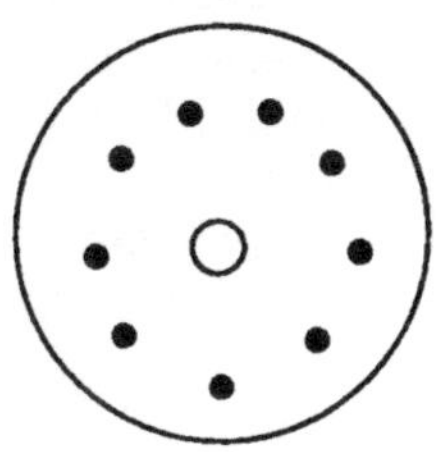

Eine Etage tiefer stehst du, *der Mensch*, der ebenfalls einen zentralen Standpunkt hat (das bist du selbst, dein Selbst), und um dich herum kreisen die Figuren deiner Welt. Also jene neun Figuren vor der Pubertät (und jene neun Figuren nach der Pubertät). Wir haben das bei der Veronika ja schon durchgespielt. Es sei hier nur am Rande darauf hingewiesen, daß es die Übereinstimmung dieser beiden Bilder ist, die dein *Geburtshoroskop* zu einer derart aussagekräftigen Landkarte für dein Leben werden läßt, denn die Stellung der Planeten *zum Zeitpunkt deiner Geburt* zeigt dir genau die Ausprägung deiner Homunculi an – wie oben so unten.

Denn jede Gestalt in deinem Theaterstück ist repräsentiert durch einen Planeten in deinem Horoskop. Nur deshalb kann dir ein Astrologe, ohne dich zu kennen, allein aus deinem Geburtsbild eine Beschreibung deiner Homunculi liefern.

Alle Teile, alle Homunculi, denen du in deiner Therapie (egal in welchem Gewand, also egal, welche *Theorie* dein Therapeut bevorzugt), begegnest, sind Teile von dir. Das soll zum Thema »Therapie« vorerst reichen.

Wenden wir uns wieder Veronika zu.

9 Orte und Räume

»Ein altes Gebäude ist wie eine alte Geschichte, in Stein gehauen und mit seltsamen Gebilden und Zeichen geschmückt, wie eine sorgsam gemalte Chronik. Eine solche alte Chronik war Schloß Irreloh, und seine Mauern redeten eine unheimliche Sprache für den, der sie zu lesen verstand« (»Kl. Veronika«, S. 89).

»Es waren alte und traurige Geschichten, von denen die Brandung sang, und es wäre gut für Schloß Irreloh gewesen, wenn es diese Geschichten nicht mehr zu hören brauchte. Doch es mußte sie hören, denn es waren Geschichten, die ja auch in der alten Chronik von Irreloh standen. Sie flüsterten in den alten Mauern dasselbe Lied, das die Brandung sang, und sie redeten ihre eigene unheimliche Sprache einem jedem, der sie zu hören und zu lesen verstand. Das konnten nicht mehr viele von den Menschen, die heute lebten, aber die Lettern und Zeichen der alten Geschichten stehen überall da, auch wenn sie nicht gelesen und nicht mehr verstanden werden« (S. 89).

Das 5. Kapitel im Buch der kleinen Veronika heißt »Irreloh« und handelt von einem Schloß. (Außerdem treten hier drei neue Personen auf – Pastor Haller, Ulla Uhlberg und Baron Bombe – doch diesen Personen wollen wir uns erst später zuwenden.)

Es handelt also von einem Gebäude, das an einem bestimmten Ort steht. Wir haben an einer früheren Stelle bereits einen anderen Ort kennengelernt, der ebenfalls mit einem Gebäude zusammenhängt, die Kirche zu Halmar.

Und da wir uns schon angewöhnt haben, Parallelen zu ziehen, so kann uns die merkwürdige Übereinstimmung zwischen diesen beiden Orten, zwischen diesen beiden Gebäuden, nicht mehr so ganz zufällig erscheinen, und wir wollen ein wenig bei der dahinterliegenden Idee verweilen.

Wieder einmal möchte ich zuerst die exoterische Sichtweise eines Gebäudes, das an einem bestimmten Ort steht, skizzieren. Unser Alltagsbewußtsein sagt uns, daß ein Gebäude nur unter zwei Gesichtspunkten diskutiert werden kann.

Der erste Gesichtspunkt ist seine *Ausdehnung im Raum*, d. h. seine *Körperlichkeit*. Hier beurteilen wir die *Größe* (also ob es groß und geräumig oder klein und eng ist) und die Zweckmäßigkeit seiner Ausdehnung (also ob die Räume hell oder dunkel sind, die Mauern dick oder dünn, die Türen gut schließen, ob es neben einem Sägewerk steht und also zu laut ist etc.). Der zweite Gesichtspunkt, unter dem wir ein Gebäude (aber auch einen Ort) beurteilen, ist seine *ästhetische Form*. Nun hat auch diese Form zu tun mit Körperlichkeit, denn es ist ja der Baukörper, der hier als Ganzes wirkt. Doch gemeint ist etwas anderes. Bei der ästhetischen Form beurteilen *wir*, ob ein Gebäude *in unserer Seele* sich den *Kriterien der Schönheit* fügt, also ob unser Gemüt sich zu diesen Formen hingezogen fühlt, es als schön empfindet, oder ob unsere Gefühle sich von diesem Ort oder diesem Gebäude abgestoßen fühlen, wir es infolgedessen als häßlich empfinden.

Ziehen wir diese beiden Figuren der alltäglichen Wahrnehmung zusammen, so erhalten wir einmal eine *körperliche* und das zweite Mal eine *seelische* Einschätzung, die natürlich (beide) in der normalen Sichtweise vereinigt sind. So sagen wir, dieser Raum ist zwar groß genug (als Küche), aber er ist häßlich, oder wir sagen, er ist zwar wunderhübsch, aber nicht zweckmäßig. Doch wie schon gesagt, es handelt sich hier nur um die »Sichtweise«, unter der das exoterische Verständnis *glaubt*, einen Ort zu beurteilen.

Daß diese Sichtweise nicht nur die des Alltagsbewußtseins, sondern ebenso die der *offiziellen Kirche* ist, geht daraus hervor, daß die Kirche in ihrem 8. ökumenischen Konzil (im Jahre 869 in Konstantinopel) das Wesen des Menschen als aus *Körper* und *Seele* bestehend festlegte. Damit wurde die frühere Festlegung (im Jahre 325 auf dem Konzil zu Nicäa), das Wesen des Menschen bestehe aus Körper, Seele *und Geist*, revidiert. (Vgl. dazu Manfred Kyber: Einführung in das Gesamtgebiet des Okkultismus, Dreieich 1985.)

Um dieses *Reich des Geistes* soll es uns in diesem Kapitel ein erstes Mal sehr bewußt zu tun sein.

Dieses Thema hat so seine Tücken, weiß man doch heute mit dem Wort »Geist« herzlich wenig anzufangen.

Die Tücke beginnt eigentlich schon bei dem Wort »Seele« (also weit vor jenem dritten Be-Reich), denn so recht weiß auch hier keiner, was eigentlich gemeint sei.

Also beginnen wir erst einmal bei diesem Gebilde in seiner bekanntesten Form, nämlich in der Ausprägung der Krankheiten. Es hat sich heute in der Medizin herumgesprochen, daß es Krankheiten gibt, die seelischen Ursprungs sind. Es gibt mittlerweile Fachbereiche, Studiengänge und Institute für »psychosomatische Medizin«, wobei das Modewort »psychosomatisch« die enge Verwobenheit von Psyche (=

Seele) und Soma (= Körper) bekunden soll. Das Wort will sagen, daß es Krankheiten gibt, *die von der Seele auf den Körper wirken*, sie sind also nicht nur körperlich zu erklären.

Natürlich gibt es – heute noch – Richtungen in der Medizin, die diese Einsichten nicht zur Kenntnis nehmen wollen, gemäß dem Satz eines ihrer führenden Vertreter »Ich habe schon einige tausend Leichen aufgeschnitten, doch so etwas wie die »Seele« ist mir noch nicht dabei begegnet.«

Sie beschäftigen sich nur mit körperlichen Ursachen, ihr Leitmotiv lautet, daß es nur einen *Körper* gibt, und sonst nichts.

Die modernen Richtungen sind da schon einen Schritt weiter. Körper und Seele bilden eine Einheit und das eine ist ohne das andere nicht zu erklären. Doch so radikal ist diese Richtung nun auch wieder nicht, denn ihr Beschluß lautet: ein *großer Teil* aller Krankheiten (etwa zwischen 30 und 70%) haben eine seelische Ursache, also müssen wir jetzt an der Seele arbeiten, dann kommen wir zum Wesen dieser Krankheiten. Die Lösung heißt, »Psychotherapie«.

Bis zu dieser Stelle ist die exoterische Wissenschaft heute vorgestoßen.

Jetzt zur Esoterik. Ihr Satz lautet: Jeder Mensch ist eine Einheit aus Körper, Seele und Geist. Jede Krankheit ist eine *Störung* dieser Einheit. Diese Störung kann nicht vom Körper her geheilt werden (wie es die orthodoxe Medizin versucht), sie kann nicht von der Seele her geheilt werden (wie es die heutige Psychotherapie versucht), sie kann nur vom »Geist« her geheilt werden, denn der Verlauf der Störung geht diesen Weg. Und so müssen wir denn versuchen, den Geist zu erreichen. Von daher – sagt die Esoterik – ist jede Heilung im eigentlichen Sinne »Geist-Heilung« – oder gar keine Heilung.

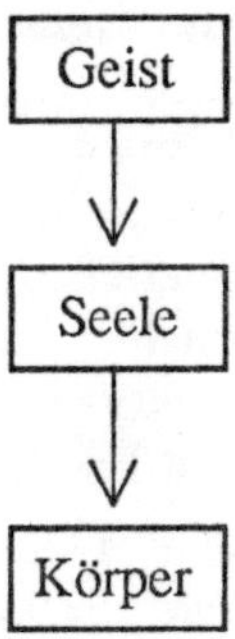

Jeder, der am Körper arbeitet, greift zu kurz. Er hilft, aber er heilt nicht. Jeder, der an der Seele arbeitet, greift ebenfalls zu kurz. Er hilft, aber er heilt nicht. Erst eine Arbeit am Geist zieht alle unteren Ebenen nach sich und heilt wahrhaft.

Wir können diese Dreiteilung sogar noch einen Schritt weitertreiben, denn ihr ist auch eine Dreiteilung des Berufsbildes des Arztes zugeordnet.

Die erste Ebene des *Leibes* ist seit alters her eine Domäne der *Chirurgie*. Hier wird *von außen* in den Körper eingegriffen. Denn Chirurgie heißt »Handwerk«, die Hände »greifen« ein. Und jeder Arzt, der heute *von außen* in den Körper eingreift (ob mit dem Messer oder mit dem »pharmazeutischen Messer«, ob mit Pillen oder Spritzen) ist deshalb erst einmal – unabhängig davon, wie *er* sich gerne nennt – *Chirurg*.

Die zweite Ebene der *Seele* ist eine Domäne der *Psychotherapie*. Dieser Arzt ist ein modernes Kunstgebilde. Im Altertum gab es ihn nicht. Die Entstehung des »Seelenarztes« ist eine Erfindung, die es erst seit Freud gibt. Und die wahrscheinlich – und hoffentlich – in den nächsten hundert Jahren ebenso rasch spurlos wieder verschwunden sein wird.

Du magst dich wundern, von mir so harte Worte zu hören, ich möchte sie deshalb erläutern. Ich meine damit nicht, daß *die Arbeit* dieser Menschen, zu denen ich auch mich zähle, sinnlos sei. Die Arbeit ist sehr wertvoll. Aber das Selbstverständnis des Therapeuten, er arbeite an der Seele des Menschen, ist so grundlegend falsch und das Wort »Psychotherapie« ist so unsinnig, daß ein gründliches Umdenken erforderlich ist. Ob der sich »umgewendet« habende Psychotherapeut dann diese Bezeichnung noch behalten darf, möchte ich bezweifeln. Es wird neue Bedingungen geben. Der Berufsstand wird sicher beibehalten, denn er wird gebraucht, daß er freilich nach den gleichen Kriterien ausgebildet wird, halte ich für ausgeschlossen.

Das führt zur dritten Ebene des *Geistes*. Hier liegt die *Domäne des Priesters*. Er erst ist der wahrhafte Arzt. Er greift ein auf der Ebene des Geistes. Mit »Priester« ist nicht etwa ein »Mann der Kirche« gemeint. Die meisten Männer und Frauen, die heute dieses Amt versehen, haben nie eine kirchliche Ausbildung erhalten. (Und die meisten, die heute eine kirchliche Ausbildung erhalten haben, versehen nicht das Amt eines Priesters. Denn mit dem Wort ist ein »Mann des Geistes« oder eine »Frau des Geistes« gemeint.)

Jeder Arzt heute stammt in direkter Linie von dem Priestergeschlecht der Äskulapen ab. Sein Zeichen am Auto (die Schlange, die sich um den Stab nach oben windet) und seine weiße Kleidung weisen ihn als einen derartigen Abkömmling aus. Die wenigsten Ärzte wissen darüber genaues, weder wissen sie etwas über die Symbolik der Schlange am Stab, noch wissen sie, warum sie

»weißgekleidet« sind. Jeder heutige Arzt ist auch ein »abgefallener« Priester und als solcher stammt er in direkter Linie von Hippokrates ab (dessen Eid er heute noch schwört), und Hippokrates wußte noch von seinem Abfall. Er wußte, daß er das Priestergeschlecht verlassen hatte, um auf dem Schlachtfeld Erste Hilfe zu leisten und damit die »Chirurgie« gründen half, (vgl. Hans Blüher: Traktat über Heilkunde, Dreieich 1985), zwar ein sehr notwendiges aber doch sehr äußerliches Unterfangen.

Jeder Arzt heute hat die Chance zurückzukehren zu dem Amt, aus dem er sich einst selbst entlassen hat. Notwendig dazu ist freilich eine »Weihe«, und daß diese nicht mit der Krankenkassenzulassung verliehen wird, versteht sich von selbst. Wir werden später sehen, wie sie zu denken ist.

Mit dem, was ich bisher gesagt habe, sind wir dem Phänomen des Geistes natürlich keinen Schritt nähergekommen. Um dieses Gebilde zu erläutern, müssen wir nämlich einen Umweg wählen. Den Umweg über Orte und Räume.

Der Ort, um den es uns hier geht, ist das Schloß »Irreloh«. Es hat einen *körperlichen* Raum, der beschrieben und photographiert werden kann. Es hat einen *seelischen* Raum, der in Kriterien von Schönheit, Ästhetik und Empfindung beschrieben werden kann und es hat einen *geistigen* Raum, der weder beschrieben noch photographiert noch (mit dem normalen Sensorium) wahrgenommen werden kann.

Das ist nicht ganz richtig. Wahrgenommen wird er immer schon von jedem, aber in der Regel hat man keine Möglichkeit, das Wahrgenommene irgendwo einzuordnen und so bleibt es ein vages *Gefühl* (bleibt also im Seelischen hängen) von etwas, was man nicht benennen kann.

Ulla Uhlberg, die auf Schloß Irreloh wohnt, die das alte Gemäuer gekauft und für viel Geld hergerichtet hat, empfindet es selbst so:

»So friedlich ist Irreloh nicht. Schau bloß den greulichen hohen Turm an. An ihm ist sogar meine Verschönerungskunst gescheitert, es ist nichts weiter darin als altes Gerümpel. Jetzt hoffe ich bloß noch, daß sich die Eulen dort einnisten, das wäre wirklich romantisch. Ich habe Eulen sehr gern, aber sie tun mir nicht den Gefallen, den alten Turm zu bewohnen. Hier im Park herum hausen sie, ich höre sie in der Nacht rufen.«

Johannes antwortet ihr, indem er versucht, das »Geistige« zu erläutern:

»Ich kann es verstehen, Ulla, daß die Eulen nicht auf dem Turm nisten wollen. Er ist nicht gut. Es ist manches nicht gut in Irreloh.«

»Wie meinst du das? Ich fürchte mich nicht vor Gespenstern.« »Ich will nicht sagen, daß dort Gespenster sind. Ich weiß das nicht. Ich kenne

mich auch in Irreloh nicht so genau aus, wie im Haus der Schatten. Ich meine das nur so, daß an allen Dingen etwas hängt, aus früheren Zeiten, nicht greifbar natürlich, aber doch durchaus wirklich. Du mußt bedenken, daß ein hellsichtiger Mensch, wenn er einen Gegenstand in die Hand nimmt, sagen kann, wie sein Besitzer aussah und was für ein Schicksal er hatte. Ich habe das oft erlebt. In diesem Sinne sind überall noch restliche Kräfte, wenn man es so nennen will, aber man muß sie nicht erwecken« (S. 106 f).

Es *haftet* etwas an Schloß Irreloh. Zunächst einmal haftet für Ulla etwas aus ihrer Kindheit an diesem Schloß. (Das ist etwas Seelisches.) Sie beschreibt es so:

»Ich dachte, auch dir würde Irreloh gefallen. Es war der Traum unserer Jugendjahre, hier Ritter und verzauberte Königstochter zu spielen, und du hast es versprochen, mich vom Drachen, der mich bewacht, zu erlösen« (S. 105).

Aber am Schloß selbst haftet ebenfalls etwas. Johannes ahnt, was es ist:

»Hier in Irreloh ist manches, was besser nicht wäre. Irreloh hatte früher einen schlimmen Ruf, es hat falsche Feuer an der Küste gebrannt, und es ist vom Strandgut reich geworden« (S. 107).

Mit anderen Worten, die Schloßbewohner haben im Inland Feuer angezündet, um den Schiffen vorzugaukeln, daß hier noch Meer sei. Die Schiffe strandeten vor dem Schloß, und die Bewohner raubten die Wertsachen und erschlugen die Schiffer.

Diese »Anhaftung« ist nicht zu sehen, kaum zu fühlen (denn sie ist nichts Seelisches), sondern nur zu *ahnen*.

Immer wenn das Wort »Ahnung« im Spiel ist, handelt es sich um etwas von alters her Überkommenes. Wir nennen nicht umsonst unsere Vorfahren, die wir nicht mehr *sehen*, die wir nicht mehr *fühlen, unsere Ahnen*.

Das Etymologie-Wörterbuch beschreibt das Wort »ahnen« als (wahrscheinlich) von der Präposition »an« herkommend, mit dem Wortsinn: »was einen ankommt« oder »was einen überkommt«. »Es kommt mich an.« Und genau das ist mit dem Wort »Geist« gemeint, etwas *Unbestimmtes* rührt mich an.

Es ist von mir nicht zu bestimmen, nicht einzuordnen. Mein Sensorium bekommt es nicht in ein Kategoriegerüst. Mein *Verstand* kann es nicht greifen, er kann es nur lokalisieren in Begriffen des »als ob«. Viele hellsichtige Menschen können einen Ort oder ein Gebäude durchaus so beschreiben, daß sie spüren, hier sei vor langer Zeit etwas geschehen. Sie beschreiben immer dieses »als ob«. Es ist, als ob hier vor langer Zeit etwas sehr düsteres passiert sei. Ein Mord oder dergleichen. So ist das »Geistige« immer etwas Unbestimmtes, nicht mit den Sinnen Wahrnehmbares, das einem Gegenstand *anhaftet* und das den Gegenstand (oder Ort) in eine ganz eigene und eigenartige Sphäre taucht. Fast so, als ob eine Schwingung, Färbung oder Aura diesen Ort umgibt.

Kyber gibt uns sogar ein *Bild* für das, was *diesem Ort* anhaftet. Er läßt Magister Mützchen, also ebenfalls ein »Geistwesen«, ein Wesen also, das auf der Ebene des Geistes sein Zuhause hat, in das Schloß geraten. Mützchen kann diese Ebene sehen und er beschreibt sie so:

»Das ist kein gutes Gebäude, Veronika, und solche Leute wie ich können da nicht gedeihen. Im Haus der Schatten ist es weit lichter und besser zu leben, trotz all seiner Schwellen und Stufen, und auch das Bilderbuch der grauen Frau, obwohl es ja gar nicht nett ist, scheint mir immer noch angenehmer, als die roten Gesellen von Irreloh.«

»Wer ist denn das«, fragte Veronika, »das klingt so unheimlich.«

»Huh«, sagte Magister Mützchen, »es ist eine eklige Gesellschaft, sie hocken im alten Turm und hüten ein Feuer, das sie einmal anfachen wollen, wenn der rechte Sturm und die rechte Stunde von der See herüberkommt. Wer weiß, wann das sein wird? Ich möchte es nicht erleben.«

»Sind das Gespenster?« fragte Veronika, und es gruselte sie ein wenig.

»Das sind sie nicht«, meinte Magister Mützchen, »es ist schlimmer als das, denn man kann nicht mit ihnen reden. Es sind Reste von falschen Feuern, die sich zu Gebilden gestaltet haben. Es ist etwas Ähnliches wie das Bilderbuch der grauen Frau, nur ist es viel schrecklicher, weil es ein Eigenleben hat. Ich bin im alten Turm herumgekrochen und habe es mir genau von allen Seiten betrachtet. Drei rote Gesellen sind es, und sie sehen greulich aus. Ulla Uhlberg wird sich vor ihnen hüten müssen« (S. 111).

Es sind keine Gespenster. Als ein Gespenst haben wir schon die graue Frau in dem grünen Zimmer identifiziert, eine Tote, die noch keine Ruhe gefunden hat.

Bei den »drei roten Gesellen« handelt es sich um *reine* Geistwesen. Sie hatten noch nie eine Seele. Ja, es sind eigentlich *Gedankenreste*, die sich gelöst und verdichtet haben.

Sie sind damit das genaue Gegenteil von den »drei Lichtern« der kleinen Veronika. Es sind ebenfalls drei Flammenwesen, doch sind sie nicht verbunden und auf eine Mitte hin zentriert, sondern sie sind nur rot. Sie haben noch einen sehr weiten Weg zurückzulegen. Ihr jetziger

Weg heißt »Zerstörung«, »Vernichtung«. Sie sind gleichsam die *Idee* der Zerstörung, die noch soviel Energie in sich trägt, daß sie ein Eigenleben führen kann. Doch lassen wir diese Flammengestalten erst einmal beiseite, uns interessiert immer noch das Thema bezogen auf Orte und Räume.

Wählen wir zunächst ein anderes Bild. Schau dir irgendeine Pflanze an, sagen wir einmal einen Farn. Dieser Farn hat einen *Körper*, sein grünes Blätterkleid; er hat eine *Seele*, man sieht es an seiner Art, auf die Gegebenheiten der Umwelt zu reagieren, sich der Sonne entgegenzustrecken bzw. sich bei Kälte zusammenzurollen, und er hat einen *Geist*, und dieser Geist ist die »Idee« des Farnes. Dieser Farn entwikkelt sich jetzt – wie jedes andere Wesen auch – von seiner Idee her nach außen. Diese Idee ist das Primäre, sie ist als erstes da *und* unvergänglich. Jede Idee, die einmal etabliert worden ist, ist unsterblich. Sie bleibt in der Welt, unabhängig davon, ob sie realisiert wird (also eine Körperumhüllung erhält) oder nicht. Freilich drängt es sie dahin, eine Umhüllung zu erhalten.

Ohne die dahinterliegende *Idee* könnte der Farn als reale Pflanze nicht existieren. (Ich vernachlässige hier zunächst einmal, daß es in Wahrheit nur *eine einzige Idee des Lebens* gibt, von denen jeder Stein, jede Pflanze, jedes Tier und jeder Mensch nur ein »Ableger« ist – darauf kommen wir erst sehr viel später zu sprechen.) Ohne den Geist des Farnes gibt es keinen Farn (wie wir ihn zu Gesicht bekommen).

Freilich gibt es sehr wohl den Geist, die Idee des Farns ohne den realen Farn. Davon kann sich jeder in jedem Winter aufs neue überzeugen. Im Winter »schläft« die Idee des Farns tief in seinem Wurzelwerk, während der Körper des Vorjahresfarns gestorben ist. Die Form hat sich zurückgezogen ins Innere der Erde, während die Idee weiterhin in voller Pracht dasteht und auf neue körperliche Einkleidung wartet. Im Frühjahr beginnt dann die Form wieder, in die Idee hineinzuwachsen.

Risse ich jetzt die Wurzeln aus und verbrenne sie, so würde ich den Geist des Farns gänzlich aus dem Wurzelwerk lösen; anders gesagt, ich brenne die Form aus dem Geist heraus und erhalte eine *freigelassene Idee*, einen gelösten Geist, der jetzt so lange »herumgeistert«, bis er sich an einer bestimmten Stelle wieder anlagert. Wenn die Bedingungen günstig sind, treibt er irgendwo wieder einen neuen Ableger (eines Farns) hervor.

Was für die (relativ) einfache Form des Farns gilt, gilt natürlich im Tier- und Menschenreich gleichermaßen. Nehmen wir die *Idee* des Dinosauriers, den

Geist des Dinosauriers. Er hat Millionen Jahre lang treu und brav immer Dinosaurier in die Form bringen helfen. Eines Tages aber gab es keine Dinosaurier mehr. Sie waren – aus welchem Grund auch immer – nicht mehr lebensfähig. Man muß besser sagen, die Dinosaurier waren nicht mehr *leibesfähig*. Was ist aus ihrer Idee geworden?

Sie ist nach wie vor vorhanden. *Sie ist in die Köpfe der Menschen eingewandert* und geistert jetzt durch alle Kulturen und durch unsere nächtlichen Träume. Beispielsweise als die Figur des Drachens. Sie ist zum Archetypus geworden, zu einem Geistwesen, das sich jederzeit in eine andere Spezies einnisten kann. Aber in deinem Leib kann der Dinosaurier keine reale Form bekommen, er kann sich nur geistig in dich hineinbegeben, und du kannst das Kinderbuch darüber schreiben »Der Dinosaurier und der kleine Muck« oder du schreibst eine wissenschaftliche Abhandlung »Über die veränderten Lebensbedingungen der Dinosaurier im Präkambrium«.

Ja, so entsteht Wissenschaft!

Wir sind an dieser Stelle noch nicht ausreichend gerüstet, um der Frage nachzugehen, welcher Art die anderen Geistwesen sind, die sich in unserem Inneren tummeln oder anders gesagt, woraus der Geist des Menschen besteht. Wir brauchten diese vorherigen Abstecher ja nur, um uns dem Thema »Orte und Räume« zu nähern. Nicht nur jeder Farn hat eine Idee, einen Geist, nicht nur jedes Tier, sondern auch jeder Ort, jede Landschaft, jedes Gebäude. Schau dir eine Wiesenlandschaft an. Oder einen sanften Hügel. Hier herrscht auf einer höheren Ebene eine Art Harmonie aller Geistschwingungen der in der Landschaft enthaltenen Einzelgeistwesen. Alles, was in der Form ist, strahlt die Schwingung seines Geistes nicht nur in der Form ab, sondern es ist so, als ob ein unsichtbarer Hügel über dem sichtbaren liegt und ihm seinen Glanz verleiht. Ebenso ist es mit einem Gebäude. Wir empfinden es oft so, als ob bei einem Gebäude das Ganze mehr ist als die Summe seiner Teile, und das ist es in der Tat. Ein schönes Gebäude strahlt den Geist seiner Teile, die Harmonie des Ganzen, weit sichtbar in die Landschaft hinaus.

Aber wehe, wenn in diesem Gebäude, in dieser Landschaft, eine Idee, ein Geist sich aufhält, der diesem Ganzen nicht entspricht, und der nicht mehr in der Form ist!

Der Mißton, der hier anklingt, übertönt die Harmonie der anderen Töne bei weitem. So entsteht in der Welt eine Art »geistige Geographie«. Es gibt Orte, die sind verzaubert, es gibt Orte, die sind heilig, je nach dem Geist, der hier sich breitgemacht hat.

An jedem dieser Orte halten sich »Geister« (dieser Plural ist nicht fair) auf, die einmal sichtbar waren, d. h., die einmal *sichtbaren Handlungen entsprangen* und die heute noch den Ort aufladen. Es sind immer Orte unserer *Ahnen* und die Geistwesen, die sich dort festgesetzt haben, können wir nur *erahnen*.

Natürlich hat ein Ort, an dem einst eine Kirche stand, einen anderen Geist als ein Ort, an dem sich einst eine Hinrichtungsstätte befand.

Man muß freilich wissen, daß man diese Art des Geistes weder sehen, noch gar messen kann. Kurz, es gibt *keinen Beweis* für derartige Behauptungen, wie ich sie hier aufstelle.

Aus diesem Grund weigert sich natürlich auch die Wissenschaft, an das Vorhandensein der Geister zu glauben, und das ist auch gut so, denn wie schon gesagt, »Geist« und »Wissenschaft« ist ein Widerspruch in sich selbst.

Obwohl ganze Fakultäten an Universitäten sich »geisteswissenschaftlich« nennen und sich hauptsächlich mit *Büchern* beschäftigen, hat sich noch keine Wissenschaft je darüber Gedanken gemacht, daß in jedem Buch tatsächlich ein Geist wohnt! (Rüdiger Dahlke hat diesen Buchgeist in seiner Geschichte »Puschties andere Wirklichkeit« [Neptun Verlag 1984] zum Leser reden lassen, und wer hier genau hingehört hat, der hat einen schönen Schock bekommen können.)

So solltest du – der Leser – dich nicht erschrecken, wenn ich behaupte, daß dieses Buch, das du gerade in deinen Händen hältst, ebenfalls ein *reiner Geist* ist. Und zwar ein Geist, der sich einen Körper geliehen hat (nämlich den Körper des Papiers und der Druckerschwärze), wobei dich dieser Körper natürlich überhaupt nicht interessiert. Du hast das Buch ja nicht seines Papiers wegen gekauft, sondern seines Geistes wegen. Und dieser Geist hat dich jetzt schon 136 Seiten lang in seinen Klauen, er hat dich besetzt, du wirst ihn nicht mehr los. Mitunter mag er an deiner *Seele* rühren, dann empfindest du ein *Gefühl*, aber es geht ohne dieses Gefühl. Woran du wieder einmal siehst, daß der Geist losgelöst sein kann von deiner Seele.

So hält der Geist dieses Buches jetzt einen bestimmten Platz in dir besetzt. Du hast ihm *einen Ort eingeräumt*, einen *Raum* gegeben und dieser Raum hat jetzt einen ganz merkwürdigen Inhalt bekommen. Du hast nämlich den Inhalt (den Geist) dieses Buches in diesen Raum eingefüllt.

Damit ist es ein »geladener Ort« in deinem Inneren geworden.

Du siehst, um das Phänomen des Geistes zu illustrieren, habe ich viele Bilder gewählt, das Bild des Priesters, der ein Geistheiler ist, das Bild der drei Flammen, die von keinem Menschen geschaut werden können, das Bild der Ahnen (»etwas kommt mich an«), das Bild des Farns, des Dinosauriers, das Bild der Harmonie einer Landschaft, in der ein fremder »Ton« schwingt und das Bild eines Buches.

All diese Figuren geben dir ein Gefühl, was »Geist« sein könnte, geben dir eine Ahnung, worum es sich handelt. Aber keines der Bilder liefert dir eine *Definition* des Geistes. Es sind alles nur Illustrationen eines Phänomens, das sich jeder Darstellung entzieht, weil es eigentlich das »Nicht-Darstellbare« ist, was hier gemeint ist.

Um es zu einem Paradoxon zuammenzuziehen: der »Geist« ist *die Welt in dir*, die auch ohne dich existieren kann. Es ist die *Welt der Bilder*, aus der heraus du dich bewegst. Es ist die Zeichnung, nach der du konstruiert bist (der »Lebensodem«, der in dich eingehaucht worden ist). Aber nicht nur deine Form findet hier ihre Blaupause, sondern auch deine *Geschichte*, denn der Geist ist eigentlich die Geschichte, aus der du bestehst.

Und so finden wir den Bogen zu Schloß Irreloh wieder. Auch dieses ist »wie eine alte Geschichte in Stein gehauen«. Jedes Schloß, jeder Ort, jede Landschaft ist ihre eigene Geschichte in das jeweilige Material gegossen. Es lebt, denn jedwede Geschichte lebt und ist belebt.

Aus dem letzten Kapitel weißt du noch, daß Therapie immer in einem Raum stattfindet, den zwei Menschen gemeinsam betreten, weil sie ihn sich gemeinsam eingeräumt haben. So dürfte jetzt anschaulich geworden sein, daß es diese »geistigen« Räume sind, die in jeder Therapie betreten werden, und daß jeder geistige Raum das Abbild eines tatsächlich vorhandenen (gewesenen) Raumes und einer tatsächlich vorhandenen (gewesenen) Geschichte ist. (Die drei roten Flammen, die Magister Mützchen sieht, sind ja Gedankenformen, die tatsächlich einmal dem Hirn von lebenden Wesen entsprungen sind. Jetzt sind sie freilich übriggeblieben und warten auf ihre Verwirklichung.) Schloß Irreloh ist also ein Ort, an dem eine geistige Kraft herrscht, die die eigene geistige Kraft des Ortes bei weitem überstrahlt, ein besetzter Ort. Besessen von Kräften, die hier als rote Flammen gekennzeichnet sind, Flammen des Hasses, der Gewalt, der Zerstörung, ungeläuterte Flammen.

Veronika wird ihnen noch begegnen.

Es gibt einen sehr wichtigen Hinweis auf den Geist eines Ortes (eines Raumes) und dieser Hinweis ist an seinem Namen ablesbar. Aus dem Johannes-Evangelium wissen wir »im Anfang war das Wort«. Und Johannnes meint damit nicht das Wort in unserem Sinne, sondern er meint den Inhalt des Wortes und für diesen Inhalt kannst du getrost das Wort »Geist« verwenden. Dieser Geist, dieses »Wort« (dieser »Logos«, heißt es im Griechischen) muß jetzt freilich auf der menschlichen Ebene – mit einem Wort umhüllt – gleichsam ummäntelt werden und dieser Mantel ist sein Name.

Kyber kennt diesen Zusammenhang sehr genau und deshalb gibt er seinem Schloß den Namen *Irreloh*. Die Lohe (Flamme), die in die »Irre« geht, sich in der Irre befindet.

Ich habe schon in der »Reise des Helden« (Kösel 1983) das Goethe-Zitat aus »Faust« bemüht: »Bei Euch, ihr Herren, kann man das Wesen allein schon aus dem Namen lesen« und behauptet, man könne das Wesen (den Geist) überall aus dem Namen lesen, vorausgesetzt man versteht es, Namen zu lesen.

So kurios es klingen mag, der Geist eines Ortes hinterläßt tatsächlich im *Namen des Ortes* seine deutlichste Spur, alles andere kann nur ge*ahnt* werden.

Du kannst jetzt eine Reise tun zu einigen Orten und Räumen, die in deinem Inneren aufgehoben sind. Zu diesem Zweck höre dir die vierte »Reise« zu diesem Buch an. Sie trägt den Titel »Räume« und ist auf der zweiten Seite der zweiten Kassette (siehe auch Anhang S. 279).

10 Damaskus

Im fünften Kapitel mit dem Titel »Irreloh« ist die kleine Veronika auf den ersten Blick gar nicht anwesend. Johannes besucht auf Schloß Irreloh eine junge Frau, die er schon seit seiner Kindheit kennt, Ulla Uhlberg.

Wir erfahren, daß Ulla früh zur Waise geworden und bei einer Tante aufgewachsen ist. Als sie erwachsen war, stand ihr das elterliche Vermögen zur Verfügung, und sie bereiste erst einmal die Welt. Doch im Gegensatz zu Johannes, der weit reiste, um sich *kennenzulernen, reiste Ulla herum, um die* äußeren Teile *der Welt kennenzulernen. Doch auch sie kehrte zurück und kaufte das Schloß Irreloh (an dem so viele Kindheitserinnerungen hingen), um das zu realisieren, was sie mit dem Schloß einst verbunden hatte, nämlich Johannes zu ihrem Märchenprinzen zu machen. Ulla ist sehr schön, jung und stark.*

Im Moment sitzt sie in der Halle, ihr gegenüber Pastor Haller, der der Kirche zu Halmar vorsteht, und seine Frau. Johannes ist eben angekommen und hört zu, wie Pastor Haller den Anwesenden sein Leid klagt:

»Die Leute hier sind rückständig, sie glauben an allerlei Wunder, ja sogar an Gespenster, an graue Frauen und kleine Männchen. Es ist schwer, ihnen das abzugewöhnen und sie in die Gegenwart und in den Geist der Aufklärung zu führen. Immer wieder muß ich ihnen versichern, daß es auch bei Jesus nur auf das moralische Vorbild ankommt, nicht auf die alten christlichen Legenden, so sehr ja auch diese ihren poetischen Wert haben mögen« (S. 94).

Pastor Haller ist ein gläubiger Rationalist, er glaubt an nichts, was mit der heutigen Forschung nicht zweifelsfrei bewiesen werden kann. Das, was seine Gemeinde glaubt, ist für ihn »Mittelalter«. Jetzt bemüht er sich um Aufklärung.
Als er sich bei Johannes Zustimmung holen will, sagt dieser:

»Ich denke, daß ein Leben ohne Wunder sehr arm ist, ich möchte es nicht leben. Ich sehe in Jesus von Nazareth auch mehr als nur einen großen Menschen, dem man nachleben soll (...) Es geschehen doch auch heute noch Wunder, jede Blume ist eine, und das Wunder des Lebens

und des Sterbens kann auch die moderne Naturwissenschaft nicht erklären.«
»Wir sind doch vielem nahegekommen«, wandte Pastor Haller ein.
»Oder sehr weit. Verstand und Geist ist nicht dasselbe!«
»Am Ende reden sie noch den Leuten von Halmar das Wort und stehen ihren Gespenstern näher als mir?« fragte Pastor Haller scherzend, aber es war ein wenig Schärfe in seinem Ton, der harmlos klingen sollte.
»Offengestanden, ja, Herr Pastor«, sagte Johannes Wanderer ruhig.
»Aber was ist das für eine Richtung?« fragte Pastor Haller entsetzt, »welchen Weg gehen Sie denn in religiösen Dingen?«
»Es ist gar keine Richtung«, erklärte Johannes Wanderer freundlich, »ich halte überhaupt nichts von sogenannten Richtungen. Ich denke aber, daß ein Mensch und besonders ein Priester nur einen Weg gehen kann, das ist der Weg nach Damaskus, und wie das im einzelnen geschieht, erscheint mir eigentlich unwesentlich« (S. 96 f).

Damit beendet Haller die Diskussion und das Ehepaar verläßt das Schloß. Johannes und Ulla bleiben allein zurück. »Es ist sehr dunkel in der Kirche zu Halmar«, sagt Johannes im Hinblick auf Pastor Haller. Im weiteren Gespräch erfahren wir, daß Veronikas Vater gestorben ist, als Veronika noch sehr klein war und, daß Veronika mit ihm so gar nichts zu tun hat.

»Ich kann mir auch nicht denken, daß Veronika viel vom Vater gehabt hätte. Er war so ganz anders als sie. Ich achte gewiß auf Verkettungen des Blutes, aber man muß sich auch nicht darüber täuschen, daß sie nur an zweiter Stelle stehen. Die geistige Verwandtschaft ist stärker. Beides trifft selten zusammen. Ich meine das so, daß Veronikas Wesenheit wohl stark mit Regine (ihrer Mutter) verbunden ist, aber nur wenig mit dem Vater. Mit ihm hatte Regine ihr Schicksal auszugleichen, nicht das Kind.«

Und wir erfahren weiterhin, daß Johannes »gerufen« wurde, um Veronika behilflich zu sein.

»Du wurdest gerufen?«
»Ja, Ulla, nicht äußerlich, sondern innerlich. Ich stehe Veronika sehr nahe und muß ihr helfen, es sind das Gesetze aus einer anderen Welt. Auch dem blöden Peter muß ich helfen.«
»Es wäre ein großes Werk, wenn es mir gelänge, ihm (Peter) den eingeschlafenen Geist um einiges zu erwecken. Vielleicht ist das verdienstvoller, als große Werke zu schreiben. Du mußt auch nicht über einen Blöden denken, wie die Menschen es tun. Siehst du, wir gehen

von Leben zu Leben, und wenn der blöde Peter heute ein gefangener Geist ist, vielleicht war er einmal ein großer Weiser, und er ist aus Erbarmen mit den Blöden in diesem Dasein ein Blöder geworden, um das Leiden der Blöden, ihr Suchen und Finden in all seiner Hilflosigkeit im Innersten zu erfahren und ihnen in einem künftigen Leben Führer zu sein« (S. 100).

Johannes enthüllt Ulla, daß er Kontakt hat mit einem großen Meister, daß freilich dieser Meister kein Mensch ist in unserem irdischen Sinne, sondern eher eine »innere Figur«. Für Ulla ist das alles sehr neu, und so unterhalten sie sich noch eine Weile, wobei Ulla von selbst darauf kommt, daß sie in Florenz immer das Gefühl hatte, hier schon einmal mit Johannes gelebt zu haben.
Schließlich verabschiedet sich auch Johannes von Ulla und geht nach Hause.
Zu Hause angekommen erzählt Magister Mützchen, der heimlich – und unsichtbar – in Onkel Johannes' Tasche mit auf dem Schloß war, Veronika, wie es dort zugegangen ist.

»Bevor ich im Turm war (bei den drei Flammen), war es sehr lustig«, sagte Magister Mützchen und grinste unartig, »ich kroch aus der Tasche von Onkel Johannes und setzte mich auf die langen Rockschöße von Pastor Haller. Der sprach viel und schimpfte über den Aberglauben von Gespenstern und Männchen, gerade als ich auf ihm herumtanzte« (S. 111).

Wir werden in diesem Kapitel konfrontiert mit einer neuen Seelenfigur und wir werden uns jetzt anschauen, auf welche Weise diese Gestalt hineinragt in das Geflecht der Bühne, die um Veronika herumgruppiert ist.

Diese Figur der Seele ist der *Unglaube*. Repräsentiert wird dieser Seelenanteil von Pastor Haller.

Nun ist es vielleicht auf den ersten Blick etwas paradox, daß ausgerechnet ein Priester als Abbild für diesen Seelenanteil in der Veronika herhalten muß. Doch auf den zweiten Blick wird die Logik dieser Figur offenkundig.

Wir haben uns angewöhnt, die Vertreter der Kirche anzusehen als diejenigen, die bereits gelernt haben, zu glauben. Diese Sichtweise, die natürlich auch von kirchlicher Seite so propagiert wird, ist zutiefst irreführend. Der Priester ist erst einmal *niemals* derjenige, der zu »glauben« in der Lage ist. Er ist freilich der, der sich aufgemacht hat, seinen Glauben zu finden.

Ich möchte es erst einmal sehr unprosaisch sagen. Ein Priester ist ein Mensch, der auf eine lange Reise gegangen ist. Er wählte einen Beruf, der ihn jetzt ein langes (Priester-)Leben einführen soll in die *Mysterien des Glaubens*.

Dieses Mysterium steht aber nicht etwa am Anfang seiner Karriere, sondern – wenn er viel Glück hat – an seinem Ende.

Die normale exoterische Sicht sieht es natürlich anders. Hier sind wir überzeugt, daß jemand seinen Glauben bereits gefunden haben muß, um Priester zu werden, oder daß er erst Priester sein kann, wenn er sich im *Besitz seines Glaubens* befindet. So wird – natürlich auch von kirchlicher Seite – viel getan, um diese Sichtweise zu fördern. Und dennoch ist sie grundlegend falsch.

Ein Priester ist ein Mensch, der – mitunter ein Leben lang – um seinen Glauben *ringt*. Und man kann vorher nie sagen, ob er ihn erringt. Priesterschaft ist ein *Weg*, der zur *Erlangung des Glaubens* führen soll. Priesterschaft ist das sichere Indiz dafür, daß ein Mensch angetreten ist, dem Phänomen »Glauben zu lernen« ein Leben lang auf die Spur zu kommen. Aus diesem Grunde wäre ein Mensch, der *bereits glaubt*, (fast) in einer Priesterlaufbahn fehl am Platze. Was sollte er da? Er kann es ja, bzw. er ist ja bereits im Besitz dieser Figur, d. h., er *ist* ja bereits Priester. Ich weiß, es klingt so, als wäre der »Glaube« eine Person, eine Gestalt, die zu dir tritt, nachdem du lange um sie (mit ihr?) gerungen hast, und ein wenig so ist es in der Tat.

So ist das Priesterleben der Weg, den jemand geht, in der Hoffnung, daß ihm diese Figur eines Tages begegnen wird. Alles, was *vorher* geschieht, ist das »Sich-bereit-machen«, das »Sich-öffnen«, damit die Figur eintreten darf.

Pastor Haller ist der Zustand des »Vorher«.

Pastor Haller ist das Symbol für die *Unfähigkeit zu glauben*, ist Symbol für den *Unglauben*.

»Aber wir müssen der Gegenwart Rechnung tragen. Das ganze veränderte Leben heute, die moderne Naturwissenschaft, die Errungenschaften der Technik, das alles sind Faktoren, an denen wir nicht mehr vorbeigehen können. Man glaubt eben nicht mehr an Wunder im alten Sinne, die Legenden sind schöne Gleichnisse, aber worauf es ankommt, ist, im Christentum ein menschliches Vorbild zu haben. Der Aberglaube vergangener Zeiten ist mit unseren heutigen Erkenntnissen unvereinbar« (S. 95). So spricht Pastor Haller.

Und so können wir leicht sehen, daß der andere Pol, der *Gegenpol zum Glauben*, unsere herrschende Naturauffassung ist. Naturwissenschaft und Technik sind die Antipoden des Glaubens. (Daß man auch durch diese Antipoden zum »Glauben« gelangen kann, zeigen in jüngster Zeit viele Physiker, die an die Grenzen ihres Faches gestoßen sind und dabei dann den Glauben gefunden haben.)

Pastor Haller ist also zunächst einmal der personifizierte *Unglaube*. Aus diesem Grund hat er den Weg des Priesters gewählt, natürlich ohne davon zu wissen, denn wir alle wählen unseren Beruf, ohne zu wissen, warum wir ihn wählen, d. h. ohne zu wissen, *welcher Figur* wir eigentlich begegnen wollen.

Welche Gestalt steht nun im inneren Kreis der Veronika diesem Außenweltanteil gegenüber? Die Antwort ist hier wieder sehr leicht. Es gibt nur ein Wesen um Veronika herum, das seinen Glauben lange gefunden hat, und diese Person ist der »blöde Peter«.

Sein stereotyper Satz lautet ja unentwegt »ich glaube es«! Peter ist der personifizierte Glaube, dem freilich die Vernunft fehlt. Er ist blöde.

Pastor Haller ist die personifizierte Vernunft, der freilich der Glaube fehlt. Er ist ebenfalls »blöde«, so blöde wie wir alle. Nur ist unsere Blödheit der allgemeinen Blödheit so sehr konform, daß sie nicht mehr auffällt.

Lebten wir in einer Welt des Glaubens, so wären wir in ihr ebenso blöde wie Peter heute in der Welt der Vernunft blöde ist. Peter hat nicht die *Gabe des Verstandes*, sie fehlt ihm. Haller hat nicht die *Gabe des Glaubens*, sie fehlt ihm. Folgerichtig werden dann auch beide (später) miteinander konfrontiert. Doch soweit sind wir noch nicht.

Wir wollen erst noch ein wenig versuchen, uns über das Phänomen »Glauben« zu verständigen.

Über das Wort »Glauben« sind so viele mißverständliche Vorstellungen im Umlauf, daß man es relativ schwer hat, zunächst einmal anzugeben, was eigentlich gemeint ist. Ich zähle hier nur ein paar Bedeutungshöfe auf, die bei diesem Wort in unserem Inneren mitschwingen mögen.

Glauben heißt
- etwas als gegeben hinnehmen,
- etwas annehmen, was ich nicht *wissen* kann,
- vom Vorhandensein eines Gottes, eines Jesus, überhaupt eines höheren Wesens überzeugt sein,
- das Vorhandensein von Wundern annehmen etc.

Als ein »gläubiger Mensch« wird in unseren Breiten ein Mensch angesehen, der das Vorhandensein eines höheren Wesens als gegeben voraussetzt. Gemäß dem Satz »es gibt mehr Dinge zwischen Himmel und Erde als sich unsere Schulweisheit träumen läßt« wird hier neben der Vernunft (Schulweisheit) ein weiterer Bereich angenommen, der sich »jenseits« (zwischen Himmel und Erde) abspielt. Wenn dieses Jenseits sich auf unsere abendländischen Gottheiten (Gott-Vater, Gott-Sohn, Heiliger Geist) bezieht, dann erhalten wir das, was wir *meinen*, wenn wir heute »Religion« bzw. »Glauben« sagen.

Johannes Wanderer aber – und er ist der Repräsentant des esoterischen Weltbildes – gibt uns eine andere Auskunft:

»Ich denke aber, daß der Mensch und besonders ein Priester nur einen Weg gehen kann, das ist der Weg nach Damaskus, und wie das in einzelnen Fällen geschieht, erscheint mir eigentlich unwesentlich« (S. 96).

Johannes gibt also für das Phänomen des Glaubens, für die Gestalt des Glaubens, *ein Bild*. Er gibt das Bild einer *Stadt* – denn erst einmal ist Damaskus eine Stadt, das Bild eines *Ortes* also. Wie wir aus dem letzten Kapitel wissen, haben Orte eine Geschichte, sind also *aufgeladen*.

Schauen wir uns an, welche Ladung dieser Ort Damaskus in sich trägt.

Der hebräische Name für Damaskus ist »Dammesek« und da wir uns schon angewöhnt haben, Namen ernst zu nehmen, so ziehen wir auch hier die wörtliche Übersetzung heran, sie lautet »Wohnung der Bewässerung«.

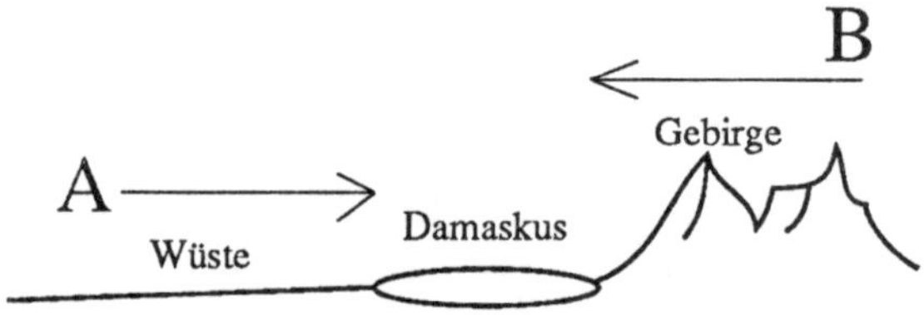

Der Name dieser Stadt erklärt sich exoterisch damit, daß die Hochgebirge des Antilibanon und die Ränder der Wüste sich hier schneiden, und daß das herabfließende Schmelzwasser die Wüste an dieser Stelle zu einer blühenden Oase formen konnte, das Wasser findet hier seine Wohnung. Siehst du es einmal als Bild, so wird dir klar, daß man zu dieser Stadt nur gelangt, nachdem man durch totes und lebensfeindliches Gebiet hindurchgegangen ist. Kommt man von A, so muß man durch die öde, lebensverbrennende Landschaft der Wüste. Kommt man von B, so muß man durch die gefährliche, lebenserstarrende Landschaft des Hochgebirges. Damaskus wird somit zu einem

Ort, an dem sich Hitze und Kälte, Flaches und Hohes, Trockenes und Nasses treffen, zu einem Ort in der Mitte zwischen diesen Polen.

Doch Damaskus ist wesentlich mehr als das, es ist ein behafteter Ort, ein Ort, an dem ein ganz bestimmter Geist herrscht, und von diesem Geist redet Johannes Wanderer.

Von diesem Geist ist uns ein exponiertes Geschehnis (bis auf die heutigen Tage) in der Apostelgeschichte überliefert.

Auch diese Geschichte handelt von einem »gläubigen« Menschen, von einem – wie er selbst sagt – »Eiferer für Gott«, ein Mann des herrschenden Glaubens (ganz ebenso wie Pastor Haller). Lassen wir diesen Menschen – um den Geist von Damaskus kennenzulernen – selbst reden:

»Ich bin ein Jude, zu Tarsus in Zilizien geboren, hier in der Stadt erzogen und zu den Füßen Gamaliels streng nach dem väterlichen Gesetz unterrichtet. Ich war ein Eiferer für Gott, wie ihr alle es noch heute seid« (Ap. 22,3).

»Einst glaubte auch ich, gegen den Namen Jesu von Nazaret, viel Feindseliges verüben zu müssen. Das tat ich denn auch in Jerusalem. Ich verschaffte mir von den Hohepriestern Vollmacht, ließ viele der Heiligen in den Kerker werfen und stimmte ihrer Hinrichtung bei. In allen Synagogen suchte ich sie oftmals durch Strafen zur Lästerung zu bringen, und in meiner maßlosen Wut verfolgte ich sie sogar bis in die auswärtigen Städte. So zog ich mit Vollmacht und Auftrag der Hohepriester nach Damaskus« (Ap. 26,9).

»Als ich so dahinzog und mich Damaskus näherte, da umstrahlte mich plötzlich zur Mittagszeit vom Himmel her ein helles Licht. Ich fiel zu Boden und hörte eine Stimme, die mir zurief: »Saulus, Saulus, warum verfolgst du mich?« Ich fragte: »Wer bist du, Herr?« Er antwortete mir: »Ich bin Jesus der Nazarener, den du verfolgst.« Meine Begleiter sahen zwar das Licht, hörten aber die Stimme, die mit mir redete, nicht. Ich fragte weiter: »Herr, was soll ich tun?« (Ap. 22,6) »Stehe auf und stelle dich auf deine Füße. Denn dazu bin ich dir erschienen, um dich zum Diener und zum Zeugen dessen zu bestellen, was du gesehen hast und was ich dir noch offenbaren werde. Ich werde dich retten vor dem Volk und vor den Heiden, zu denen ich dich sende. Du sollst ihnen die Augen öffnen, daß sie sich aus der Finsternis zum Lichte, aus der Gewalt Satans zu Gott bekehren. So sollen sie durch den Glauben an mich Verzeihung der Sünden und das Erbe mit den Heiligen erlangen« (Ap. 26,16).

Saulus war also ein ganz gewöhnlicher Eiferer oder Streiter für den Gott der Israeliten, er verfolgte die Christen, jene merkwürdigen Anhänger Jesus, und ließ sie hinrichten.

Auf einem dieser »Kreuzzüge« bot sich ihm eben jener Christus kurz vor Damaskus in einer leuchtenden Licht-Erscheinung dar. An einer späteren Stelle beschreibt er das, was daraus geschah.

»Also: wenn einer in Christus ist, so ist er ein neues Geschöpf. Das Alte ist vergessen; siehe, Neues ist geworden« (2. Korinth. 5,17).

Folgerichtig ändert Saulus seinen Namen und heißt fortan Paulus. Denn er ist jetzt »mehr« als er vorher war. Der Geist Christi ist buchstäblich über ihn gekommen, und so wurde aus Saulus, der vorher die Christen vernichtet hat, selbst ein Christ. Christus hielt Einzug in ihn. (»Nun aber nicht mehr ich, sondern Christus in mir.«)

Er wandelt sich von einem Menschen des Alten Bundes, der getreulich den Gesetzen folgt, zu einem Mann des Neuen Bundes, der Christus in sich trägt. Der ihn deshalb in sich trägt, weil er ihm begegnet war. Er war dem Glauben begegnet.

Diese Lichterscheinung, die ihn drei Tage lang geblendet hat, hat sich in seine Seele gesenkt, und *jetzt* wird er zum Gläubigen, jetzt predigt er die Botschaft Jesus aus seinem Inneren heraus.

Wir sehen – wie wenig wir es auch begreifen können – es ist eine Wandlung, die nicht gelernt werden kann, die nicht aus Büchern herausspringt, die nicht in Übungen beigebracht werden kann, sondern die sich – wenn überhaupt – gleichsam von oben in die Seele senkt – auf dem Wege nach Damaskus.

Es ist das, was an anderer Stelle in der Bibel beschrieben wird als der Weg zu den »lebendigen Wassern«. Der Weg zur »Wohnstätte der Bewässerung«. Damaskus ist ein Ort, der im tiefen Kontakt zu einem inneren Ort in jedem von uns steht. Sein Name ist ein Symbol für einen »Ort der Wandlung«.

Nun sollten wir uns nicht davon täuschen lassen, daß in der Saulus-Geschichte die höchste zur Verfügung stehende Instanz, die über einen Menschen des Neuen Bundes kommen kann, Christus selbst, auftritt.

Wir, die wir weder nach Damaskus pilgern um die Christen zu verfolgen, noch überhaupt mit Christus viel im Sinn haben, dürfen diesen Vorfall höchstens als ein sehr abstraktes Muster nehmen über *die Art*, wie »Wunder« sich ereignen können.

(Damit meine ich nicht, daß Christus heute nicht mehr auftritt, er tut es nach wie vor. Doch er ist in der Regel der Schlußstein einer Brücke, die uns zur

Wahrheit führen soll, und nicht irgendein Pfeiler mittendrin, der gerade mal so auftaucht.)

»Wunder« bedeutet erst einmal das Unerwartete, etwas, das in unser Leben hineinbricht und damit unsere eingefahrenen Denk- und Handlungsmodelle durcheinanderwirbelt. Das Wunder des Glaubens ereignet sich – wenn es sich ereignet – jeweils an der Stelle, an der wir zu starr geworden sind. Saulus war ein erstarrter *Verfolger*. Wir alle sind ebenfalls an einer Stelle ganz besonders erstarrt. *Und wir alle wissen nicht, welche Stelle das ist.*

Auch Saulus hätte vorher nicht angeben können, wo er innerlich in die Irre gegangen ist. Hinterher, als Paulus, wußte er es schon und verkündete ganz offen seine Verfehlungen. In einem gewissen Sinne ist dieser Saulus ein Sinnbild für jeden von uns.

Wir alle haben unsere Überzeugungen und halten so fest an ihnen, daß kein *normales* Ereignis uns von der Erstarrung, die damit einhergeht, überzeugen könnte. Und so brauchen wir die Anwesenheit eines Wunders, etwas, das *uns befällt*, damit die Starrheit sich lösen kann.

Natürlich wäre es falsch, darauf zu warten. Wunder lassen sich nicht »er-warten«, sie ereignen sich, wenn die Zeit reif ist. Wunder haben im Leben eines jeden Menschen ihre *feste* Zeit. Beim einen ereignen sie sich mit sieben Jahren, beim anderen mit 36 und beim nächsten mit 96 (bei vielen ereignen sie sich mit sieben *und* mit 36 *und* mit 96); niemand kann angeben, wann sie sich ereignen werden.

Kyber weiß, daß Wunder ihre eigene Zeit besitzen. Zwischen dem Ende des 5. Kapitels (als er über »Damaskus« spricht) und dem 6. Kapitel (in dem das Wunder sich tatsächlich ereignen wird), legt er die Worte »Es war *einige Jahre später* als das Wunder der Kröte sich ereignete«.

Kyber weiß sehr gut, daß *alle* Ereignisse ihre *rechte Stunde* brauchen, sie können nicht einfach stattfinden, wann sie wollen. Auch die drei Flammenwesen, die in dem alten Turm hausen, müssen warten bis

»der rechte Sturm und die *rechte Stunde*
von der See herüberkommt« *(S. 111)*.

So gibt es gleichsam einen Schnittpunkt zwischen unserer Individualität und dem Geist eines Ortes, und diese Schnittstelle erreichen wir zu einer ganz bestimmten Zeit und sie gibt das Wunder frei.

Dabei ist es natürlich nicht so, daß jedes Ereignis *in dir* die Qualität eines Wunders (wie du es gerne hättest) einnehmen kann, aber die Chance besteht.

Nicht umsonst liegen die Worte »Wunder« und »Wunde« so eng beieinander. Hier liegt nämlich der Ort der Freiheit in einem jeden von uns. Wir können uns entscheiden, das Wunder anzunehmen oder es abzulehnen. Wir können uns entscheiden, den Geist des Ereignisses zu uns hineinzulassen oder ihn – als Fremdkörper – zu bekämpfen. Diese Freiheit haben wir jederzeit.

Auch Saulus hätte sein Schwert ziehen und der Lichtgestalt zu Leibe rücken können. Er hätte sagen können: »Ich lasse mir von keiner Lichtgestalt mein Lebenswerk, nämlich die Christen auszurotten, kaputtmachen. Das Gesetz der Väter ist mir mehr wert, als jede helle Erscheinung.«
Saulus hatte die Freiheit ein Paulus zu werden, er hatte ebenfalls die Freiheit, ein Saulus zu bleiben. Er hat gewählt. Danach war es um ihn geschehen.

Wir wollen jetzt sehen, auf welche Weise sich in der Geschichte der kleinen Veronika das Wunder ereignet. Damit erhalten wir – wenn auch nur im kleinen – ein Bild, wie Wunder heutzutage aussehen, denn sie geschehen pausenlos, überall.

11 Tiere

Du hast schon gemerkt, daß wir oft Umwege machen müssen, um uns ein besseres Verständnis für bestimmte Phänomene zu erarbeiten. So ist es auch diesmal. Bevor wir uns dem 6. Kapitel der »Veronika« zuwenden, es trägt den Titel »Das Wunder der Kröte«, müssen wir vorher ein wenig über die esoterische Sichtweite unserer nächsten Verwandten, der Tiere, nachdenken. Dieses Verhältnis ist nämlich entschieden tiefgreifender und komplizierter als wir das gewöhnlich vermuten.

Ich übergehe die normale Sichtweise, nach der Tiere entweder unseren Leib, als Kotelett oder Schuhsohle, oder unsere Seele, als Schmusetier oder Apportierhund, erfreuen und wende mich direkt einem größeren und noch längst nicht ermessenen Schöpfungsgedanken zu.

Ganz am Anfang in der Bibel steht eine eigenartige Passage, die so recht auf unseren Alltag keinen Sinn zu machen scheint:

»Da sprach Jahwe Gott: »Es ist nicht gut, daß der Mensch allein sei. Ich will ihm eine Hilfe machen, die ihm entspricht. Jahwe Gott bildete noch aus dem Erdboden alle Tiere des Feldes und alle Vögel des Himmels, und er führte sie zum Menschen, um zu sehen, wie er sie benennen würde: So, wie der Mensch sie benennen würde, sollte ihr Name sein. Da gab der Mensch allem Vieh und den Vögeln des Himmels und allem Wild des Feldes Namen« (Gen. 2,18).

Im *Anschluß* an diesen Akt schuf Gott der Herr das *Weib*. Normalerweise bezieht man das Wort: »Ich will ihm eine Hilfe machen« zuallererst auf das Weib; die Tiere (die hier zuerst genannt werden) fallen immer etwas unter den Tisch. Folgt man den Worten der Bibel, so stehen die Tiere in der Reihenfolge der Bilder an erster Stelle bei den Hilfen der Menschen, sagen wir ruhig bei den Ge-Hilfen der Menschen. Noch etwas ist augenfällig.

Dieses »Namengeben« der Tiere ist die »erste Tat«, die der geschaffene Mensch von Gott als Auftrag durchzuführen erhielt, seine erste *aktive* Handlung. »Da gab der Mensch allem Vieh und den Vögeln des Himmels ... Namen.« Die erste Spur, die der Mensch hier auf Erden hinterlassen hatte, war die, den Tieren Namen zu geben, ein merkwürdiger erster Akt.

Unsere heutige Sicht geht davon aus, daß das Tier um des Menschen willen da ist. Es spendet Wärme und Nahrung, und der Mensch nimmt aus der Welt der Tiere das, was er für seine Bedürfnisse braucht. Wir haben riesige Opferfabriken – Schlachthöfe – eingerichtet, damit das Tier dem Menschen *geben* kann. Und das höchste Gut, das ein Tier einem Menschen zu geben in der Lage ist, ist sein Leben. Tiere geben seit undenkbaren Zeiten ihr Leben hin dafür, daß der Mensch leben kann (wir müssen uns diesen Satz merken, und auch, daß er mit der Nahrung nicht das Geringste zu tun hat), daß der Mensch leben soll.

»Ich will ihm, dem Menschen, eine Hilfe machen«, sagte Gott, und es gehört wenig Phantasie dazu, sich auszumalen, daß er mit dem Wort »Hilfe« nicht ein Schnitzel gemeint hat. Natürlich haben wir diesen Zusammenhang längst aus dem Auge verloren, ebenso wie wir die Schlachthöfe und den Opfer-Zusammenhang der Tiere für den Menschen längst aus dem Auge verloren haben. So ist aus dem Opfer-Stier, dessen Tod der Mensch früher Auge um Auge gegenüberstand, aus dem Tier, das noch mit brechendem Auge dem Menschen ein Geheimnis zu übergeben angetreten war, in unserer heutigen Zeit ein »Hamburger« geworden, der zwischen seinen Brötchenhälften und unter Mayonnaise und Ketchup getarnt kaum noch etwas zu erzählen weiß. So korreliert diese Tarnung in geradezu grandioser Weise mit unserer Unfähigkeit, hinzuhören. Wahrlich eine tieftraurige Geschichte.

Dabei liegt die Traurigkeit dieser Geschichte nicht etwa darin, daß wir Tiere umbringen oder aufessen. Aus diesem Dilemma würde uns ja das Vegetariertum erlösen. Wir müßten alle nur Vegetarier werden, und schon wäre das Problem beseitigt. Mitunter geht man auf der esoterischen Wanderschaft diesen Weg und fühlt sich dadurch besonders »sauber«, daß man alle Tiere jetzt zu gleichgesinnten und gleichgeachteten »Brüdern« gemacht hat. Doch Tiere sind nicht unsere Brüder – sie sind mehr als das.

Wenn Gott die Tiere als dem Menschen brüderlich gleichgedacht hätte, dann wäre nicht einzusehen, warum er das Tier-Opfer Abels angenommen und das Pflanzen-Opfer Kains zurückgewiesen hat.

Auch wenn damit eine heilige Kuh geschlachtet (sic!) wird, muß doch daran festgehalten werden, daß der *Weg des Vegetariers* erst einmal keinen Ausweg aus dem tiefen Irrweg der Beziehungen zwischen Mensch und Tier darstellt, sondern in den weitaus meisten Fällen erst einmal einen Verdrängungsweg beschreibt. Freilich bietet der vegetarische Weg gegenüber dem Weg des »Hamburgers« den Vorteil, daß man sich überhaupt einmal Gedanken über das Verhältnis zwischen Mensch und Tier macht. Bleibt man allerdings bei dem »Tiere dürfen nicht gegessen werden« stehen, so landet man erneut in der Sackgasse der eigenen Verdrängungen und verfehlt die *Idee* des Verhältnisses zwischen Mensch und Tier.

Verlassen wir diese Ebene für einen Moment und wenden uns einem zweiten Bild zu. Sehen wir einmal vom Schlachtvieh ab, so können wir feststellen, daß der Mensch seit alters her mit Tieren zusammenlebt. Sie sind ihm Hilfe, sie sind ihm Gefährte. Pferd, Hund, Katze, Vogel sind seine Lebensbegleiter und er hat ein Nützlichkeits- bzw. Zärtlichkeitsempfinden ihnen gegenüber entwickelt.

Erwin Reisner, der dem Verhältnis Mensch–Tier wie kein zweiter ins Auge geblickt hat, gibt uns einen wertvollen Fingerzeig:

»Fast alle Tiere, wenigstens fast alle höheren Tiere, zeigen, sobald sie überhaupt zum Menschen in ein vertrautes Verhältnis gekommen sind, ein geheimnisvolles und tiefes Bedürfnis nach Zärtlichkeit und auch nach Zärtlichkeit für ihn, ein Bedürfnis, das wirklich nur die Zärtlichkeit um der Zärtlichkeit willen und nichts außerdem sucht. Hier antwortet, wenn auch nur in sehr gedämpfter Weise, der große Eros der Schöpfung auf den Logos des Schöpfers, dessen lebendiges Organ der Mensch sein sollte, den er aber tatsächlich verschweigt oder doch nur in sehr verdorbener Gestalt weitergibt. Gerade aus dieser gelegentlichen Zärtlichkeit des Tieres, aus diesen Mollakkorden seines Lieblingsrufes klingt uns wie vielleicht aus nichts sonst jenes ängstliche Harren entgegen, das auf die Offenbarung unserer Gotteskindschaft wartet.« (Reisner, Vom Ursinn der Geschlechter, Berlin 1954, S. 26.)

Reisner ist der Meinung, daß Tiere ängstlich auf die Offenbarung der Gotteskindschaft beim Menschen harren. An anderer Stelle behauptet er, daß die Tiere bis heute noch darauf warten, vom Menschen ihren *wahren* Namen zu bekommen. Denn der erste Akt der Namengebung habe damit geendet, daß der Mensch den Tieren den *falschen* Namen gegeben habe.

Der Mensch hat die Tiere falsch benannt. Die Namen »Pferd«, »Katze«, »Hund« usw. sind ebensowenig die richtigen Namen wie die Bezeichnungen »Rumpsteak«, »Labskaus« oder »Peking-Ente«. Das heißt, die Menschen haben nur den Vordergrund benannt, die dahinterliegende *Idee*, der Geist des Tieres, ist damit nicht erfaßt.

Tiere haben eine *Aufgabe* im Verhältnis zum Menschen. Menschen haben eine *Aufgabe* im Verhältnis zu den Tieren, und beide Aufgaben sind zutiefst verbunden. Es ist die Aufgabe des Menschen, die hinter den Tieren liegende Idee aufzunehmen, sie beim Namen zu nennen, und damit das Tier (und den Menschen gleichermaßen) zu erlösen.

Das gilt für den zur Schlachtbank (zum Opfer-Altar) geführten Ochsen ebenso wie für deine Katze. Wie kann diese Aufgabe erfüllt werden?

Wie *alle* Dinge aus der Welt der Erscheinungen geben dir die Tiere das *Fehlende* – das dir Fehlende – in einer verschlüsselten Form in dein Leben hinein. Sie präsentieren in ihrer jeweiligen Form, als Hund, Katze oder Vogel, in ihrem Vorhandensein eine Idee, ein Geistprinzip, das dir im Moment fehlt, das du in dir nicht zur Verfügung hast. Um dich mit diesem fehlenden Prinzip vertraut zu machen, es die ganze Zeit um dich herum auszubreiten, sind sie da.

Sie sind *Heilsbringer* für dich, und indem du in einer langen Auseinandersetzung mit ihnen endlich die in dir fehlende Idee gefunden und nach Hause gebracht hast, hast du ihnen gleichzeitig ihren wahren Namen gegeben. Jetzt haben auch sie Erlösung gefunden. Das ist die Grundidee des Namengebens. Doch wie oft passiert so etwas schon? Zugegeben, in der Form, wie ich es hier beschreibe, geschieht es äußerst selten; aber dennoch ereignet sich ein Teil des Wunders fast regelmäßig an der Stelle, an der dein Tier stirbt *und* du dich diesem Sterbeprozeß aussetzt.

Leider finden wir in unserer Kultur die Unsitte, Tiere zum Sterben in die Hände eines Fachmannes zu bringen. Er soll – möglichst ohne daß wir dabei sind – die erlösende Spritze verabfolgen, damit das Tier nicht zu leiden hat. So geben wir es zum Tierarzt, und er tut sein Werk. Mit dieser Handlung nimmst du deinem Tier die Möglichkeit, dir sein Geheimnis anzuvertrauen; du nimmst *dir* die Möglichkeit, daß das Tier dir das Wichtigste offenbart, was es als Tier zu offenbaren hat und du nimmst euch beiden die Möglichkeit, einen Teil *eures* wahren Namens zu finden, wahrlich, ein ebensolch trauriger Zusammenhang. Ich möchte diese These einmal bewußt überziehen. Jedes Tier, das mit dir verbunden ist, bereitet sein »Wunder« von langer Hand vor. Es möchte dich in das »Wunder des Glaubens« einführen und so begleitet es dich bei Tag und bei Nacht, bereitet sich (oft 20 Jahre lang) und dich auf seine Sterbestunde vor. Und wenn es soweit ist, daß der letzte Schritt auf diesem Weg gegangen werden kann, der Schritt, durch *seinen* Tod *dich* etwas mehr zum Leben zu erwecken, dann bringst du es zum Tierarzt.

Die Wahrheit an dieser traurigen Geschichte ist, daß du dein Tier nicht etwa deshalb zum Tierarzt bringst, damit es nicht mehr zu leiden hat, sondern damit du nicht die Wahrheit über dich herausfinden mußt!

Du kennst sicher die Geschichte des Hundes, der – als sein Herr stirbt – sich weigert, Nahrung zu sich zu nehmen und ebenfalls nach kurzer Zeit stirbt. Bei derartigen Hunden kannst du davon ausgehen, daß sie noch sehr genau ihre Aufgabe kennen und begreifen, daß mit dem Tode des Herrn ihre eigene Aufgabe beendet ist, also was soll er noch hier? Wir bezeichnen dieses Verhalten gern als »Treue« (bis in den Tod hinein), aber es ist doch etwas gänzlich anderes. Es ist das tiefe Wissen des Tieres, daß es seinen Namen (in dieser Welt) nicht mehr erhalten kann.

Natürlich hat dein Tier auch – so lange es noch lebt – eine Menge über deinen »verlorenen Namen« zu erzählen, und wenn du hier hinhörst (was du freilich erst üben mußt), so hast du wahrhaft einen großartigen Lehrmeister.

Leider findest du heute in der Tierwelt ein Phänomen vor, daß viele Tiere buchstäblich »ihre Seele verkauft haben«. An ihnen kannst du kaum noch etwas lernen, außer jenen Sachverhalt, daß du ebenfalls Teile deiner Seele nicht mehr zu eigen hast. Über dieses Phänomen sprechen wir noch im Zusammenhang mit der zerstörten Pflanzenwelt, denn auch das, was du heute im Supermarkt kaufen kannst, hat seine Seele längst verloren.

Jetzt wenden wir uns erst einem dritten Bild zu, einer dritten Art von Tieren. Neben den Schlacht-(»Opfer«-)Tieren und den Haustieren begegnen wir noch einer weiteren Gruppe von Tieren, die auf den ersten Blick so gar keinen Bezug zur Welt der Menschen haben. Es ist die Gruppe der Gift- und Ungeziefer-Tiere. Gleichsam alles was da wimmelt, kreucht, krabbelt und sich schlängelt.

Zunächst einmal ist man geneigt zu glauben, daß diese Tiere in bezug auf den Menschen so gar keine Daseinsberechtigung haben und es nicht weiter tragisch sei, wenn man sie samt und sonders als Ungeziefer ausrottete.

Aufgeklärte Ökologen wissen natürlich, daß auch diese Krabbler ihren tiefen Sinne im Gleichgewicht der Natur haben, und daß die Kette der Kleinstlebewesen eine sinnfältige Kontinuität im Auf- und Abbau des organischen Lebens bildet. Doch ohne diese Konstruktion – die natürlich eine Hilfskonstruktion ist – hätten diese Tiere *in unserem Bewußtsein* kaum eine Chance. Was soll ich schon mit einer Spinne anfangen, außer mich vor ihr zu ekeln? Was soll ich schon mit einer Mücke anfangen, außer sie totzuschlagen? Oder mit einer Schlange, oder mit einem Skorpion oder – wie bei Veronika – mit einer häßlichen, fetten Kröte?

Was hat der Mensch mit diesen Tieren zu tun?

Wie gesagt, auf den ersten Blick gar nichts.

Doch da wir uns schon angewöhnt haben, dem ersten Blick, dem Alltagsbewußtsein, nicht mehr ausschließlich zu vertrauen und mindestens einen zweiten Blick zu riskieren, kann sich uns in den Kleinst-Lebewesen ein ganzes Universum erschließen.

Nämlich das Universum einer sehr tiefen Stelle *unseres Unbewußten*. Warum fürchten wir diese kleinen Lebewesen so sehr, wie es in keinem Verhältnis zu ihrer (möglichen) realen Gefahr steht? Warum ekeln wir uns (oder fühlen uns zumindest ziemlich unbehaglich), daß wir keinen Augenblick länger in einem Zimmer bleiben wollen, von dem wir wissen, daß eine große Spinne dort ihr Netz spinnt? Keine Spinnenart bei uns ist in der Lage, einem Menschen gefährlich zu werden. Warum ist eine Küchenschabe, die wahrlich noch keinem Menschen etwas zuleide getan hat, der Grund für Renovierungspanik? Die Antwort liegt an einer sehr tiefen Stelle unseres Unbewußten. Gleichsam tief im Inneren unserer Seele haben diese Tiere ihr Heim in einer Abteilung, wo es um wirklich tiefgreifende seelische Prozesse geht. In diesen Abteilungen, in diesen Räumen herrscht der Wahnsinn, die Paranoia, der Irrsinn, die schmerzhafte Depression, die nackte Angst, das namenlose Grauen, die Untiefe, die Abgründe der Seele. Es ist ein Reich, in das man mit den normalen Bildern nicht vordringen kann und das – Gott sei dank, sagt hier jeder – nur selten einmal berührt wird, allenfalls in unseren Alpträumen, in unseren Panikträumen. Aus diesem Reich kommt man nur schweißgebadet wieder zum Vorschein. Hier hausen wahrhaft die Dämonen. Oder – was nur ein anderer Name dafür ist – das reine *Geistprinzip*.

Haben wir diesen Punkt erreicht, so kann deutlich werden, daß die vorherige Einteilung des organischen Lebens in die drei Prinzipien »Körper – Seele – Geist« – als jene drei Schalen, in die hinein das Menschenleben inkarniert ist – ihre Entsprechung auch jeweils in den drei aufgeführten Tier-Reichen findet.

In den Bereichen des »Körperlichen« fallen alle »Opfertiere«, die wir essen, und so ihren Leib zu uns nehmen.

In den Bereich des »Seelischen« fallen alle »Schmuse- und Weggefährten-Tiere«, die unser Gefühlsleben begleiten.

In den Bereich des »Geistigen« fallen alle »Kriech- und Krabbeltiere«, mit denen wir erst einmal jeden Kontakt meiden. Daß in diesem Bereich auch alle Fabeltiere und -wesen, wie Sphinxe, Einhörner, Drachen, Gnome, Nixen etc. fallen, sei hier nur am Rand erwähnt.

Nun habe ich im 8. Kapitel behauptet, daß die *Idee der Heilung* nur vom *Geist*prinzip her wirklich zu realisieren ist, und der Vertreter dieses Prinzips auf der menschlichen Ebene weder der Arzt (er behandelt den Körper), noch der Psychotherapeut (er behandelt die Seele), sondern der Priester ist. Die gleiche Radikalität muß sich natürlich auf jeder Ebene der Betrachtung wiederfinden, so daß ich jetzt formulieren muß: Den Heils-Zusammenhang im Bereich des Tierischen treffen wir am deutlichsten in dem Reich der niederen Tiere an.

Sie verweisen auf die tiefste Ebene des gefallenen Menschseins. Dieser Gedanke ist uns Heutigen nicht mehr sehr plausibel, insbesondere nicht dem abendländischen Menschen, denn wir haben seit 2000 Jahren einem neuen Vertreter des Geistprinzips die Führung in allen Heils- und Heilungsangelegenheiten überantwortet – Jesus Christus.

(Der freilich im ganz frühen Christentum in manchen Katakomben auch als ein niederes Tier dargestellt worden ist, nämlich als ein Fisch. So wissen wir, daß die Frühchristen als ihr Erkennungszeichen ebenfalls das Zeichen des Fisches gewählt haben. Auch zeigt der Name Jesus, wie manche Esoterik-Bücher aufzeigen, eine hohe Ähnlichkeit zu dem griechischen Wort für »Fisch« und – nebenbei erwähnt – begann mit seiner Geburt das sog. »Fische-Zeitalter«. Doch das alles soll nur am Rande gestreift sein.)

Dennoch gilt der alte Geist-Zusammenhang nach wie vor. In vorchristlichen Zeiten war besonders ein Tier ein herausragender Exponent für das Heilsgeschehen aus dem Kreis der niederen Tiere, die Schlange. Ich versage mir die Diskussion über den Wirkungszusammenhang der Schlange im Heilungsprozeß, weil ich an anderer Stelle diesem Bild ein eigenes Buch gewidmet habe (Astrologie als Therapie, Hugendubel 1986).

Die Schlange ist aber nur ein besonders herausragender Vertreter dieser Gruppe und nicht etwa das einzige Tier, das hier zu nennen wäre. (Auch deine Katze ist nicht das einzige Tier im seelischen Bereich, obwohl sie heute herausragt. Es gibt eine Vielzahl von seelischen Helfern: Hamster, Meerschweinchen, Papageien, Kaninchen, Hunde, Tauben usw.)

So gilt der Heilungszusammenhang auf der geistigen Ebene ebenfalls für Spinnen, Skorpione, Skarabäen, Tintenfische, Krebse, Frösche, Kakerlaken usw.

Die einzige Wissenschaft, die von diesem Zusammenhang heute noch weiß (wie gesagt, seit dem Auftreten von Christus ist das Geistprinzip aus dem Tierreich nicht mehr so recht zur Geltung gelangt) ist die *Magie*, und deren wichtigster Vertreter ist (heute) die Homöopathie. Wir lachen, wenn wir in alten Büchern oder in neuen Filmen die Bereitung des Rezeptes eines Magiers miterleben: »Sechs Spinnenbeine, eine Schlangenleber, das Blut einer Eule etc.«, und in der Tat ist (möglicherweise) viel Unsinn in derartigen Mischungen. Das Lachen vergeht uns, wenn bei der homöopathischen Verabreichung von »Lachesis« D 30 (die Buschmeister-Schlange) oder von »Aranea ixobola« (die Kreuzspinne) oder von »Bufo« D6 (die gewöhnliche Kröte) mitunter unsere Krankheitsbilder von »Paranoia« oder »Herzbeklemmung« oder unsere »Epilepsie« wie Tau an der Sonne verschwinden. Ja, die gewöhnliche Kröte wird heute als homöopathisches

Mittel aufbereitet, d.h. das Tier getötet, zerstampft und in einem (gleichsam magischen) Verfahren so hoch verdichtet, daß sie als Heilmittel »Bufo« in den Arzneimittelschatz eines jeden Homöopathen gehört.

An diesem Beispiel – wir könnten natürlich auch jedes andere niedere Tier wählen, z.B. die ordinäre Bettwanze (homöopathisch »Cimex lectularius) – wird deutlich, daß es darum geht, einen tierischen Körper so lange zu bearbeiten, daß er seine körperliche Form verliert und als *geistige Form* in der Retorte verbleibt. Jedes magische Ritual hat diesen Zusammenhang des »Löse« und »Binde« auf seine Art hergestellt, hat auf seine eigene Art eine *geistige Substanz* produziert.

Das geht hin bis zum Abendmahl, bei dem dem formalen Stoff, nämlich Brot und Wein, durch die Worte Christus' (und stellvertretend für ihn heute durch den Priester) das Geistprinzip des Heilandes einimprägniert wird. »Dies ist mein Leib«, »Dies ist mein Blut« sind die Zauberformeln für diesen Akt. Und dann werden der Leib und das Blut Christi *gegessen*.

Es wird so ein mächtiges Geistprinzip erzeugt und gegessen, d.h. aufgenommen, hier wie dort.

Dieses Wunder geschieht in der Regel erst, wenn der, der sein Prinzip geistig weitergeben kann (und will) *gestorben ist* – hier wie dort.

Diese Formel ist nicht ganz korrekt, denn es ist nicht immer der buchstäbliche Tod gemeint. Der Tod reicht nicht aus – mitunter ist er gar nicht erforderlich – sondern es muß eine *Auferstehung* stattfinden. Das Leibprinzip muß in das Geistprinzip übergehen. In der Geschichte der Veronika stirbt die Kröte nicht tatsächlich. Sie schwebt in Todesgefahr, entkommt, indem sie gerettet wird, steht nachts wieder auf und mischt sich als Geistprinzip in den Traum ein.

Erwin Reisner hat den Zauber, der sich hier ereignet, auf die kürzeste denkbare Formel gebracht, indem er sagt:

»Das Wunder geschieht dort, *wo Totes lebendig wird*, wo *Vergangenes lebendig wird.*

Beides besagt dasselbe.

Darum ist die Vergangenheit auch der eigentliche Ort des Wunders. Wunder gibt es weder im Jetzt noch im bloßen Damals (...) sondern in der dialogischen Begegnung von Jetzt und Damals, im Erwachen beider zur Gegenwart. Das Vergangene ersteht auf aus dem Grab des historischen Gestern, redet das Heute an, und das Heute antwortet.

Das und nichts anderes heißt Wunder.« (Erwin Reisner: Der begegnungslose Mensch, Berlin 1964.)

Das Wunder geschieht dort, wo Totes lebendig wird, wo Vergangenes gegenwärtig wird. Wir wollen uns diesen Ort merken. Es ist eigentlich ein *zeitloser Ort*, an dem das geschieht. Ein Stück Vergangenes, etwas Gestorbenes, tritt etwas Gegenwärtiges als Geist entgegen, so wie der gestorbene und wieder auferstandene Christus Saulus auf seinem Weg nach Damaskus auf einmal gegenübertritt. Jetzt kann das Wunder geschehen, ein Saulus kann sich zum Paulus verwandeln.

Ein Teil dieser Wunderkraft steckt *in den Tieren*, die deshalb aus der Vergangenheit (also über ihren Tod hinaus) sich sprechend in unsere Gegenwart hineinbegeben können. Diese Wunderkraft hat jede Tierseele zutiefst in sich; ob es sich um den Ochsen handelt, dessen Steak du in dich hineinnimmst, um deinen Hund, der sich ein ganzes Hundeleben um dich herum bewegt und auf den rechten Augenblick wartet, oder um die Kobra, die du als homöopathisches Heilmittel »naja tripudians« D30 als reines Geistprinzip (denn ihren Körper hat der Homöopath buchstäblich »ver-schüttelt« – weggeschüttelt) – zu dir nimmst.

Was auf der geistigen Ebene fast ohne dein Bewußtsein geschieht (denn das homöopathische Präparat wirkt, ohne daß du daran glauben mußt), erfordert auf der nächst unteren Ebene deines Haustieres (also auf der seelischen Ebene) bereits ein *Hinhören*. Hier kommst du ohne Bewußtsein, ohne dein bewußtes »Mit-dem-Tier-Sein« nicht weiter. Hier beginnt die Arbeit, die Symbole die du vorfindest, zu entschlüsseln. Noch problematischer wird es auf der leiblichen Ebene des Schlachtfleisches. Willst du hier in den Genuß des Wunders kommen, so erfordert es die höchste Bewußtheit schlechthin. Wie das gemeint ist, kann ich dir wieder nur als Bild versuchen zu verdeutlichen:

In Nepal essen die Menschen relativ wenig Fleisch. Dort ist das Fleischessen auch heute noch etwas Besonderes, du kannst es nicht säuberlich abgepackt im Supermarkt kaufen. Hast du hier den Wunsch, Fleisch zu verzehren, so gehst du mit deinem Tier zu einem der rituellen Schlachtplätze. Dort arbeitet jemand, der eine Mischung ist aus Schlachter und Henker (vielleicht sogar ein Priester – ich weiß es nicht). Es stehen dort ziemlich viele Menschen mit ihren Tieren, Hühner, Enten, Ziegen etc. Das Schlachten findet in aller Öffentlichkeit statt an einem Ort, der – obwohl das Blut dort in Strömen fließt – nichts von der entwürdigenden Atmosphäre unserer Schlachthäuser hat. Bist du schließlich an der Reihe, so hältst du noch einmal Zwiesprache mit deinem Tier, du flüstert ihm noch etwas ins Ohr. Einen Wunsch nach drüben, einen Gruß, eine Hoffnung, die hier auf Erden in Erfüllung gehen soll. (Schüttelt dein Tier den Kopf, so geht der Wunsch in Erfüllung. Mitunter schummelst du etwas und spritzt deinem Tier etwas Wasser ins Ohr, so daß es den Kopf schüttelt. Na gut.) Dann waltet der Henker/Schlachter seines Amtes. Deinem Tier wird der Kopf abgeschlagen. Du nimmst seinen Leib mit nach Hause und ißt ihn, während du die ganze Zeit bewußt an allem beteiligt warst.

Versteh mich nicht falsch. Das war jetzt nur ein Bild, und ich bin sicher, es ist als Bild nicht für unsere abendländische Landschaft in die Praxis umzusetzen. Es geht mir darum, dich mit der dahinterliegenden Idee vertraut zu machen. Du kannst diesen Zusammenhang auch mit einem in Cellophan verpackten Schnitzel in dein Bewußtsein hineinlassen. Denn was ich sagen will, heißt *nicht* »Iß lieber kein Fleisch« (also werde Vegetarier), denn dadurch nimmst du dir *und* den Tieren, die ja rings um dich herum trotzdem weitersterben, jede Chance, daß ihr Opfer eines Tages angenommen würde.

Auch solltest du nicht glauben, daß ein Ochse nur durch die Dummheit und Nichtachtung der Menschen im Schlachthaus landet. Der Ochse hat selbst gewählt diesmal ein Ochse zu sein, ganz ebenso wie wir alle gewählt haben (nein, nicht Ochse zu sein?), Mensch zu sein oder zu werden. Nicht die Dummheit der Menschen hat den Ochsen ins Schlachthaus gebracht, dumm ist es nur, *nicht zu sehen*, welchen Preis er einsetzt, um uns zur Wahrheit zu verhelfen.

Es ist das eigentlich Traurige, daß die meisten Opfer, die die Tiere uns – den Menschen – bringen, nahezu umsonst sind, weil wir nicht hinschauen.

In der Hoffnung, daß du jetzt ein ganz klein wenig anders an der Fleischtruhe im Supermarkt vorübergehst, gehe ich einen Schritt weiter und zurück zur Veronika.

12 »Pfingsten« und das Wunder der Kröte*

Jahre sind ins Land gegangen. Veronika ist älter geworden, vieles ist passiert, und doch ist alles beim alten geblieben. Veronika geht nicht zur Schule, sie wird von ihrer Mutter und Johannes unterrichtet; die graue Frau ist nach wie vor im Haus, es ist noch nicht hell geworden in der Kirche zu Halmar. Wenige Tage noch, dann ist Pfingsten.

Veronika, Peter und Johannes arbeiten im Garten, und Veronika ist irgendwie irritiert, denn alles um sie herum ist so, wie es ganz am Anfang war. Der Garten redet mit vielen Stimmen auf sie ein, erzählt ihr seine Geschichte und Veronika steht staunend dabei. Schließlich erklärt Johannes ihr dieses Geschehen: »Alles, was ist, ist ein Gedanke und alle Gedaken reden und bilden sich Gestalten im Stoff, gut und böse. Es ist um Pfingsten, und der Geist ist stärker in allem Leben als sonst. Darum merkst du es deutlicher, was die Bäume flüstern und die Blumen in ihren Kelchen bergen. Auch die Tiere ahnen *(sic!) die Feiertage der Welt« (S. 117). Und er erklärt es ihr genauer: »Sieh einmal, Veronika, wenn ich ein Samenkorn in die Erde stecke, so wächst es und wird immer größer, es bildet Stengel, Blätter und Knospen und eine Blüte, die wieder Samenkörner birgt. Das alles ist jetzt schon im Samenkorn enthalten, es ist der Gedanke der Blume, der sich im Stoff bildet, und so ist alles, was lebt, ein Gedanke Gottes und bleibt ein solcher Gedanke, wenn auch der Stoff in seine einzelnen Formen zerfällt. Das Gedankenwesen allein ist wirklich in allem, und was es bildet, ist nur sein wechselnder Ausdruck. Ist dir das klar?« (S. 118).*

Deshalb, so fügt Johannes hinzu, sei es auch so wichtig, gute und richtige Gedanken zu haben. Da jeder Mensch sich seine geistige Umgebung selbst schaffe, müsse man schon sehr darauf aufpassen, daß man keine geistigen Kräfte um sich herum versammele, die nur Düsternis um den Wesenskern des Menschen herum bilden. Jeder Gedanke erzeuge seine eigenen Kräfte; durch einen Gedanken der Güte wird ein unguter Mensch besser, ein Tier weniger wild und eine Giftpflanze weniger gefährlich. Da die ganze Schöpfung herab in die Finsternis gefallen sei, sei es wichtig, sie durch die rechte Einstellung,

---

* Für Ingrid, ohne deren Hilfe ich nicht »dahinter« gekommen wäre, zum Geburtstag

durch den rechten Geist gemeinsam wieder emporzutragen. Und Pfingsten ist ein besonderer Zeitpunkt, hier wird »wieder ein Stück der Erde vegeistigt«.

In dieses Nachsinnen über die Natur bricht plötzlich eine harte Stimme ein: »Warte, du scheußliches Tier, ich werde dich totschlagen!« In ihrer Nähe steht der Gartenknecht Eriksen, der manchmal im Garten hilft. Er hat seine Hacke drohend erhoben, gegenwärtig, sie jeden Moment auf die Erde sausen zu lassen. Vor ihm kriecht eine Kröte mühsam über den Boden. Veronika schreit: »Laß die Kröte in Ruh!« und stürzt sich zwischen ihn und die Kröte. Auch Johannes und Peter eilen herbei: »Lassen Sie die Kröte laufen, Eriksen!« Veronika hat recht. »Die Kröte tut niemand etwas.«

»Sie ist ekelhaft und ich habe heute sowieso eine Wut auf alles« (S. 121). Er hat getrunken.

»Wir werden es nicht dulden, daß Sie der Kröte etwas tun.« »Ungeziefer kann ich totschlagen, wenn ich will«, schreit Eriksen erregt. Er will nicht nachgeben und beginnt zu streiten. So wechseln sie Worte, der eine Worte des Hasses, der andere Worte des Schutzes, und Veronika, die etwas entfernt von den beiden sich befindet, »sieht« auf einmal wie aus den Worten der beiden Bilder werden und daß der Geist dieses Streites mit einem Mal deutlich im Licht sichtbar wird. Ihre »Augen der Tiefe« öffnen sich, und sie sieht »beide Männer führten Waffen, aber sie waren nicht körperlich. Eriksen hat einen plumpen Streitkolben in der Hand und Johannes ein Schwert, und er war von Kopf bis zu Fuß in eine silberne Rüstung geschlossen. Auf seinem Helm war ein Kreuz. Und beide waren sie nicht allein. Hinter Eriksen standen viele dunkle, schreckliche Gestalten, die ähnlich bewaffnet waren wie er und die ihn vorwärts drängten. Zur Seite von Johannes aber standen lauter silbergepanzerte Ritter mit gezogenem Schwert. Ihnen folgten andere, die noch weit glanzvollere Rüstungen trugen. Zwischen beiden Heerlagern hockte angstvoll und hilflos die Kröte« (S. 122 f).

Im Garten ist jetzt ein Gewitter aufgezogen. Als Johannes plötzlich einen Schritt vorwärts tut, verschwinden alle Bilder wieder und auch die Stimmen der Streiter werden wieder lauter. »Warum sollte ich andere leben lassen, mein Kind ist krank, und Gott hilft ihm auch nicht!«

Noch einen Schritt tritt Johannes vor und es erscheint so, als könne er Eriksen von den dunklen Gestalten wegdrängen. »Es tut mir sehr leid, daß Ihr Kind krank ist, ich will kommen und nach ihm sehen«, sagt Johannes. »Aber glauben Sie, Gott wird ihm eher helfen, wenn Sie

Leben vernichten, statt es zu achten?« Eriksen besinnt sich. Er legt die Hacke hin und verläßt den Garten.

Veronika steht noch lange sehr aufgewühlt da. Sie kann noch nicht »fassen«, was sie gesehen hat. Und sie sieht immer noch: »Onkel Johannes, mir ist, als ob ich in den roten Wolken eine Burg sehe, mit hohen Türmen und Zinnen.«

»Du siehst das heute zum ersten Mal, weil du Leben geschützt hast. Behalte das Bild von dieser Burg in deiner Seele, Veronika. Das, was du siehst, ist Montsalvat« (S. 123 f).

»Und die vielen Ritter, die ich hinter dir habe stehen sehen, kamen die alle von Montsalvat?« »Ja, Veronika, es ist ein schwerer Kampf auf dieser Erde, bis sie einmal durchlichtet und durchsonnt ist. Alle, die eine silberne Rüstung tragen und die ihr Schild über jene halten, die wehrlos sind, tragen die Sendung des Grales in ihrem Herzen.«

»Ich möchte auch so eine silberne Rüstung tragen, Johannes.«

»Es ist wohl darum, daß du dieses wünscht, daß Gott dich wieder auf die Erde geschickt hat.«

Als Veronika Peter fragt, ob er diese Burg auch sehen könne, antwortet er: »Nein, ich sehe nichts, aber ich glaube es!« Am nächsten Morgen geht Johannes nach Halmar, um Eriksen zu besuchen und nach seinem kranken Kind zu sehen. Eriksen öffnet ihm die Tür und sagt sofort: »Ich möchte wegen gestern um Verzeihung bitten, Herr Johannes, ich hatte auch unrecht, aber mir war es, als ob jemand hinter mir stünde, der stärker war als ich. Man weiß oft nicht, was man tut« (S. 125).

Johannes verzeiht ihm und fragt dann nach seinem Kinde. »Mein Kind ist gesund«, sagt Eriksen, er ist blaß und seine Stimme zittert ein wenig. Das kam so, »in der Nacht hörte das Fieber plötzlich auf und als das Kind erwachte, erzählte es mir – Herr Johannes, man muß es schon glauben, wenn das Kind es selbst gesagt hat –, es hat geträumt, eine große Kröte sei zu ihm gekommen und habe es ganz gesund gemacht. Das Kind lachte und freute sich, aber ich habe nicht lachen können, Herr Johannes. Es hat mich etwas in der Kehle gewürgt, als ich das hörte. Es ist ein Wunder, Herr Johannes, und ich habe das nicht verdient« (a.a.O.).

Eriksen glaubt, daß die Kröte sein Kind geheilt hat, aber er kann es nicht begreifen. Er weiß, daß hier ein Wunder geschehen ist. »Gott sei Dank, daß ich es erlebt habe. Das Leben ist hart und schwer – was wäre es, wenn keine Wunder geschehen würden? Ich will auch den Leuten von Halmar vom Wunder der Kröte erzählen.« Denn, so sagt er weiter, die Leute von Halmar wissen wenig, aber sie glauben viel. Nur Pastor

Haller glaubt nicht an Wunder. »Aber wir wollen an Wunder glauben, Herr Johannes, wir wollen es auch schon lange Pastor Haller sagen, daß wir sein neues Zeug nicht in Halmar brauchen können. Ja, gewiß, gerade jetzt werden wir ihm das sagen, und ich zuerst, der ich das Wunder der Kröte erlebt habe.«

Und so geht er hin und erzählt allen in Halmar, was mit seinem Kind und der Kröte passiert ist. (Und seit diesem Tag, so sagt man, haben es die Tiere besser gehabt in Halmar.) Veronika aber hat in derselben Nacht ein seltsames Erlebnis. Draußen ist wieder ein Gewitter, Blitze zucken, Donner folgen und dann sieht sie mit ihren inneren Augen, wie sich die Pfingstsonne langsam durch die Wolken hindurchschiebt und eine goldene Krone auf dem Kopf der Kröte bildet. Und dann sieht sie, wie Schneewittchen in ihrem gläsernen Sarg die Augen aufschlägt – und lächelt. Und dann hört sie, im Sturm und im Donner, das Klirren von Waffen. Vor ihr stehen die Streiter von Montsalvat. Und Veronika ist so, als habe der Gral auch sie zu den Waffen gerufen …

Damaskus, so hörten wir, ist ein heiliger Ort, an dem vieles geschehen kann.

Pfingsten ist ein ebensolcher Ort.

Du magst einwenden, Pfingsten sei kein Ort, sondern eine Zeit, 49 Tage nach Ostern, mal am 12. Juni, mal am 8. Mai, völlig unzuverlässig also, wie kann ein so schwankendes Wesen etwas so großes auf seinen Schultern tragen? Außerdem, wie kann eine Zeit ein Ort sein?

Nun, in den ersten Kapiteln dieses Textes habe ich schon erläutert, daß Zeit und Raum ja nur Achsen sind, die aufgespannt werden von deinem Bewußtsein, daß Vergangenheit und Zukunft nur verschiedene Schauplätze, verschiedene Orte sind für Bühnenstücke, die im Inneren deiner Seele aufgeführt werden. Pfingsten ist erst einmal nichts weiter als ein Schauplatz, ein besonderer Ort im Inneren der Welt. Aber jedes Jahr mit schöner Regelmäßigkeit gibt die Zeitachse, die gerade über diesem Ort schwebt, den Einblick frei auf diesen Schauplatz.

Damit du diesen Gedanken verstehen kannst, muß ich etwas weiter ausholen. Mit unserem kausalen Blick in die Welt sagen wir, Pfingsten sei jener Zeitpunkt, da feiern wir, daß *irgendwann* einmal in der Vergangenheit etwas stattgefunden hat, nämlich das sog. »Pfingstwunder«.

»Als der Pfingsttag angebrochen war, waren alle [die Urgemeinde der 1120 Jünger, d. A.] an einem Ort beisammen. Da entstand plötzlich vom Himmel her ein Brausen, wie von einem dahergefahrenen gewaltigen Wind, und erfüllte das ganze Haus, in dem sie saßen. Und es erschienen ihnen Zungen wie von Feuer, die sich zerteilten, und sie ließen sich auf jedem von ihnen nieder. Und alle wurden mit Heiligem Geist erfüllt und begannen mit anderen Zungen zu reden, wie der Geist ihnen zu sprechen verlieh« (Ap. 2,1).

Es hat historisch etwas stattgefunden und wir, die wir uns (vielleicht) gute Christen nennen, haben im Gedenken an dieses Ereignis einen Feiertag im Kalender. In ähnlicher Weise denken wir an Weihnachten oder Ostern oder an sonstige zeitlichen Ereignisse unserer Welt (unseren Geburtstag etc.) Wir *gedenken* eines Ereignisses. So logisch diese Sichtweise uns auch erscheinen mag, so ist sie doch grundlegend falsch. Die Apostelgeschichte sagt es eigentlich schon selbst.

Pfingsten *war* ja bereits ein Feiertag, als das Ereignis stattfand. Schon im Alten Bund gehörte das Pfingstfest unter verschiedenen Namen zu den wichtigsten Festen. Es wurde »Erntefest«, »Fest des 50. Tages« oder »Wochenfest« genannt und es war das zweite der Feste, zu denen jeder Israelit vor Jahwe im Heiligtum erscheinen sollte. Die meisten Feste, die wir heute feiern, haben ebenfalls einen Vorgänger oder anders gesagt, sie bilden eine Kontinuität von Ereignissen ab, die alle zu diesem ganz bestimmten Termin stattgefunden haben. Fast könnte man sagen, die sich nur an einem bestimmten historischen Ort ereignen können. Und dieser Ort liegt in der »Zeit des Jahres«. Wunder brauchen ihren Ort, entweder räumlich (Damaskus) oder zeitlich (Pfingsten). (Am tiefgreifendsten ist es natürlich, wenn beide Orte zusammenkommen, wie »Ostern in Jerusalem«.)

Und es ist nicht so, daß wir heute Pfingsten feiern, *weil* sich damals das Pfingstwunder ereignet hat, sondern weil an jedem Pfingsten der gleiche »alte Ort« wieder betreten werden kann. Denn dieser »alte Ort« liegt *innerhalb eines jeden Jahres.*

So ist es mit Ostern, so ist es mit Weihnachten, so ist es mit deinem Geburtstag.

Blättert man in der Mysteriengeschichte der Welt, so stößt man schnell auf die unter diesem Blickwinkel gar nicht mehr so erstaunliche Tatsache, daß alle Gottessöhne die Welt zur Zeit der Frühlings-Tag-und-Nacht-Gleiche, also etwa am 21. März, verlassen haben (sie sind gestorben zu der Zeit, an der wir Ostern feiern) Das gilt für Tammuz in Babylonien, Adonis in Syrien, Attis in Phrygien, Mithras in Persien, Dionysos (und Bacchus) in Griechenland, und mitunter wird behauptet, daß der Name »Ostern« sich herleitet von dem Namen »Istar«. Istar war die (jungfräuliche!) Mutter des erschlagenen Gottessohnes Tammuz (lange vor Christi Geburt).

Um jedoch diesen geistigen Ort »Pfingsten« etwas näher bestimmen zu können, müssen wir uns anschauen, was an einem beliebigen historischen Ort, nehmen wir hier ruhig das Pfingstwunder aus der Apostelgeschichte, zu dieser Zeit geschah.

»Und alle wurden mit Heiligem Geist erfüllt und begannen mit anderen Zungen zu reden, wie der Geist ihnen zu sprechen verlieh. Es waren aber in Jerusalem fromme Männer wohnhaft aus jedem Volk unter dem Himmel. Als aber dieses Brausen entstand, kam die Menge zusammen und ward bestürzt; denn jeder hörte sie in seiner eigenen Sprache reden. Sie gerieten aber außer sich und staunten und sagten: ›Sind nicht alle diese, die da reden, Galiläer? Wie kommt es, daß wir sie hören, jeder in der eigenen Sprache, in der wir geboren sind? Wir Parther und Meder und Elamiter, wir Bewohner von Mesopotamien, von Judäa und Kappadozien, von Pontus und Asien, von Phrygien und Pamphylien, Ägypten und den Landstrichen Libyens gegen Cyrene hin, wir hier weilenden Römer, wir Juden und Proselyten, Kreter und Araber: wir hören sie in unseren Zungen die Großtaten Gottes reden‹« (Ap. 2,4).

Das Pfingstwunder des Heiligen Geistes ist also ein Sprachwunder. Sprachen, die vorher nicht verstanden wurden, konnten auf einmal gesprochen und verstanden werden. Somit wird Pfingsten zu einem Ort, an dem der Geist (oder die Natur) Dinge preisgibt, die sonst hinter der Barriere des Nicht-Verstehen-Könnens liegen. Es gibt an diesem Ort eine Einsicht in die »Sprache des Anderen«. Sei es bei anderen Völkern, sei es in der Natur (wie bei Veronika), in jeder Sprache wird das Loblied des einzigen Gottes sichtbar. Das ist es, was Veronika im Garten, der auf einmal wieder zum »Garten der Geister« wird, wahrnimmt. Der Geist der Natur redet.

»Da will ich von meinem Geist ausgießen über alles Fleisch und ich will Wunder wirken am Himmel oben und Zeichen auf der Erde unten«, so erläutert Petrus an diesem Tag die Worte des Herrn, die da von den Propheten verkündet wurden.

An dieser Stelle, an der die Natur zu Veronika mit Tausenden von Stimmen flüstert, tritt auf einmal eine Gefahr in das Spiel der Natur. Der Mensch greift ein. Eriksen schwingt eine große Hacke gegen eine häßliche, ekelige Kröte. Veronika springt ohne zu zögern dazwischen. »Laß die Kröte in Ruhe«, schreit sie wütend.

Wir wollen diese Stelle zum Anlaß nehmen, einmal darüber zu phantasieren, was die Natur uns Heutigen an einem Tag wie Pfingsten zuflüstern kann. Wir wollen einmal hineinhorchen in die heutige Natur. (Veronika ist schon 60 Jahre tot.)

Du weißt schon, daß der Wald stirbt, daß der See stirbt, daß die Tiere sterben. Du bist dir schon klar darüber, daß es eine Minute vor zwölf ist. Und mit zwölf ist nicht etwa Mittag gemeint, sondern Mitternacht, die dunkelste Stelle der Nacht, Geisterstunde.

Du weißt ebenfalls, daß viele Menschen angetreten sind – möglicherweise bist du dabei – die Natur zu retten. Initiativen werden gegründet, Parteien entstehen, Zeitschriften erscheinen, Gesetze werden vorbereitet. Gegen die Schuldigen, für die Natur. Du kennst sie bereits, die Schuldigen, es ist das Profitinteresse, die Unvernunft der Großindustrie, die Gesetze des wirtschaftlichen Wachstums, die Unvernunft der Kleinverbraucher usw. usw. Natur *wird* zerstört. Es gibt eine Ursache (oder viele), es gibt *Täter*. Die Natur ist das Opfer, sie bleibt auf der Strecke. Das sind die gängigen Slogans.

Du weißt ebenso, daß wir uns hier mit den gängigen Formeln nicht zufriedengeben und unsere Sonde, den Lichtstrahl unseres Bewußtseins, gern etwas tiefer hineintreiben in das Phänomen. Deshalb möchte ich dir heute eine neue Sichtweise über den Untergang der Natur präsentieren. Ich weiß sehr wohl, daß du sie erst einmal absurd finden wirst. Es liegt mir auch nicht daran, daß du diese Sichtweise übernimmst, doch es liegt mir daran, daß du sie dir anhörst und dir dann deinen eigenen Vers darauf machst.

Wieder einmal muß ich dir zuerst die vergangenen Zeiten vorstellen. Früher *gab* die Natur, was sie zu geben hatte, und der Mensch *nahm*. Der Apfelbaum gab seine Idee in die Form eines Apfels ein, und der Mensch nahm diesen Apfel als ein Geschenk der Natur an. Er bedankte sich dafür, indem er der Natur an bestimmten Tagen (oder Orten) ein Dankopfer brachte, ein Erntedankfest. Er gedachte ihrer, wie man einem Freund, der einem Gutes tat, gedachte. Der Mensch sah – an einem Tag wie Pfingsten – die Kräfte, die hinter der Natur als schöpfende Kräfte wirksam waren. So dankte man ebenfalls dem Schöpfer für dieses Geschenk.

Jedes Erntefest war zutiefst ein religiöses Fest.

Der Schöpfer war der Gebende – seine Geschöpfe waren die Nehmenden. Pflanzen und Tiere gaben ihren Leib, der Mensch nahm diesen Leib dankbar an.

Eines Tages aber kam der Mensch auf die Idee, er könne eingreifen in dieses Spiel der Schöpfung. Aus Gründen, die in der *Menge* der zur Verfügung gestellten Leiber (Äpfel, Schweine, Tomaten) lagen, überdachte der Mensch den Schöpfungsvorgang der Natur und griff ein. Er sagte sich, er müsse herausfinden, unter welchen Bedingungen die Geschöpfe der Natur sich vermehren lassen. Wenn er dies herausgefunden habe, so könne er diese Bedingungen herstellen und doppelt so viel ernten wie vorher. Er begann *einzugreifen*.

Der Zweck (Bevölkerungszuwachs) heiligt die Mittel, mag er sich gesagt haben, solange er noch eine Rechtfertigung vor seinem Gott gebraucht hat.

Aber Natur läßt sich nicht beliebig (auf gleichem Raum) vermehren, sie läßt sich nur auf verdoppeltem Raum verdoppeln. Doch das lag nicht im Interesse (und den Möglichkeiten) der Menschen. Sie wollten aus vielen Gründen, die hier aufzuzählen sich nicht lohnt, auf gleichem Raum doppelt soviel haben, die Ernte sollte verdoppelt *und* die Arbeit halbiert werden. Das aber geht nur, wenn Kräfte zur Hilfe geholt werden, die mit diesem Bereich erst einmal nichts zu tun haben.

So wurde eine Allianz geschlossen mit der Chemie und der Technik. Jeder heute weiß, daß ein moderner Bauer gleichermaßen Chemiker und Techniker sein muß. Computergesteuerte Melkmaschinen und per Flugzeug versprühte Chemikalien sind die Auswüchse, aber noch lange nicht die Endpunkte derartiger Entwicklung. Aber das ist nur die Oberfläche, die wirklichen Phänomene liegen Etagen tiefer.

Verweilen wir einen Moment bei der Chemie und versuchen, ihr ins Antlitz zu schauen. Was geschieht hier eigentlich? Die Chemie, entstanden aus der Alchemie und deren legitimes Kind heute, ist eine durch und durch *magische* Wissenschaft. Heute ebenso wie damals. Nur heute weiß es keiner mehr und heute will es auch keiner wissen. Es ist unmerkbar geworden. Der frühere Magier, der die Kräfte der Tiefe beschwor, ist heute Diplom-Chemiker bei einem großen Chemie-Konzern. Er betreibt heute nach wie vor das gleiche Handwerk. Er holt die Kräfte aus der Tiefe (schau dir den ganzen Bereich der Petro-Chemie, der Erdöle an) und gibt sie an die Oberfläche ab. Es sind buchstäblich die gleichen Kräfte aus der Dunkelheit der Erde wie damals. Freilich gibt es zwei wichtige Unterschiede. Der erste ist, daß die geistigen Wesenheiten, die er beschwört, heraufbeschwört, ihre Gestalt verändert haben. Damals gaben sie sich als *Wesenheiten* zu erkennen, heute – im Zuge der Aufklärung – haben sie ihre Gestalt dem allgemeinen Denken angepaßt und erscheinen nicht mehr als »dunkle Wesenheiten«, sondern sind in materielle Form gekleidet. Erdöl, Erz, Schwermetalle etc. Sie haben ihre Gestalt verändert, aber ihr Wesen ist das gleiche geblieben. (Wir sollten nicht vergessen, daß jede Waffe, die heute geschmiedet wird, ihr Erz aus der Tiefe der Erde bezieht. Und dieses Reich wird beherrscht von Pluto, dem Gott der Unterwelt, der seine Materialien – Plutonium – ebenfalls zum Bau der größten Zerstörungswaffe zur Verfügung stellt. Wir sollten auch nicht vergessen, daß die ganze Welt heute von dem Stoff aus der Tiefe – Erdöl – abhängig, süchtig, ist und daß der nächste Krieg – Experten rechnen damit – des Öles wegen geführt werden könnte.)

Der zweite Unterschied: Jeder Alchemist *wußte*, daß er die Kräfte der Tiefe nur mit Hilfe eines *Paktes* in seine Dienste bekommen konnte. Er mußte mit den Dämonen der Tiefe einen Vertrag schließen. Er bekam das Gewünschte nur, wenn er bereit war, einen Preis zu zahlen. Er mußte einen Teil seiner Seele einsetzen als Lohn für den Erfolg. Kein Chemiker heute *weiß* mehr davon, und doch ist es heute ganz ebenso; er muß seine Seele verkaufen. (Vgl. dazu Peter Orban: Pluto, Reinbek 1989.)

Mit wenigen Abstrichen gilt dieser Zusammenhang für den Techniker, der ebenfalls die Metalle der Tiefe beschworen hat, in gleicher Weise.

Es wäre zu diesem Feld noch entschieden mehr zu sagen, doch da du weder Chemiker noch Agrartechniker bist, ist dieser Zusammenhang für dich vielleicht nicht allzu wichtig. Etwas anderes ist freilich für jeden von uns entscheidend. Jeder Eingriff einer dunklen Kraft in die Natur ist auch für die Natur nicht folgenlos, denn *auch sie unterliegt dem Pakt*, ist sie doch jetzt ein Produkt davon. Auch sie verliert ihre Seele an die Kräfte der Tiefe, auch sie muß ihre Seele verkaufen um der Erfüllung des Paktes willen.

Sieh es einmal unter folgender Logik. Ein Ehepaar will ein Kind, bekommt aber keines. In tiefer Verzweiflung wendet sich der Mann an die Kräfte der Dunkelheit. Sie erscheinen auch prompt, und er handelt einen Preis aus, den zu zahlen er für ein Kind bereit ist. Jetzt bekommt das Ehepaar ein Kind, doch es ist ein Kind, das aus der Tiefe geboren ist. Es trägt die Kräfte der Tiefe in sich, es ist wunderschön, aber es hat keine Seele.

An dieser Stelle stehen wir heute, jedenfalls was den Hauptteil unserer *bearbeiteten* Natur ausmacht. Unsere Früchte (Tomaten, Kartoffeln, Äpfel, Apfelsinen, Blumen usw.) sind wunderschön geworden.

Dir ist schon lange aufgefallen, daß eine Tomate heute nach gar nichts mehr schmeckt, daß die Kartoffel kaum noch ihren Namen verdient und daß die Blumen einen großen Teil ihres Duftes verloren haben. (Natürlich gilt das nicht für die *ganze* Natur, aber für die vom Menschen industrialisierte gilt es total. Originalton einer Sendung der ARD über Blumenzüchtungen: »Biochemiker versuchen jetzt, der Rose ihren Duft zurückzugeben. Er war durch die vielen Kreuzungen verlorengegangen.« [Sendung »plusminus« 7.6. 1985, 22.25 Uhr]. So macht man buchstäblich den »Bock« [alte Bezeichnung für den Teufel] zum Gärtner.)

Die Blumen heute sind lieblich anzusehen, aber ihre Seele haben sie verloren.

Selbstverständlch gilt für viele Tiere, die in die Hände des Menschen gefallen sind, dasselbe. Der Mensch fand in der Natur seine »Hilfe« vor. Sie war da, um ihm zu helfen, Geschöpfe Gottes, denen der Mensch ihre Namen geben sollte. Der Mensch griff ein, er wollte die Tiere nicht, wie sie sind, er wollte keinen Wolf, sondern einen Schäferhund oder einen Pudel und schließlich einen Zwergpinscher, und die Tiere verkauften ihm ihre Seele ganz ebenso, wie die Tomate dem Menschen ihre Seele verkaufte. Jetzt hat der Mensch den Pudel und die wunderschön aussehende Tomate. Und der Rest der Tier- und Pflanzenwelt, der nicht für dieses Spiel zu gebrauchen ist, stirbt. Die Tanne, die keine Früchte hervorbringt, die Kröte, die noch nie jemand hat »veredeln« wollen, sterben aus. Sie haben eine Seele! Es ist freilich eine Seele, die unter den herrschenden *Bedingungen* kaum noch existieren kann. Weder kann sie in den Abfallprodukten der Unterwelt (die ja ringsumher verstreut sind) existieren, noch kann sie in der herrschenden *Denkweise* gedeihen. (»Wir sind mit Leib und Seele Markt«, so lautet der Slogan einer großen deutschen Verkaufskette, und darin liegt eine der schönsten Wahrheiten, die je ein Konzern freiwillig preisgegeben hat.)

Die beseelte Natur wird so mehr und mehr zum Outlaw, zum Symbol für das, was einst »Freiheit« hieß.

Das eigentlich Problematische an diesem Einnistungs- und Zerstörungsprozeß ist aber nach wie vor der Mensch. Jener Mensch, der die Natur nicht als das nimmt, was sie ist, sondern der sie aus eigener Schöpfungswut »verbessern« möchte, der die Runzeln an der Tomate ebensowenig akzeptieren kann, wie in seinem eigenen Gesicht, der den Wolf nicht in seiner Wildheit belassen kann, sondern einen Pudel aus ihm bilden möchte. »Das also ist des Pudels Kern« spricht Faust, nachdem er erkannt hat, daß sich im Pudel der vom Menschen »verbesserte« Hund, und d. h. der Teufel verborgen hielt.

Ich möchte es mit diesen Andeutungen bewenden lassen, jeder der hier Mut hat, kann diesen Gedanken weiterdenken, oder ihn wieder vergessen. Ich wollte nur eine Illustration dafür liefern, was uns Pfingsten heute zu erzählen weiß, wenn man auf die Stimmen im Inneren der Natur hören möchte. Der Ausweg aus diesem »Garten der Geister« liegt nun sicher nicht darin, daß wir beginnen, gegen die Konzerne zu kämpfen. Sie müssen selbst ihren Preis schwer genug bezahlen – wenn es an das Bezahlen geht. Ein denkbarer Ausweg liegt (möglicherweise) darin, daß wir – jeder von uns – den Pflanzen und Tieren ihre Seele zurückerstatten, indem wir uns fragen: In welcher Weise bin *ich* daran beteiligt, daß *du* so werden mußtest, wie du jetzt bist.

In welcher Weise spiegelt die Seelenlosigkeit der Tomate meine eigene Seelenlosigkeit wider, und wo beginnt der Punkt, an dem ich selbst meine Seele (aus Gründen der Schönheit, der Anerkennung, des Erfolges, der Beliebtheit, der Berühmtheit etc.) verkauft habe. Möglicherweise sind die Ergebnisse dieses Nachdenkens (und Nachfühlens) nicht sonderlich erfreulich, möglicherweise spürst du Trauer über diesen »Deal«. Das ist schon ein gutes Zeichen. Solange du allerdings sagst »ich nicht«, stehst du noch sehr am Anfang dieses Weges.

Veronika sieht die Streiter, die widerstreitenden Kräfte des Dunkels und des Lichtes. Sie sieht auf einmal die Seelenaufkäufer, die sich hinter der Figur Eriksens verschanzt haben. Sie wollen die Kröte töten, denn die Kröte besitzt die Unverschämtheit, eine Seele zu haben, sich nicht verkauft zu haben. (Nebenbei: Keiner wollte sie haben. Wer will schon die Seele einer Kröte kaufen. Kein Bedarf. Lege eine Kröte in Cellophanpapier in die Fleischtheke des Supermarktes, du kannst sicher sein, wenn sie das Verfalldatum erreicht, liegt sie immer noch da.) Sie war nie in Gefahr, gekauft zu werden, also muß sie getötet werden, denn sie stellt eine Gefahr für die Seelenlosen dar. An ihr kannst du sehen, was du nicht mehr hast. So ergeht es auch dem Rest der Natur, für den kein Bedarf besteht, er bedroht uns. »Der Wald stirbt«, schreien die Natur-Zeitschriften und wir wollen hoffen, daß sie nicht einen neuen Wald abholzen müssen, um daraus ihr Hochglanzpapier zu beziehen. Gut, daß er endlich stirbt, sagt etwas (ganz tief) in uns. Wir übersehen dabei, daß es nicht der Wald ist, der stirbt, denn der Wald ist nur ein *Symbol.*

Jeder Baum, der irgendwo steht, ist ein Symbol für einen Menschen, der irgendwo steht. Jeder Baum, der stirbt, ist ein Symbol für einen Menschen, dessen Seele gerade stirbt. Und in diesem Sinne ist es wahrlich eine Minute vor zwölf im Inneren unserer Seele. Es ist kaum noch etwas übrig – und der Zeiger rückt vor. Das ist es, was Pfingsten uns heute zu erzählen weiß.

Veronika sieht aber auch die Streiter des Grals, die um das Leben der Kröte kämpfen. Sie sieht Johannes in der silbernen Rüstung, und in ihr wächst der Wunsch, aufzuwachen und selbst ein Streiter des Grals zu werden. Sie sieht, wie Schneewittchen in seinem gläsernen Sarg, in dem es jahrhundertelang geschlafen hat, langsam die Augen öffnet und lächelt. Und sie sieht die Burg Montsalvat, jene geheimnisvolle Burg aus der Parzifal-Geschichte, in der der Gral gehütet wird.

All diese Bilder sind *geistige Bilder*, sie alle stehen für das geistige *Erwachen* tief im Inneren der Welt. Und sie sieht die Kraft der Kröte, die von den Strahlen der »Sonne um Mitternacht« gekrönt wird.

Wen wundert es da, daß die so errettete Kröte die Kraft ihres Wunders überträgt auf den, der als ihr möglicher Mörder in letzter Sekunde ein Einsehen hatte. Sie heilt sein Kind. Und jetzt ist es eben dieser (Saulus, hätte ich beinahe gesagt) Eriksen, der die Kenntnis über das Wunder in die Welt trägt, der dafür sorgt, daß es die Tiere fortan besser haben in Halmar. Bevor wir sehen, bis wohin sich das Wunder fortpflanzt, möchte ich dich mit der wundersamen Heilkraft im Inneren *deiner eigenen Seele* ein wenig vertraut machen. Du solltest also jetzt die 5. »Reise« unternehmen. Sie trägt auf der Kassette den Titel »Tiere und Pflanzen« (siehe Anhang, S. 286).

13 Die Toten

»Es ist die Geschichte von dieser und jener Welt, und darum muß ich auch von den Toten in der Kirche zu Halmar erzählen. Denn es ist ja so, daß die Toten nicht erloschen sind, wie viele es meinen in einer Zeit, die geistferne geworden ist, wie kaum eine andere vor uns. Die Toten leben weiter in ihrem ganzen Wesen und wechseln nur ein grobes Gewand gegen ein feineres, und die Welt in die sie durch das verhangene Tor eintreten, ist weit wirklicher, als die Welt des Scheins, in der wir hier auf Erden atmen. Es ist auch nicht so, daß diese beiden Welten getrennt sind durch eine unübersteigbare Mauer. Es ist nur ein dünner Schleier, der zwischen ihnen hängt, und er lichtet sich weit häufiger, als die Menschen von heute es glauben, und es gibt viele Augenblicke, in welchen diese und jene Welt ineinander übergehen, so daß man nicht sagen kann, ob man hier oder drüben ist.

Denn die Toten bauen mit am Bau der Erde, und sie wünschen es so sehr, daß die Lebenden wieder Hand in Hand mit ihnen schaffen, wie es in vergangenen Tagen der Menschheit war. Ist nicht eine Ahnung, die wir haben, oft der Gedanke eines Toten, und ein Gefühl, das uns überkommt, Wunsch und Wille verwandter Geister? Die Toten helfen uns, und wir sollten ihnen helfen. Geschähe das nicht, die Erde würde veröden und der Spielball dunkler Gedanken sein. Aber sie soll ja durchlichtet werden mit allem, was auf ihr lebt, zu einem ewigen Frieden und zu einem Sonntag der Welt. Es ist lange bis dahin, und heute ist Werktag, und der Feiertag ist noch weit.

Ihr, die ihr heute atmet, denkt daran und leugnet die Toten nicht, die neben euch stehen. Es sind auch die Toten so vielfältig wie die Lebenden, es sind lichte und dunkle unter ihnen, und sie schaffen mit an euren lichten und dunklen Werken. Darum sorgt, daß eure Worte und Werke durchlichtet sind, denn was ihr redet und wirkt, ist für diese und jene Welt, für die Lebenden und für die Toten und für den Bau der ganzen Welt. Es gibt so viele Tote, die euch helfen wollen – seht nicht an ihnen vorbei. Es gibt so viele Tote, die eure Hilfe brauchen – versagt sie ihnen nicht. Es wandeln manche Tote hoch über euch auf den Höhen, es wohnen aber noch viele in den Tälern der Tiefe, und es sind auch solche, die nicht über die Schwelle gehen können, weil es dunkel um sie ist und sie die andere Welt nicht erfassen. Sie irren durch eure Häuser der

Schatten und suchen in euren Kirchen. Aber sie finden heute wenig genug an Licht, denn es ist sehr finster geworden auf der Erde um diese Zeit der Wende.

Denkt daran, ihr, die ihr heute atmet, laßt eure Hütten und Tempel wieder hell werden für Lebende und Tote, damit sich die Welten vereinigen zu der Menschheit Jugendland. Seht ihr nicht selbst, wie dunkel es um euch geworden ist? Irrt nicht auch die graue Frau durch die Zimmer im Haus der Schatten, Jahr um Jahr und suchen nicht auch viele andere Tote in den engen Gassen von Halmar und horchen auf die Glocken wenn sie zum Sonntag läuten? Aber es ist kein Feiertag mehr bei euch, und es ist dunkel in der Kirche zu Halmar.

Zündet eure Lichter an! Es harren so viele darauf, daß es hell wird. Lebende und Tote rufen danach, Menschen und Tiere und alles, was Dasein hat, sehnt sich nach Licht und Erlösung. Die Stunden, die heute schlagen, sind Schicksalsstunden der Welt, es ist viel Licht nötig, denn es ist allzu finster geworden. Ich muß euch das sagen, und ich muß es versuchen, euch Licht um Licht zu entzünden, damit ihr es richtig versteht wenn ich euch von den Toten in der Kirche zu Halmar erzähle. Ihr werdet vielleicht denken, das seien alte Geschichten, und wer weiß, ob sie wahr sind – aber glaubt es mir, es sind Geschichten, die jeden Tag wieder neu werden können. Denn die Toten stehen neben euch« (S. 128ff).

Wir müssen uns jetzt – einem 13. Kapitel angemessen – mit dem Thema des Todes beschäftigen. Du weißt vielleicht schon, daß die Zahl 13 auf eine eigenartige Weise mit dem Thema des Todes in einer Verbindung steht. So ist die 13. Karte (bei den großen Arcanen) im Tarot »Der Tod« und schon der Volksmund weiß, wenn in einem Raum 13 Personen anwesend sind, so stirbt innerhalb eines Jahres die 13. Person. So wundert es mich nicht, daß ich in der Reihenfolge der Kapitel dieses Buches (die vorher nicht geplant war) beim Kapitel 13 im Kapitel 7 (der Veronika) angelangt bin und dieses Kapitel die Überschrift »Die Toten in der Kirche zu Halmar« trägt.

So beschäftigen wir uns also jetzt mit dem Tod und den Toten. Ein wenig haben wir schon gesagt über das Gebiet des *Jenseits*, in das wir immer wieder (bei jedem Tod hier auf Erden) hineintauchen und über das Gebiet des *Diesseits*, in das wir (bei dem Sterbeprozeß im Jenseits) immer wieder hineingeboren werden. Aber das war erst die technische Seite dieser Angelegenheit (oder die körperliche Ebene), wir wollen uns jetzt auch die inhaltliche (seelische) Seite dieses Vorganges an schauen.

Daß Manfred Kyber hier nicht nur in die Phantasiekiste des Geschichtenerzählers greift, möchte ich mit einer kleinen Geschichte belegen.

Ich erinnere mich noch sehr genau, wie meine erste sehr bewußte Konfrontation mit diesem Thema war.

Vor einer Reihe von Jahren, es war bevor ich die Idee der »Reinkarnation«, der »verschiedenen Erdenleben« in mich hineingelassen hatte, saß ich in einer Therapiesitzung mit einer jungen Frau, die etwa 1950 geboren war. Zu dieser Zeit »praktizierte« ich Primärtherapie (du weißt schon, eine Theorie braucht der Mensch), also eine Therapieart, die sehr tief hinabführt in die individuelle Geschichte des Menschen. Wir hatten gemeinsam schon einige Male ihre Geburt durcherlebt und auch einige intra-uterine Begleiterscheinungen waren schon das Thema der Sitzungen gewesen. An jenem Tag jedoch geschah das Besondere. Die junge Frau sah sich in ihrer Sitzung inmitten einer Trümmerlandschaft stehen und wartete. Die Häuser waren nur noch Ruinen, Steine türmten sich und *sie wartete.*

»Auf wen wartest du?«

»Ich stehe einfach nur hier und warte.«

»Sind noch andere Menschen da?«

»Ja, es stehen noch andere hier herum und warten. Männer, Frauen und Kinder. Aber sie kümmern sich nicht umeinander. Sie stehen einfach da und warten.«

»Auf wen oder was warten sie?«

»Ich glaube, sie wissen genausowenig wie ich, auf was sie warten.«

»Schau sie dir genauer an.«

»Es sind eigentlich keine richtigen Menschen, sie sind irgendwie fahl, durchscheinend. Als ob es nur Schemen sind. Als würden sie aus Gaze bestehen.«

»Wie bist du hier in diese Trümmerlandschaft gekommen? Gehe zurück zu der Stelle, wo du die Trümmer das erste Mal gesehen hast.«

Es war gar nicht so leicht, aber nach einigen Widerständen hatte die Frau den Mut, an den *Anfang* ihrer Geschichte zu gehen. Folgendes Bild ergab sich: Sie war in einer großen deutschen Stadt (der Name tut nichts zur Sache), es war 1944, Krieg, Sirenen heulten, Bomben fielen. Sie war in ihrer Wohnung und plötzlich begann die Mauer (der Hauswand) auf sie herniederzustürzen. Wie in Zeitlupe wurde die Frau unter der Mauer begraben, sie schrie (sehr real) furchtbar über die Schmerzen, die die herabstürzenden Steine verursachten, als sie erst ihre Beine, dann ihren Unterleib, schließlich ihren ganzen Körper zerschmetterten. Dann schwieg sie. Ich war etwas verängstigt, weil alles so real war, und ich den Tod buchstäblich im Therapieraum anwesend fühlte. »Wo bist du jetzt?« fragte ich. Die Antwort kam tonlos (und emotionslos) »Ich bin tot.«

Nach und nach kam Licht in die Geschichte. Sie war eine junge Frau von dreißig Jahren und wurde im zweiten Weltkrieg von einem Bombenangriff überrascht und getötet. Nach ihrem »Tod« schaute sie (gleichsam von oben) allem zu. Ihre Mutter und Schwiegermutter beteiligten sich an ihrer Ausgrabung, ihre zerstörte Leiche wurde geborgen und beerdigt, sie wohnte ihrer eigenen Beerdigungsfeier bei und begriff erst jetzt, 35 Jahre später, daß sie damals gestorben war. Sie erlebte ihr Sterben jetzt *noch einmal bewußt*. Noch etwas machte für sie im Licht dieser neuen Erkenntnis Sinn. Sie erzählte: »Ich war vor ein paar Jahren mit zwei Freunden ein erstes Mal in dieser großen Stadt. Wir schlenderten so dahin. Auf einmal – wir waren gerade in einer Gegend, die ich noch nie in meinem Leben betreten hatte, bekam ich plötzlich einen Weinkrampf. Ich mußte schrecklich viel weinen, wußte aber nicht warum. Meine beiden Begleiter (und auch ich selbst) hielten mich für verrückt. Heute weiß ich, daß das genau jene Gegend war, wo ein Teil von mir stehengeblieben ist und noch heute dasteht und *wartet*. Wartet, daß etwas passiert.«

Es bleibt hinzuzufügen, daß die letzten beiden Sätze nicht mehr ganz richtig sind. Denn die Frau ist ja zurückgegangen zum Damals und hat diesen Seelenteil ins Heute mitgebracht. Heute steht sie nicht mehr in dieser Trümmerlandschaft. Das, was in dieser Sitzung für mich so erschreckend und neu war, gehört heute zum Therapiealltag. Aber es gehört in dieses Kapitel deshalb, weil noch sehr viele Teile von uns bis heute in irgendwelchen Landschaften, Kriegsschauplätzen, Friedhöfen, Zimmern oder vor Eisdielen stehen und warten.

Natürlich gilt dieser Zusammenhang nicht nur für vergangene Leben, sondern findet in jedem Leben einige Male statt. Von Alice Miller stammt – glaube ich – das wunderschöne Bild von dem kleinen Mädchen, das sich weigerte, im Alter von 4 Jahren weiterzugehen, weil sie kein Eis bekam und sogar noch bestraft wurde dafür, daß sie eines wollte. So steht sie so lange vor der Eisdiele, bis sie selbst – heute als 40jährige Frau – noch einmal vorbeikommt, um das kleine Mädchen endlich abzuholen.

Das ist keine Metapher, das ist kein Bild, das ist tatsächlich so. Und Eisdielen sind ein bevorzugter Platz für Seelenleiber.

Was aber in diesem Leben gilt, gilt in einem hervorragenden Maße für jene Übergangsstellen.

Schauen wir uns die dahinterliegende Idee an.

Wir wissen schon, daß es ein Diesseits gibt und ein Jenseits, eine Ebene der Zeit und eine Ebene, die jenseits der Zeit liegt, eben außerhalb von Zeit und Raum.

Wir wissen außerdem, daß es die Ebenen »Körper«, »Seele« und »Geist« gibt.

Ohne groß zu überlegen, leuchtet dir sofort ein, daß der Körper nur und ausschließlich im Diesseits (also in Raum und Zeit) existieren kann.

Die Ebene des Jenseits ist dem Körper verwehrt oder anders gesagt, einen Körper zu haben, materiell zu sein, bedeutet automatisch, daß die Ebene des Jenseits nicht zugänglich ist. Um nach »drüben« zu kommen, muß der Körper abgestreift, die Verbindung zum Körper gelöst werden. Eine *vollständige Lösung* vom Körper nennen wir »Tod«.

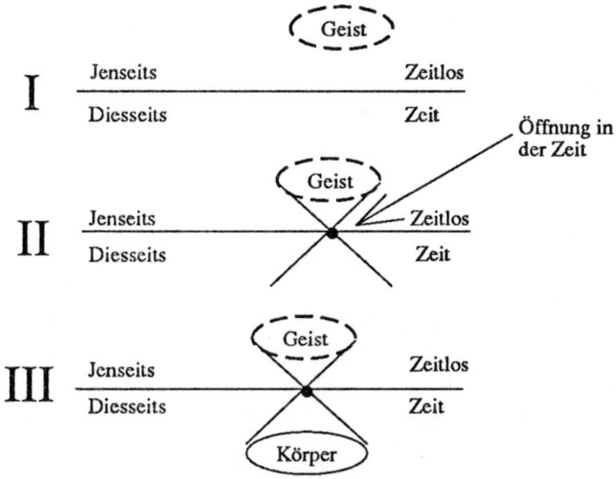

Die Frage aber ist, wer oder was löst sich vom Körper? Gehen wir einmal umgekehrt vom Geistprinzip aus. So, wie der Leib nur im Diesseits existieren kann, kann der Geist nur im Jenseits existieren, das macht es so schwierig, über ihn zu reden. Er befindet sich ständig in jener raumlosen Zeit, in jenem zeitlosen Raum. Seine Heimat ist das Jenseits. »Mein Reich ist nicht von dieser Welt«, könnte er mit Jesus sagen. Da wir schon lange kein Bild mehr gemalt haben, könnten wir den Zusammenhang von Körper und Geist so illustrieren. Im Jenseits, gleichsam über der materiellen Welt schwebend, befindet sich der Geist an einer bestimmten Stelle und wartet darauf, daß sich eine Öffnung in der Zeit findet, gleichsam eine optische Linse, durch die sein Lichtstrahl auf die untere Ebene fallen kann. Sind die Bedingungen günstig, stimmt die Stunde, d. h. gibt es eine (auf deine Seele passende) Öffnung in der Zeit, so gibt es einen Zeugungs- und Materialisierungsprozeß, und in die diesseitige Welt hinein tritt die Idee in die Verkörperung – ich werde gezeugt und geboren.

Nun wissen wir aber bereits, daß Körper und Geist zusammen noch keinen Organismus bilden, solange das Bindeglied »Seele« fehlt.

Wir müssen unser Bild also ergänzen. Dazu brauchen wir keine neue Figur, sondern wir wählen (nur für unsere Anschauung) lediglich die beiden Projektionslinien als eine verdichtete Form, welche die Verbindung zwischen oben und unten herstellt.

Eine derartige Form ⧖ nennt man einen Diabolus (übersetzt einen »Zerwerfer«). Und wir sehen an diesem Bild auch, daß es einen Polbezug der Seele von oben nach unten und von rechts nach links gibt; bildlich, aber auch wirklich nur bildlich gesprochen, der Punkt A wird *von oben nach unten* und von *links nach rechts* projiziert.

So wird die Seele zum Mittler zwischen beiden Formen, zum Verbindungsglied zwischen oben und unten. Weder gehört sie eindeutig ins Diesseits, noch gehört sie eindeutig ins Jenseits. In beiden Landschaften ist sie gleichermaßen zu Hause und doch nirgends richtig. So wird sie zum Erfüllungsgehilfen der absteigenden und der aufsteigenden Impulse. In beiden Formen (im Körper und im Geist) ist sie mehr oder weniger verankert und sie bildet so den Übersetzer der einen Form in die andere.

Wenn dieses Bild verstanden worden ist (bitte, es ist wirklich nur ein Bild, unsere Seele sieht nicht aus wie ein Diabolus, sie trägt nur dieses Thema in sich, und deshalb können wir es uns leisten, sie einmal so zu sehen), dann ist auch unsere Frage nach dem Ort des Todes schnell beantwortet. Wo liegt der Tod?

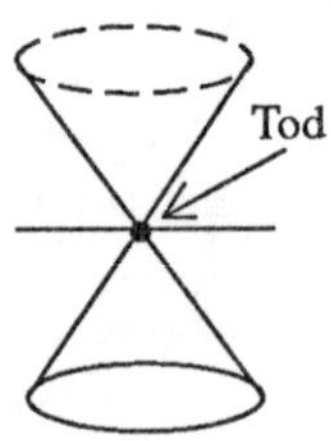

An jener Stelle, wo die beiden Seelenlinien sich schneiden. Warum? Weil sich hier die Grenzlinie zwischen hüben und drüben befindet. Wer diesen Ort bewußt überschreitet, der ist »tot«, denn dann hat er sich zurückgezogen, zurück in jenen Bereich, aus dem er kam. Er ist ins Jenseits zurückgegangen.

Das aber erfordert, daß er jenen Ort, jene Schwelle *kennt* und sie bewußt übertritt.

Eine solche Sichtweise hat jedoch Konsequenzen. Jeder, der diese schmale Pforte, dieses Nadelöhr, nicht bewußt durchschreitet, ist in einem bestimmten Sinne *nicht tot*. Zwar ist sein Körper nicht mehr beseelt, also die Seele hat den Leib verlassen, aber sie ist nicht etwa in die Zeitlosigkeit hinaufgestiegen, sondern irrt als leiblose Seele geraume Zeit in den Niederungen des Diesseits herum. Sie steht jetzt auf den Schlachtfeldern der Welt, auf den Trümmerfeldern des Weltkrieges, oder vor den Eisdielen der Welt hilflos herum *und wartet*.

Mit anderen Worten, wir verwenden für jedes Wesen, dessen Körper nicht mehr beseelt ist, für jedes Wesen, dessen Körper verfällt, weil kein Lebensodem mehr in ihm vorhanden ist, ein Wort – nämlich das Wort »tot«; unabhängig von der Tatsache, ob dieses Wesen auch tatsächlich »von uns gegangen« ist (wie es so schön in den Beerdigungsreden heißt). Denn so sieht es in Wahrheit aus: Die meisten Verstorbenen nehmen nach wie vor am Familienleben teil, sitzen nach wie vor in unseren Wohnzimmern herum und warten hier ebenso, daß man sich ihnen zuwendet, wie jene junge Frau in ihrem Trümmerfeld gewartet hat. Sie sind nach wie vor »Zerworfene« – mit einem Fuß im Jenseits, in der Zeitlosigkeit, mit dem anderen Fuß im Diesseits, in der Zeit. Und mit dem Nachteil, daß sie jetzt nicht mehr gesehen werden können (außer von Menschen wie Johannes und Veronika, doch die sind nicht allzu häufig). Schauen wir uns noch einmal unsere – konstruierte – Seelenform an.

Dieser Diabolus hat zwei Kegel, gleichsam eine untere und eine obere Form. Die untere Form ist mit dem Leib verhaftet, die obere Form dem Geist zugehörig. Beziehen wir dieses Bild einmal auf die Seelenform unseres irdischen Bewußtseins, so erhalten wir zwei Formen des Bewußtseins. Eine untere Form, die der Materie anhaftet und gleichsam in der Materie gefangen ist, und eine obere Form, die dem Geistigen zugewendet ist. Jeder Mensch hat in seinem Leben eine ganz bestimmte Richtung, der er schwerpunkthaft seine Aufmerksamkeit widmet. So gibt es den *Materialisten*, für den der Sinn des Lebens aus den korporalen Gütern und Genüssen besteht, und den *Spiritualisten*, für den der Sinn des Lebens in den geistigen, überweltlichen, jenseitigen Reichen zu finden ist.

Wenden wir uns zuerst dem Materialisten zu. Er glaubt nur an das, was er anfassen, kaufen, besitzen, beherrschen und mit sich herumtragen kann. Er ist an das Diesseitige gebunden, also an den unteren Kegel. Er ist, wie ich an anderer Stelle gesagt habe, schwer, langsam, dicht; zuviel haftet an ihm. Wollten wir ein Wort für den Herrschaftsbereich des unteren Kegels auf der psychologischen Ebene wählen, so ist dieser Seelenanteil das Unbewußte (das Unter-Bewußte). Dieses Bewußtsein zieht ihn hinab, lastet aus der Tiefe schwer auf ihm. Er ist der unbewußte Mensch, der aus der Dunkelheit seiner Triebe heraus festgehalten wird.

Natürlich will er auch von einem »Leben nach dem Tod« nichts wisssen, denn da gibt es nichts mehr anzufassen, zu besitzen oder zu beherrschen. Sein Motto ist »Es gibt ein Leben vor dem Tode«. Danach ist nichts mehr. Also was soll er darüber philosophieren. Stirbt sein Leib, so irrt seine Seele weiterhin durch seine Besitztümer, denn seine leiblichen Güter, an die er sich gebunden hat, halten ihn unten fest. Er läßt nicht los. So wird er zu einer *erdgebundenen Seele*. Den Weg ins Jenseits, den Weg durch das Nadelöhr des Todes, findet er nicht. Das ist mit dem Satz gemeint. »Eher geht ein Kamel durch ein Nadelöhr, als ein Reicher ein ins Himmelreich«.

Der Materialist schaut immer zurück auf das, was er zurückgelassen hat, auf jenen Ort, wo er einmal war. Würde er sich umdrehen, so sähe er jene Öffnung, jenen Tunnel des Lichts, durch den er schreiten müßte und er sähe ebenso jene Wesenheiten, die ihm beim Durchschreiten behilflich sein wollen, denn niemand muß diesen Weg ganz allein zurücklegen. Doch, wie gesagt, dieses »Umdrehen« wird von ihm nicht (oder doch erst sehr viel später) in Erwägung gezogen, weil er ganz genau darauf achten muß, daß in seinen (vergangenen) Lebensbereichen alles zu seiner Zufriedenheit geordnet wird.

Man kann es zusammenfassen zu dem Satz »Er hat seine Hinterlassenschaft noch nicht geregelt«, jetzt hat er das Gefühl, er muß noch etwas in Ordnung bringen. Dabei besteht das Problem darin, daß er – unsichtbar wie er nun mal ist – das jetzt nicht mehr (oder nur noch in Ausnahmefällen) kann.

Was wäre hier zu tun? Die Antwort ist ebenso schlicht, wie sie auf den ersten Blick idiotisch klingt: Eine derartige Seele *braucht* Therapie. Sie braucht ein Bewußtsein ihrer Situation, damit sie sich entscheiden kann, was jetzt zu tun ist.

Wenn man weiß, daß viele derartige Seelen gar nicht wissen, daß sie tot sind, dann ahnt man die Schwere des Problems. Wenn man weiß, daß ein Soldat, der von einer tödlichen Kugel getroffen wird, dabei eben nicht stirbt, sondern daß die Seele nur einen Schlag verspürt, etwa zehn Zentimeter aus dem Körper herausgeschlagen wird, stehenbleibt, *nicht wahrnimmt*, daß der Körper unter ihr zusammensinkt und jetzt seelenlos – also »tot« liegenbleibt, während sie als Seele weiterhin am Kriegsgeschehen teilnimmt (so als wäre nichts geschehen), dann ahnt man die Konfusion, die hier ihren Anfang nimmt.

Die Seele fällt nicht um, sie verspürt keinen Schmerz, sie geht einfach weiter. Und es kann Wochen, Monate, Jahre, dauern, bis ihr etwas dämmert.

Es ist hier jener Ort erreicht, an dem alle »Totenbücher« der Welt einsetzen. Fast jede Kultur hat oder hatte ein derartiges Buch. Von einigen kennen wir es – so sind das ägyptische, das tibetanische und das Totenbuch der Maya heute in *unserem* Buchhandel erhältlich. Was in diesen Büchern gelehrt wird, ist überall dasselbe. Der Seele wird schon zu Lebzeiten des Körpers ein Wissen vermittelt, das ihr helfen soll, den *Zustand des Todes* zu erreichen (wenn es einmal soweit ist). Der Seele wird klargemacht, wie sie sich im Sterben zu orientieren hat. Jedes Totenbuch hat die Aufgabe, das Sterben bereits zu Lebzeiten zu üben. Damit es gar nicht erst zu einer verwirrenden Situation kommt.

Daß eine solche Sichtweise in unserer abendländischen Philosophie und Psychologie erst einmal als primitiver Mummenschanz, als Folklore abgetan wird, hat zur Folge, daß wir in Europa kein entsprechendes Totenbuch haben und so mit diesem Thema die größten Probleme überhaupt.

Daß unsere alte katholische Totenmesse einstmals nicht etwa für die Hinterbliebenen gedacht war, sondern für die *Toten selbst*, damit sie begriffen, daß sie tot sind, ist leider auch aus den Kenntnissen der Kirchen-Dogmatik gewichen.

Aber es ist so, die Toten leben mit uns. Sie warten auf Hilfe, und wir können sie ihnen – aus reiner Unkenntnis – nicht geben.

Mitunter gibt es Menschen, die nehmen Kontakt auf mit dieserart »gestörten« Seelen. Jenseitsforscher, Tonbandstimmenforscher, spiritistische Medien, Pendelzirkel, Buchstabenkreisler und automatische Schreiber fangen Botschaften auf aus dem *diesseitigen* Bereich (sie glauben allerdings, es wäre das Jenseits), bekommen also Verstorbene in die Leitung und publizieren derartige Mitteilungen, als ob es Weisheiten von »drüben« wären. Da solche Arbeit nicht aus therapeutischen Motiven geschieht, sondern aus Sensationsgier (oder einfach aus Neu-Gier), ist derartiges natürlich für niemanden eine Hilfe, sondern nur dazu angetan, die Blindheit auf beiden Seiten zu vertiefen.

Bei den Diesseitigen entsteht ein Bild vom Jenseits, das ihnen kein Deut weiterhilft, bei den Jenseitigen entsteht das Gefühl, jetzt auf einmal doch noch wichtig zu sein, und so klammern sie sich hier noch mehr fest. Es könnte einen jammern über so viel »spirituelle« Unvernunft.

Fassen wir diese »materielle Position« zusammen, so ergibt sich, daß die Seele weiterhin am unteren Ende des Kegels herumgeistert. Sie hat zwar keinen Leib mehr, aber sie geht dessen ungeachtet weiterhin ihre alte Bahn, gerade so, wie die graue Frau in ihrem alten Zimmer weiterhin darauf wartet, daß es stimmen könnte, was Johannes ihr immer wieder erzählt (er ist »Therapeut«). Sie ahnt, daß sie tot ist, aber da sie noch nicht über die Schwelle gehen kann – die alten Geschichten halten sie weiterhin fest – muß sie *warten*. Sie ist davon überzeugt, daß ein bestimmtes Ereignis geschehen müßte, damit sie gehen kann.

Einen Zusammenhang müssen wir in dieses Bild noch aufnehmen, es wäre sonst unvollkommen. Mitunter gelingt es derartigen *erdgebundenen Seelen*, sich mit einem Teil ihrer Struktur in den Körper eines noch lebenden Menschen einzunisten. D. h., die herumschwirrende Seelenfigur dringt in einem Augenblick, in dem eine andere Person ihre eigenen seelischen Grenzen geöffnet hat (in dem also eine andersgeartete Öffnung vorhanden ist), in diesen fremden Körper ein und macht sich dort breit. Mit schöner Regelmäßigkeit geschieht das, wenn spiritistische Experimente veranstaltet werden (Pendeln, Tischrücken, Schreiben etc.) *und* pubertierende Jugendliche (oft Mädchen) anwesend sind. Wir finden dann Fälle von »Besessenheit« und man hat (als Therapeut) seine liebe Last damit, diese Art von Störungen in den Griff zu bekommen – was nicht immer gelingt. Die Konfusion (auch der Kirchen) besteht dann darin, daß geglaubt wird, man müsse den »bösen Geist« (der in der Regel gar kein Geist, sondern ein *irregelaufener Seelenanteil* eines verstorbenen Körpers ist) *austreiben*. Man müsse einen Exorzismus abhalten. (Ja, das gibt es heute noch!) Alle Erfahrungen sprechen freilich dafür, daß diese Prozedur so ihre Tücken hat, man bekommt ihn damit nicht *raus*. Die (möglicherweise) einzig sinnvolle Art, damit umzugehen, ist die, den Seelenanteil zu therapieren, d. h., ihm muß ein Weg durch die *andere Öffnung* gezeigt werden. Dabei ist es freilich notwendig, nach beiden Seiten hin zu therapieren. Der einen Seele, die hier falsch am Platz ist, muß ihr Weg (nach oben) gezeigt werden, der anderen Seele (die die Öffnung geschaffen hatte) muß *ihr Teil* an der »Besessenheit« klarwerden, denn niemand wird von einer Seele berührt, der nicht seinerseits mit dieser Seele auf das Tiefste zu tun hat.

Wenden wir uns jetzt dem anderen Teil jenes Kegels zu, dem oberen Stück 🜃, den sogenannten »Spiritisten«. Ich meine damit nicht nur jene Seelen, die sich heute in spiritistischen Zirkeln aufhalten und jede Menge guter Taten auf ihr Bewußtseinskonto tragen möchten, sondern auch all jenen »Feingeistern«, die dem »Wahren, Schönen, Guten« zugewendet sind. Wollte man die beiden Kegel einmal gehässigerweise miteinander konfrontieren, so stellen wir uns auf der unteren Seite den »Surfer« als Prototyp der materiellen 🜁 Form vor und konfrontieren ihn auf der spirituellen, oberen 🜃 Form mit dem »Makrobioten«.

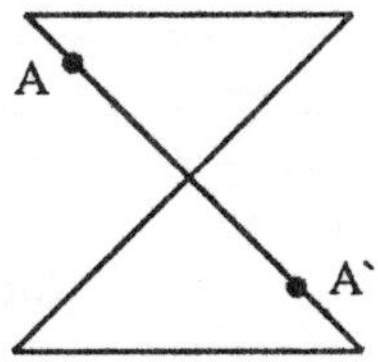

A ist der Makrobiot, A' der Surfer. Das meine ich, wenn ich vorher gesagt habe, der Punkt A auf der einen Ebene entspricht dem Punkt A' auf der anderen Ebene. Wir könnten auch den Motorrad-Fan und den Zen-Meditations-Fan gegenüberstellen.

Blicken die beiden dem jeweils anderen ins Auge, so ist für den Motorradfahrer der Meditierende ein Spinner und für den Meditierenden der Motorradfahrer auf einer »gänzlich unerlösten Ebene«. Beide, von ihrem jeweiligen Standort aus gesehen, haben natürlich recht. Doch jeder dieser Standpunkte ist in bezug auf das, worum es eigentlich geht, vollkommen unerheblich. Beide können festsitzen, der eine im körperlichen, der andere im geistigen Bereich. Jedem fehlt der Teil des anderen, weshalb man mit Fug und Recht den einen als den *Schatten* des anderen bezeichnen kann.

Die Schwierigkeit besteht darin, daß der eine (der Motorradfahrer) mit dem Wort »Schatten« kaum etwas anzufangen weiß, während der andere (der Meditierende) glaubt, er habe keinen Schatten mehr (oder doch mindestens, sein Schatten sei verschwindend klein). Schatten ist Schatten, beim einen so groß wie beim anderen.

Da ist es schon von Vorteil, wenn Menschen auf die Idee kommen, beide Pole zu verbinden und jetzt versuchen, beide Teile gemeinsam zu leben also, »Zen und die Kunst des Motorradfahrens« oder »Zen und die Kunst des Bogenschießens«. Zumindest entfällt hier (oft) die Geringschätzung des jeweils anderen. Eine Lösung ist das freilich für sich gesehen nicht.

Was ist nun im Moment des Todes mit dem spirituellen Menschen? Er geht brav durch die Pforte, tief hinein ins *Hinterland des Todes* und läßt es sich auf der Ebene des Jenseits gutgehen. Er reist ohne Zweifel sehr weit. Er hat von dieser Ebene einen gewissen Überblick über die Welt der noch Lebenden.

Und da jede anständige Seele eine Beschäftigung braucht, hat jede Seele im Jenseits die Chance, »Geistführer« zu werden. Bei dieser Beschäftigung mischt sie sich ebenfalls in die Belange der noch verkörperten Seelen ein, gibt unbewußt oder bewußt Ratschläge (an den Traum, das Wachbewußtsein usw.) und sorgt dafür, daß nicht gar soviel Dummheit herrscht hier auf Erden. So haben die meisten spirituellen Menschen ihren »Geistführer«. Auch Veronika hat einen derartigen Führer. Er tritt als Engel auf (auch das, was wir unseren Schutzengel nennen, entstammt oft diesem Zusammenhang), Johannes hat einen solchen Führer (wir werden ihn noch kennenlernen) und jeder, der lange genug in sich hineinhorcht, kann Kontakt aufnehmen mit seinem jeweiligen »Verbündeten« (so habe ich ihn im Buch »Die Reise des Helden« genannt).

Was ist nun der Unterschied zwischen einer *erdgebundenen Seele* (die sich ja auch einmischt) und einem Geistführer? Zunächst einmal sind die Ratschläge des Geistführers nicht von jener milden Idiotie, die den erdgebundenen Seelen anhaftet. Sie wissen einiges – jeder, der durch das Tor gegangen ist, weiß um einiges mehr gegenüber jenem, der davor stehengeblieben ist. Sie sind erfahren, weise und sehr hilfreich. Doch darf nicht unterschlagen werden, daß auch sie nicht allwissend sind, auch sie haben den Sinn ihres Lebens, haben das ewige Leben noch nicht gefunden. Sie müssen genauso durch die Pforte der Geburt wieder in das Diesseits treten wie jene, die die Pforte verfehlt haben.

Du magst fragen, wie geht es dann, daß jemand, der gar nicht richtig herausgegangen ist, der hier immer noch herumsteht und wartet, wieder hineinkommt?

Wir dürfen die Situation nicht verkennen. Sein *Geist* ist ja weiterhin im Jenseits, hat das Jenseits ja nie verlassen, er schwebt weiter herum (das ist so ziemlich die blödsinnigste Formulierung in bezug auf den Geist, die man sich denken kann). Er wartet auf die Öffnung in der Zeit und projiziert sich wieder ins Diesseits, wobei die Projektionsstrahlen die *neue Seelenfigur* bilden – ganz unabhängig davon, ob die alte Seelenfigur noch im Diesseits herumsaust. Jetzt wirst du auch verstehen, daß die alte Seelenfigur, die dich »per Zufall« *besetzt*, d. h., die deine *neue Seele* befällt, in Wahrheit *deine alte ist*, weshalb du niemals sagen kannst, daß «Besessenheit« etwas ist, was mit dir nichts zu tun habe.

So steht es natürlich auch um deinen Geistführer – auch er ist nichts anders als ein abgespaltener (klüger gewordener) Seelenteil, der weiterhin im Jenseits herumsaust und seinem früheren »Besitzer« etwas erzählt.

Aber abgesehen von den Phänomenen der Besessenheit oder der Geistführerschaft, verstehst du jetzt, daß jede Figur, die in deinem Inneren auftaucht (z. B. in der Therapie), eine von dir abgetrennte, abgespaltene Seelenfigur ist, der du jetzt wiederbegegnest, damit du sie als *deine* zu dir (d. h. in dein Bewußtsein) hineinholst.

Sie gehört zu dir und sie muß *warten*, damit sie dir begegnet, bis du sie zurückholst. Wie gesagt, das gilt auch für deinen Geistführer, auch er ist eine von dir abgespaltene Seelenfigur. Deshalb taucht er auf, deshalb begleitet er dich, deshalb wird er dein Freund. Du siehst, es gibt keinen *großen* Unterschied zwischen ihm und seinem erdgebundenen Doppelgänger. Der eine gehört in dein Unbewußtes, der andere in dein Überbewußtes (wie man es heute spirituell nennt).

Daß auch diese Geistführer-Figur nicht so ganz ohne Tücken ist, möchte ich dir nicht unterschlagen. Das Phänomen der Besessenheit gibt es nämlich auf jeder Ebene. Mischt sich eine erdgebundene Seele auf der Ebene des unteren Kegels in deine neue Seele (und damit in deinen Körper) ein und brauchst du und deine Seele dann einen Therapeuten, so kann sich auf der Ebene des Geistes ebenso eine *geistige Wesenheit* in den oberen Teil deiner Seele, also in deinen Geistführer einnisten. Denn auch im geistigen Bereich gibt es den Polbezug hell/dunkel – er heißt hier Engel/Dämon, und ich habe schon einmal gesagt, daß jede wahre Therapie auf dieser Ebene stattfindet.

Als Beleg für diese Einnistung möchte ich dir ein Zitat von einer großen spirituellen Frau geben:

»Es ist furchtbar, daß mir zuweilen ein Mahatma [ein großer Geistführer aus der indischen Philosophie, d. A.] erscheint, den ich für den wahren Meister halte, während ich später zu meinem Entsetzen erkennen muß, daß es ein Dämon war, der sich unter seiner Maske verbarg.« (Helene Petrowna Blavatsky, die Gründerin der Theosophischen Gesellschaft, zitiert in: Larss, Eliphas Levi, Den Haag, o.J., S. 11).

Diesem Zitat kannst du zweierlei entnehmen. Auch die Ebene des Geistes, der Geistführer, hat ihre Probleme und jeder, der *seinen* Weg durch die Höhen und Tiefen des Lebens und des Todes zu gehen begonnen hat – und Frau Blavatsky ist wahrhaft schon weit gegangen – der wird früher oder später auch mit diesen Geistern konfrontiert. Gebe Gott, daß er frühzeitig erkennt, was hier getan oder unterlassen werden muß.

Über diesen Bereich hat Literatur kaum noch etwas zu sagen. Ganz abgesehen davon, daß ich darüber nichts weiß, so weiß ich doch genau, daß es schaden würde, hier etwas aufzuschreiben. Gehen wir noch einmal an den Ausgangspunkt zurück.

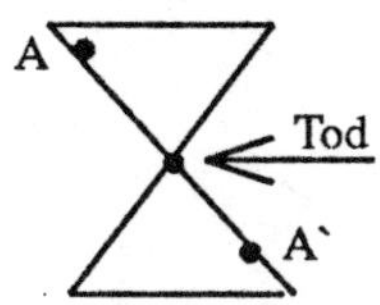

Es sollte klargeworden sein, daß wir alle – alle die wir hier leben – den Punkt des Todes verfehlt haben. Die einen sind nicht weit genug gegangen und stehen vor der Öffnung herum, die anderen sind zu weit gegangen und befinden sich im Hinterland. Beide haben den *Punkt* verfehlt, sind genausoweit von dem eigentlichen Ziel entfernt; jeder auf seine Art, keiner besser oder schlechter. Bildlich gesprochen sind wir entweder bei A, oder wir sind bei A', aber wir sind nicht hier (Tod). Mit anderen Worten, wir sind nicht tot, waren es nie, wir pendelten nur immer um die Öffnung herum und sind noch nicht zur »Öffnung« geworden.

»Denn wer sein Leben retten will, wird es verlieren. Wer aber sein Leben verliert um meinetwegen, der wird es finden«, sagt Jesus.

So stehen wir hier vor dem Paradoxon, daß wir alle Angst vor dem Tod haben, der doch in Wahrheit gar keiner ist. Wir sind Unsterbliche, ja »Untote«, und gerade das ist das Problem.

14 Wunder

Hören wir uns erst an, was im 7. Kapitel von »Veronika« geschieht:

Tante Mariechen hat Geburtstag. Dieser Tag ist für alle ein großer Feiertag, und Marie backt gewaltige Mengen von Kuchen. Anwesend sind Peter und sein Hund Zottel, Ulla Uhlberg, Johannes, Regine (Veronikas Mutter), Pastor Haller und seine Frau und Dr. Gallus, der Arzt der Familie. Natürlich sind auch Veronika, Magister Mützchen und Kater Mutzeputz mit von der Partie.

Pastor Haller ist erregt, denn er kann das, was ihm da als »Krötenwunder« zugetragen wird, einfach nicht glauben. »Es ist ausgeschlossen, daß ich sozusagen von kirchlicher Seite einen solchen Aberglauben gutheißen kann. Ich kann ihn dulden, vielleicht darüber wegsehen, aber Eriksen verlangt ja geradezu von mir eine Anerkennung seiner verstiegenen Wundertheorien und, was das Schlimmste ist, er steckt die Leute von Halmar, die sowieso schon zu solchen dunklen Geschichten neigen, an« (S. 131).

Doktor Gallus bemerkt dazu etwas sehr Tiefsinniges:

»Mir ist es nicht unlieb, wenn Kröten ordinieren, ich habe dann eine Vertretung, wenn ich mich einmal zurückziehe.« Doch Johannes stellt klar, daß nicht behauptet wurde, die Kröte habe ordiniert, sondern sie habe geheilt *und das sei etwas ganz anderes. »Heilen«, so fährt er fort, »ist eine Kunst und als solche spirituell, nicht mechanisch, wie die heutige medizinische Dekadenz glaubt. Ist ihre Kunst aber unwägbar, kann es dann nicht einmal andere unwägbare Kräfte geben, die sich irgendwie mit einer armen verfolgten Kröte verbinden? Zudem soll das im Schlaf geschehen sein.*

Wo sind wir, wenn wir schlafen? Der Schlaf ist eine andere Welt. Die Wissenschaft weiß nichts von ihm, und doch ist er fast unser halbes Leben« (S. 132).

Gallus muß jetzt gehen, Patienten rufen ihn, beim Hinausgehen sagt er zu Johannes: »Dieser Pastor Haller mit seiner Moralgrammatik ist ein Kamel, er soll doch froh sein, daß die Leute hier noch an Wunder glauben.«

»Er ordiniert eben, ohne zu heilen«, entgegnet Johannes, »das ist heute üblich, weil man die unwägbaren Kräfte nicht mehr kennt.«

Doch Pastor Haller ist mit dem Thema längst noch nicht fertig, er denkt ernstlich daran, sich in eine große Stadt versetzen zu lassen, wo man ihn und seine vernünftigen Ansichten besser annehmen kann. Gereizt denkt er daran, daß ihn morgen eine Abordnung der Bürger von Halmar aufsuchen will.

»Ich will ihnen einfach erklären, daß ich es satt habe und gehen werde.«

Im weiteren Verlauf des Nachmittags geschehen noch turbulente Dinge. Tante Mariechen gießt Baron Bombe (der später zu den Festgästen dazugestoßen ist) eine Tasse Kaffee über die Weste (in Wahrheit war es jedoch Magister Mützchen, der die unflätige Art, wie Bombe über Kater Mutzeputz geredet hat, hat rächen wollen). Und Veronika bekommt von ihrer Mutter Schelte, weil sie dieses Tun auch noch verteidigt. Aber Veronika führt ein gewichtiges Argument ins Feld. »Auch die graue Frau, die das ganze gesehen hat, stand dabei und hat gelacht. Dabei habe ich sie noch nie lachen gesehen!« Pastor Haller ist erschüttert. »Mein Himmel, glaubt denn das Kind auch schon an Gespenster? Du träumst wohl viele solche Sachen, Veronika?« (S. 136).

»Ich habe es nicht geträumt, ich habe es gesehen, »antwortet Veronika trotzig, »wenn ich träume ist es ganz anders, aber auch dann ist es oft sehr wirklich, so wie es neulich war« (a.a.O.).

»Und was hast du geträumt?« fragt Pastor Haller.

»Ich habe geträumt, daß Christus auf der Landstraße stand und dem alten Aron Mendel seinen schweren Kasten abnahm.«

Eine Weile war es still und es fand niemand ein Wort.

»Das ist ja ein schöner Traum«, sagte Haller endlich, »noch dazu um so mehr, als Aron Mendel Jude ist.«

Veronika sieht Pastor Haller gerade ins Gesicht.

»Es war kein gewöhnlicher Traum. Es ist schon wirklich, wenn ich so träume, und Christus hat auch nicht gefragt, ob Aron Mendel Jude sei« (S. 136f).

Da senkt Pastor Haller seine Augen. Nach einer Weile wendet er sich an den blöden Peter: »Träumst du auch so schön?«

»Nein«, sagt Peter, »aber ich glaube es!«

Nach einer ganzen Weile gehen alle in den Garten hinaus. Pastor Haller sieht sehr blaß aus, er kämpft mit sich, schließlich sagt er leise zu Johannes: »Mir scheint, daß dieses halbe Kind und dieser Blöde bessere Christen sind als ich.«

»Ja«, antwortet Johannes ihm ruhig.

»Mir kommt das überraschend, es wirft vieles in mir um, Sie werden das vielleicht verstehen. Ich muß mich irgendwie entscheiden, aber ich

weiß es nun wirklich nicht, was ich tun soll. Vielleicht können Sie mir einen Rat geben? Soll ich in Halmar bleiben und es aufs Neue versuchen, oder soll ich mich für die große Stadt entschließen? Welchen Weg soll ich gehen?«

»In der äußeren Lösung darf ich Ihnen nicht raten, die innere nannte ich Ihnen schon einmal, Herr Pastor, vor einigen Jahren. Sie haben es überhört. Es gibt nur einen Weg: nach Damaskus.«

»Ich will es versuchen«, sagt Haller nach einiger Zeit.

Haller kann die ganze Nacht nicht schlafen. Er sitzt bis zum Morgengrauen in seinem Arbeitszimmer und nie hat er jemandem enthüllt, was sich während dieser Zeit in ihm ereignete.

Als morgens die Abordnung der Bürger aus Halmar kommt, findet sie einen total veränderten Pastor vor. Er empfängt sie mit folgenden Worten:

»Ich weiß, was ihr sagen wollt, aber es ist besser, ihr laßt mich zuerst reden. Ich denke, daß sich dann alles Weitere erübrigt und ihr zufrieden sein werdet. Ihr wollt sagen, daß ich nicht der Pfarrer gewesen bin, den ihr braucht und den ihr euch wünscht. Damit habt ihr recht. Ihr wolltet euren alten Weg gehen, und ich versuchte, euch einen anderen Weg zu führen. Damit hatte ich unrecht, ich sehe das ein und es tut mir leid. Ich habe mir Mühe gegeben, aber es war nicht die richtige Mühe, denn ihr wart Christus näher als ich. Ich bin ihm nun auch nahegekommen. Ihr habt auch recht, wenn ihr an Wunder glaubt. Es geschehen jeden Tag Wunder. Ich wußte das nicht. Ich weiß es jetzt, denn ich habe selber Wunder erlebt. Ich bin nicht reif, euer Pfarrer zu sein, ihr müßt einen besseren haben, und ich will euch helfen, ihn zu finden. Ich habe geäußert, daß ich in eine große Stadt gehen will, ich werde das nicht tun, ich will an einen viel kleineren Ort gehen, als es Halmar ist, um erst zu lernen, bis ich vielleicht einmal Pfarrer von Halmar werden kann. Wir wollen weiter nicht darüber reden, aber in großem Frieden voneinander scheiden, und ihr werdet es mir vergeben, wenn ich es nicht richtig gemacht habe« (S. 139).

Die Männer von Halmar sitzen still, schließlich stehen sie auf und nach einer Weile spricht Eriksen:

»Der Herr Pastor hat recht, wir sind sehr sündige Menschen. Aber wir wollen uns alle bessern, ja, das wollen wir.«

Pastor Haller begreift nicht:

»Ihr habt mich nicht verstanden, ich habe nicht von eurer Schuld gesprochen, sondern von meiner, und ich habe euch um Vergebung gebeten, damit wir in Frieden scheiden. Das ist alles.«

Doch Eriksen erwidert:

»Wir haben den Herrn Pastor gut verstanden, wir haben es nicht gedacht, daß der Herr Pastor so reden würde. Wenn der Herr Pastor so redet, ist er viel besser, als wir sind. Er kann von seiner Schuld reden, weil er darüber hinausgekommen ist, und darum, wenn er so redet, so redet er von unserer Schuld. Wir können das gut verstehen, und wir sind sündige Menschen. Es tut uns auch sehr leid, wollten wir sagen.«

Und er redet weiter:

»Wir wollen den Herrn Pastor bitten, daß Herr Pastor bei uns in Halmar bleibt. Dazu stehen wir hier. Wir wissen es auch, daß wir keinen besseren Pastor in Halmar bekommen können. Darum muß der Herr Pastor in Halmar bleiben.«

Haller kämpft sichtlich mit einer ungeheuren Bewegung.

»Ich danke euch viele Male«, sagte er schließlich, »ich werde das tun« (S. 139f).

Am nächsten Morgen ist die Kirche zu Halmar übervoll. Kein einziger Platz ist mehr in ihr zu finden.

Pastor Haller predigt so, wie er nie zuvor gepredigt hat. Er spricht von Licht, das aus der Finsternis leuchtet, er spricht von Wundern, die sich Tag für Tag ereignen und er spricht von Christus, der noch heute den Menschen ihre Bürde abnehmen hilft. Und es ist sehr still in der Kirche zu Halmar.

Als die Predigt beendet ist, muß Haller mehr Hände schütteln als er das je in seinem Leben mußte.

Dann wendet er sich um und geht allein nach Hause.

Auf diesem Weg spürt er plötzlich jemanden neben sich, doch es ist niemand zu sehen.

»Du weißt es nicht, wer mit dir spricht«, sagt eine Stimme neben ihm, »weil du niemand siehst. Aber du weißt es ja nun, daß die Unsichtbaren so wirklich sind, wie die Sichtbaren. Es ist die graue Frau aus dem Haus der Schatten, die mit dir geht. Ich will dir danken, Harald Haller, denn es ist heute hell geworden in der Kirche zu Halmar und hell in vielen, die sich danach gesehnt. Du freust dich, daß deine Kirche gefüllt war, aber sie war noch viel voller, als du es denkst. Es waren nicht nur die Lebenden um dich, sondern auch die Toten waren heute in der Kirche zu Halmar, ich und viele andere. Wir werden nun über die Schwelle gehen können in eine andere Welt, denn es ist hell um uns geworden, und wir sehen den Weg« (S. 141).

Da war es Harald Haller, als habe er heute zum ersten Mal Gottesdienst gehalten.

An diesem selben Sonntag geht Aron Mendel durch die Straßen zu Halmar. Er geht hochaufgerichtet, wie noch nie zuvor. Und er trägt seine Last auf dem Rücken, als wäre sie ein Spielzeug. Er geht zu Johannes und sagt zu ihm:

»Ich werde nun nicht mehr pilgern müssen, Johannes, es ist ein Zeichen geschehen, das es so will und das sehr wunderbar ist. Es war vor wenigen Tagen, als ich meinen Kasten auf der staubigen Straße schleppte, daß er mit einem Male so leicht wurde, als habe ihn jemand mir abgenommen. Es ist nun keine Bürde mehr, die ich trage um den zerstörten Tempel. Gott ist versöhnt, und er will nicht, daß ich weiter für die kleine Rahel sühnen soll. Ich will nach Hause gehen und will mit ihr spielen in meinen letzten Tagen« (S. 142).

»Ich freue mich darüber«, sagt Johannes.

»Johannes, können sie mir nicht sagen, wer mir den schweren Kasten abgenommen hat.«

»Das muß jeder für sich selbst ergründen, Aron Mendel, aber ich denke mir, es ist jemand gewesen, der wie kein anderer es verstanden hat, daß Sie Ihre Bürde getragen haben aus Liebe zur kleinen Rahel.«

»Dann muß es ein großer und guter Geist gewesen sein, Johannes.«

»Das ist er gewiß.«

Das Pfingstwunder ist geschehen. Die Kröte hat den Stein ins Rollen gebracht, das Bild von Christus, dem Herrn, hat das Werk vollendet, und es ist nicht an uns, hierüber Worte zu verlieren. Christus hat seinen Geist hineingesenkt in die Kreatur, und die Kreatur bleibt davon nicht unberührt.

Wir verstehen es nicht, wir erahnen es nur; denn es ist einer jener Orte, über die in der Bibel die Worte stehen »Wer Ohren hat, der höre.«

Wir können freilich die *Oberfläche* dessen, was in diesem Kapitel passiert, im Lichte der Behauptungen, die in den vorherigen Kapiteln aufgestellt worden sind, noch einmal zusammenfassen. Tragen wir zuerst einmal die Figuren zusammen, die in Veronikas Bilderbuch und d. h. in Veronikas Seele in diesem Pfingst-Spiel (d. h. im Kapitel 6 und 7 unseres Drehbuches) eine Rolle spielen. Hier finden wir als erstes die *Kröte*. Sodann Veronika, Peter, Johannes, den Gartenknecht Eriksen (sowie sein krankes Kind). Im siebenten Kapitel treten auf:

die *Lebenden von Halmar* sowie *die Toten von Halmar*
der *blöde Peter* sowie der *Pastor Haller*

und als Randfiguren *Tante Marie* sowie *Baron Bombe*

dazu in Nebenrollen Regine, Ulla Uhlberg sowie gegen Ende des Kapitels noch einmal (zum letzten Mal) kurz Aron Mendel und die graue Frau.

Wir wollen uns noch einmal vergegenwärtigen, daß die Personen dieses Stückes für uns nur in der einen Hinsicht wichtig waren, daß es alles unerlöste Seelenanteile in dem Gesamt der Seele der kleinen Veronika sind. Es sind Planeten, die um das Zentralgestirn Sonne, d. h. um Veronikas unsterbliches Selbst, kreisen. Es sind Abkömmlinge, die aus ihrem Selbst heraus sich verkörpert haben und jetzt als selbständige Einheiten in ihrem Leben herumwirbeln.

Wir haben uns schon einmal das Bild der Sonne mit ihren Planeten als Analogie für das aufgespaltene und abgespaltene Bild der Seelenanteile eines jeden Menschen vorgestellt. Wir haben schon einmal behauptet, daß jeder Mensch eigentlich aus zehn Anteilen besteht (wobei man darüber streiten könnte, ob es nicht eigentlich zwölf Teile sind); ein Teil, der *dich selbst* ausmacht und neun abgespaltene Teile, die jetzt in der Welt ebenso umeinandersausen wie die neun Planeten um die Sonne. Schauen wir uns die Bahn des Planeten einmal genauer an – also die Bahn eines Seelenanteils – so herrscht in ihm das Prinzip der *Anziehung* ganz ebenso wie das Prinzip der *Flucht*. Wir wissen, die Planeten werden auf ihrer Bahn um die Sonne *festgehalten*. Sie laufen ihren gleichmäßigen Kurs deswegen, weil sie einerseits von der Sonne angezogen werden, andererseits aber eine so hohe *Fluchttendenz* entwickelt haben (wir nennen das »Geschwindigkeit«), daß sie – als Resultat aus diesen beiden Größen – in eine Bahn der *ständigen Wiederkehr* gezwungen sind.

Dies ist mehr als eine Analogie. Schauen wir in das Leben eines Einzelmenschen hinein, so gilt der Satz »wie oben, so unten«, d.h., du als das Zentralgestirn hast im Laufe deines Versuches der Menschwerdung neun Wesenheiten als außer dir stehend vorgefunden. Diese Wesen kreuzen jetzt in regelmäßigen Abständen deine Bahn. Doch natürlich treten sie nicht als Mars, Jupiter, Saturn oder Neptun auf, sondern als Eriksen, Onkel Johannes, Aron Mendel und die graue Frau (oder wie sie eben in deinem Leben heißen).

Auch diesen Wesenheiten ist es eigen, *daß sie in deiner Umlaufbahn festsitzen*. Und zwar nach dem gleichen Prinzip, das auch die Planeten am Firmament festbindet. Du ziehst sie an, denn *sie gehören zu dir* und du stößt sie in eine Fluchtgeschwindigkeit hinein ab, denn *du willst sie nicht haben.*

Diese Ambivalenz ist keine Erfindung der Psychoanalyse, sondern sie durchzieht *jede Beziehung von dir* – seit es dich gibt. Du merkst sie freilich erst einmal nicht, denn sie unterliegt der Polarität »bewußt/unbewußt«. Willst du jemanden auf der bewußten Ebene haben, so stößt du ihn unbewußt ab. Willst du jemanden auf der bewußten Ebene loswerden, so ziehst du ihn unbewußt an. Doch das nur am Rande.

Du weißt schon, daß dieses Spiel mit deinem Eintritt in die Welt der Form beginnt, also mit jeder deiner Geburten aufs Neue, und deshalb kann ein

Mensch, der den Standpunkt der Gestirne zum Zeitpunkt deiner jeweiligen Geburt berechnet hat, dir mit großer Genauigkeit sagen, auf welchen Ebenen du diesen Wesenheiten im Laufe deines Lebens begegnen wirst. Aus dieser dargestellten Analogie bezieht die gesamte Astrologie ihre Berechtigung und aus nichts sonst.

Jetzt geht es aber nicht allein darum, *daß* diese Wesenheiten deinen Weg kreuzen, denn das tun sie pausenlos, wie ja auch Johannes, Peter, Mutzeputz, Regine etc. unaufhörlich um Veronika kreisen, ohne daß sich irgend etwas von Belang ereignen muß. Wir sind ja in diesem Kapitel bei einer *besonderen Form der Begegnung* der verschiedenen Wesensanteile der kleinen Veronika, und dieser besonderen Form haben wir den Namen »Wunder« als Überschrift gegeben.

So müssen wir uns als erstes noch einmal der Logik (?) eines Wunders zuwenden, jedenfalls dem, was sich über ein derartiges Gebilde überhaupt aussagen läßt. Es ist herzlich wenig und das ist auch gut so, denn würde die gesamte Struktur – der Zauber – eines Wunders sich vom Verstand herleiten und erfassen lassen, dann könnte es nicht mehr stattfinden.

Wunder, so habe ich behauptet, brauchen *ihre Zeit* und *ihren Ort* – was letztlich dasselbe ist – und niemand kann vorhersagen, wo und wann sie stattfinden werden. Jeder bessere Astrologe kann zwar eine besondere Form der zeitlichen Begegnung aus deinem Geburtshoroskop herauslesen, aber ob sich daraus ein Wunder ableitet, das zu prognostizieren ist ihm Gott sei Dank verwehrt.

Schauen wir uns zuerst an, welche Kettenreaktion sich aus der Begegnung mit der Kröte in Veronikas Leben und Seele ergibt.

I. Indem die Kröte in Lebensgefahr gerät und Veronika sich einmischt, sieht sie auf einmal hinter Eriksen und Johannes die beiden Heerlager der dunklen und der hellen Kräfte. Sie sieht das, was die Schlange im Paradies den Menschen versprach, die Unterscheidung zwischen Gut und Böse, zwischen den Streitern des Lichtes und den Kräften der Finsternis. Sie stellt sich dazwischen und hält schützend ihre Hand über die Kröte. Im Kapitel über die Tiere haben wir erfahren, daß gerade die Kröte eine Bedrohung für alle Kräfte der Dunkelheit darstellt, denn ihre Seele ist nicht im Besitz der Mächte der Finsternis. Stünde dort ein treuherziger deutscher Pudel oder Schäferhund, nie im Leben hätte Eriksen die Hacke gehoben ... Der Teufel kauft nicht die Seele einer Kröte, er kann damit nichts anfangen, denn niemand gibt ihm im Tausch etwas dafür. Aber er weiß um die Gefährlichkeit dieser Tiere, denn eben weil sie eine mächtige Seele und einen noch mächtigeren Geist haben – aus dem sich jederzeit das Heilmittel destillieren läßt

– schickt er seine Vasallen aus, um diese Tiere auszurotten. Daß er dieses Geschäft schon sehr weit getrieben hat, kann man heutzutage leicht den einschlägigen Natur-Zeitschriften entnehmen.

II. Die verfolgte und gerettete Kröte gibt ihr Geistprinzip als heilende Kraft im Schlaf (Traum) an den kranken Sohn Eriksens ab. Dieser wird gesund und erzählt dem Vater von dieser Begegnung. Es gibt in Eriksen ein Besinnen, eine Bekehrung. Er erzählt die Geschichte dieses Wunders in Halmar herum, und die Tiere haben es fortan besser in dieser Stadt. Die Kettenreaktion beginnt.

III. Pastor Haller steht als ungläubiger Gottesstreiter zunächst – wenn auch aus Dummheit – auf der Seite der dunklen Kräfte. Ja, er arbeitet, ohne es zu ahnen, ihnen zu, denn die Vernunft steht immer auf seiten der Angst und damit (zumindest mit einem Bein) im Lager der Finsternis. *Vernunft ist immer ein Phänomen der Angst* und damit steht sie im Banne der dunklen Mächte. Seine Angst anzuschauen ist immer damit verbunden, dem Teufel ins Antlitz zu schauen, und da sich davor jeder noch mehr fürchtet als vor seiner Angst, hält man lieber an seiner Angst fest; da weiß man, was man hat. Haller wird jetzt konfrontiert mit dem Glauben. Peter, der Blöde, tritt vor ihn hin und behauptet, er sehe nichts, er träume nichts, aber *er glaube es.* Hier treffen jetzt die beiden gegenläufigen Prinzipien aufeinander, der Gläubige und der Ungläubige. Beide begegnen sich im Beisein der Veronika, denn um sie geht es schließlich.

»Was soll ich nur tun?« fragt die gequälte Seele des Ungläubigen. »Damaskus« lautet die Antwort. Saulus muß sich zu Paulus verwandeln. Die »Erscheinung« war da. Das Geistprinzip ist sowohl in einem zeitgemäßen Gewand als Kröte *als auch* in seiner alten Gestalt als der auferstandene Christus – wenn auch nur im Traum – dagewesen. Jetzt liegt es an Haller, die Wende zu vollziehen. Er geht in eine Nacht voller Fragen.

An dieser Stelle erfahren wir auch von dem Traum, in dem Aron Mendel von seiner Last befreit wird. Christus nimmt sie ihm ab. Es ginge Haller sicher besser, wenn er selbst diesen Traum gehabt hätte, aber nein, er muß *glauben*, was Veronika ihm erzählt. Er muß werden wie der blöde Peter, der sich hinstellt und behauptet »Ich glaube es.« Was hätte Haller darum gegeben, wenn es einen *Beweis* gegeben hätte, aber nein, er bleibt ohne den Vernunftbeweis. Allein geht er hinein in die Nacht seiner Seele.

IV. Am nächsten Morgen ist er bekehrt. Er empfängt die Bürger von Halmar mit *seinem* Schuldbekenntnis. »Ich habe es falsch gemacht«,

»Ich bin schuld«, »Vergebt mir«. Das war auch der erste Schritt des Saulus, der ein Paulus geworden war. Er begann seine Predigten immer mit: »Ich war ein Eiferer für Gott ... und als solcher verfolgte ich den Weg bis auf den Tod. Männer und Frauen brachte ich gefesselt ins Gefängnis ... und zur Bestrafung nach Jerusalem.« Schuld muß dargestellt werden, sie darf nicht übergangen werden. Der neue Schritt kann erst geschehen, wenn der alte rückhaltlos bekannt ist – »bekannt« kommt von »bekennen« ...

Nachdem sich Haller also zu seiner Schuld bekannt hat und den Bürgern seine Demission verkündet hat, erwidert Eriksen, der in der Tat in diesen Tagen viel gelernt hat: »Er kann auch von seiner Schuld reden, weil er darüber hinausgegangen ist, und darum, wenn er so redet, *redet er von unserer Schuld«*.

Der einzige Weg, dem anderen seine Schuld deutlich zu machen, ist, von der eigenen zu reden. Doch wehe, es wird ein Rezept. Nur wer wahrhaft von seiner Schuld redet, redet von der Schuld der Welt. Wer freilich von der Schuld der Welt redet, redet über gar nichts, sondern versucht, Politik zu betreiben, seine eigene Unschuld herauszustreichen. Von solchem Spiel hat – wie wir wissen – niemand etwas.

Und so bitten die Bürger Haller zu bleiben. Wir sehen auch hier wieder eine eigenartige Dialektik am Werk. Haller war nie *Pfarrer* von Halmar. Er tat nur so. Er bildete sich ein, er wäre ein guter, aufgeklärter, für die Gemeinde nützlicher Priester (»Wenn die Gemeinde nur nicht so abergläubisch wäre«). Er spielte mit dem Gedanken, in eine *größere* Stadt zu gehen.

Jetzt, nach seiner Bekehrung, spürt er, daß er kein Priester war, er beschließt, in eine *kleinere* Stadt zu gehen und sein Amt erst einmal (von der Pike auf) zu lernen. Aber er merkt gar nicht, daß er in dieser Entscheidung zu einem Priester wird. Doch die Bürger von Halmar merken es, und so sagen sie das einzig Richtige: »Bleibe, denn jetzt bist du ein Diener des Herrn und wir bekommen keinen besseren«. Jetzt hat Haller auf einmal die Gabe, Gottesdienst zu halten.

V. Nach dem Gottesdienst kommen die toten Bürger Halmars in der Gestalt der grauen Frau auf Haller zu, jetzt hört er sie. »Wer Ohren hat – der kann hören.« Sie sagt ihm, daß jetzt »Licht« war in der Kirche zu Halmar, und daß alle Toten, die ihren Weg noch nicht gefunden hatten, in diesem Licht, von dem seine Predigt getragen war, die Austrittsöffnung aus der irdischen Ebene haben sehen können: »Wir werden nun über die Schwelle gehen können, denn es ist hell um uns geworden, und wir sehen den Weg.«

VI. Jetzt erst, nachdem die Wendung vom Saulus zum Paulus vollzogen ist, kommt der *Beweis* für den Gnadenakt, den Veronika in ihrem Traum erleben durfte. Es hätte dieses Beweises nicht bedurft, die Wende war vollzogen. Doch der Leser bekommt ihn geschenkt. Der Leser steht noch weit *vor* dem Ereignis, das Pastor Haller widerfahren ist. Der Leser heißt noch Saulus. Und deshalb schenkt der Dichter *ihm* einen Beweis. Veronika braucht diesen Beweis nicht, Pastor Haller ebenfalls nicht mehr, denn Aron Mendel ist in den Kreis der Gotteskinder um Christus aufgenommen worden. Er ist damit zu einem Christen geworden – und es ist wahrhaft unerheblich, ob er es weiß oder nicht. Jude *zu sein* oder Christ *zu sein*, ist seit 2000 Jahren kein Glaubenstitel, sondern eine von Menschen ausgeheckte Bezeichnung für eine Rasse oder eine Religionszugehörigkeit. Christ zu werden ist ein Gnadenakt, der unabhängig von jeder Religion stattfindet oder eben nicht.« Christus hat nicht gefragt, ob Aron Mendel Jude ist«, bemerkt Veronika.

Wir sehen, welch große Wirkungen sich aus einem vermeintlich kleinen Akt (wie es die Rettung der Kröte auf den ersten Blick war) ergeben kann, wenn die Zeit und der Ort der Begegnung mit einem Wunder gegeben sind.

In dem *Theaterstück* von der »kleinen Veronika« sind auf einen Schlag folgende Teile der Erlösung nähergebracht worden:

Die Kröte,
die graue Frau im grünen Zimmer (und mit ihr die Toten von Halmar),
der Jude Aron Mendel,
Pastor Haller,
Eriksen.

Da diese Personen aber nur das gleichsam photographische Negativ eines *zweiten Kreises* – seit der Pubertät – zu den positiven Gestalten des *ersten Kreises* – vor der Pubertät – gebildet haben, bleibt der erste, der innere Kreis von dem Auftreten des Wunders nicht unberührt. Die Umlaufbahnen ändern sich damit. Versuchen wir, die Gestalten in die beiden Kreise einzuordnen, so wissen wir schon zwei Entsprechungen:

Innerer Kreis (bis zur Pubertät)		*Äußerer Kreis* (seit der Pubertät)
Johannes	⟷	Aron Mendel
der blöde Peter	⟷	Pastor Haller

Wir ahnen zwei weitere Entsprechungen

der Kater Mutzeputz	⟷	die Kröte
der Engel mit den drei Lichtern (als Geistführer)		die graue Frau im grünen Zimmer* (als erdgebundene Seele)

Ob die Figur Eriksens auf der äußeren Ebene in Veronikas inneren Kreis der Tante Marie entspricht, oder ob Tante Marie und Baron Bombe eine »Vermählung« in Veronikas Seele anstreben, diese Fragen lassen wir hier unbeantwortet. Es kann in unserem Text nicht darum gehen, Rätsel zu lösen, sondern ich wollte verdeutlichen, wie äußere Zusammenhänge in den Ablauf von Seelenfiguren hineingeraten und wie daraus ein Wunder entstehen kann.

Ein Wunder, so hatten wir mit Erwin Reisner formuliert, entsteht dort, wo Vergangenes gegenwärtig, wo Totes lebendig wird; wir können auch sagen, wo der lebendige Gott sich einbringt in das abgestorbene Leben. Die Predigten des Pastors Haller waren leblos, das abgestumpfte dumpfe Leiden Eriksens war leblos, das Herumschleppen eines hölzernen Kastens durch Aron Mendel war leblos – jetzt erfolgte die Tat der Veronika »Laß die Kröte *leben*!«. Veronika bringt sich ein, und die Kettenreaktion beginnt. Die Geister der Vergangenheit werden heraufbeschworen und der Heilung nähergebracht.

Wenn auch das sechste und siebte Kapitel im Buch der Veronika sehr viel Lebendigkeit in Bewegung gesetzt haben, wenn die Umlaufbahnen einiger Planeten sich verändert haben, so bleibt doch noch etwas zu tun. Einige der Gestalten in Veronikas Leben (in Veronikas Seele) müssen noch geläutert werden. Doch jetzt kann es nicht mehr lange dauern, die Lawine rollt.

---

* Zuordnungen sind nie hundertprozentig oder eindeutig zu treffen. Auch wenn ich am Anfang behauptet habe, daß sowohl der Engel als auch die graue Frau zum inneren Kreis gehören, so kann es doch sein, daß die graue Frau, deren Bekanntschaft Veronika erst relativ spät macht, bereits zum äußeren Kreis gehört und dafür (z. B.) Veronikas Vater noch in den inneren Kreis hineinzurechnen ist. Wir behandeln hier keine mathematischen Gleichungen, deren Wert rechnerisch exakt 0 ergeben muß, sondern die Geheimnisse des menschlichen Lebens (nach denen jeder für sich forschen muß).

15 Tränen

»Veronika war nun vierzehn Jahre alt, und es war über manchem Herbst und Winter geworden, was einmal im Frühling und Sommer geblüht. Auch Mutzeputz war hinübergegangen in eine andere Welt, und es war dies der schwerste Tag gewesen, den die kleine Veronika bisher erlebt. Zum ersten Male hatte sie in der Bewußtheit ihrer Seele ein Grab geschlossen, und sie wußte es: Was dieses kleine Grab barg, war der liebste Freund ihrer Kindheit und mit ihm die eigene Kinderzeit. War dies nun ein Ende oder war es der Anfang zu etwas Neuem und Unbekanntem? Ach, kleine Veronika, das Leben endet immer etwas und beginnt etwas anderes, und doch endet und beginnt es eigentlich nie, denn es ist zeitenlos und das, was wesentlich ist, wandert mit uns durch alle Tage und Stunden, die glücklichen und die traurigen. Und wenn wir ein Grab schließen, so bauen wir damit eine Brücke in jene Welt. Es werden von Jahr zu Jahr immer mehr solcher Brücken, und zuletzt gehen wir selbst über unsere vielen in Tränen gebauten Brücken hinüber, um zu vergessen, daß wir einmal um sie geweint. Die Tränen sind ja der Preis für die geistigen Welten, alles Erkennen wandelt durch Leid zum Licht, und die eine große Antwort, auf die wir hoffen, verlangt es, daß man mit tausend bangen Fragen nach ihr fragt. Es war auch eine bange Frage, welche die kleine Veronika bewegte, als sie dem Spielgefährten ihrer Kindheit den kleinen Totenkranz wand.

»Onkel Johannes« sagte sie, »glaubst du, daß es Mutzeputz gut geht und daß ich ihn wiedersehe? Ich denke mir, daß auch die Tiere weiterleben müssen wie die Menschen.«

Johannes Wanderer war still und traurig. Er hatte ja auch an Mutzeputz gehangen, und ihm waren Menschen und Tiere gleich nahe Geschöpfe. Nur kleine Seelen haben den Dünkel ihrer vermeintlichen menschlichen Hoheit über das Tier.

»Ich glaube gewiß, daß es Mutzeputz sehr gut geht, Veronika«, meinte Johannes Wanderer, »er ist im Garten Gottes, wie alles, was lebt. Es ist nur meist so, daß es bei den Tieren um einiges weniger bewußt und persönlich ist als bei den Menschen. Sie gehen noch mehr zurück in eine Gesamtheit, aber auch dieses alles sind Stufen, und sie sind schwer faßbar für ein menschliches Begreifen. Es sind ja auch viele Menschen noch wenig bewußt und leben ähnlich wie die Tiere, im

Mutterleib einer Gruppe eingebettet, eines Volkes, eines Stammes oder einer Familie. Nur starke Geister schaffen schon über diesen Rahmen hinaus am kommenden Menschtum. Der Weg geht langsam aufwärts, Veronika. Auch ein Kind im Mutterleib ist ein Ich, aber es ist noch nicht erwacht. Doch es ist heute eine Zeitenwende, und die Tiere erwachen nun immer mehr aus dem Mutterleib ihrer Gruppe und streben immer weiter ins Bewußte hinein. Darum ist es so sehr wichtig, daß die Menschen sie als ihre Geschwister betrachten. So müssen wir alle gemeinsam in eine Welt hineinwachsen, die besser und glücklicher ist, als das Dasein von heute. Diese Welt müssen wir bauen und bereiten helfen, und in ihr wird für Menschen und Tiere alles bewußter und lichter sein.«

»Ich will aber Mutzeputz wiedersehen«, beharrte Veronika.

»Das wirst du gewiß«, sagte Johannes Wanderer, »sieh einmal, es sind zum Beispiel nicht alle Löwen schon zu ihrem Ich erwacht, sie kommen aus ihrer Gesamtheit und gehen in sie zurück, wie auch viele Menschen noch keine Persönlichkeit sind. Nur wandeln die Menschen von einer Volksseele zur anderen, und die Löwen bleiben im Muttergedanken des Löwen. Aber als der Löwe des heiligen Hieronymus hinüberging, war er wohl so persönlich geworden in der Liebe des Heiligen, daß er nicht ganz in den Muttergedanken des Löwen zurückkam. Er blieb, was er bei seinem Heiligen wurde, er folgte ihm weiter und schaffte nun bewußt an der Wesenheit der Löwen im Garten Gottes. Es ist das schwer und mühsam mit menschlichen Worten zu erklären, aber so ähnlich wie mit dem Löwen des heiligen Hieronymus ist es mit allen Tieren, die viel Liebe empfangen und geben konnten, sie bleiben wohl bei ihrer Mutterseele, aber bewußter in Liebe und Licht und als Helfer für alle anderen. So wirst auch du Mutzeputz wiedersehen, wenn du einmal in Gottes Garten kommst. Er wird an dem Seinen wirken und du an dem Deinen, eure Aufgaben sind verschieden, aber ihr bleibt untereinander, was ihr euch wart, denn das, war ihr wart, wart ihr euch in Liebe, und Liebe ist das Geheimnis allen Lebens. Alles ist Grad und Stufe, aber was Liebe gestaltet hat, ist unvergänglich, und aus ihr bildet sich alles hinauf aus dem Mutterschoß zum Ich. Man muß das ahnen und nicht begreifen wollen, denn es ist etwas vom Großen und Grenzenlosen, ein Teil von Gottes Gedanken, die am zerstörten Tempel bauen« (S. 143 ff).

Mutzeputz ist tot. Der liebste Freund aus Veronikas Kindheit ist von ihr gegangen und es ist an uns, zu fragen, welche Bedeutung ein derartiges Ereignis für die Seele eines Menschen hat.

Welche Brücke bauen wir, wenn wir ein Grab schließen, was geschieht in uns, wenn wir hinunterschauen auf ein offenes Grab, in dem ein uns lieb gewordenes Wesen liegt?

Wir haben das Phänomen des Todes schon von der Seite desjenigen her betrachtet, der gerade gestorben ist, jetzt kehren wir unsere Blickrichtung um und schauen es uns von der Seite desjenigen her an, der hier auf Erden allein zurückbleibt. Jeder Tod, den wir in unserer näheren Umgebung erleben, jeder Tod, der uns betrifft, bringt ein Thema im Inneren unserer Seele zu einem Haltepunkt. Es ist so, als wolle das Schicksal sagen: »Jetzt bist du soweit, daß du deinen Weg ohne dieses Wesen gehen kannst. Ich muß dir diesen Halt, den du bis heute hattest, wegnehmen. Damit du *anders* weitergehst.«

Etwas Altes endet, etwas Neues beginnt. Und das Neue, das wirklich Neue, kann nur darin beginnen, daß das Alte stirbt. Der Tod trägt das Thema der *Verwandelung*, der *Veränderung*. Wir alle bilden uns ab und zu ein, wir hätten uns *verändert*, wir würden heute anders sein als wir es früher waren. Wir haben einen neuen Partner, und das habe uns verändert, wir haben Therapie gemacht, und das habe uns verändert, wir haben eine neue Arbeitssituation, und das habe uns verändert. Aber all diese Dinge, die dergestalt im Außen stattfinden, *verändern uns nie wirklich*. Wir können unsere Umgebung verändern, wir können manche Dinge (wirklich) aufgeben (Rauchen, Kauen an den Fingernägeln etc.), aber all das ist nur Kosmetik, sonst nichts.

Da aber der Begriff der *Veränderung* zu einem Fetisch in unserem Bewußtsein geworden ist, erscheint es mir notwendig, einmal einige Zeit in dieses Wort hineinzuhorchen.

Wenn du dich heute in der Landschaft der neueren Lebens-Bewegungen umtust, dann stößt du mit schöner Regelmäßigkeit auf den Topos »Veränderung«. Ein paar der gängigen Klischees seien hier kurz aufgelistet:

- Ich sollte die Einstellung zu meinem Körper *verändern*.
- Ich sollte meine Auseinandersetzungen mit der Natur anders gestalten, also *verändern*.
- Ich sollte meine entfremdeten Gewohnheiten wie rauchen, onanieren, fernsehen, Süßigkeiten essen etc. *verändern*.
- Ich sollte meine Beziehungsformen (also nicht mehr so kindisch oder aggressiv oder eklig oder lasch oder eifersüchtig oder hartherzig oder kalt zu sein) *verändern*.
- Ich sollte meinen Geiz, Ehrgeiz, meine Verschwendungssucht, meinen Egoismus *verändern*.

– Kurz, ich sollte das alte Paradigma über Bord werfen und mich endlich in das neue hinein *verändern.*

Man kann diese ganzen Versuche, etwas neu zu gestalten, folgendermaßen zusammenfassen: Dein Ich, dein Ego, bekommt eine neue *Idee.* Sei es durch eine Begegnung mit einem (oder vielen) Menschen, sei es durch die Lektüre eines Buches (»Wendezeit«), eines Vortrages, dein Bewußtsein erhält einen Impuls. Dieser Impuls kann natürlich nicht wirklich *neu* sein, denn er wird von dir nur in dem Moment als handlungsleitend in dein Inneres hineingenommen, indem er in das Gesamt der schon vorhandenen Impulse sich einpaßt und d. h., er kann nur *Verlängerung des Alten* sein.

Auch wenn es den Gang unserer Diskussion ein wenig unterbricht, müssen wir doch erst einmal in die Worte »Fortschritt« und »Entwicklung«, die sich in einer bedrohlichen Nähe zu dem Wort »Veränderung« aufhalten, hineinleuchten.

– Ich habe Fortschritte gemacht,
– Ich habe mich entwickelt,

sind Sätze, die man hier ebenfalls oft zu hören bekommt. Man meint damit, daß man heute an einer ganz anderen Stelle steht als vergleichsweise vor vier Jahren. Diese beiden Begriffe sind trügerisch, denn sie können suggerieren, daß man heute *anders* sei, nicht mehr so unbewußt, nicht mehr so naiv, nicht mehr so unheil, nicht mehr so krank.

Dahinter liegt die Idee der *aktiven* Möglichkeit, etwas anzupacken, etwas aus dem Wege zu räumen, etwas von mir aus – aktiv – verändern zu können.

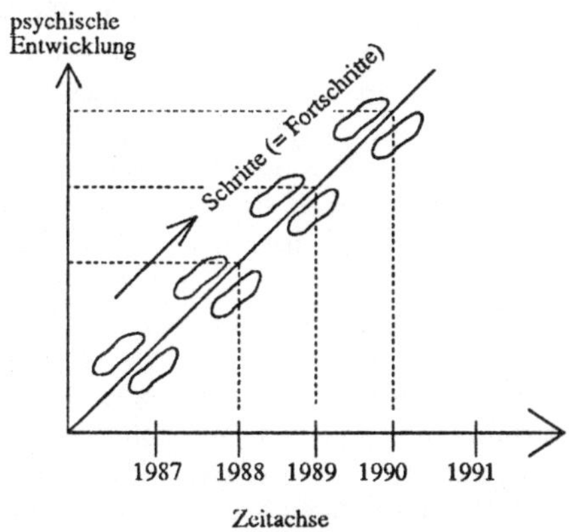

Sehen wir uns das Bild des *Fortschrittes* einmal graphisch an, so steht dahinter eine Grundauffassung. Es gab – bis zum Jahr 1981 – folgende Schritte, danach gab es wiederum folgende Schritte. Es ist das Bild einer Geraden, die in eine bestimmte Richtung läuft. Jeder Fort*schritt*, den zu erzielen ich mir vorgenommen habe, verlängert die Gerade in den nächsten Schritt hinein. Natürlich kann ich jetzt sagen, ich habe mich entwickelt bzw. ich habe Fortschritte gemacht. Aber bei Licht besehen hat meine Schrittrichtung von 1979 den Schritt von 1980 bereits vorgegeben, und meine Richtung von 1980 hat den von 1981 vorherbestimmt, denn jeder Schritt, den ich heute tue, bestimmt den Schritt von morgen, ist nur die *konsequente Verlängerung* des Schrittes von heute. Natürlich ist das ein *Fortschritt*, denn ich stehe heute nicht mehr da, wo ich gestern stand. Natürlich ist das eine *Entwicklung*, denn ich habe einen Teil aus mir herausgewickelt, der gestern noch nicht sichtbar war.

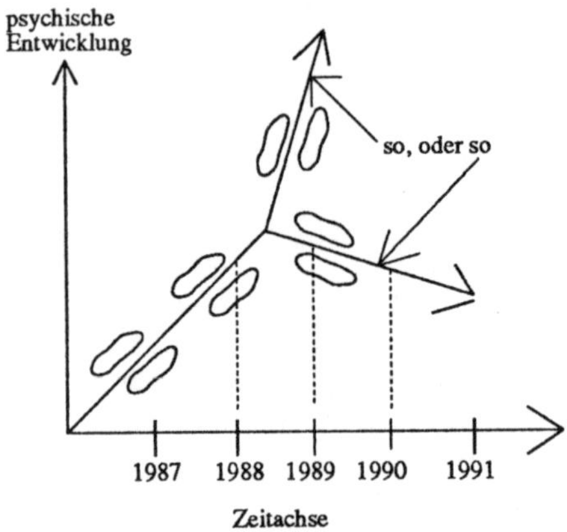

Es ist mir sogar willentlich (also aktiv) möglich, die Schritt*richtung* zu verändern, also in Richtung nach oben oder nach unten von der vorherigen Geraden abzuweichen d. h., entweder *größere* Fortschritte oder gar Rückschritte zu machen. Ich kann also – mathematisch gesehen – den Neigungskoeffizienten verändern. So kann ich vom rauchenden Raucher zum nichtrauchenden Raucher oder vom Mitglied der SPD zum Mitglied der Grünen werden. Wir haben uns angewöhnt, diese Art der bewußten Richtungsänderung als *Veränderung* unserer Person zu verbuchen, d. h. wir glauben, wir veränderten uns durch das aktive Hinzufügen bzw. Wegnehmen einer Eigenart.

»Ich habe seit dem letzten Jahr ... nicht mehr geraucht/nur noch vegetarisch gegessen/Therapie gemacht etc. So lautet die Ideologie des Fortschrittes bzw. der Entwicklung. Der Pferdefuß (?) derartiger Konstruktionen liegt nun darin, daß all diese Fortschritts-Manipulationen, die von einem aktiven Willen getragen sind, niemals Veränderungen im eigentlichen Sinne darstellen, sondern – wie ich eingangs behauptet habe – Kosmetik sind. Sie sind Glamour.

Fortschreiten tust du jedes Jahr, dich entwickeln ebenfalls. Ob du traumhaft deine Entwicklung nach oben steigerst – die Gerade also anhebst – oder alptraumhaft nach unten sinkst – die Gerade also absenkst – steht zwar in deiner Verfügungsgewalt, ändert dich jedoch nicht einen Deut. Mit anderen Worten, ob du durch *bewußt herbeigeführte* Meditation steil die Kette deiner Samadhis nach oben steigst, oder durch *bewußt herbeigeführte* Saufexzesse in der Gosse landest, ist in bezug auf eine Veränderung deiner Person vollständig gleichgültig. Beides stellt keine Veränderung in dem Sinne, wie ich es hier meine, dar.

Um das Wort »Kosmetik« anschaulich werden zu lassen, bemühen wir einmal wieder das Bild des Theaters. Jeder *Fortschritt* auf der Bühne des Lebens besteht darin, daß du eine andere Schicht Rouge auflegst, ein anderes Kostüm anziehst und eine neue Rolle spielst. Gestern war es der Faust (du hast dich alt geschminkt – Mitglied der SPD), heute spielst du Mephisto (mit weißem Gesicht, als Unschuldsengel – Mitglied der Grünen).

D. h. *du* gestaltest die Maske *anders.* Deine wirkliche Person, also das, was durch die dicke Schicht der jeweils neuen Schminke gerade noch hindurchtönt (denn per-sona heißt in der Übersetzung das »Durchtönende«) bleibt hinter der Schminke weitestgehend verborgen. *Veränderung* geschieht aber niemals dadurch, daß du eine neue Maske auflegst, sondern Veränderung findet einzig und allein darin statt, daß dir *die alte Maske heruntergerissen wird.* Diesen Akt freilich unternimmst *niemals* du, sondern er wird dir zugefügt, er findet statt.

Zwar kommt er auch von außen, so wie die Lichterscheinung dem Saulus ebenfalls von außen entgegentrat, aber es liegt nicht in deiner Verfügungsgewalt, wann dieses Ereignis auftritt und wie es geartet ist.

Die Hand des Schicksals greift ein und reißt dir in einer einzigen Bewegung eine dicke Schicht Schminke vom Antlitz – du verlierst etwas. Jede Veränderung geht immer einher mit einem Verlust.* Der Unterschied zwischen *Fortschritt* und *Veränderung* besteht darin, daß du das eine aktiv herbeiführen kannst, das andere niemals. Insofern ist eine sprachliche Konstruktion wie der Satz »Ich habe mich verändert« ein ebensolcher Widerspruch wie der Satz: »Ich bin entwickelt worden«.

---

* Fast alle Worte mit der Vorsilbe »ver« weisen auf etwas von außen Kommendes hin. Von der Vergewaltigung bis zur Vergebung, vom Vertrauen bis zum Verlieben findest du insgesamt Vorgänge, die nicht von deinem Wollen abhängig sind, sondern nur aus von dir nicht zu beeinflussenden Faktoren bestehen. Weder kannst du dich aktiv verlieben, noch jemandem vertrauen.

Zusammenfassend: Meine Entwicklung, meinen Fortschritt, habe ich selbst in der Hand, Veränderung kann ich nur geschehenlassen – oder aufhalten.

Obwohl Veränderung von außen an mein Leben herangetragen wird, mir also gleichsam *auferlegt* wird, kann ich mich doch weigern, mich ihr zu überlassen. Ich kann also versuchen, dem Eingriff von außen Paroli zu bieten. *Ich muß mich nicht verändern,* es steht mir frei.

Wie ist das zu verstehen?

Blicken wir noch einmal dem Fortschritt ins Gesicht. Auch um fortzuschreiten muß ich etwas tun. Damit sich der Neigungswinkel meines normalen Weges ändert, muß ich etwas *geben*. Jede neue Maske *kostet* etwas, hat ihren Preis.

Wenn du das Rauchen aufgeben willst, so kostet es dich die Zigaretten, die du fortan nicht mehr rauchen darfst (du sagst »willst«, aber es ist dasselbe). Wenn du in eine neue Partei gehst, kostet es dich neue Ideologien, Mitgliedsbeiträge, ein Fallenlassen der alten Ideologien usw. Das muß nichts Materielles sein, doch einen Preis mußt du immer zahlen. *Der Fortschritt hat seinen Preis, so wie alles auf der Welt seinen körperlichen oder seelischen Preis hat.*

Jeder Fortschritt hin zu etwas (vermeintlich) Besserem folgt dem Muster des *technischen Fortschrittes.* Willst du Musik hören, so brauchst du einen Plattenspieler, er kostet Geld. Willst du bessere Musik hören, so brauchst du einen CD-Plattenspieler, er kostet mehr Geld.

Bist du bereit, diesen Preis zu zahlen, so schreitest du fort. Wenn nicht, dann bleibst du stehen. Es nützt dir auch nichts zu sagen, du brauchtest keine Musik, also fort mit dem Plattenspieler. Denn diesen – vermeintlichen – Fortschritt zahlst du mit deinem alten Plattenspieler usw.

Veränderung hat ebenfalls ihren Preis. Sie tritt an dich heran, fordert dich auf, sie anzunehmen und damit ihren Preis zu bezahlen. Dieser Preis ist nicht etwa der *Verlust*, denn den hast du ohnehin, darüber kann nicht mehr verhandelt werden. Er ist ja das Gegebene – das dir von dir außen Gegebene, weshalb du es als etwas Genommenes ansiehst. Aber solange du *deinen* Preis dafür noch nicht gezahlt hast, ist der Verlust noch nicht deiner. Du weigerst dich meist, ihn anzunehmen.

Sieh es einmal so: Dir wird ein Verlust *gegeben* und das Schicksal steht da und wartet, ob du bereit bist, deinen Teil an diesem Handel einzulösen, und dein Teil an diesem Bund mit dem Schicksal sind *deine Tränen.*

Es gibt nichts sonst, was du einsetzen könntest, aber es geht auch nicht ohne. Kyber nennt es sehr deutlich und sehr genau beim Namen:

»Die Tränen sind ja der Preis für die geistigen Welten, alles Erkennen wandelt durch Leid zum Licht« (S. 143).

In diesem Satz liegt aber auch die Möglichkeit, den Preis nicht zu zahlen. Es laufen heute sehr viele Menschen durch die Welt, die ihren Teil an diesem Kontrakt mit dem Schicksal noch längst nicht bezahlt haben.

Wir erleben es täglich in unserem therapeutischen Alltag, daß Ereignisse, die vor dreißig Jahren stattgefunden haben, erst heute ihre Erlösung in jenen Tränen finden, die eigentlich vor drei Jahrzehnten hätten geweint werden müssen.

Nun ist dieses Thema der Tränen nicht so einfach und eindimensional, wie es sich hier auf den ersten Blick darstellt.

Zwar gilt das Gesagte uneingeschränkt: Erst in den geweinten Tränen trägst du deinen Teil zu einer tatsächlich stattfindenden *Veränderung* bei, aber es stellen sich doch einige Fragen, die das Thema auffächern:

- Was ist mit jenen Menschen, die nicht weinen können?
- Was ist mit jenen Menschen, die »professionelle« Weiner sind, also bei der geringsten Gelegenheit lange und ausgiebig in Tränen ausbrechen?
- Woran merkst du, daß jetzt genügend Tränen geweint sind?
- Was geschieht, wenn Tränen nicht zu Ende geweint worden sind?

Also jetzt der Reihe nach.

Wir sind ausgegangen von einem Ereignis, bei dem ein Tier gestorben ist. Daß es ein Tier ist, ist dabei unerheblich, es hätte ebensogut ein Mensch sein können. Dieses Wesen – jedes Wesen in deiner Nähe – ist ein dich umkreisender Seelenanteil, der zu deiner Person und damit zu der Maske, die du vor dich gestellt hast, gehört. Du hast neun Masken, was nur eine andere Sprachregelung für unsere neun Seelenanteile ist. Eine Maske wird dir genommen. Du stehst jetzt nackter da, d. h., du siehst in diesem Moment deutlicher die Wahrheit über dich, als du es vorher – mit einer Maske mehr – konntest. Du hast etwas verloren, *und* die Chance, etwas zu gewinnen. Nämlich *mehr Erkenntnis* über dich. Aber dieser Gewinn stellt sich erst ein, wenn du dich dem Verlust aussetzt, ihn weder ganz schnell verdrängst, indem du dich eilig einem anderen der dich umkreisenden Seelenanteile zuwendest – noch ihn kompensiert, indem du dir eine neue Katze kaufst.

So kann man sagen, *daß deine Tränen das einzige sind, was dir wahrhaft helfen kann.* Denn solange du bei deinen Tränen bleibst, bist du dir d. h., deinem Wesen ganz nahe und nur in den Tränen und durch sie hindurch geschieht *Veränderung*. Nun ist es aber möglich, daß du nicht weinen kannst, daß du zu den Menschen gehörst, die einem schlankweg sagen: »Wissen Sie, ich habe das letzte Mal geweint, da war ich drei Jahre alt«. In einem solchen Fall kannst du mit einiger Sicherheit vermuten, daß die Tränen genau im Alter von drei Jahren festsitzen, gleichsam eingeklemmt sind, und du sie dir eines Tages wiederholen mußt. Denn wie willst du ohne Tränen den Preis für deine Veränderung bezahlen. Du gehörst dann zu den Menschen, für die man ein Märchen schreiben müßte (möglicherweise gibt es das längst): »Von einem der auszog, seine Tränen zu finden«. Tränen gehören zum Menschsein, und irgendwann wirst du sie brauchen. Ohne Tränen stagniert die Veränderung nicht nur bei dir, sondern in der Welt.

Die Logik dieses Satzes liegt in dem, was wir in den vorherigen Kapiteln kennengelernt haben. Angenommen, zwei Menschen gehen gemeinsam einen Weg. Einer der beiden stirbt, der andere bleibt allein zurück. D. h., es gibt in der Entwicklung einen Haltepunkt und das Schicksal präsentiert beiden jetzt die Möglichkeit für Veränderung.

Du, als der Hiergebliebene, hast jetzt die Chance, *für beide Teile* dadurch Veränderung einzuleiten, daß du den Verlust mit deinen Tränen bezahlst. Dein Weinen *löst* die Bindung, und wenn du lange genug deinen Verlust beweinst, wenn du mit deinen Tränen deinen Preis gezahlt hast, dann ist die Bindung gelöst, du hast eine Maske weniger, dein Partner kann (aus jenem erdgebundenen Zwischenreich) gehen und die Schwelle überschreiten.

Ist freilich dein Weinen irgendwo bereits eingeklemmt – sagen wir im Alter von drei Jahren – und du kannst nicht in entsprechender Form hemmungslos deinen Tränen ihren Lauf lassen – so findet Veränderung nicht statt.

Und zwar weder bei dir: du wirst deinen Partner nicht los, hältst ihn in deinem Inneren gefangen und lebst weiter so, als gäbe es ihn irgendwo noch (wirfst ihm noch nach 10 Jahren vor: »Warum hast du mich nur verlassen?«), noch bei deinem Partner: er bleibt im Zwischenreich gefangen, kann nicht gehen und wird so zu einer erd*gebundenen* Seele. Du bindest ihn nämlich dadurch, daß du immer noch so zu ihm redest. So bleibt er – im wörtlichen Sinne – um dich herum. Damit hast du eine Aufgabe: nämlich dich irgendwann – und sei es auch nach dreißig Jahren – von ihm zu verabschieden. Abschied aber ist immer mit Tränen verbunden. Ohne Tränen kein Abschied, ohne Abschied keine Veränderung. So siehst du, daß Tränen immer etwas zweiseitiges sind, d. h. jemand *ist um dich herum* (Planetenbahn), er ist nicht mehr sichtbar, jetzt weinst *du um ihn*. Ist dein Weinen *beendet*, so kann er gehen, zwei Wesen sind damit »verändert«.

Wie ist es nun, wenn du um ein Tier weinst? Veronika weint um Mutzeputz. Tiere können *sich* genausowenig verändern, wie der Mensch *sich* verändern kann. Mehr noch, Tiere haben sogar noch ein größeres Handicap: Sie haben keine Tränen.

So, wie der Mensch nach oben auf das Schicksal – auf Gott – zuwarten muß, daß Veränderung geschehen mag, so muß auch das Tier nach oben – zum Menschen – zuwarten, daß Veränderung geschehen mag. Auch Tiere sind auf ihrem Weg zum Licht und warten auf die Erlösung. Wir haben schon beschrieben, daß die Tiere vom Menschen ihren Namen erhalten haben, daß es jedoch die falschen Namen waren. Jetzt warten sie darauf, daß sie vom Menschen ihren *wahren Namen* bekommen. Aber ihren wahren Namen erhalten sie oft *unter Tränen*. Und so trägt jedesmal, wenn ein Mensch *um ein Tier weint*, dieser Mensch zur Veränderung der Tierseele (und natürlich zur Veränderung seiner eigenen Seele) bei. Tiere haben keine Tränen, aber sie *erhalten Tränen*, je mehr ein Mensch um sie weint. Nur so findet der Übergang von der Tierseeele zur Menschseele – und von der Menschseele zur veränderten Menschseele – statt. Du kannst leicht sehen, daß dieser »Name« dem Tier hauptsächlich im Falle seines Todes erteilt wird. Beweinst du den Tod eines Tieres in ausreichendem Maße, so veränderst du seinen Weg – und deinen gleich mit.

Ich habe gesagt, ein veränderndes Weinen ist immer *ein Weinen um jemanden*. Es gibt freilich ein anderes Weinen, da weinst du über dich und weinst – *gegen jemanden*. Du weinst, weil dir jemand etwas getan hat, du dich elend fühlst; du weinst, weil dir ein Unrecht geschehen ist, kurz, weil du ein armes Hascherl bist und die Welt so böse. Es ist ein egoistisches Weinen, weil die Dinge nicht so laufen, wie du sie gern hättest. Es ist eigentlich das Weinen eines Kindes, das gerne Pudding hätte und keinen bekommt. Es weint jetzt um sich *und gegen* die böse Mutter. Viele Menschen haben sich dieses Weinen *angewöhnt* und behalten es ihr ganzes Leben lang bei. Dieses Weinen hat mit dem, was hier gemeint ist, nichts zu tun. Verstehe mich nicht falsch, es macht keinen Sinn, dieses Weinen zu diskreditieren, du kannst es beibehalten. Es ist eine Angewohnheit, so, wie andere bei der gleichen Frustration Kartoffelsalat mit Würstchen essen oder an den Fingernägeln kauen müssen. Nur ist es nicht das, was hier gemeint ist. Auf eines freilich solltest du (bei diesem Weinen) deine Aufmerksamkeit lenken: Wenn du bei jeder passenden Gelegenheit in Tränen ausbrechen kannst, so heißt das noch lange nicht, *daß du dein Weinen gefunden hast*, jenes Weinen, das eine Veränderung bewirkt. Bloß weil du »nahe am Wasser gebaut« hast, mußt du noch nicht weinen können. Wenn deine Katze stirbt, so ist es grundsätzlich etwas anderes, ob du weinst, weil *du* jetzt kein Spielzeug mehr hast, oder ob du *um* deine Katze weinst. Möglicherweise hast du es in diesem Fall deshalb besonders schwer, deine Tränen zu finden, weil du dir einbildest, du hättest sie bereits. So kannst du dein Leben lang hinter Tränen verbergen, daß du gar keine Tränen hast. Das kleine Kind in dir ist zu stark, es weint immer schon los, bevor du deine Tränen gefunden hast. Möglicherweise müßtest du eines Tages hinter deine (vordergründigen) Tränen vorstoßen, um dort ggf. den eigentlichen Aufbewahrungsort für das Veränderungsgeschehen aufzusuchen.

Bleibt uns eine letzte Frage: Woran merken wir, daß jetzt genug Tränen geweint sind, daß man jetzt aufhören könnte? Wann ist das Ende der Tränen erreicht?

Die tiefe Antwort lautet, *wenn du lachst.* In meinem Buch die »Reise des Helden« habe ich folgendes Zitat angeführt:

»Es ist solange nicht wahr,
bis es dich zum Lachen bringt,
aber du verstehst es nicht,
bevor es dich zum Weinen bringt.«

Am *Ende* des Weinens steht das Lachen. Und es gibt einen Übergangsort, wo *du gleichzeitig lachst und weinst.* Da sind Lachen und Weinen *eins*, da kannst du es nicht mehr auseinanderhalten. An dieser Stelle – in der Therapie und in Gruppen wird dieser Ort mitunter erreicht – ist das Ende des Weinens über *ein* Thema erreicht. Mit anderen Worten, *es zeigt sich,* wann dein Weinen ein Ende hat, du brauchst gar nichts zu tun oder zu entscheiden.

Was ich mit diesem ganzen Kapitel *auch* beschreiben wollte: deine Tränen sind in bezug auf eine Veränderung das einzige und das wertvollste, was du geben kannst. Du solltest sie dir nicht nehmen lassen, sie sind deine Helfer. Niemand hat mehr Recht auf sie als du, und solange du darauf achtest, daß deine Tränen sich nicht gegen jemanden richten – oder du mit ihnen Eindruck schinden willst – solange solltest du ihnen hemmungslos ihren Lauf lassen, sie sind in der Tat das einzige, was dir hilft. Aber du solltest auch davon ausgehen, daß du sie noch längst nicht in dir gefunden hast.

Natürlich ist, wie schon angedeutet, die Gefahr des Mißbrauchs hier groß. Wie alles in der Welt, so können auch deine Tränen von dir als Mittel zum Zweck (den anderen zu erpressen, vor dir wegzulaufen etc.) eingesetzt werden. Aber auch dann weißt du immerhin, wo du stehst und was du zu suchen langsam beginnen könntest.

Mutzeputz ist also von Veronika gegangen, und Veronikas Tränen haben dem Kater eine Brücke gebaut hinüber in jenes Reich, wo die Neuverteilung der Seelen – oder die Neuordnung – stattfindet, zu jenem Ort also, an dem darüber entschieden wird, in welcher Form ein neuer Seelenleib – und damit ein neues Erdenkleid – gebildet wird. Wir dürfen erahnen, daß aus dem Kater Mutzeputz dereinst ein Wesen gebildet wird, das jetzt selbst der Tränen fähig ist. Jede Träne, die du um ein Wesen weinst, baut mit an seinem neuen Gewand. Sie gehört jetzt ihm zu.

Ja, es gibt einen Transfer der Tränen. Max Frisch hat einmal sinngemäß gesagt: Für jeden Menschen, der aufhört zu weinen, fängt ein anderer an zu weinen. Und das ist auch gut so, denn auf diese Weise bilden die »Veränderungen« eine Kette, die entlang der Tränen um die Welt ziehen.

Bevor du jetzt zum nächsten Kapitel weiterziehst, höre dir die sechste »Reise« an, sie trägt den Titel: »Meine Tränen« (siehe Anhang S. 294).

16 Karneval

Wir sind jetzt im achten Kapitel des Buches der Veronika angelangt, und die Zahl »acht« steht von alters her in einem sehr dunklen Licht da. Es ist immer schon die Zahl des »Schattens« gewesen (ebenso wie die »dreizehn« die Zahl des Unglücks, des Todes war) und eine Ahnung davon hat sich auch in die deutsche Sprache in Worten wie »Achtung«, »Gib acht«, »Ächtung« hineinbegeben. Kyber hat diesen Zusammenhang in einen anderen Begriff eingebettet, in das Wort »Karneval«. Wir, die wir es erst einmal unbedarft hören, haben als erstes die Assoziation zur Fastnachtszeit, also zu dem hierzulande praktizierten närrischen Treiben, das vor dem Beginn des Frühlings noch im Winter stattfindet. Doch das, was wir aus dem Fernsehen kennen, hat mit »Karneval« ungefähr soviel zu tun, wie die heutigen Olympischen Spiele mit dem, was einst wirklich in Griechenland stattfand, nämlich gar nichts.

Was ursprünglich gemeint war als eine Maskierung, die deshalb vorgenommen wurde, *damit* man eine *seiner* Masken fallenlassen konnte, ist heute heruntergekommen zu den traurigen Gestalten, die die Karnevalsvereine bevölkern, so als wären wir nicht das ganze Jahr über genügend konfrontiert mit Büttenreden und Funkenmariechen.

In unserem Bild der Bühne (die uns jetzt schon viele Kapitel begleitet) haben wir das Phänomen der Maske, der Schminke und der Kosmetik ja schon oft behandelt. Noch im letzten Kapitel ist dargestellt worden, daß es sehr heilsam sei, seine Masken – eine nach der anderen – zu verlieren, abzustreifen. Da erscheint es auf den ersten Blick paradox, wenn ich behaupte, das *Aufsetzen* einer Maske ermögliche es dem Menschen, seine eigene Maske fallenzulassen. Und doch ist es so und entspricht dem Gesetz des homöopathischen similimum: »Ähnliches kann nur mit Ähnlichem geheilt werden«. Indem du – wenn auch nur drei Tage im Jahr – bewußt eine Maske aufsetzt, kannst du eine dahinterliegende Maske erst einmal abstreifen. Du kannst dabei lernen, wer du bist, wenn du dich hinter deiner Maske einmal ganz ungehemmt gehen lassen kannst. Hier siehst du dich, wie du bist, wenn du deine *normale* Maske einmal hinter der künstlichen aufhebst.

Doch in diesem Bild steckt nur *einer* der Zusammenhänge, die im Thema Karneval angelegt sind, gleichsam die Oberfläche. Das Wort hat noch wesentlich tiefere Sinnverbindungen. Leuchten wir einmal in den Namen hinein, so finden wir folgende Wortbedeutungen:

»Carnelevale« (lat.) – Fleischwegnahme

oder – die Etymologen sind sich hier noch nicht einig

»Carne vale« (lat.) – Fleisch, lebe wohl!

Und jeder Sprachforscher behauptet nun, das komme daher, daß dieses fröhliche Treiben ja den Beginn der Fastenzeit einleite. Man sagt eben vorher sehr turbulent dem Fleisch »ade«. Nun, das ist natürlich auch richtig, aber wieder nur die Oberfläche. Gräbt man tiefer, so stößt man auf einen ziemlich drastischen Zusammenhang. Was bleibt übrig, wenn das Fleisch, also der Leib, weggenommen ist? Übrig bleiben die fleischlosen, die leiblosen Existenzen, und die haben wir schon vor einigen Kapiteln beschrieben als *Gespenster*. Karneval ist nämlich die *Zeit der Gespenster*. Beim Karneval setzt man ja nicht nur eine Maske auf, sondern *man verkleidet sich total*, man schlüpft in eine *neue Rolle*, und diese neue Rolle ist natürlich eine *alte Rolle*, eine Rolle, die man einst gespielt hat und deren Gespenst noch heute unerlöst in der Landschaft herumsaust. Karneval ist die Möglichkeit – jedes Jahr aufs neue –, seine eigenen alten Gespenster neu zum Leben zu erwecken, um sie dereinst zu verabschieden.

Wir haben das Bild der Puppen schon kennengelernt – Veronika rückte zwei Puppen zueinander und der »alte Film« begann zu laufen. Hier jetzt im Karneval rücken wir nicht nur zwei Puppen zueinander, sondern *wir selbst* verkleiden uns als eine solche Puppe und dann stellen wir uns den anderen zu Puppen verkleideten Seelen gegenüber; das ist mehr. Wir lassen buchstäblich »die Puppen tanzen«. Und die Puppen tanzen ihren alten Reigen noch einmal. Schauen wir uns an, wie das in unserer Geschichte aussieht.

Ulla Uhlberg hat zu einem Maskentanz auf Schloß Irreloh geladen. Veronika, sie ist jetzt 14 Jahre alt, hat sich ein Kostüm zurechtgemacht, in dem sie aussieht wie eine Dame der feinen Gesellschaft aus Florenz. Peter, der bei ihrer Kostümierung zuschaut, sagt: »Du bist wunderschön, Veronika, die Männer werden staunen, wenn sie dich sehen.«

»Ich mache mir nichts aus Männern.«

»Auch aus mir nicht, Veronika?« fragt er zaghaft.

»Ach du, dich rechne ich doch gar nicht dazu, wenn ich von den anderen rede« (S. 148). Erst nach diesem Satz wird ihr klar, daß er Peter beleidigt haben könnte, dabei meinte sie ihn liebevoll.

»Du siehst aus wie eine Königin. Wenn ich schreiben könnte, würde ich ein Gedicht auf dich machen. Aber leider kann ich nicht schreiben.«

Johannes Bemühungen, Peter das Schreiben beizubringen, waren bisher fehlgeschlagen. Zwar kann er einzelne Buchstaben malen, aber er kann sie nicht verbinden.

»Auch für dich wird einmal morgen werden«, entgegnet ihm Veronika, »glaube es!«

»Ich glaube es«, sagt der blöde Peter andächtig.

Dann fährt Veronika – ohne ihn – zum Schloß. Das Fest steht unter dem Motto »Karneval in Florenz« und es sind viele buntgekleidete Gestalten in dem kerzengeschmückten Saal anwesend. Aber Irreloh ist nicht Florenz, wir wissen, auf dem Schloß zuckt ein irrer Feuerschein aus der Vergangenheit umher. Ulla Uhlberg hat die Geister aus Florenz herbeigerufen und die Geister aus Irreloh.

Aber erst einmal wird getanzt. Auch Veronika tanzt sehr ausgelassen. Mitunter erscheinen ihr im Kerzenlicht des Schlosses noch die alten Bilder aus Florenz; waren nicht Ulla und Johannes auch dabei – damals? Doch schließlich geht das Fest zu Ende und Veronika wird mit dem Schlitten nach Hause gefahren. Johannes und Ulla sind allein im alten Schloß zurückgeblieben.

»Es war so wunderschön heute abend und mir war so, als wäre es alles schon einmal so gewesen, Johannes, weißt du, wann das war?«

»Das ist lange her, Ulla, es war im Jahre 1527 zu Florenz, im Jahr, als die Pest kam.«

»Aber es war damals schon schön, Johannes, denn wir waren damals zusammen. Können wir nicht ein Stück von diesem Weg wieder zusammen gehen?«

»Es ist nicht gut, Ulla, wenn man zurückgeht. Wenn man sich wiederfindet aus alten Zeiten, muß man vorwärts schauen und Neues bauen. Denn ruft man eine Stunde wieder, kommt manches ungerufen mit.«

»Küsse mich noch einmal, wie damals, Johannes« (S. 153).

Da beugt sich Johannes Wanderer herab und küßt Ulla Uhlberg.

Später geht er allein durch die Winternacht nach Hause. Ulla Uhlberg liegt noch lange in ihrem Boudoir und träumt vor sich hin, dann steht sie auf, stellt sich vor ihren großen Spiegel. Ja, sie ist schön, heute wie damals. Sie betrachtet ihr Bild, jenes Bild, an dem sich Johannes so berauscht hatte. Er, den sie damals und heute liebte.

War es ein Rückweg? Sie könnte sich keinen schöneren denken. Sie lacht glücklich und schaut in den Spiegel. Aber nicht ihr Bild wird von seiner Oberfläche zurückgeworfen, sondern ihr gegenüber steht jetzt ein düsteres Gerippe; in Lumpen gekleidet mit einer Geißel in der Knochenhand und einer Maske vor dem Gesicht. Langsam nimmt die Gestalt die Maske ab und ein grausliger Totenkopf starrt sie aus leeren Augenhöhlen an. Die Pest von Florenz!

Ulla schreit auf und flüchtet in ihr Schlafzimmer. In dieser Nacht ist ihr Schlaf sehr belebt. Sie sieht Fackeln, vermummte Gestalten tragen Bahren, die Kirchenglocken jammern. Es war der Karneval von Florenz, sie hatte ihn herbeigerufen. Früh am morgen erwacht sie und glaubt, es war alles Einbildung, ein Trugbild ihrer überhitzten Phantasie. Aber ihre Liebe zu Johannes ist noch sehr lebendig. Sie will nicht, daß es ein Rückweg ist, den sie geht. Sie glaubt nicht an das Bild von gestern Nacht, sie möchte keinen Schatten auf ihrem Weg haben. Der Spiegel, er soll beweisen, daß alles Einbildung war. Doch als sie erneut vor ihn tritt und hineinschaut, sieht sie: ein brutaler Riß zieht sich über seine Fläche, vom einen Ende bis zum anderen.

Johannes sitzt zur gleichen Zeit im grünen Zimmer und liest. Das Zimmer ist freundlicher geworden, denn es ist nicht mehr das »Bilderbuch« der grauen Frau. Veronika tritt ein:

»Hast du dich gestern gut unterhalten, Kind?«

»Ich bin kein Kind mehr, Johannes, ja, ich habe mich gut unterhalten, aber ich mochte es nicht leiden, daß du mit Ulla getanzt hast.«

»Warum soll ich nicht mit Ulla tanzen«, fragt Johannes freundlich.

Magister Mützchen hockt ängstlich in einer Ecke: »Falle nicht, kleine Veronika«, sagt er, »gehe nicht über diese Schwelle!«

Aber Veronika hört ihn nur wie aus weiter Ferne. Hochaufgerichtet steht hinter ihr der Engel mit den drei Lichtern. Die rote Flamme brennt wild und flackernd. Sie ist wesentlich größer als die beiden anderen.

»Du sollst nicht mit Ulla tanzen, weil ich dich allein für mich haben will, weil ich dich liebe, Onkel Johannes, darum!«

Johannes nimmt sie behutsam in seine Arme.

»Es ist sehr schön, daß du mich lieb hast, und ich liebe dich auch mehr als alle anderen. Aber ich kann ja nicht dir allein gehören, Kind. Die Menschen, die heimlich die silberne Rüstung tragen, die du ja auch gesehen hast, sind ausgesandt worden für eine Aufgabe, die sie zu erfüllen haben. Sie dürfen nicht einem Menschen allein gehören, weil sie ihrer Aufgabe dienen müssen. Das ist oft schwer für sie und andere, aber es ist eine Bürde, die sie auf sich genommen haben. Du mußt das verstehen, Veronika.« Veronika nickt. »Ich weiß, daß du mich liebst, Onkel Johannes, aber ich liebe dich noch anders. Ich lieb dich so, wie Peter mich liebt« (S. 157).

Johannes Wanderer streicht ihr mit einer unendlich weichen Bewegung über das Haar.

»Wir haben uns beide einmal so geliebt, Veronika. Das ist in einem früheren Leben so gewesen, in Paris. Wir wollen uns das nicht zurück wünschen. So, wie es jetzt ist, ist es für heute besser, glaube mir.«

»Es ist dies so, Veronika«, fährt Johannes Wanderer fort, »daß der Maskentanz des Lebens für dich begonnen hat und das rote Licht in deinem Leuchter flackert. Es muß stiller werden und sich der goldenen Flamme neigen, wie es auch das blaue Licht getan hat. Dann leuchten die drei Lichter in Frieden zusammen, und gestern, heute und morgen ruhen in einem Schoß. Du mußt nun versuchen, dich in deiner Seele zurechtzufinden, sonst lädst du allzu schwere Lasten auf deine Schultern, mehr, als es dir bestimmt ist. Ich weiß es wohl, daß Peter dich liebt, aber es ist das dieses Mal kein gangbarer Weg an der Seite des Blöden. Auch das ist ein Gewebe aus alter Zeit, und es ist nicht die Stunde, es zu entwirren. Und wenn du mich liebst, so wie Peter dich liebt, so ist auch dies eine Bürde, die für dich zu schwer ist. Denn siehst du, ich bin seit dem letzten Mal, als wir zusammen waren und uns liebten, den Weg um ein kleines Stückchen vorausgewandert. Ich schaue nun zurück und warte auf dich, bis du mir nachkommst. Dazu aber mußt du dir selbst die silberne Rüstung wirken, und das hast du ja auch gewünscht, Veronika, an dem Tag als du in der Sonne die Burg Montsalvat geschaut. Dazu hat Gott dich diesmal auf die Erde heruntergeschickt, und wenn es dir gelingt, so gehen wir wieder zusammen wie damals, als wir uns liebten. Ich bin heute nur dazu da, um dir zu helfen. Ich kann dir geben, was ich zu geben habe, aber ich darf kein Geschenk von dir nehmen, Veronika. Doch wir werden uns wieder eines dem anderen schenken, wenn du gelernt hast, den Gralsschild zu tragen« (S. 158).

»Ich glaube, ich kann das verstehen«, sagte Veronika langsam, »aber wie erringe ich Schild und Rüstung, Onkel Johannes?«

»Das ist ein schwerer Weg, Veronika, er führt über viele Schwellen und Stufen. Aber du bist ja tapfer und gut, und du bist schon eine weite Strecke dahin gewandert. Man muß auch manche Bürde geduldig tragen, wie es der alte Aron Mendel tat. Nur die Bürde, von der du eben gesprochen hast, sollst du nicht auf dich nehmen. Sie würde zu schwer für dich werden, kleine Veronika.«

»Ich will Schild und Rüstung suchen und finden, und dann gehen wir wieder ganz und für immer zusammen, Onkel Johannes, nicht wahr?«

Da küßte Johannes Wanderer Veronika auf die Stirn, und das Bildnis der grauen Frau lächelte. Durch die Wolken draußen brach ein Sonnenstrahl und fing sich in Veronikas Haar.

In dieser Nacht sieht Veronika den Engel wieder vor sich. Er hält den Leuchter hoch über ihr. Das rote Licht zuckt unruhevoll, doch der Engel breitet seine Hand darüber, und allmählich wird die rote Flamme stiller. Sie neigt sich dem goldenen Licht der Mitte zu, und Veronika schläft ein. Ein großer Frieden liegt jetzt über dem Haus der Schatten. Aber er wird jäh unterbrochen, denn die Glöckchen von Halmar läuten Sturm. Magister Mützchen steht am Fenster und schaut hinüber zu dem Feuerschein. »Schloß Irreloh brennt!« ruft er, »die roten Gesellen haben ihr heimliches Feuer unter der Asche wieder angeschürt mit den Kerzen von Ulla Uhlbergs Karneval«.

Wir sehen, die Puppen tanzen. Wenn wir uns fragen, welche Gestalten aus Veronikas Seele in diesem Kapitel miteinander konfrontiert werden, so ist die Antwort auf den ersten Blick nicht so leicht zu entziffern. Tobte der Kampf im letzten Kapitel auf der *seelischen* Ebene – Pastor Haller fand endlich seinen Unglauben in sich, die Untoten von Halmar durften über die Schwelle gehen, Aron Mendels Bürde wurde leicht – so verlagert er sich jetzt auf die *geistige* Ebene.

Und die Repräsentanten auf dieser Ebene sind polar aufgespalten. Hier der *Engel mit den drei Lichtern*, dort die *drei Flammenwesen*, die auf Schloß Irreloh auf das Ende ihrer Aufgabe warten.

Das Thema, in das sie sich beide einnisten, ist die *menschliche Leidenschaft*. Ulla Uhlberg entbrennt in *alter* Leidenschaft zu Johannes, Veronika entbrennt ebenfalls in *alter* Leidenschaft zu Johannes. Hinter beiden Frauengestalten stehen, aus der Vergangenheit herkommend, jene beiden Geistesgestalten, die jeweils in drei Flammen ihre Darstellung und ihre Aufgabe finden. *Der Engel und sein Schatten*. Hier drei Flammen, dort drei Flammen; das eine Mal behütet und mit schützender Hand bewacht, das andere Mal eigenmächtig, ohne Kontrolle, »außer Rand und Band«, auf die rechte Stunde lauernd. Dazwischen, gleichsam in der Mitte – ebenfalls dreigliedrig –, stehen Veronika, Johannes, Ulla, verstrickt in ein altes Spiel. Es steht ihnen frei, das alte Spiel zu wiederholen, sie können es auch zu einem neuen Spiel gestalten. Die Ausgangssituation ist für beide Frauen (ja, mit 14 Jahren ist Veronika Frau) dieselbe; beide Male geht es um die Frage, ob eine *alte Form* wiederbelebt werden soll. Johannes, der bereits weiß, welche Gefahren existieren, sagt zu beiden Frauen dasselbe,

zu Veronika: »Wir haben uns beide einmal so geliebt, Veronika. Das ist in einem früheren Leben gewesen, in Paris. Wir wollen uns das nicht zurückwünschen. So, wie es jetzt ist, ist es für heute besser, glaube mir«, zu Ulla: »Es ist nicht gut, Ulla, wenn man zurückgeht. Wenn man sich wiederfindet aus alter Zeit, muß man vorwärts schauen und Neues bauen.«

Er sagt also: Es besteht die Gefahr, daß wir es wieder so machen, wie es einmal war, daß wir uns in die Fallstricke der Vergangenheit wieder verwickeln und wieder daraus mit großem Leid – und ohne etwas gelernt zu haben – hervorgehen. Er sagt, daß wir wieder nur eine Kerze aus der Gesamtheit der drei Kerzen bevorzugen. Aber wir haben das schon einmal (oft?) getan, und die Kerze ist schon weit heruntergebrannt, so daß ein Ungleichgewicht existiert, eine Einseitigkeit, und es ist nicht gut, daß unser Leuchter nicht gleich stark leuchtet.

Bevor wir hier weitergehen, erscheint es mir geboten, das Bild der »drei Lichter« einmal auf seine tiefere Symbolik hin zu betrachten. Diese dreifache Symbolik ist uns schon an einigen Stellen begegnet, und ein Ort wird von Johannes selbst benannt: »Dann leuchten die drei Leuchter zusammen, und das Gestern, das Heute und das Morgen ruhen in einem Schoß.«

Die drei Lichter verweisen also sicherlich auch auf die Zeitebene, also darauf, die Vergangenheit, Gegenwart und Zukunft zu einem Licht zu vereinigen, d. h. also die Zeitachse – im normalen Sinne – zu verlassen, wäre eines der Symbole für Dreifaltigkeit.

Aber der dreiarmige Leuchter trägt noch mehr Sinnhaftigkeit in sich. Sein eigentliches Credo liegt darin, daß er seit alters her Sinnbild ist für die »Vereinigung der Polarität«.

So wandert er in verschiedenen Formen durch die Kulturen der Welt. Mal ist er Gottheit – so im Ägypten als dreifaltige Gottheit als Isis, Osiris und Horus oder im Abendland als Vater, Sohn und Heiliger Geist – mal ist er heilender Stab des Gottes Hermes als Merkur, Hermes Trismegistos – um den herum sich zwei Schlangen nach oben winden – mal ist er die Schlangenenergie des indischen Kundalini, bei dem sich die beiden Kraftströme Ida und Pingala um einen mittleren Kanal mit den Chakren befinden. Bei all diesen Bildern geht es um den Versuch, Dreieinigkeit herzustellen, d. h. also, daß aus dreien *eins* wird: »Heute, gestern und morgen ruhen in *einem* Schoß«.

Johannes fügt noch ein Detail hinzu, er sagt: »Das rote Licht in deinem Leuchter flackert. Es muß stiller werden und sich der goldenen Flamme – in der Mitte – neigen, wie es auch schon früher das blaue Licht getan hat«.

Drei Farben hat der Leuchter. Blau und rot leuchten die äußeren Kerzen, golden die mittlere. Dabei gilt die blaue Farbe für das

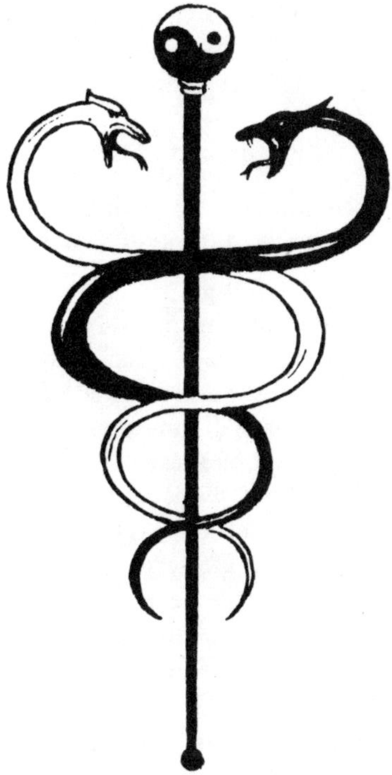

Gebundensein an das Gestern und die rote Farbe für das Wollen, das »Verlangen«, das immer *hin zum Morgen* gerichtet ist. Bei Veronika waren die Geister des Gestern schon vor langer Zeit aufgetaucht und hatten ihre Bilder entfaltet. Sie war damals in eine Ohnmacht versunken und erlebte die Bilder des Gestern als sehr lebendige Ereignisse noch einmal. In dieser Stunde brannte ihre blaue Kerze flackernd und unruhig, und der Engel wachte über sie. Im achten Kapitel jetzt zuckt die rote Kerze unruhig hin und her und möchte an erster Stelle stehen; möchte das Feuer des »Verlangens«, des *körperlichen Besitzens*, die Flamme der Leidenschaft entfachen.

Doch Johannes hat schon zu gut in das Wort »Leiden-Schaft« hineingehorcht, als daß er auf diese Flamme der Veronika mit der gleichen Flamme aus seinem Leuchter reagiert. Er weiß, was *körperliche* Bindung bedeutet, er weiß auch, daß es eine Zeit der »Lösung« (im doppelten Wortsinn) geben muß, und so kann er Veronika geduldig erklären, um was es heute zwischen ihnen beiden geht. Er weiß um die Kraft der Vereinigung aller drei Lichter zu einem Licht und er hat genug Erfahrung, um zu wissen, daß jede Flamme, die man bevorzugt, ein Ungleichgewicht produziert. So daß jedes Gestern wieder zu einem Morgen werden muß, und daß die rote Flamme, der man heute nachgibt, zu einer neuen blauen Flamme von morgen wird, zu einer neuen Bindung führt.

Und so lenkt er ihre Leidenschaft auf ein neues Ziel.

»Ich bin heute nur dazu da, um dir zu helfen. Ich kann dir geben, was ich zu geben habe, aber ich darf kein Geschenk von dir nehmen Veronika« (S. 158).

Das zuckende rote Licht kann in dieser Nacht vom Engel beruhigt werden und neigt sich dem goldenen Licht in der Mitte zu.

Anders verhält es sich mit den drei Lichtern der Ulla Uhlberg. Sie ist ebenfalls in Johannes verliebt, will ihn für sich gewinnen: »Küsse mich noch einmal, wie damals, Johannes«. Doch sie bleibt im Damals »verhaftet«. (Frage dich einmal, woher die *Polizei* dieses Wort hat.) Sie will noch einmal das Bild betrachten, das Johannes *damals* so erregt hat – ihr eigenes Bild aus dem Gestern; doch der Tod tritt ihr als Spiegelbild gegenüber. Jetzt weiß sie, es ist ein »Rückweg«, aber auch jetzt will sie es noch nicht wahrhaben, sie versucht, sich das Gegenteil einzureden: »Nein, es war kein Rückweg gewesen, sie wollte nicht, daß es ein Rückweg war« (S. 154).

Doch der neue Blick in den Spiegel zeigt es ihr unerbittlich. Und immer noch brennt das rote Licht in ihrem Leuchter hell und zuckend. Letzten Endes ist es diese rote Flamme aus ihrem eigenen Leuchter, die den drei herumirrenden Geistwesen die rechte Stunde bereitet. Die Leuchter, die Ulla aufgestellt hat, damit Florenz wieder lebendig werden solle, sind auch die Leuchter, an denen die drei zuckenden Ideenleiber ihr eigenes gespenstisches Licht anzünden dürfen. Ulla hat sie eingeladen. Die *rechte* Stunde war gekommen. Jetzt brennt Irreloh. Es brennt genauso, wie jene falschen Lichter, die vor vielen Jahrzehnten angezündet worden sind, um hier Schiffe stranden zu lassen.

Wenn irgendwo auf der Welt eine Leidenschaft zur Ruhe kommt, wird sie an einer anderen Stelle entfacht. So wandern nicht nur unsere Tränen um die Welt, sondern auch die Flammen in unseren Leuchtern, die Energieströme, die in uns wirksam sind, wandern wie unterirdische Ströme durch alle Länder.

Diese uralte Weisheit, die seit vielen tausend Jahren dem, der sie wissen will, enthüllt wird, versucht heute ihren Siegeszug auch in einem wissenschaftlichen Gewand anzutreten. Vornehm verpackt als »Theorie der morphogenetischen Felder« (nach Rupert Sheldrake) macht sie gerade von sich reden, indem sie an Pflanzen, Tieren und Menschen experimentell erprobt wird. Traurig daran ist höchstens, daß wieder einmal etwas bewiesen werden soll, dessen *Beweis* dem Menschen doch so gar nichts nützt. (Außer daß er sagen kann »Wie interessant« oder »Wissen Sie schon das Neueste?«)

Was können *wir* nun mit diesen Bildern aus dem Buch der Veronika anfangen? Zunächst etwas, was wir schon lange wissen. Jede *Beziehung* unterliegt einem *Muster* – jede. Es gibt kein neues Muster – außer *wir stellen es her.* Dazu aber ist es notwendig, *das alte Muster zu kennen.*

Ulla: »War das alles nicht schon einmal und wir beide waren dabei, wie heute? Weißt du, wann das war?«
Johannes! »Das ist lange her, Ulla, es war im Jahre 1527 zu Florenz« (S. 152).

Natürlich ist es nicht wichtig, den Ort oder das Jahr zu wissen (aber es schadet auch nichts), sondern entscheidend ist es, den *Inhalt des Musters* zu kennen, zu sehen, in *welcher Form* unsere Beziehungen durch alle Jahrhunderte hindurch abgelaufen sind. Es wäre jetzt falsch zu glauben, das Muster *dieser* Beziehung wäre im Jahre 1527 *entstanden.* Dann wären wir ja wieder einmal in einer einfachen Kausalbeziehung gefangen (weil 1527 – deshalb heute). So einfach dürfen wir es uns nicht machen. Sondern unsere Beziehungen haben immer dieses Muster, und es erfordert einen *eigenen* Schritt, das Muster zu verlassen. Um aus dem Muster herauszutreten, bedarf es eines neuen Schrittes. Es geht darum, *diese Rolle* (die wir in immer neuen Gewändern durch alle Jahrhunderte hindurch spielen) abzulegen und damit in eine neue Geschwindigkeitsbahn (siehe 2. Reise) einzutreten.

Aber täuschen wir uns nicht, auch auf dieser Bahn gibt es wieder Muster, und es beginnt hier aufs neue der mühevolle Weg des Menschen, auch diese Gestalt, dieses Muster zu erleben, zu durchschauen und möglicherweise eines Tages auch diese neue Geschwindigkeitsbahn wieder zu verlassen, um noch schneller zu werden.

Welche Möglichkeiten gibt es, Muster zu erkennen?

Wir wissen nicht genau, wie Johannes es gelernt hat; er war lange in Indien, teilt uns der Dichter mit. Wir wissen freilich, daß Johannes einige seiner Inkarnationen kennt. Er weiß um sein Muster, weil er sich einige seiner Leben angeschaut hat und gesehen hat, daß er immer dem *gleichen Muster* gefolgt ist. Er weiß so viel, daß er bereit und in der Lage ist, nicht mehr auf jedes aus der Vergangenheit stammende

Muster nach der Art des Gestern zu reagieren. Das ist schon unglaublich viel. Wir hier, heute, können das erst einmal nicht, d. h., wir fallen auf jedes sich uns bietende Muster des Damals gründlich wieder herein. Wir laufen »in Mustern«.

Insbesondere unsere Beziehungen laufen zunächst – sagen wir einmal die ersten 35 bis 63 Jahre – in Mustern. Erst dann haben wir die Erfahrung und die Kraft – die der Verzweiflung über die gescheiterten Beziehungen entstammt – die Muster ansatzweise zu durchschauen. Dabei ist es gar nicht so schwer, denn wir brauchten uns nur die letzten 20 Jahre unserer Beziehungsgeschichte anzuschauen (oder die ersten 20 Lebensjahre) – was niemand ernsthaft tut –, und schon träte das Muster deutlich zutage. Es gibt einen zweiten Weg. Wir brauchen uns nur ernsthaft unsere *Beziehungs-Vorstellungen* – also das Bild, wie wir uns eine Beziehung *wünschen* – anzuschauen und schon würde uns klarwerden, wie *ein Teil* des Musters geartet ist. Um das ganze Muster hervortreten zu lassen, muß ich *zurückschauen*.

Über diesen Topos des *Zurückschauens* ein paar Worte zu verlieren, ist hier jetzt der richtige Ort. Es gibt in der Geschichte der Welt – also nicht in irgendeiner Religion oder Ideologie – eine klare Anweisung. Sie lautet »Schaue nie zurück«, es ergeht dir sonst wie Lots Weib! Es gibt aber ebenfalls die klare Anweisung »Gehe den Weg der Religion« und »religio« heißt hier »Besinne dich zurück«, »kehre um« oder »schaue zurück auf das, woher du kamst«.

Beide Anweisungen streiten sich auf den ersten Blick miteinander. Dennoch stimmen beide, es kommt nur auf den Blickwinkel an. Schaust du zurück unter dem Gesichtspunkt, daß es sehr schön war und du es gern wieder hättest, so bist du verloren. Schaust du zurück unter dem Gesichtswinkel »Ich will aus der Vergangenheit erkennen, welches Muster ich heute habe«, so betreibst du Therapie und dir kann geholfen werden.

Diese Idee des Zurückschauens bringt uns noch einmal in eine Verbindung zum Thema Fortschritt. Jedes Muster, das aus der Vergangenheit stammt – und dem weiterhin gefolgt wird – kann immer nur einen *Fortschritt* erbringen, niemals eine *Veränderung* des Musters. Jede Sehnsucht an die Zukunft – an das Morgen – kann immer nur dem Muster des Gestern entsprechen, denn ich kann nur etwas für die Zukunft wünschen, was ich bereits einmal hatte.

Noch einmal in anderen Worten: Was immer wir für die Zukunft wünschen – wovon wir träumen, wonach wir uns sehnen – *hatten wir bereits einmal* in der weiteren Vergangenheit.

Ulla hatte schon einmal eine Be-Ziehung zu Johannes damals in Florenz, Veronika hatte schon einmal eine Be-Ziehung zu Johannes damals in Paris – beide wünschen sich eine *Rückkehr* dieser Beziehung. Das ist ihr Sehnen für die Zukunft.

Dieses Sehnen ist – wie Kyber sagt – ein »Rückweg«.

Nun könntest du fragen, was dagegen einzuwenden ist, wenn du dir die schöne Zeit von damals zurückwünschst? Es ging doch gut, was also spricht dagegen, die alte Flamme noch einmal zu entfachen?

Die Antwort ist ebenso einfach wie grausam. Du kennst nur *einen Teil* deiner alten Geschichte, nicht ihr Ende. Du kannst dich nur noch an den Anfang erinnern – wenn auch vage –, weil du das Ende aus deiner Erinnerung – aus deinem Bewußtsein – verbannt hast. Ein Muster aber hat Anfang und Ende.

Bei Veronika kennen wir das Ende. Sie wird in Paris zusammen mit Johannes hingerichtet. Sie selbst kennt dieses Ende ebenfalls, denn es ist ihr damals, als ihre blaue Kerze wild flackerte, als Bilderfolge erschienen. Ulla kennt ihr Muster ebenfalls, es trat ihr in der Nacht als Spiegelbild entgegen, die Pest als Tod.

Beide Ereignisse gehören *ins* Muster, beide Ereignisse waren so traumatisch, daß sie aus der Erinnerung der Frauen verbannt werden mußten, aber *jetzt* sind sie als dem Muster zugehörig zu erkennen. Als Veronika wieder in das *alte* Muster eintreten will, erinnert sie Johannes an das *Ende dieses* Musters und sagt: »Veronika, es tut uns nicht gut, noch einmal in das alte Muster einzusteigen. Das Ende ist vorgeformt. Ich möchte mit dir ein neues Muster beginnen«.

Das gleiche sagt er zu Ulla, doch Ulla hängt noch zu sehr an dem alten Weg. Sie glaubt nicht daran, daß sich in jedem Muster Anfang *und* Ende wiederholen, und so wird ihr das alte Muster noch einmal auf einer neuen Ebene verdeutlicht. Sie verliert dabei nicht ihr Leben, wie es damals in Florenz geschah, sondern ihr Hab und Gut wird an den alten Flammen der Leidenschaft, die in ihr neu entfacht worden sind, zerstört. Es ist bei Licht besehen auch gar nicht mehr das alte Muster, denn zumindest Johannes ist noch nicht restlos darauf eingestiegen. Aber eine Warnung ist es dennoch. Die Gespenster, die man aus Florenz ruft, wird man nicht mehr los.

Nun, brechen wir hier ab. Ich habe schon gesagt, wir alle laufen entlang alter Muster, und wir alle erhoffen den positiven Teil der alten Geschichte und glauben nicht daran, daß das Ende jeweils mitgeliefert wird; wir glauben, es vermeiden zu können.

Natürlich ist nicht jedes unserer Muster so drastisch wie die beiden hier beschriebenen; sie waren uns ja nur ein Bild für das Vorliegen von

Mustern schlechthin. Andererseits hat jeder von uns genügend drastische Muster in sich, so daß die Bilder im Buche der Veronika nicht gerade übertrieben sind. Früher oder später ist es unabdingbar notwendig, daß du die vollen Muster kennenlernst. Sonst bist zu gezwungen, die alten Geschichten wieder und wieder zu erleben.

Da wir heute keine Pest mehr haben, kannst du sie als »Krebs« oder AIDS erleben, und da wir heute keine Guillotine mehr haben, kannst du sie als Autounfall durchspielen. Solange, bis du den Mut findest, den alten Mustern von Anfang *bis zum Ende* ins Auge zu blicken – bevor du zu tief in sie verstrickt bist.

Karneval ist ein Ort in der Zeit, an dem unsere Muster besonders deutlich hervortreten. Da ziehst du die alten Gewänder an und läßt die Gespenster ans Licht, du entläßt sie aus dir heraus. Somit ist Karneval auch der Ort, an dem die alten Muster kollabieren können. Wo sie in den Exzeß geraten und deshalb die große Chance besteht, sie kennenzulernen, damit die Möglichkeit sich auftut, sie irgendwann einmal zu verlassen. Du bist jetzt gewappnet für die Reise Nr. 7, sie trägt den Titel »Karneval« (siehe Anhang S. 299).

17 Die Reise des Helden

Wir stehen jetzt vor dem neunten und letzten Kapitel im Buch der Veronika, und an dieser Stelle möchte ich zuerst einmal zusammenfassen, was bisher geschah und gesagt worden ist.

Schon lange habe ich nicht mehr darauf hingewiesen, was Esoterik will oder kann, oder welche Aufgabe sie hat, denn während der letzten 150 Seiten haben wir uns innerhalb ihrer Denkweise aufgehalten. Während dieser ganzen Zeit haben wir die normale Blickrichtung verlassen und von einem veränderten Standort her den Lebensweg der kleinen Veronika als unseren eigenen Lebensweg angeschaut.

Bevor wir am Ende dieses Weges angekommen sind, müssen wir innehalten, denn wir alle haben das letzte Kapitel, d.h. unseren diesmaligen Tod, noch nicht erreicht. Wir schauen also von hier aus noch einmal zurück auf den Anfang.

Du, der du meine Zeilen liest, stehst ebenfalls an dieser Stelle deines Lebensweges, d.h. du hast deine Pubertät hinter dir, bist längst in das Erwachsenenleben eingetreten, und so kann es nicht schaden, von hier aus noch einmal zurückzublicken.

Unser Leben ist eine Reise. Du bist der einzige, der diese Reise unternimmt, denn du reist allein, ganz allein.

Die Wahrheit ist: Von einer höheren Warte aus gesehen, *gibt es im ganzen Universum keinen anderen Menschen als dich.* Natürlich *erscheint* es dir auf dieser Reise durch dein Leben so, als wäre die Welt bevölkert von lauter Wesen, die so sind wie du. Deine Frau, dein Mann, deine Kinder, deine Nachbarn, dein Chef, alle – denkst du – sind Lebewesen, die neben dir (als deine Partner, als Menschen, an die du dich anlehnen kannst etc.) und mit dir durchs Leben gehen. In dieser Vor-Stellung lebst du viele Jahre deines Lebens, hoffend, daß endlich der Richtige kommt, der, auf den du schon so lange wartest.

Natürlich gibt es viele Zwischenstationen auf diesem Weg des Wartens.

– Mitunter glaubst du, du hättest *den* anderen Menschen bereits gefunden (immer wenn du verliebt bist, glaubst du das), aber nach einiger Zeit dämmert dir, daß dem wohl nicht so war und du beginnst – entweder nur in deinen Hoffnungen oder ganz offen – weiterzusuchen.

– Mitunter gibst du die Hoffnung auf, bleibst da, wo du bist und resignierst.
– Mitunter wendest du dieses Suchen von den Personen weg auf *Sachen* und beginnst Reichtümer oder Dinge (Briefmarken, alte Puppen etc.) um dich herum für wichtig zu halten.
– Mitunter denkst du, nur Ruhm könnte dir helfen und so versuchst du, dich ganz furchtbar wichtig zu machen, beginnst berühmt zu werden (oder es zumindest zu versuchen).
– Oder du hast endgültig aufgegeben und bereitest dich – hoffnungslos – auf das Altwerden und den Tod vor.

Wie auch immer diese Position im Moment bei dir aussehen mag, eines ist gewiß, es gibt *eine Person*, die hast du noch nicht gefunden.

Du mußt sie weiterhin suchen. Und du wirst sie weiterhin suchen, denn um sie zu suchen, bist du da. Ob dazwischen noch viele Inkarnationen liegen, ist dieser Sache gegenüber gleichgültig. Ob du erst einmal deine Suche abgebrochen hast und sie in der nächsten Inkarnation wieder aufnimmst, ist gegenüber diesem großen Ziel vollständig belanglos. Du warst schon so oft da, daß es auf ein paar dutzendmal mehr oder weniger auch nicht ankommt.

Nach den vorherigen Kapiteln würdest du jetzt erwarten, daß ich sage, du mußt *dich* finden. Du bist die Person selbst, um die sich deine Suche dreht, und alle anderen Menschen um dich herum sind nur Helfer, Beiwerk bei dieser Suche. Aber wir sind jetzt schon soweit fortgeschritten, daß diese Antwort zu einfach wäre. Sie ist nicht gänzlich falsch, aber jetzt müssen wir präziser werden. Nur, mit der Präzision ist das so eine Sache. Du hast schon begriffen, daß in dem Bereich, in dem wir uns aufhalten, Präzision nur über Bilder, nur über Symbole zu erzielen ist. Und daß das einzige, das deine Seele zum arbeiten veranlassen kann, ein möglichst *auf dich* zutreffendes Bild ist. So will ich denn versuchen, dir diese Suche, diese Reise des Helden, in einem Bild zu verdeutlichen.

Wir haben schon einige Male das Bild des Sonnensystems verwendet, und ich fasse es hier noch einmal zusammen.

Veronika (und damit du, denn du bist Veronika) stand im Mittelpunkt unserer Betrachtungen. Sie ist die Sonne, der strahlende Stern, um den sich alles dreht. Mit ihr und um sie herum stehen auf der Bühne des Lebens ihre Umläufer (im großen Bild die Planeten, im kleinen Bild all jene Figuren, die das Schicksal in ihr Leben hineingestellt hat, Johannes, Peter, Pastor Haller etc.). Es sind jene Trabanten, die das System erst zum System erhoben haben. Es gibt einen inneren Kreis (vor der Pubertät) und es gibt einen äußeren Kreis (während und nach der Pubertät), so daß sich z. B. der Johannes des inneren Kreises und der Aron Mendel des äußeren Kreises im Leben der Veronika treffen können und in einen Ausgleich zu gelangen versuchen.

Auf unser Planetensystem übertragen fehlt uns hier die Analogie, denn es gibt nur *einen* sichtbaren Jupiter, nur einen sichtbaren *Mars* etc. So könnte man denn meinen, na schön, hier sei die Analogie zu Ende, hier trage das Bild des Planetensystems nicht mehr. Man darf Bilder eben auch nicht überstrapazieren.

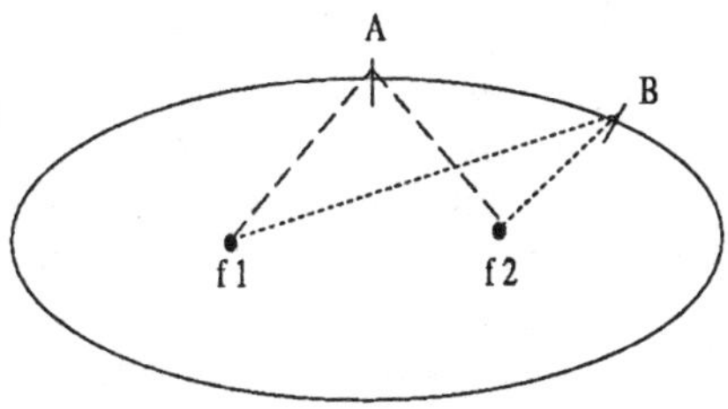

Doch so einfach dürfen wir die Sache nicht sehen: Entweder es ist ein Bild, dann trägt es, oder es ist gar kein Bild gewesen. Werfen wir einen Blick auf unser Sonnensystem, so könnte uns ein merkwürdiges Phänomen auffallen. Die Bahnen der Planeten um die Sonne sind nämlich nicht kreisförmig, sondern, wie wir wissen, elliptisch. Während nun aber der Kreis *einen* Mittelpunkt hat, hat die Ellipse zwei Mittelpunkte. Ihre Definition lautet nämlich »Die Ellipse ist der geometrische Ort für alle Punkte, die von *zwei* Brennpunkten f_1 und f_2 die gleiche Entfernung haben.« Im Bild sieht das so aus: Die Entfernung der Strecke $f_1A + f_2A$ ist gleich der Entfernung der Strecke $f_1B + f_2B$ etc.; so weit die Geometrie. Die Planeten bilden nun derartige Ellipsen um die Sonne. Sie laufen *nicht* kreisförmig.

Dieses Bild könnte nun zu folgender Frage Anlaß geben: Wenn die Bahnen der Planeten elliptisch sind und die Sonne in *einem* Brennpunkt der Ellipse steht (was sie tut), was befindet sich dann in dem anderen Brennpunkt?

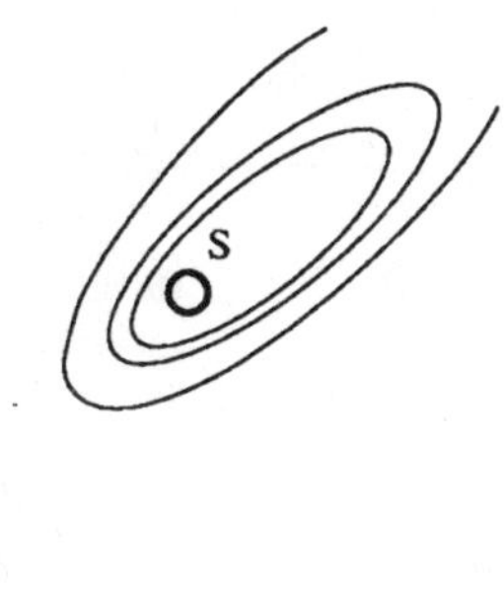

Fragen wir die Astronomen, so lautet die Antwort »Nichts«. Obwohl diese Antwort *zutiefst* richtig ist – allerdings in einem anderen Sinne als die Astronomen glauben –, warten wir ja gar nicht auf eine Antwort aus dem Bereich der Wissenschaft, ihre Reichweite hatten wir ja bereits in Zweifel gezogen. Sie kennt sich ja nur aus in der *Beschreibung des Sichtbaren*, nicht etwa in seiner *Erklärung*. Wir haben es ohnehin hier nicht mit Sichtbarem zu tun, sondern mit Seelischem, und d. h. mit Unsichtbarem.

Steht in dem einen Brennpunkt der Ellipse also eine materielle, helle, strahlende, lebenserhaltende Sonne, so muß die Folgerung hier lauten, daß im anderen Brennpunkt eine nichtmaterielle, dunkle, absorbierende, lebensvernichtende Gegensonne steht. Natürlich bekommst du die nicht ins Fernrohr. Einzig und allein aus der merkwürdigen Umlaufbahn der Planeten und aus sonstigen – erst einmal theoretischen – Erwägungen kann auf ihr Vorhandensein als immaterielles Phänomen geschlossen werden.

Versteh mich nicht falsch. Ich möchte hier keine neue Kosmologie aufstellen, mich interessiert das Planetensystem nicht einen Deut. Es ist zu weit von uns weg, als daß es uns interessieren könnte. Es ist ohnehin nur ein Gleichnis, und ich möchte einzig und allein an einem Bild verdeutlichen, wohin deine (und meine) Suche geht.

Diese zweite Sonne hat *Planeten*, ganz ebenso wie die helle, die du kennst. Und wenn Johannes, der der hellen Sonne der Veronika angehört, auf Aron Mendel trifft, so trifft er dabei auf seinen Gegenspieler aus dem dunklen System. Jetzt kannst du verstehen, warum es zwei Kreise gibt, einen vor und einen nach der Pubertät. Wenn der Engel des inneren Kreises – sagen wir einmal der Neptun der hellen Sonne – auf seinen dunklen Gegenspieler (die drei Flammenwesen, d. h. den Neptun der dunklen Sonne) trifft, und diese beiden sich aneinander abarbeiten, so treffen sich D_+ und D_-, um sich zu o zu ergänzen.

Mit anderen Worten, das, was ich am Anfang dieses Buches als das Bild des geteilten Kreises 

dargestellt habe, hat sich zum Bild zweier Sonnensysteme, die ineinander stecken, erweitert.

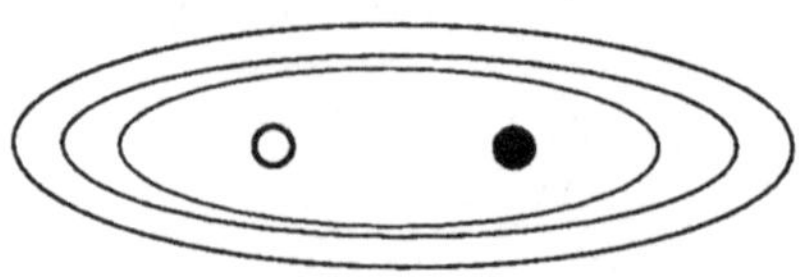

Natürlich gibt es jetzt Schnittpunkte, an denen D_+ und D_- sich vom Laufe der Planeten her – in der Zeit der Welt, die ja nur eine Bewußtseins-Zeit ist – treffen und jetzt das *diesbezügliche Thema* in die Sichtbarkeit tragen.

Die drei Flammenwesen – so haben wir gelernt – müssen auf die *rechte Stunde* warten. Doch dieses Feld überlassen wir den Astrologen zur Betrachtung, sollen sie mit diesem Gedanken weiterspielen.

Wir wollen aus den Konsequenzen, die sich daraus ergeben, unsere nächsten Schlüsse ziehen.

Die »Reise des Helden« zeichnet sich dadurch aus, daß derartige Ereignisse (derartiges Aufeinandertreffen) unseren Weg weitertreibt bis zu jener Stelle, wo sich *alle* äußeren Planeten getroffen und zu 0 (Null) ergänzt haben.

Diese Arbeit, die wir als therapeutische gekennzeichnet haben, geht bis zu dem Punkt, wo sich die beiden wirklich großen Gegenspieler Auge in Auge gegenüberstehen; die helle und die dunkle Sonne. Es ist jenes Phänomen, was die Alchemisten mit dem Wort »die Sonne um Mitternacht schauen« umschrieben haben. Hier stehen sich jetzt gegenüber das Leben und der Tod, das Ego und das Nichts, der Mensch und der Dämon, du und der Satan, der Anfang und das Ende, Alpha und Omega.

Und wehe dem, der hier zu früh in diesen dunklen Abgrund schaut, der hinschaut, bevor er alle äußeren Planeten ausbalanciert und in dieser Arbeit die notwendigen Kräfte und Erfahrungen gesammelt hat, um jenen letzten Schritt zu tun.

Alles, was vorher war – wie entsetzlich auch immer die Dämonen ausgesehen haben mögen – war nur Vorspiel für diesen letzten Akt der Begegnung mit jenem *zweiten* Wesen, was zu dir gehört. Es ist ein eigenes Wesen, es ist in Wahrheit jenes Wesen, was du in jeder Beziehung (!) suchst, weshalb du in der Welt herumsaust und unter jeden Stein, in jedem Haus nachschaust. Es ist deine andere Hälfte, die dir irgendwann entgegentritt, und erst dann bist du wieder vereint und *vernichtet*. Denn das Wort »Ver-Nichten« heißt, dich mit dem Nichts zu vereinen.

Wenn dir das Bild der beiden Sonnen zu sehr gegen den Strich geht, so gebe ich dir ein weiteres Bild, das genau diesen Zusammenhang hier auf Erden ausdrücken kann und will. Es ist das Bild der *zwei Testamente*, die von Gott ergangen sind, das *Alte* und das *Neue* Testament. Auch diese beiden haben eine tiefe innere Verbindung.

Dieses Wissen war immer da. In der Kirchentür der Kirche von Santa Sabina (in Rom) wurden im Jahre 425 nach Christus 28 bildliche Darstellungen eingeschnitzt, davon sind 18 noch erhalten. Dazu bemerkt der Chronist: »Die Bildfolgen zeigen Szenen des Neuen und des Alten Testamentes, und zwar in einer Auswahl, die einem typologischen Bilderkreis entspricht, d. h., ein Ereignis des Neuen Testamentes ist einer oder mehreren Szenen des Alten Testamentes gegenübergestellt. Diese Auslegung basiert auf der Anschauung der Übereinstimmung beider Testamente *(concordia veteris et novi testamenti)*«. (Christa Schug-Wille, Byzanz und seine Welt, Baden 1969, S. 80).

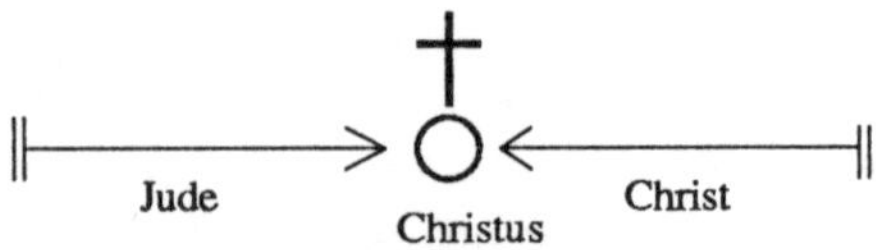

Wir haben diese Übereinstimmung schon vorher behandelt, indem wir die beiden Kreise Judentum versus Christentum einander gegenübergestellt und folgende Graphik verwendet haben (S. 107).

Dieser Weg hat noch eine auffallende Parallele. Das Alte Testament ist in Aramäisch bzw. Hebräisch geschrieben, das Neue Testament in Griechisch. Schauen wir uns diese beiden Sprachen an, so fällt auf, daß sie in *entgegengesetzte* Richtungen verlaufen. Das Wort »Gott« wird im Hebräischen so geschrieben 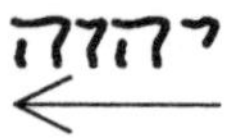 (gelesen von rechts nach links: Jod, He, Waw, He). Im Griechischen schreibt es sich 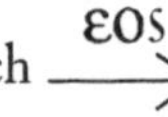.

Das Hebräische verläuft also von rechts nach links, das Griechische von links nach rechts.

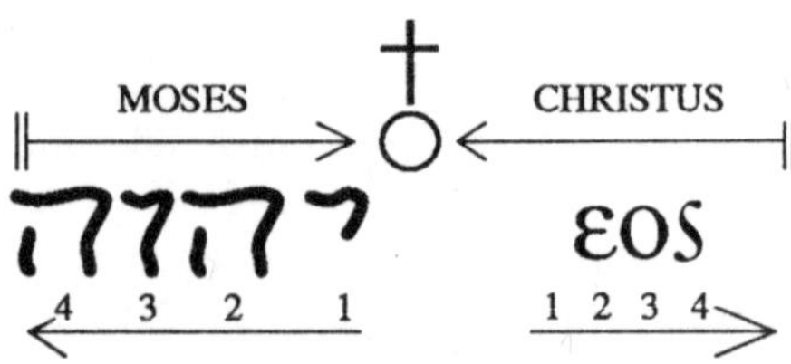

Beide Richtungen der Sprache führen jedoch vom Kreuz weg. Die Schrift der Juden führt nach hinten, die Schrift der Christen führt nach vorne (»Fortschritt«). Das aber ist der falsche Weg. Er führt nicht zum Paradies, sondern nur zur *Vorstellung* vom Paradies.

Beide Testamente haben ihre Berechtigung, beide Testamente enthalten Figuren und Gebote, Gesetze und Vorschriften, die einander widersprechen und die miteinander versöhnt werden müssen. Im

Neuen Testament (die »Sonne« der Christen) ist die Sonne hell und klar, Christus. Im Alten Testament wird der Erlöser erst angekündigt, es ist auf der Suche nach ihm. Er ist noch unsichtbar, im Dunkeln. Die Juden, deren heiliges Buch das Alte Testament (die »Tora«) ist, warten noch heute auf ihn.

Bleiben wir einen Moment beim Christentum und schauen uns die Linie an, die das Christentum in den letzten 2000 Jahren genommen hat. Diese (Zeit-)Strecke geht vom Frühchristentum und dem Mittelalter über die Zeit der Ketzer und Hexenverfolgungen zur Neuzeit, der Zeit der Vernunft. Es ist die Abfolge:

Vom *Glauben* über den *Aberglauben* zum *Unglauben*.

Heute stehen wir vollständig im Banne des *Unglaubens*, der Vernunft, der Rationalität, des Fortschritts. Vom 14.–17. Jahrhundert standen wir vollständig im Banne des Aberglaubens, hier gab es noch Dämonen, Teufel, Hexen, dunkle Kräfte, die jede Seele auf das Äußerste bedrohten.

Erwin Reisner hat in seinem Buch »Der Dämon und sein Bild« (Ffm. 1947) folgende These aufgestellt, die sehr ernst genommen werden darf:

»Zwischen dem gläubigen Mittelalter und der ungläubigen Aufklärung liegt das abergläubische Hexenzeitalter, und vielleicht muß auch der Bekehrte auf seinem Rückweg aus dem Unglauben zum Glauben, wenn nicht immer, so doch manchmal, diese dämonische Region passieren« (S. 120).

Er muß sie *immer* durchqueren, das zeigen die Erfahrungen aus jeder Therapie, bei der man – ernsthaft um sich ringend – keinen Bereich der Wahrheit über sich auszulassen bemüht ist. In diesen Worten Reisners aber steckt schon der Kern dessen, worauf ich hinaus will.

Der Weg, die Reise des Helden, führt *immer* zurück. Die Bekehrung hat immer zu tun mit »Umkehr«. Das »Tue Buße« aus dem Matthäus-Evangelium, das im griechischen Urtext als »Kehre um« zu lesen ist, ist die Aufforderung einer *Rückkehr zum Kreuz*. Und das heißt zum bewußt gewählten mystischen Tod. Hier erst findet die Begegnung mit der Gegensonne statt. Im Angesicht des Kreuzes, in der Mitte der beiden Geraden, in der Kreuzungsbahn von Gestern und Morgen, von Gut und Böse, findet die Begegnung, die Konjunktion, statt. »Mein Gott, mein Gott, warum hast du mich verlassen«, ist der Ruf der Erkenntnis über die dunkle Sonne, die sich auf ihn zubewegt. Hier ist die Concordia, die Übereinstimmung der beiden Sonnen vollständig, das Nadelöhr.

»Das Kreuz zu Golgatha kann dich nicht von dem Bösen, wo es nicht auch in dir wird aufgerichtet, erlösen«, sagt Angelus Silesius. Der gleiche Autor (1624–1677) sagt aber auch unter der Überschrift »Christus ist der erste und der letzte Mensch: Der erste und letzte Mensch ist Christus selbst allein, weil all aus ihm entstehen, in ihm beschlossen sein.« Auch darin liegt das Thema der *Rückkehr* vor, das Thema des Weges, der einmal in die eine Richtung geführt hat und sich dann – umkehrend – zum Anfang zurückbesinnt. Zwischen dem ersten und dem letzten Menschen, zwischen der Vertreibung und der Rückkehr ins Paradies aber steht der Mensch, der seinen Weg nicht kennt, der in die Zukunft giert und deshalb von der Vergangenheit eingeholt wird. Hier kann noch einmal eine Anmerkung zur Esoterik uns weiterhelfen. Esoterik hat immer zu tun mit dem *Weg zurück*. An dieser Stelle treffen sich Esoterik und Religion, beide Wege sind identisch, beide Wege haben nur ein Ziel, den Weg zum Anfang zurück, zu der Stelle, an der alles begann.

Dieser Weg führt immer durch die *magische Region* hindurch, wie wir es bei Veronika in dem Phänomen der Kröte, bei Magister Mützchen, bei der grauen Frau und bei den drei Flammenwesen gesehen haben. All diese Begebenheiten sind freilich in diesem Roman nur in sehr milder Form geschildert, denn die eigentliche magische Region im Menschen wartet noch mit ganz anderen Wesenheiten auf (wovon wir gerade in der heutigen Zeit in unseren Therapien ein Lied singen könnten, aber nicht dürfen).

Bis wir endlich an jene Stelle gelangen, wo wir der dunklen Sonne begegnen können, ist es ein sehr weiter Weg. Freilich, niemand von uns steht zur Zeit an dieser Stelle, deshalb kann sie hier auch nur als Bild und nicht als tatsächliche Begebenheit geschildert werden, wir wissen darüber nichts.

Außer: Es gibt diesen Ort.

Die »Reise des Helden« – desjenigen also, der immer weiter nach vorne geht, der aber jetzt auch nach hinten schaut – führt immer über eine Auseinandersetzung mit den Planeten seiner dunklen Sonne. Diese Planeten haben im Laufe der Jahrhunderte die Gestalt anderer Personen oder Ereignisse angenommen, *gehören aber inhaltlich zu ihm.* Er hält sie jetzt für seine *Mitmenschen* oder für sein *Schicksal.* Hat er sich mit ihnen auseinandergesetzt, so verschwinden sie aus der Sichtbarkeit in die Erfülltheit seiner eigenen Seele hinein, lassen ihn aber auf der Erde allein zurück.

Jeder von uns ist allein auf der Welt. So lautete der Satz im Eingang dieses Kapitels. So allein, wie es Jesus war, als er den Gang nach

Golgatha antrat. Sogar seine Jünger mußten ihn an diesem Ort verleugnen. Das ist nicht ihrer Schlechtigkeit, Feigheit oder Unerlöstheit zuzuschreiben, sondern der Tatsache, daß sie noch eine »Umgebung« hatten, er aber keine mehr, und daß man diesen letzten Gang nur in der Wahrheit antreten kann, daß es niemanden mehr gibt, daß es nie jemanden gegeben hat, der mit dir hier war. Wenn du alle Teile der Außenwelt eingesammelt und zu Null ergänzt hast, tritt diese Wahrheit zutage: Du bist ganz allein auf der Welt. An diesem Ort steht Veronika jetzt zu Beginn des letzten Kapitels. Sie hat in einem langen Weg der Auseinandersetzung alle Teile in sich versöhnt. Der unsichtbare Lehrmeister des Johannes formuliert es so:

»Sie hat nicht viele nahe Seelen auf dieser Welt. Sie ist weit gewandert und das Gewebe ihres Schicksals ist entwirrt« (S. 161).

Sie ist bereit für den letzten Schritt, für den Weg zurück ganz an den Anfang.

18 Der Meister

»Mitternacht ist vorüber, und es ist morgen geworden.«

Es war der Meister, der zu Johannes Wanderer gekommen war und diese Worte sprach. Wie er kommt und wie er geht – wer vermag das zu sagen? Es sind die geheimnisvollen Dinge, die sich im Ring der Brüder vom Gral begeben, und sie geschehen da, wo sich diese und jene Welt verschwistern. Die Menschen, die nur auf der Erde wandeln, wissen nichts davon.

Es war im Gartenhaus und es war Nacht.

Johannes Wanderer saß vor seinem einfachen, schmucklosen Arbeitstisch, und er hatte drei Kerzen darauf angezündet, die er hütete als ein Bildnis von den drei Lichtern der kleinen Veronika. Denn es war ihre Seele, an die er dachte, als ihm der Meister zu Hilfe kam.

»Es ist sehr finster auf der Erde«, sagte der Meister, »so finster ist es noch niemals gewesen. Aber die tiefste Finsternis ist vorbei. Die Weltenuhr schlug und es geht gegen morgen. Doch der Morgen bedeutet auch den Kampf, damit der Menschheit Jugendland wieder erstehen kann.«

»Ich weiß das«, sagte Johannes Wanderer, »ich bin bereit zu jeder Stunde, wenn ich gerufen werde.«

»Es werden viele große Ereignisse in dieser Weltenwende geschehen«, sagte der Meister, »damit die Menschen erwachen und es begreifen, daß die Heerlager von Weiß und Schwarz um ihre Seelen ringen. Der Gral braucht alle seine Streiter. Auch Veronika ist gerufen worden und es ist um ihretwillen, daß ich kam.«

»Veronika wird an meiner Seite stehen«, sagte Johannes Wanderer, »wenn wir gerufen werden. Aber mir ist bange um sie, und ich sehnte mich nach dir, daß du kämest, mir zu helfen. Veronika ist rein und reif, aber sie hat sich am Weg verirrt. Sie darf die Bürde nicht tragen, die sie auf sich nehmen will, es ist gegen ihre Bestimmung.«

Im Gesicht des Meisters waren Verstehen und Güte, und beide waren unendlich groß.

»Es ist nicht wesentlich«, sagte er, »es ist ein Rest in ihr von der kleinen Madeleine Michaille, der sich noch lösen muß. Ihre Liebe in jener Zeit nahm ein zu schnelles und schreckliches Ende.«

»Vielleicht ist es eine Jugendtorheit, die heute kommt und morgen geht«, sagte Johannes, »es mag sein, daß ihr eine andere Seele bestimmt ist, wenn sich ihr rotes Licht wieder entzündet. Sie ist noch so sehr jung.«

»Das ist es nicht«, sagte der Meister, »sie hat nicht viele nahe Seelen auf dieser Welt. Sie ist weit gewandert und das Gewebe ihres Schicksals ist entwirrt. Sie wird sich an keinen anderen schließen, und es ist ihr dieses Mal auch kein langer Weg auf der Erde bestimmt. Nur den Rest der kleinen Michaille muß sie überwinden. Auch ihr rotes Licht soll im Feinstofflichen leuchten, dann ist sie rein und reif für den Gral. Es ist dies nötig, denn der Gral braucht alle seine Streiter. Nur darf sie die Bürde, die noch zu tragen ist, nicht schwerer auf sich laden, als sie ist. Sonst geht sie in die Irre.«

»Ich würde ihr gern diese Bürde tragen helfen«, sagte Johannes Wanderer, »auch Aron Mendel trug seine Last mit Freuden für die kleine Rahel.«

»Man kann nicht alle Bürden für andere tragen«, sagte der Meister, »es ist gegen das Gesetz. Aber hier kannst du vieles leichter machen, wenn du es willst.«

»Ich will alles, wenn es für Veronika gut ist«, sagte Johannes Wanderer.

»Es ist dies so«, sagte der Meister, »daß wir diese Bürde von ihr nehmen und auf deine Schultern legen können. Aber es wird keine leichte Last für dich werden. Willst du das?«

»Ja«, sagte Johannes Wanderer, »ich will alles für Veronika.«

»Wir werden das tun«, sagte der Meister, »hilf ihr, und wir werden dir helfen.«

Dann schied der Meister von ihm. Wie er kommt und wie er geht – wer vermag das zu sagen? Es sind dies geheimnisvolle Dinge, die sich im Ring der Brüder zum Gral begeben, und sie geschehen da, wo sich diese und jene Welt verschwistern. Man kann sie nur mit einfachen Worten erzählen, weil sie sehr groß sind.

Johannes Wanderer blieb allein zurück. Es war eine einsame und stille Nacht, die er durchwachte, und vor ihm auf dem schmucklosen Tisch brannten die Kerzen als ein Bildnis von den drei Lichtern der kleinen Veronika (S. 160ff).

Der Meister, der hier auftritt, ist eine Figur, die nicht zum inneren oder äußeren Kreis der Veronika gehört, vielmehr gehört er in den seelischen und geistigen »Umkreis« des Johannes. Natürlich hat er damit indirekt auch mit Veronika zu tun. Sieh es einmal so: Veronika ist von neun Seelenanteilen umgeben, einer davon ist Johannes; Johannes hat ebenfalls neun Seelenanteile um sich herum, einer davon ist Veronika.

Übersetzt du dieses Wissen in dein Leben hinein, so kannst du sagen: Ich habe neun (teils sichtbare, teils unsichtbare) Wesenheiten um mich herum und ich tue gut daran, mir langsam aber sicher über diese Seelenanteile klarzuwerden. Jeder dieser Seelenanteile, die um dich herum sind, hat nun ebenfalls wieder neun andere Wesenheiten um sich herum – wovon einer ganz sicher du bist. Blickst du deinem engsten Vertrauten (sagen wir deinem Mann, deiner Frau, deinem Freund, deinen Kindern) einmal unter dieser Annahme in sein Leben hinein, so kann dir sehr viel klarwerden über seinen Weg. Auf diese Art und Weise ist jeder Mensch mit jedem anderen Menschen verbunden. Du mußt davon ausgehen, daß von den neun Teilen sechs immer sichtbare Wesenheiten sind. Und so wird dir schnell klar, daß z. B. in einer Großstadt wie Berlin tatsächlich direkte Verbindungen von jedem Menschen zu jedem Menschen über den Seelenkreis eines Menschen existieren. Das geht mathematisch gar nicht anders. Und da diese gegenseitige Verflochtenheit nicht an einer Ländergrenze haltmacht, besteht dieses Netzwerk heute im Zeitalter der schnellen Verbindungswege global, d. h. alle Menschen der ganzen Erde sind über ihre Seelenkreise direkt verbunden. Das und nichts anderes ist der Hintergrund der Theorie des »morphogenetischen Feldes« (Rupert Sheldrake). D. h. aber auch: Verändert sch irgendwo auf der Welt *ein Mensch*, so verändern sich alle gleich mit.

Wenn wir jetzt also die Seelenfigur des *Meisters* beleuchten, so sind wir uns darüber klar, daß wir nicht über Veronika reden, sondern über die Seele von Johannes – und darüber hinaus über die eines jeden von uns. Was ist nun ein Meister?

Es ist die gleiche Frage, die wir in bezug auf Veronika so formulieren können: Was ist ein Schutzengel? Denn der Schutzengel (jener mit den drei Leuchtern) und der »Meister« im Leben des Johannes sind beides Instanzen, die eine hohe Gemeinsamkeit in sich tragen. Ja, sie entspringen dem gleichen Planetenkreis, der gleichen Umlaufbahn, einmal hier, einmal dort. Um der oben gestellten Frage näherzukommen, müssen wir uns zuvor eine andere Unterscheidung anschauen, eine Unterscheidung, die gerade im Bereich der Esoterik nicht immer sehr deutlich gezogen wird. Es ist die zwischen Lehrer und Meister.

Gehen wir einen Moment in den biblischen Bereich, so zeigt sich die Unterscheidung sehr deutlich. Jesus war ein Meister – vielleicht der Meister schlechthin – Johannes der Täufer war ein Lehrer.

Zu einem »Lehrer« wird jemand, der durch vieles hindurchgegangen ist, der vieles bereits weiß, der viele Erfahrungen gesammelt hat und die *Welt hinter der Welt* schon ein wenig ausgeleuchtet und erfahren hat. Er hat schon Bindungen gelöst, ist nicht mehr mit der ganzen Welt verstrickt, sondern in manchen Teilen bereits frei davon. Er ahnt schon etwas von der anderen Seite. Dennoch ist er gezwungen, weitere Teile von sich zu lösen (und in den Zuschauerraum hinüberzubringen – in Anlehnung an ein Bild aus unseren ersten Kapiteln) und damit zu sich zurückzufinden – und seine Lehrtätigkeit ist der Weg dazu. So muß jeder Mensch früher oder später zu einem Lehrer werden, denn Lehrer-Sein ist ein ganz normaler Bestandteil jedes Weges.

Johannes ist ein Lehrer für Veronika (oder für Peter oder für die graue Frau). Jeder Priester ist ein Lehrer, jeder Therapeut, jeder Schullehrer ist ein Lehrer in dem genannten Sinne. Natürlich gibt es auch hier Unterschiede, aber es sind nicht etwa jene, ob du als Mutter nur dein Kind etwas lehrst oder als Billy Graham Hunderttausenden etwas über den Glauben predigst. Das sind nur Äußerlichkeiten, die die Menge der Zuhörer betreffen und nicht etwa die Qualität des Übermittelten.

So ist es durchaus möglich, daß das, was du dein Kind lehrst, die Welt wesentlich tiefer betrifft, als das, was Billy Graham bei 10 Millionen Zuhörern zu verändern vermag. Die Welt fragt ohnehin nicht nach der Zahl der Veränderungen, sondern nach deren Tiefe. Und diese steht auf einem ganz anderen Blatt.

Jedes Lehrverhältnis ist nämlich immer ein *zweiseitiges*, und ein Lehrer verändert niemals jemanden außen, sondern immer nur sich und damit auch den anderen, der ihm gegenübersteht. Bleibst du in dem Prozeß des Lehrens der Alte, so verändert sich gar nichts. Jedes Lehren ist so notwendigerweise ein *Dialog*, in dem beide etwas lernen; ist es *Monolog* (ich möchte, daß du etwas lernst), so hat keiner etwas davon, und man kann es nicht als lernen bezeichnen. Pfarrer Haller aus unserer Geschichte ist im Lernen zum Lehrer geworden. Nur so darf der Lehrer gedacht werden.

Johannes der Täufer wird getauft, indem er Jesus tauft, jeder Lehrer lernt, indem er lehrt. Hört er auf zu lernen, weil er glaubt, er wüßte jetzt schon alles, so verliert er seine Lehrbefugnis. (Er wird dann zum Schwätzer.)

Ein Meister ist etwas gänzlich davon verschiedenes. Es gibt keine Ähnlichkeit mehr zwischen ihm und einem Lehrer. Man kann es auf die einfache Formel bringen, ein Meister hat keine Umlaufbahnen mehr – jedenfalls keine sichtbaren. Für ihn gibt es hier auf Erden keine

Begegnung mehr. Psychologisch gesprochen, hat er keinen *sichtbaren* Schatten, er hat keine Bindung mehr an diese Welt.

Jeder Meister ist eine totale und durchgängig jenseitige Wesenheit. Natürlich kann diese Wesenheit vorübergehend einen irdischen, d.h. körperlichen Leib tragen, dann ist er sichtbar und hat Jünger. So sieht es jedenfalls von außen aus (d.h. vermeintlich hat er Begegnungen). Die Wahrheit aber ist, daß er weiß, er hat niemanden. Seine Bahnen sind ausbalanciert, D plus und D minus sind gegen 0 gegangen. Jetzt ist er allein. Er spiegelt sich nicht in den Leibern und den psychischen Problemen seiner Anhänger. Er braucht sie nicht so, wie sie ihn brauchen. Er stellt sich nur für sie zur Verfügung, damit sie – an ihm – einen wichtigen Schritt tun können. Er macht an ihnen keinen Schritt mehr. (Nebenbei ist das auch der Grund dafür, daß er von ihnen nie – ich wiederhole – nie verraten werden kann. Wo es dennoch eintrifft, ist es eine Lernaufgabe für die Schüler: Sie müssen lernen, daß auch der Verrat zu den von ihnen zu integrierenden Bahnen gehört.)

Es bleibt die Frage, warum er überhaupt noch hier ist? Nur noch des Lehrens wegen? Nicht ganz. Er hat schon noch eine Aufgabe. Jeder Meister, der noch hier ist, hat die letzte Begegnung – jene mit der großen dunklen Sonne – noch nicht durchgeführt. Und er bereitet sich jetzt auf diese vor. Er sammelt seine Kraft für den letzten Schritt der »Vollendung«. In dieser Phase gibt es im Außen nichts mehr zu tun, nichts mehr zu integrieren, der Spiegel ist leer. Weil er leer ist, kann er den anderen hervorragend als Instrument der Selbsterkenntnis dienen. Der wahre Meister hat alle Projektionen auf die sichtbare Welt zurückgenommen, er kann von Menschen nicht mehr enttäuscht werden, weil Menschen für ihn gar nicht mehr existieren. Jeder Mensch, der ihm etwas bedeuten würde, wäre nur eine unerlöste Planetenbahn in seinem Inneren. Er weiß, daß er in seinen Bahnen zum Stillstand gekommen ist, daß es im Außen nichts mehr zu tun gibt. (Natürlich kann er sich seinen Jüngern gegenüber streng geben, oder enttäuscht, oder bewegt über ihr Unverständnis – doch das alles dient nur zu ihrer Weiterbildung.)

Solche Meister sind in der realen Welt äußerst selten; manche behaupten, es gäbe zu jeder Zeit nur *einen* Meister auf Erden (und ganze Sekten und Meditationsgruppen streiten mit den anderen darüber, ob es in ihrer sei), andere wiederum glauben, nur alle 2000 Jahre käme ein Meister, um die Welt weiterzubringen, wieder andere sind der Meinung, es gäbe immer 36 Meister gleichzeitig auf Erden und ihr Wissen werde auf ihre Nachfolger gleichsam in einer Eimerkette weitergetragen. Ich kenne die Antwort nicht, sie ist auch gegenüber dem, worüber wir hier reden, relativ belanglos, denn dem Johannes steht kein sichtbarer Meister gegenüber, sondern ein unsichtbarer, und diesen Meister gibt es in *jedem* von uns.

Er ist gleichsam ein Sonderfall, der nur verstanden werden kann, wenn die Unterscheidung zwischen Meister und Lehrer verstanden worden ist. Der innere Meister sitzt nämlich zwischen den Stühlen; kein Lehrer mehr und noch nicht Meister. Für einen Lehrer weiß er schon zuviel, für einen Meister noch zuwenig. Das ganze 18. Kapitel will versuchen, seinen Status zu verdeutlichen.

Statt »Meister« könnten wir auch sagen »Schutzengel«, »Verbündeter«, »Wegbereiter«, »innerer Führer«, »höheres Selbst.« Es gibt viele Bezeichnungen für jene Instanz.

Er ist weise, er ist das weiseste Wesen, das du je kennenlernen kannst. Er gibt dir Kraft, Zuversicht, er spornt dich an, er weiht dich ein in die Mysterien des sichtbaren Lebens. Er gibt dir Zeichen, Signale, Hinweise. Er ist in der Tat dein »höheres Selbst«. Du kennst schon ein wenig die Mechanik seines Entstehens, er ist jene Wesenheit in dir, die den Weg durch die Pforte des Todes bereits genommen hat (vgl. dazu noch einmal das 13. Kapitel). Zu ihr hast du bewußten Zugang nur, wenn du die ersten sechs Planetenbahnen annähernd integriert, d. h. ausgesöhnt hast, wenn du also an jener Stelle stehst, an der sich der Johannes unserer Geschichte befindet (aber wer steht da schon?). Für die Astrologen unter den Lesern sei der Hinweis gestattet, daß es die beiden letzten Planetenbahnen sind, die Bahnen des Neptun und des Pluto. Der Geistführer bzw. der Schutzengel (oder der innere Meister) werden durch die Bahn des Neptun symbolisiert. Wer Zugang zu dieser Bahn hat, kann bewußten Kontakt zu seinem inneren Meister aufnehmen.

Wer nicht, der nicht.

Nicht etwa, daß der Meister nicht da wäre. Jeder hat in seinem Horoskop die Plazierung des Neptun und jeder hat den inneren Meister. Aber nicht jeder kann sich hinsetzen und eine Verbindung aufnehmen, so wie Johannes es in diesem letzten Kapitel tut. Wir hören freilich, daß auch er nicht beliebig Zugang hat: »Wie er kommt und wie er geht, wer vermag das zu sagen« (S. 160).

Vor der Bahn des Neptun liegen erst einmal die Bahnen der materiellen Planeten (Mond, Merkur, Venus, Mars, Jupiter und Saturn – er hütet die Schwelle zum unsichtbaren Bereich). Der innere Meister hat also das Sichtbare bereits gelernt, das Materielle ist nicht mehr sein Problem. Und damit hat er das Amt des Lehrers bereits hinter sich gelassen. Aber auch er hat noch einen Feind und das ist jene Planetenbahn, die noch außerhalb der Bahn des Neptuns liegt, d. h. also die noch außerhalb der Bahn des Meisters selbst sich befindet.

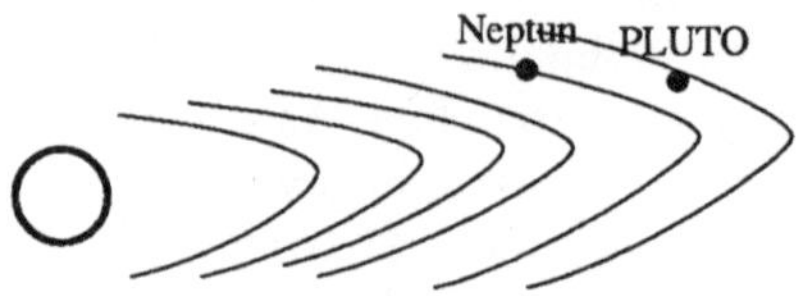

Es ist dies die Bahn des Pluto. Der Meister selbst beschreibt seine Feindschaft mit diesem Prinzip so:

»Auch Veronikas rotes Licht soll im Feinstofflichen leuchten, dann ist sie rein und reif für den Gral. Es ist nötig, denn der Gral braucht alle seine Streiter, damit die Menschen erwachen und es begreifen, daß die Heerlager von schwarz und weiß um ihre Seele ringen.«

Die *schwarzen Heerlager* haben gegen die Streiter des Grales anzutreten; astrologisch gesehen sind es die Gestalten des Hades, die von dem Unterweltgott Pluto befehligt werden, d. h., das Pandämonium, das in den tiefsten Tiefen des Unbewußten lauert. Hier an diesem seelischen Ort findet der Kampf Michaels mit dem Drachen statt. Der Erzengel kämpft mit seinen himmlischen Heerscharen gegen die Abgesandten des Erzbösewichts.

Es ist – wir müssen noch einmal darauf hinweisen – nicht der letzte Kampf des Guten gegen das Böse, denn hier auf dem Schlachtfeld des Drachenkampfs gibt es noch Mitstreiter, Gralsbrüder und -schwestern, die einander unterstützen, und es gibt Legionen von Dämonen, die die fremden Heere bilden. Hier gibt es noch ein Zurückweichen, Bodengewinne, Ausfälle, Attacken, kleinere Siege, größere Verluste etc. Hier stehen sich noch nicht die letzten beiden Kämpfer gegenüber.

Hier ist der Ort eines Kampfes, der in der Seele tobt. Die großen Mythen der Welt erzählen von diesem Kampfgeschehen, wie der Mythos ohnehin immer nur von Begebenheiten berichtet, die sich im Inneren der Welt *eines jeden von uns* abgespielt haben (vor der Pubertät der Menschheit) und die sich in der Seele eines jeden von uns eines Tages wieder abspielen werden (nach der Pubertät).

Bevor es jedoch so weit ist, erhältst du Zugang zu dem inneren Meister (oder – was immerhin auch sein kann –, Zugang zu einem äußeren Meister). Wenn die Zeit reif ist für die Begegnung der beiden feindlichen Heerscharen in dir, dann ist auch die Zeit reif für das Sichtbarwerden des Meisters. Er kommt nicht vorher. Mitunter taucht er aus deinen Träumen oder in Phantasiereisen auf, aber er tut das nur vorübergehend, um dir den einen oder anderen Hinweis zu geben auf eine zu erfüllende Aufgabe. Aber so wie er im Buch der Veronika dem Johannes erscheint, so erscheint er nur, wenn sich eine Wende in deiner Seele anbahnt. »Mitternacht ist vorüber und es ist Morgen geworden«, sagt er bei seinem Erscheinen.

Diese Sätze bedeuten nicht, daß es nicht – gemessen an unseren normalen Vorstellungen – noch schlimmer kommen könnte, ja, wir werden sehen, daß Johannes in diesem letzten Kapitel noch sehr tief in seine Verzweiflung hineingestoßen wird. Aber für Veronika ist es Morgen geworden. Sie hat, wie der Meister sagt, »das Gewebe ihres Schicksals entwirrt«. Deshalb handelt dieses Kapitel auch nicht mehr davon, was Veronika tut oder unterläßt, was ihr zustößt oder zufällt, sondern nur noch, wohin sie gelangt. Es ist so, als wäre die Geschichte – jedenfalls die, die hier auf Erden spielt – unmerklich auf Johannes übergegangen. Er begegnet seinem inneren Meister und entscheidet sich dafür, Veronika einen Teil ihrer Bürde abzunehmen. Der Name dieser Bürde lautet »Verzicht«.

Auch Johannes, das haben wir gehört, liebt Veronika. Er liebt sie so, wie er damals das Mädchen Michaille geliebt hat, mit der er in Paris glückliche Stunden verlebt hatte. Veronika hat ihm das deutliche Angebot gemacht, an diese Stelle zurückzukehren. »Weil ich mit dir tanzen möchte, weil ich dich allein für mich haben will, weil ich dich liebe, Onkel Johannes, darum ist es.«

Doch Johannes nimmt diese »Aufforderung zum Tanz« nicht an.

Bei dieser Stelle wollen wir einen Moment verweilen. Auch heute noch ergehen derartige Aufforderungen von jungen Mädchen an ältere Männer, und wir kennen zwei Arten, damit umzugehen. Bei der ersten läßt sich der Mann auf die Angebote des Mädchens ein – Veronika ist 14 – und beide erleben eine Zeit der Heimlichkeiten, des schlechten Gewissens und der Seelenqualen. Bei der anderen hält der Mann sich zurück, sei es aus Angst oder aus einem moralischen Gefühl heraus, daß man derartiges nicht darf. In beiden Fällen bleibt etwas Nichtverarbeitetes zurück; entweder ein schlechtes Gewissen oder eine Phantasie für einsame Nächte, wie es wohl gewesen wäre, wenn...

Johannes entscheidet aus einem anderen Motiv heraus. Er kennt die Hintergründe, *er weiß um die Zukunft* einer derartigen Beziehung, da er *die Vergangenheit kennt*. Er weiß: So wie der Anfang war – damals in Paris – so wird das Ende sein. Deshalb benötigt er keine Moral, kein Gesetz.

Er verzichtet nicht »weil man so etwas nicht tut«, sondern weil er weiß, wo sie beide landen werden. Nur aus einem klaren Wissen über die Konsequenzen – über die »zusammengehörigen Sequenzen« – heraus kann man wahrhaft verzichten.

Jetzt sitzt er hier in der Mitte der Nacht, und sein Meister beschreibt ihm seinen Weg. Der Meister sagt eigentlich, das dunkelste Stück ist durchwandert, zwar kommt noch eine letzte Etappe, die dir schwerfallen wird, aber ich weiß, daß du die Kraft hast, sie zu durchqueren. Willst du dich bereitmachen für dieses Wegstück, willst du Veronika freigeben? Willst du dich von ihrer irdischen Hülle lösen, damit sie in den Kreis derjenigen eintreten kann, die – wie ich – unsichtbar um dich herum sich befinden, damit die Ritter des Grals um ein weiteres Mitglied verstärkt werden?

Johannes will, und so gelingt es ihm, in seinem Kreis der Menschen, die um ihn herum auf der Bühne des Lebens stehen, wieder eine Kreisbahn auf eine höhere Ebene zu bringen und diese Kreisbahn damit zu erlösen oder zu versöhnen. Johannes löst sich auf der leiblichen Ebene von Veronika. Seelisch ist sie damit an ihn nicht mehr gebunden. Das hat als erstes die Konsequenz, daß Veronika jetzt – ihre Bahnen sind gelöst – unbeschwert sterben darf.

19 Veronikas Tod

Veronika stirbt, aber dennoch kann man kaum sagen, daß sie gestorben ist. Es ist so, als verlösche ihr Leben langsam. Sie wird müde und schläft allmählich ein. Weder ist sie krank, noch wehrt sie sich. Zunehmend wird sie müder und leidet nicht darunter.

Natürlich leiden die anderen Bewohner des Hauses sehr, und im Haus der Schatten ist es in dieser Zeit sehr bedrückt und still. Im Herbst schließlich tritt der Engel zu Veronika ins Zimmer.

»Es ist Morgen geworden«, sagte er (S. 163).

Veronika steht auf und sie merkt gar nicht, daß sie dabei ihr Erdenkleid verläßt. Sie tritt dem Engel an die Seite.

Magister Mützchen, der die ganzen Monate an ihrem Bett saß, steht dabei, seinen roten Hut hält er in der Hand und Tränen laufen ihm über die Wange.

»Muß ich allein zurückbleiben im Haus der Schatten?« fragt er traurig.

Und der Engel schaut ihn mit großem Mitleid an: »Es ist zwar noch ein wenig früh für dich, aber du hast Tränen vergossen und Tränen sind der Zoll für den Garten Gottes. Komm mit« (S. 163).

Da läuft Magister Mützchen auf seinen dünnen Beinchen neben dem Engel und Veronika aus dem Haus der Schatten hinaus. Der Engel hält den Leuchter hoch über sie beide und die Flamme in der Mitte, das goldene Licht, erleuchtet hell ihren Weg.

Sie betreten zu dritt den Garten der Geister; er ist wieder so, wie er war, als Veronika noch die Augen der Kindheit, die Augen der Tiefe hatte. Die Elfen sind da, die Nixen, die Tier- und Pflanzengeister.

»Hilf uns, zu erlösen«, sagen sie, als Veronika an ihnen vorbeischreitet. Bald erreichen sie die silberne Brücke, und die Luftgeister begrüßen sie. Veronika sieht, daß auch andere Menschen- und Tierseelen die Brücke betreten und lautlos darüber hinwegschweben. Sie nimmt Magister Mützchen fest bei der Hand, damit er ihr nicht verlorengehen kann. Am Rande der Brücke steht eine schwarz gekleidete Gestalt, es ist der Todesengel.

»Hab keine Angst«, sagt der Engel mit den drei Lichtern, »du brauchst ihm nicht ins Antlitz zu schauen. Denn diesmal gehst du ohne Schuld über die silberne Brücke. Er kann nur jenen etwas anhaben, die

das Licht nicht sehen wollen. Sie führt er wieder hinab in die Täler der Tiefe, bis auch sie es lernen, in Gottes Garten zurückzukehren. Die meisten müssen durch die Täler, durch die Tiefe zum Licht wandern. Es sind beschwerliche Wege, die sie zu gehen haben, denn Menschen und Tiere klagen sie an« (S. 164).

Veronika schreitet an dem schwarzen Engel vorüber und der Engel schaut sie nicht an. Am Ende der großen Brücke erstrahlt ein silbernes Meer, klar und lebendig. Wieder taucht Veronika hinein in die klaren Fluten, aber diesmal geht sie nicht unter darin. Das Wasser besteht aus glitzernden Perlen und es dringt ganz in sie ein. Die Müdigkeit der Erde fällt mit einem Schlag von ihr ab. Ihre Seele ist ganz bereit und jung wie am ersten Tag.

Der Engel reicht ihr die Hand und sie steigt wieder aus dem Wasser empor. Magister Mützchen hüpft fröhlich auf der Oberfläche herum, er dringt nicht in die Fluten ein.

Jetzt sieht Veronika viele Inseln auf dem Meer.

»An der schwarzen Gestalt bist du vorübergeglitten und an den Tälern der Tiefe, jetzt bringe ich dich zu jenem, der dich zu sich rief.«

Da schaut Veronika auf und sieht Jesus Christus vor sich stehen. Sie erkennt ihn sofort, denn es ist jener, der damals im Traum Aron Mendel den schweren Kasten von den Schultern genommen hat. Ein großes Morgenlicht geht aus von seiner Erscheinung. Er reicht Veronika die Hand. »Wir alle freuen uns, daß du hier bist. Dein Garten wartet bereits auf dich, hege und pflege ihn.«

Veronika kann nicht antworten, aber es ist ein Gefühl der Geborgenheit in ihr, das sie noch nie gekannt hat.

Eine Insel gleitet auf sie zu. »Das ist dein Garten«, sagt der Engel. Veronika betritt das Ufer. Weißer Sand ist hier und Muscheln. Baumkronen, Blüten und Vogelgezwitscher. Tiere und seltsame Märchenwesen huschen im Garten umher. Hier tut keiner dem anderen etwas. Sie sind alle in Frieden beieinander.

Mitten in diesem friedvollen Garten aber sitzt der Kater Mutzeputz, von hellem Licht umflossen.

Da sinkt Veronika in die Knie und weint. Es ist ein Weinen der Seele, ohne Tränen und ohne Schmerz.

Und so gleitet Veronikas Insel hinaus in das kristallene Meer. Vorbei an den anderen Inseln, deren Bewohner sie freundlich grüßen.

»Wir freuen uns, daß du wieder da bist.«

»Du bist lange fortgewesen und wir haben uns nach dir gesehnt.«

Und der Engel sagt: »Jetzt ruhe dich aus, Veronika, du bist lange unterwegs gewesen, schlafe und wenn du erwachst, pflege deinen

Garten. Drüben auf der anderen Seite liegt Montsalvat, auf seine Ufer treibt deine Insel zu.

Dort wirst du lernen, dir Schild, Schwert und eine silberne Rüstung zu erwirken, denn der Gral hat dich gerufen.«

Und so legt Veronika sich nieder in ihrem Garten, und unter blühenden Blumen schläft sie bald ein. Magister Mützchen und der Kater Mutzeputz ruhen friedlich in ihren Armen. Sie ist ein geborgenes Kind in ihrer bewußten Kindheit. Bewußte Kindheit ist Seligkeit.

Und der Engel stellt zu ihren Häuptern den Leuchter auf seinen Altar und in reiner goldener Flamme leuchten die drei Lichter der kleinen Veronika im Garten Gottes.

Das ist noch so etwas, was mit der herkömmlichen Meinung zu diesem Thema kaum zu vereinbaren ist. Ich habe am Ende des letzten Kapitels behauptet, daß die Konsequenz eines von Bindungen gelösten Lebens in dem Vorzug besteht, daß man jetzt unbeschwert sterben kann, und es muß für deine Ohren so klingen, als sei ein derartiger Tod eine beglückende Angelegenheit.

Nun, das ist er in der Tat und ich möchte versuchen, dieses Thema einmal anders zu behandeln, als wir das in unserer Gesellschaft normalerweise tun.

Der Tod ist jener Augenblick im Leben eines Menschen, *wo er sich lösen* muß. Er muß seinen Körper verlassen. Was immer der Tod sonst noch sein mag, eines ist ganz gewiß: In dem Moment, da er eintritt, löst du dich ab von deiner sichtbaren Hülle, du trittst aus dir heraus.

An dieser Formulierung siehst du schon, daß zwischen dem »Du«, das ich jetzt anrede, und deinem sichtbaren Leib ein Unterschied besteht.

Nimm es einmal wörtlich. Wenn ich in diesem ganzen Buch »Du« zu dir gesagt habe, so habe ich eigentlich nie zu deinem Körper gesprochen, also zu dem, was du im Blick hast, wenn du deine Augen einmal von diesem Buch abwendest und an dir entlang hinabblickst. Was du hier siehst (deine Hände, dein Bauch, deine Beine, deine Füße und gar – wenn du gegenüber in einen Spiegel schaust – dein Gesicht) ist nicht das, was ich die ganzen 18 Kapitel lang mit dem »Du« gemeint habe. Dein Körper, dein Leib, ist ja nur die Verpackung für das dahinterliegende Wesen, oder – wie es in dem Buch der Veronika heißt – dein Erdenkleid. Diese sichtbare Hülle, die du dir freilich – den Bedürfnissen deiner Seele und deines Geistes entsprechend – selbst gewirkt hast, ist im Moment des Todes zu verlassen. Und das ist ein großes Problem.

Das Problem liegt nicht so sehr *darin, es zu tun.* Das geschieht ganz automatisch. Stirbst du, so verläßt dein Wesen deinen Leib. Du kannst machen, was du willst, du trittst auf jeden Fall aus. Das Problem liegt weit davor: Du willst dich nicht lösen, du willst deinen Körper nicht verlassen, was nur eine andere Formulierung dafür ist, daß du nicht sterben willst.

Damit befindest du dich in Übereinstimmung mit der wichtigsten Regel, die unsere Gesellschaft zutiefst durchzieht: Die Hülle muß am Leben gehalten werden, koste es, was es wolle. Der Tod ist unser ärgster Feind, er muß besiegt werden. So klammert sich jeder von uns an sein Leben, daß nur ja die Hülle ihren Lebensodem behält.

Sieh es einmal als Bild. Auf unseren Intensivstationen liegen eine Menge Leiber, die schon längst verlassen worden sind. Zwar ist der Lebensfaden noch nicht restlos durchgetrennt, aber man weiß, daß in den weitaus meisten Fällen die Seele nicht wieder zurückkehren wird. So finden wir dort lebende Tote, Zombies.

Sie werden künstlich am Leben gehalten durch eine Technik, die – aus dem Reich der Dämonen stammend – mit ihrem eigenen Takt, der mit dem Takt des *Lebens* nichts zu tun hat, den Organismus am Sterben hindert. Oft ist er schon gestorben, und wird jetzt nur noch von der Verwesung dadurch abgehalten, daß man das Herz künstlich veranlaßt, zu schlagen.

Ich sage nicht, daß diese Art der Bindung (man bindet die Seele künstlich an den Leib) falsch ist, denn sie ist in jedem Fall nur äußerer Spiegel einer inneren Situation. Sie gibt also nur das wieder, was ohnehin zu der Situation dieses Menschen gehört. Ich verwende dieses Bild nur, um das hier behandelte Phänomen besonders anschaulich zu machen. Es ist nur die Extremform dessen, was uns alle – wenn auch in anderer Form – betrifft. Wir sind alle so sehr an den sichtbaren Leib gebunden, daß der Tod zu einer der kompliziertesten Begebenheiten wird.

In früheren Jahrtausenden gab es andere Methoden, um diesen »Bindungszauber« – und eine Intensivstation ist nichts anderes als ein »Bindungswerk« – zu vollführen. Eine der bekanntesten Techniken ist das Mumifizieren von Toten, wie es hauptsächlich in Ägypten betrieben wurde. Nicht umsonst wurde der Leib der Toten hier in einer besonderen Prozedur mit »Binden« umwickelt, so daß die altägyptische Grabkammer *noch heute* die Funktion erfüllt, die Seele (oder sagen wir besser, Teile davon) an den mumifizierten Leib zu binden. Es klingt paradox und doch ist es so. Der Schlauch auf einer Intensivstation zu einem lebenden Leichnam vollzieht die gleiche Bindungsmagie wie die Wickelbinde in den Mumifizierungskammern der ägyptischen Kulturen.

Beide Prozeduren dienen dazu, sich vom Leib nicht lösen zu können, den Leib – koste es, was es wolle – zu erhalten.

Diese Bilder sollen reichen, dir zu verdeutlichen, wo das Problem liegt. Es gibt eine Bindung von »Dir« zu deinem Leib, und an dieser Bindung hältst du fest. Nur ja nicht das eine vom anderen lösen, sagt eine innere Stimme in dir. Und jetzt unternimmst du – je älter du wirst – alles, um den Termin, zu dem das ja unweigerlich geschehen muß, so weit wie möglich in die Zukunft zu verschieben. Du möchtest lange leben, d. h., dem Tod so viel Zeit wie möglich abtrotzen. Es ist dies letztlich das alles beherrschende Thema, das für dein Leben wahrhaft zählt.

Das hinter diesem Gebilde liegende Thema heißt »Angst«. Eine Angst freilich, die zwei Seiten hat. Die eine Seite flüstert dir ein: weiterzuleben, denn wer weiß, was danach kommt. Hier kennst du dich aus, hast deine Papiere alle griffbereit, hier kann dir – außer den schon bekannten Problemen – nichts passieren, damit wirst du schon irgendwie fertig werden. Aber wer weiß schon, was »drüben« geschieht. Natürlich kann es sein, daß da nichts mehr ist, gar nichts. Aber das wäre schon schlimm genug. All die kleinen Annehmlichkeiten des Lebens, die Menschen, Kinder, Videofilme, alles wäre weg. Es könnte aber auch sein, daß das, was die Kirche erzählt – von Hölle und Fegefeuer – wahr ist und dann? Wie ein Heiliger hast du nicht gerade gelebt. Das ist die subjektive Seite der Angst. Sie ist schon problematisch genug. Es gibt aber auch eine objektive Seite der Angst. Da weiß das »Du«, das ich hier immer wieder anrede, daß es seine Dinge noch nicht in Ordnung gebracht hat, daß die Bilanzen noch nicht geschlossen sind. Soll und Haben stimmen noch nicht überein, es gibt noch Gläubiger und Schuldner. Kurz, das Leben ist noch nicht abgeschlossen und wenn ein Fehlbetrag in die neue Inkarnation hineinkommt, wird es einen schweren Start geben. Was sich hier wie doppelte Buchführung anhört, ist in unserer Seele eher ein Gefühl, mit dem Gesetz in Konflikt geraten zu sein und den Ausgleich noch nicht hergestellt zu haben. Wir finden, diesen Ängsten folgend, Menschen vor, die nicht sterben können. Sei es, daß das subjektive Geschehen (»mein Gott, was kommt dann«), sei es, daß das objektive Geschehen (»es gibt noch ein Geheimnis in meiner Seele und das möchte ans Licht«) diesen Akt noch nicht zulassen. Warum schreibe ich diese Sätze über den Tod?

Aller Wahrscheinlichkeit nach stehst du, der Leser, gerade nicht an dieser Stelle, hast also noch viele Jahre deines Lebens vor dir und dieses Thema hat in dir noch viel Zeit.

Nun, das Thema »Sich-lösen« ist kein Thema, das der Stunde des Todes vorbehalten ist. Es betrifft dich in deinem Leben ebenfalls (so hoffe ich) einige Male. Das Seelenthema »Loslassen« berührt »Beziehungen« ebenso wie »Hobbies«, »Eigentumshäuser« ebenso wie »Bücher«, »Gurus« ebenso wie »Meinungen über dich« (und die Welt). Hast du in deinem Leben kräftig geübt – und niemand tut das erst einmal freiwillig – so lernst du, Stück für Stück auch den letzten Akt irgendwann einmal ganz bewußt zu vollführen. Du gehörst dann hoffentlich nicht zu jenen, die weder leben noch sterben können und sich drei Jahre lang zum Sterben hinlegen müssen. Man weiß schon, es geht zu Ende, aber der, der jetzt diesen Schritt vollführen müßte, vollzieht ihn nicht. Er geht nicht, und eine elende Quälerei für ihn und seine Angehörigen ist die Folge.

Du findest hier jenes Bild, das auf den ersten Blick pietätlos, ja grausam anmutet. Nach dem dreißigsten Besuch im Krankenhaus sagt sogar die eigene Frau: »Hoffentlich stirbt er endlich.« Meist traut sie sich nicht, es laut zu sagen, aber sie spürt deutlich, etwas in ihr sagt es. Das ist nicht unbedingt pietätlos, sondern (oft) die ganz normale Reaktion der Seele auf eine Quälerei, die sie in einer ihr nahestehenden Seele wahrnimmt.

Derartige Tode – bzw. deren Unmöglichkeit – deuten in der Regel darauf hin, daß eine Bindung – zumeist ein früheres Ereignis – noch nicht verarbeitet ist. Und daß – so widersinnig es auch erscheinen mag – noch auf dem Totenbett Therapie gemacht werden muß.

Der Sterbende muß gefragt werden »Was hält dich hier noch fest, warum kannst du nicht gehen, was in deiner Seele hat jetzt noch die Chance, ans Licht zu kommen?«

Daß dieses Werk nicht unbedingt von einem professionellen Therapeuten durchgeführt werden muß, sondern von *jedem* Familienmitglied in Angriff genommen werden kann, versteht sich von selbst.

Ja, wenn die Familienmitglieder unter diesem Nichtgehenkönnen leiden, so ist es fast mit Sicherheit so, daß dieses schlummernde Gespenst eben gerade die Familie als Ganzes angeht, und dann *muß* sie diesen Akt selbst durchführen. Freilich ist dazu rückhaltlose Offenheit notwendig.

Der Sterbende muß als erstes *wissen*, daß er ein Sterbender ist. Wer einem Sterbenden diese Wahrheit vorenthält, darf sich nicht wundern, daß er nicht sterben kann.

Ärzte gehen hier nicht immer mit gutem Beispiel voran. Da sie mit dem Tod ein großes Problem haben, sonst wären sie nicht Ärzte geworden, sonst hätten sie nicht den Eid des Hippokrates geschworen »das Leben zu achten und zu erhalten« (koste es, was es wolle), sind sie nur selten in der Lage, die Wahrheit zu sagen, denn die Wahrheit bedeutet hier immer ein Eingeständnis ihrer eigenen Grenzen. Der Schatten jedes Arztes ist der Tod.

Der Patient muß jetzt genügend Zeit haben, diese Wahrheit zu verdauen, dann erst können die oben formulierten Fragen besprochen werden. So kann man Sterbenden helfen. (Die Wahrheit ist, man hilft eigentlich sich selbst, denn das Gespenst, das hier zum Vorschein kommt, hat immer mit der eigenen Vergangenheit zu tun.)

Man hilft, indem man buchstäblich die Möglichkeit bietet, zu beichten: zu fragen, »Was drückt noch so auf deine Seele, daß du – ohne es ausgesprochen zu haben – nicht gehen kannst?«

Es gibt Fälle, da wird der Kranke an dieser Beichte gesund. Dann schadet es ja auch nichts. In den weitaus meisten Fällen kann er jedoch nach der »Beichte« beruhigt sterben.

Für die Angehörigen stellt sich jetzt natürlich die Frage, ob sie damit nicht schuldig an seinem Tod werden. Die Antwort ist ja, wenn man es »Schuld« nennen will, daß er sich jetzt lösen kann, daß er jetzt beruhigt seinen letzten Atemzug tun kann, dann sind sie in der Tat schuld. Ich nenne es freilich nicht Schuld, sondern »Erlösung«.

Steht man allerdings weiterhin unter dem Bann der herkömmlichen Meinung, daß der Tod das Schlimmste ist, was einem passieren kann, so sollte man mit einem derartigen »Therapieprogramm« sehr vorsichtig sein. *Entweder* wird der andere daran gesund, daß er sein aus früheren Zeiten stammendes Gespenst ans Licht bringen kann, *oder* er wird jetzt mit mehr Gelöstheit sterben. Beides ist möglich. Solange er jedoch »Sterbender« ist, kann er weder leben noch sterben. Er sitzt irgendwo dazwischen, seine Seele leidet – und die Seelen seiner Angehörigen leiden mit.

Veronikas Seele leidet nicht mehr. Sie ist gar nicht krank. Veronika ist keine »Sterbende«. Eigentlich hätte sie ihr ganzes Leben noch vor sich, und doch stirbt sie. Wie ist das zu erklären?

Veronika ist ein Sonderfall. Sie ist *gelöst*, sie hat keine Bindungen mehr. Johannes war die letzte Bindung, die sie hatte.

Schauen wir uns noch einmal ihr seelisches Umfeld an, so wie das Buch es uns am Anfang präsentiert. Wer waren die wichtigsten Figuren, jene also, an die sie gravierend (d. h. von der Anziehungskraft, der Gravitationskraft her) gebunden war, wie sah Veronikas Umkreis (-ungsgefüge) aus?

- Johannes (sichtbar)
- Kater Mutzeputz (sichtbar)
- Magister Mützchen (unsichtbar)
- Mutter (sichtbar)
- Engel mit den drei Lichtern (unsichtbar)
- die graue Frau (unsichtbar)
- Tante Mariechen (sichtbar)
- der blöde Peter (sichtbar)
- Peters Hund Zottel (sichtbar).

Menschen sind keine mathematischen Formeln und ich bezweifle, daß ich die richtigen sichtbaren und unsichtbaren Figuren hier getroffen habe. Wir dürfen nicht vergessen, es handelt sich um einen Roman, und der Autor wußte nichts von dem System, das ich hier für die Analyse angewendet habe. Er schrieb aus seiner Seele heraus ein Buch über seine Planetenbahnen. Wir sollten deshalb im Einzelfall nicht zu genau am Buchstaben kleben. Ob Peters Hund Zottel tatsächlich eine wichtige Figur im Leben Veronikas war, wer vermag das zu sagen. Ob statt dessen ihr Vater, von dem wir nur eine Zeile besitzen, diesen Platz einnehmen muß, wissen wir nicht. Entscheidend für uns ist es, zu sehen, daß die in der Geschichte vorkommenden Personen am Ende der Erzählung ihren Gegenpart gefunden haben und damit ausbalanciert sind.

Du als Leser solltest daran denken, daß hier nicht so sehr Veronikas Geschichte von Wichtigkeit ist, sondern deine eigene. Wenn du dir am Bild der Veronika nur über eine einzige Person deines eigenen Planetenumkreises klargeworden bist, hat dieses Buch seine Funktion längst erfüllt.

Im Verlaufe unserer Geschichte sind durch Konfrontationen folgende Ebenen wenn nicht gegen 0, so doch in eine Entwicklung gegen 0 gegangen:

- Johannes in der Begegnung mit Aron Mendel
- der blöde Peter in der Begegnung mit Pfarrer Haller
- die graue Frau in der Begegnung mit dem Wunder der Kröte
- der Engel mit den drei Lichtern in der Begegnung mit den drei Flammenwesen
- Mutzeputz (als Tier) ist gestorben, als die Begegnung mit der Kröte vorüber war
- Johannes (als Michailles Geliebter) in der Begegnung nach dem florentinischen »Tanzfest«.

Das sind im wesentlichen die Personen, an die Veronika gebunden war. Magister Mützchen hatte noch keine Begegnung mit seinem anderen Teil – sieht man einmal von den drei Flammenwesen ab, mit denen er sich freilich nicht auseinandergesetzt hat. Infolge dessen geht Magister Mützchen, von dem noch keine »Lösung« erfolgt ist, mit auf die andere Seite. Er wird – so dürfen wir schlußfolgern – auf der anderen Seite von Veronika noch gebraucht. Aber das wäre eine neue Geschichte, die der Dichter uns schuldig geblieben ist.

Drüben trifft Veronika den Kater Mutzeputz, von dem sie sich auch noch nicht restlos gelöst hat. Von ihm war sie »hier« durch seinen Tod getrennt worden und also gelöst, aber noch nicht »da«. Veronikas Weg ist *hier* zu Ende. Von ihrer Mutter, die in dem ganzen Buch kaum vorkam, von Tante Mariechen, die nur die direkte materielle Welt repräsentierte (sagen wir einmal die Stier-*Venus*), mit der Veronika kaum etwas im Sinn hatte, bedarf es keiner großen Lösung. Sie sind ebenso wie ihr Vater – Johannes spricht es einmal aus – keine »geistigen Verwandten«. »Ich achte gewiß die Verkettungen des Blutes, aber man muß sich nicht darüber täuschen, daß sie nur an zweiter Stelle stehen.» Veronika ist zurückgekehrt ins Kinderland. Nur von diesem Land aus, dem Land der Mythen und Märchen, kann eine letzte Anstrengung unternommen werden, den Gral zu finden. Nur hier in der Welt des Inneren kann dieser letzte Kampf durchgeführt werden. Veronika stirbt deshalb nicht im üblichen Sinn, weil es keinen Widerstand mehr gegen das Lösen gibt. Wer sich hier nicht mehr wehrt, hat auch hier keinen Garten mehr zu bestellen. Sie gleitet hinüber in das andere Reich, wo die anderen schon auf sie warten.

Wo ihr als erster Jesus Christus gegenübertritt, jene Seelenfigur, die eine neue Aufgabe verheißt. Wir wissen nicht, wie diese Aufgabe für Veronika aussieht. Wir wissen, sie hat mächtige Verbündete an diesem Ort, an dem sich ein neuer Seelenkreis bildet.

Und natürlich beginnt das Theaterstück hier aufs Neue, denn vier ihrer Planetenbahnen kennen wir schon:

- Magister Mützchen
- den Kater Mutzeputz
- den Engel mit den drei Leuchtern
- und Jesus Christus.

Diese Wesenheiten sind jetzt um Veronika herum. Alle vier vorerst im Unsichtbaren. Und so ist es nur natürlich, daß Veronika sich jetzt aus dem Jenseits heraus wieder zu Wort meldet. Doch wir wollen nicht vorgreifen, davon handelt unser letztes Kapitel.

Veronika hat sich von ihrem Leib gelöst, und da der Leib nur ein Symbol war, nur ein Gleichnis ist für die »materielle Welt«, heißt das auch, Veronika ist für diese Welt gestorben. Ihr Interesse an der Welt ist erloschen, weil alle materiellen Planetenbahnen zum Stillstand gekommen sind. Im Materiellen bewegt sich nichts mehr für sie, sie wird nicht mehr vom Materiellen bewegt.

Heißt das jetzt, daß sie nicht mehr inkarnieren muß? Nein, das nicht.

Nach allem, was wir davon wissen, findet eine Begegnung mit der dunklen Sonne nur statt, solange man in der Sichtbarkeit ist, wenn auch diese Begegnung letztlich keine sichtbare ist. Zwar ist es eine innere Auseinandersetzung, aber sie findet *hier* statt. Die Suche nach dem Gral muß immer real betrieben werden und ist auch immer real betrieben worden (die »Artus-Sage« berichtet davon, ebenso der »Parzifal«). Auch die Alchemisten, die nichts anderes gesucht haben (nur haben sie ihren Gral den »Stein der Weisen« oder das »Lebenselixier« genannt) haben ganz real ihre Tinkturen angesetzt, haben Chemikalien »gebunden und gelöst«, obwohl sie wußten, daß es in der Sichtbarkeit nichts zu erzielen gibt. Sie haben für das, was ich hier die »dunkle Sonne« oder die »Gegensonne« genannt habe, die Bezeichnung »Die Sonne um Mitternacht schauen« gehabt. Dies ist ein Vorgang, der wieder auf ein Paradoxon zielt: Ich muß losziehen und etwas Sichtbares suchen, damit ich etwas Unsichtbares finden kann.

Auf diesem Weg befindet sich jetzt auch Veronika. Ihre Erzählung stoppt freilich an der Stelle, an der es wirklich darum geht, den Stein der Weisen zu finden. Warum? Weil wir alle nicht an dieser Stelle sind.

Wir, die wir im Moment auf Erden weilen, haben genug damit zu tun, unsere sichtbaren Planetenbahnen zu bearbeiten, so wie Veronika uns ein Bild dafür gibt.

Wir haben die Aufgabe, die eine Bahn mit ihrer Gegenbahn zu versöhnen, damit es in unserer Seele Frieden geben darf.

Wir können begreifen lernen, daß unsere Mutter ggf. mit Hilfe unseres Kindes in einen Ausgleich zu bringen ist; oder der Kanarienvogel unserer Kindheit mit der Katze unserer Erwachsenenzeit; oder der Onkel Franz mit unserem jetzigen Chef etc.

Wir können begreifen lernen, daß wir *heute* nur deshalb eine derartige Beziehung haben, weil wir im Damals etwas (eine andere Person aus unserer Seele) noch nicht verstanden haben. Das eine berührt immer das andere und das andere immer das eine.

Damit wir eines Tages, wenn es an unser eigenes Sterben geht, sagen können, die Bücher sind geschlossen, die Konten sind gegen 0 gegangen, wir haben unsere Bindungen gelöst.

Diese Aufgabe ist sehr schwer. Wir haben bei Veronika gesehen, was alles dazugehört, welche Bereiche berührt werden müssen. Es sind sechs sichtbare und drei unsichtbare.

In den Tagen, in denen ich diese Zeilen schreibe, ist Pluto, der Gott der Unterwelt, astronomisch gesehen wieder in sein eigenes Zeichen, das des Skorpions, zurückgekehrt. Er tut das nur alle 250 Jahre und wird ca. zehn Jahre in diesem Zeichen verweilen. Dies ist ein Zeichen dafür, daß heute allenthalben *auch* Begegnungen mit den dunklen Heerscharen stattfinden, daß die Mächte der Finsternis unterwegs sind und geschaut werden müssen. Sie geben heute bereits einen Vorgeschmack darauf, was eines Tages zur Hauptaufgabe wird, nachdem die unteren Bahnen gelöst sind. Es liegt an uns, ob wir diesen Vorgang freiwillig – so wie Veronika freiwillig in das grüne Zimmer gegangen ist – durchführen oder ob diese Mächte von hinten auf uns zukommen werden. Ihr Name lautet immer »Besessenheit«, und ob sie – wie bei Veronika — ein Zimmer besetzen oder etwas anderes tun, *sie sind auf jeden Fall ein Teil von uns.*

20 Die Auferstehung

Veronika wird beerdigt. Der Winter zieht ins Land. Der Frühling kommt.

Johannes Wanderer steht im Garten und bereitet die neue Saat. Er sieht alt aus. Die Bürde des Winters lastet schwer auf ihm.

Peter kommt durch das Gartentor gelaufen, sein Gesicht strahlt in einer eigenartigen inneren Würde: »Ich habe heute nacht von Veronika geträumt, Onkel Johannes«, berichtet er aufgeregt, »sie sah ganz wunderschön und hell aus. Sie sagte zu mir: »Es ist Morgen geworden, geh zu Onkel Johannes und erzähle es ihm.«

»Das hat sie wirklich gesagt, es ist Morgen geworden?«, fragt Johannes leise.

»Ja, Veronika hat auch gesagt, ich soll aufschreiben, was sie mir gesagt hat, und das will ich jetzt tun.«

»Kannst du denn jetzt schreiben, Peter?«

»Ja, ich glaube es«, antwortet der Blöde, der noch nie ein Wort zu Papier gebracht hat.

Johannes holt Papier und Bleistift und Peter setzt sich hin, das Papier auf den Knien, und schreibt in einem Zuge: »Es ist Morgen geworden.«

In seinen Augen stehen Tränen, Johannes Wanderer und Zottel schauen auf den ersten Satz im Leben dieses jungen Menschen.

Ulla Uhlberg kommt durch das Gartentor.

»Peter kann schreiben«, sagt Johannes zu ihr, »er hat geschrieben, daß es Morgen geworden ist. Veronika hat es ihm im Traum gesagt.«

»Dann laß es auch für uns Morgen werden, Johannes. Sieh einmal, auch ich habe es gelernt, mein Leben nur zu bejahen, indem ich alles Leben bejahe und heilige. Ich will Irreloh neu bauen, aber anders, als es war. Es soll Menschen und Tieren eine Hilfe werden, es gibt ja so viele, die Hilfe brauchen. Auch für dich und für Peter gäbe es da vieles zu tun. Wenn ich so das Leben bejahe, Johannes, willst du mir dann helfen?«

»Ja, das will ich tun, Ulla Uhlberg«, sagt Johannes Wanderer, »wir wollen zusammen die Erde umgraben für eine neue Saat, für das Jugendland der Lebenden und der Toten.« Und er stieß den Spaten tief in die feuchte Frühlingserde.

In derselben Nacht sitzt Johannes Wanderer noch lange wach. Vor ihm brennen wieder die drei Kerzen im Andenken an die drei Lichter der kleinen Veronika. Es ist sehr still, friedvoll, aber auch einsam hier in der Stunde nach Mitternacht.

Auf einmal wird es licht im Zimmer, und Veronika steht inmitten dieses Lichterglanzes. Sie sieht größer aus als vorher, wie ein erwachsenes junges Mädchen.

»Bist du endlich wiedergekommen, Veronika?«

»Ja, Johannes, es ist Morgen geworden.«

»Die Nacht war dunkel und lang, Veronika.«

»Ich weiß es, Johannes, du hast eine Bürde für mich auf deine Schultern genommen, ich danke dir dafür. Ich weiß es auch, daß es eine schwere Bürde war.«

»Die Bürde war schwer, weil ich dich sehr liebte, Veronika, und weil ich mich sehr nach dir gesehnt habe.«

»Ich habe mich ausruhen müssen, Johannes, man erlebt so viel auf dem Weg über die silberne Brücke. Darum kam ich nicht eher. Aber ich werde nun oft zu dir kommen. Auch Peter habe ich besucht, und ich war im Haus der Schatten bei Mama und bei Tante Mariechen. Aber sie sahen mich nicht. Du mußt ihnen helfen, daß sie mich sehen, Johannes.«

»Ich habe das schon oft versucht, Veronika, ich habe es viele Male versucht. Sie sind noch so sehr in dieser Welt befangen. Aber sie tragen eine schwere Bürde um dich und unter der Last werden sie lernen, mit den Augen der Tiefe zu sehen. Sei oft bei ihnen, Veronika, einmal werden sie dich sehen oder sie werden dich ahnen. Dann werden sie den Frieden finden und den Weg ins Licht.«

»Ich will das tun, Johannes, und auch zu dir werde ich nun häufig kommen. Mitternacht ist vorüber und es ist Morgen geworden. Der Gral ruft alle seine Streiter auf für der Menschheit Jugendland. Ich wirke mir die silberne Rüstung, Schild und Schwert und ich werde an deiner Seite stehen, wenn der Kampf mit den dunklen Mächten beginnt und du deinen Schild hältst über denen, die wehrlos sind.«

»Das ist ein schöner Gedanke, Veronika, das war es immer, was ich mir gewünscht habe, daß du so an meiner Seite stehst. Der Preis ist den Kampf wert, und wir werden siegen, Veronika.«

»Ja, Johannes, wir werden siegen, und der zerstörte Tempel wird wieder aufgebaut. Leb wohl, Johannes, ich werde bald wiederkommen.«

»Ja, komme bald wieder, Veronika.«

Veronika löst sich auf im Licht, aus dem sie gekommen ist. Johannes Wanderer aber sitzt regungslos vor den Kerzen, bis sie gänzlich herabgebrannt sind.

Die Nacht ist zu Ende. Es wird hell und Johannes Wanderer tritt hinaus in den Garten.

Die Sonne ist aufgegangen.

In der jungen Frühlingserde leuchten die ersten drei blühenden Blumen im gleichen Morgenlicht, wie oben in Gottes Garten die drei Lichter der kleinen Veronika (S. 160ff).

Der Roman ist zu Ende, das Leben beginnt.

Es ist – ich muß es hier noch einmal betonen – nicht das Ende der Veronika. Auch der Dichter läßt hierüber keinen Zweifel. Die Geschichte beginnt neu. Auf einer neuen Ebene von vorne. Veronika ist gestorben, Veronika ist auferstanden. Der König ist tot, es lebe der König.

Der Tod eines Prinzips ist die Geburt eines neuen Prinzips.

Nur was im Fleisch gestorben ist, kann im Geist auferstehen. Das alte Prinzip der Homöopathie gilt nämlich nicht nur für Mineralien (Natrium muriaticum), nicht nur für Pflanzen (Belladonna), nicht nur für Tiere (buffo, die Kröte), sondern ganz ebenso für Menschen.

Auch Veronika ist jetzt zu einem Heilmittel geworden, zu einem »Geist-Prinzip«. Sie *mußte* sterben, damit sie als geistiges Heilmittel auferstehen konnte.

Eine derartige Potenz nennen wir einen *Geistführer*, einen Psychopompus. Doch damit du nicht glaubst, ich rede hier von einer Geschichte, die vielleicht den blöden Peter oder Johannes oder Pfarrer Haller betrifft, muß ich gleich deutlicher werden.

Das Buch »Die drei Lichter der kleinen Veronika« ist als solches eine homöopathische Potenz. Und sie wirkt auf jeden, der sie bewußt zu sich nimmt.

Das Buch beschreibt den Weg eines Heilmittels, das Prinzip des Heilens schlechthin und wird darin selbst zum Heilmittel.

Das ist nun wiederum etwas, was mit der herkömmlichen Logik kaum in Übereinstimmung gebracht werden kann. Um dieses Prinzip zu illustrieren, möchte ich dir eine alte jüdisch-chassidische Geschichte wiedergeben:

Wenn der Baal-schem etwas Schwieriges zu erledigen hatte, irgendein geheimes Werk zum Nutzen der Menschen, dann ging er an eine bestimmte Stelle im Wald, zündete ein Feuer an und sprach, in mystische Meditationen versunken, Gebete – und alles geschah, wie er es sich vorgenommen hatte.

Wenn eine Generation später Rabbi Dow-Bär, der Maggid von Mesritsch, dasselbe zu tun hatte, ging er an jene Stelle im Wald und sagte: »Das Feuer können wir nicht mehr machen, aber die Gebete können wir sprechen« – und alles ging nach seinem Willen.

Wieder eine Generation später sollte Rabbi Mosche Leib aus Sassow jene Tat vollbringen. Auch er ging in den Wald und sagte: »Wir können kein Feuer mehr anzünden, und wir kennen auch die geheimen Meditationen nicht mehr, die das Gebet beleben; aber wir kennen den Ort im Wald, wo all das hingehört, und das muß genügen.«

Und es genügte.

Als aber wieder eine Generation später Rabbi Israel von Ruzhin jene Tat zu vollbringen hatte, da setzte er sich in seinem Schloß auf seinen goldenen Stuhl und sagt: »Wir können kein Feuer mehr machen, wir können keine Gebete sprechen, wir kennen auch den Ort nicht mehr, aber wir können die Geschichte davon erzählen.«

Und, so fügt der Erzähler S. J. Agnon hinzu, seine Erzählung allein bewirkte das gleiche wie die Taten der drei anderen.

(Aus »Ostjüdische Geschichten«, Eugen Diederichs Verlag 1988, S. 214)

Auch auf uns, die wir Veronika nicht gekannt haben, die wir Manfred Kyber nicht gekannt haben, die wir aber die Geschichte kennen, weil wir sie gelesen haben, auch auf uns übt sie ihre geheime – und d. h. letztlich nicht verstehbare – Wirkung aus.

Wenn es auch wie ein Scherz klingt, so wage ich doch ernsthaft zu behaupten, daß »Die drei Lichter der Veronika« in den Arzneimittelschatz eines jeden Therapeuten gehören und das Buch sollte bei dem Vorliegen bestimmter Probleme (insbesondere bei Existenz- bzw. Lebensängsten) regelrecht verordnet werden.

»Veronika in der ⊖« (⊖ heißt »Urtinktur«), könnte auf dem Rezept stehen.

Die Geschichte wirkt in sich.

Aber welcher Heilungs-Zauber ist hier am Werk?

Wir können ein Heilmittel nur beurteilen, wenn wir seinen *höchsten Repräsentanten*, gleichsam seinen Prototypen, kennen. Unsere abendländische Geschichte kennt nur eine Repräsentanz, die – durch die Geschichte hindurch – sich heilsverbürgend aufgebaut hat. Diese Repräsentanz ist Jesus, der Christus. Er ist der Heilsträger, der Bringer des Heils und damit der Überträger der Heilung, sein Name ist »Heiland«.

Die Schwierigkeit, das Heilsprinzip an seiner Person modellhaft herauszuarbeiten, besteht darin, daß seine Gestalt *in unsrer individuellen Geschichte* zumeist deformiert worden ist. Eltern, Pfarrer, der Religionsunterricht, die staatlichen Institutionen haben alles unternommen, daß sein Name in unserem Inneren korrumpiert worden ist. Die meisten von uns sind unter dem Stichwort »Christus« durch eine derart harte Schule gegangen, daß der Name fleckig geworden ist.

Doch die Geschichte, die ich hier erzählen möchte, hat nichts mit dem zu tun, was du von der Kirche her kennst. Es geht also nicht um das Christentum mit all seinen Verboten und Pflichten, sondern es geht um das *Prinzip der Heilung.*

Und dieses Prinzip lautet: Jesus hat seinen Leib gegeben, Jesus hat sein Blut gegeben, daß er als *Idee*, als *Prinzip*, als höchste Verkörperung eines Heilsgesetzes *im Geiste* wiederauferstehen konnte.

Nach dieser Idee, nach diesem Prinzip wird heute noch im Abendmahl sein Leib und sein Blut dem zu heilenden Christen dargeboten.

»Nehmet hin, das ist mein Leib.
Nehmet hin, das ist mein Blut.«

Sein Leib und sein Blut werden gereicht, auf daß er, der *für uns* gestorben ist, durch *seinen* Geist leben und in uns das Heilsgeschehen einleiten kann. Das ist Modell und Grundlage der *christlichen Heilkunst.*

Man könnte nun einwenden, es müsse ja nicht die christliche Heilkunst sein, es gebe ja auch noch andere Heilkünste.

Die Antwort darauf ist, daß es keine anderen Heilkünste gibt. *Jede* Heilkunst folgt dem Modell der *Auferstehung im Geiste.* Es ist das einzige Heilsgesetz, das es gibt. Wo immer es sich um *Heilung* handelt, ist das Prinzip des Todes (Kap. 19) und das der Auferstehung (Kap. 20) am Werk.

Das heißt jetzt nicht, daß alle anderen Heilverfahren wirkungslos wären, so lange sie sich nicht christliche Heilkunst nennen. Namen sind Schall und Rauch. Aber entweder *betreiben* sie christliche Heilkunst oder sie sind in der Tat wirkungslos. Man muß in seiner Arbeit als Therapeut nicht Christ sein, man kann das Christentum verdammen, hassen (dazu gehört nicht viel). Wenn man hier und heute bei Heilungen hilft, dann handelt es sich um dieses Prinzip. Jedes Heilungsgeschehen bezieht seine Wirksamkeit aus dem alten Modell, das in der Geschichte von Jesus, dem Christus zusammengefaßt ist. Die Geschichte dieses Menschen *ist* das Heilsprinzip, *zu einer Geschichte verdichtet.* Es geht nie um ein anderes Prinzip, und es wird nie ein anderes Prinzip geben, egal welche Namen man dieser alten Geschichte gibt. Ob man sie »Veronika«, »Faust«, »Die göttliche Komödie«, »Der dunkle Kristall« (als Film eine ähnlich starke Potenz wie »Veronika« als Buch) oder wie auch immer nennt, man kann nur behandeln, indem man diese »alte Geschichte« wiederauferstehen läßt. Die meisten der heutigen Therapien arbeiten nach diesem Prinzip, die wenigsten wissen es. Ob ich in eine alte Narbe (also in totes Gewebe) hineinsteche, wie in der Neuraltherapie, ob ich in eine alte (abgestorbene) Muskelverspannung hineingreife und sie wieder auferstehen lasse (wie in der Bioenergetik, der Massage oder dem Rolfing), ob ich alte Tode buchstäblich wiederauferstehen lasse (wie in der Reinkarnationstherapie), oder alte seelische Wunden der Kindheit wieder aufreiße (wie in der Psychoanalyse), das A und O jedes Therapiegeschehens – soll es wirkungsvoll sein – ist die Wiederauferstehung, im Großen wie im Kleinen. Veronikas Leib ist tot, ihre Seele ist von den wichtigsten Bindungen gelöst, ihr Geist ist auferstanden. Er ist jetzt das Heilmittel. Wenn Otto Buchinger, ein begnadeter Arzt, in seiner Aphorismensammlung »Unterwegs« schreibt:

»Jeder liebe Heimgegangene wird zum Psychopompus,
zum Seelenbegleiter. Wie deutlich spürt man oft seine Nähe!«

so sagt er damit auch, daß *jeder* von uns einen derartigen Begleiter hat. Die wenigsten freilich haben sich so sehr bereit gemacht (wie Johannes), daß sie ihn auch ahnen (oder sogar sehen) können. Jeder trägt dieses Heilmittel in sich, den inneren Arzt, wie manche sagen. Ob dieses Heilmittel den Namen »Veronika« oder den Namen deiner vor dreißig Jahren verstorbenen Großmutter trägt, ist für das Geistprinzip unerheblich.

Wir können es auch anders formulieren. Jeder »Heimgegangene« hat (wenigstens) einen Menschen hier auf Erden, den er betreut, den er zur Wahrheit (und d. h. »Heilung« im Klartext) hinbewegen möchte.

Veronika weiß, solange ihre Mutter und Tante Mariechen noch nichts von dem Heilsgedanken wissen wollen, solange sie noch so weit von ihm entfernt sind, ist ihre, Veronikas, Arbeit an ihrer eigenen Seele noch unvollständig. *Sie* hat diese Teile in sich noch nicht nach Hause gebracht. So wird sie zum Seelenführer. Mariechen und ihre Mutter sind noch – ohne daß sie es wissen und ohne daß das etwas Böses wäre – im Banne der dunklen Heerscharen. Die Arbeit ist noch nicht beendet.

Wir wissen schon, daß Veronika das für sie Wesentliche bereits gelernt hat. Jetzt kommt das, was in zweiter Linie wichtig ist. Jetzt heilt Veronikas Geist als erstes Peter, der noch nie in seinem Leben einen Satz geschrieben hat.

Freilich schreibt Peter jetzt noch keinen Roman, die Heilung hat erst begonnen, aber der erste Schritt ist getan. Sie heilt Johannes, der so lange auf sie gewartet hat mit der schweren Bürde auf seiner Schulter, und sie beginnt, die Mutter und Mariechen zu heilen; es ist ein weiter Weg, aber der erste Schritt ist getan.

Kommen wir noch einmal zurück zu dem Heilungsgedanken.

Jede Heilung ist ein *Prozeß*, der über das Ineinandergreifen von Gliedern verläuft. Solange die Glieder getrennt sind, bist du in der Phase des »Unheilseins«, des Krankseins. Solange Pfarrer Haller den blöden Peter als von sich getrennt erlebt – (d. h. sich als etwas Besseres dünkt) – sind die beiden Glieder nicht vereint. Sie müssen sich aneinander abarbeiten, bis sie das jeweils andere in sich aufgenommen haben. Sind sie vereint, so müssen sie sich jetzt vereint einem neuen Stück zuwenden, von dem sie nach wie vor getrennt sind. Man könnte es das »karmische« oder »kosmische Reißverschlußprinzip« nennen. Auch im Reißverschluß greift ein Glied in das andere und wird mit ihm (über Druck, wie im Leben) verbunden, vereint. Und ich kann das fünfte Glied auf der einen Seite nur mit dem fünften Glied auf der anderen Seite verbinden, nachdem ich vorher die Glieder eins bis vier auf der einen Seite mit den Gliedern eins bis vier auf der anderen Seite verbunden habe.

Nur das heißt Heilung, sonst nichts.

Die Glieder zu verbinden.

Das geht nie ohne Arbeit, ohne Schmerzen, ohne Druck. Jede Arbeit in dieser Richtung trägt zur Heilung bei, keine *ist* Heilung, weil es endgültige Heilung nicht gibt. Oder wie der Name schon sagt – erst am Ende. Aber da stehen wir noch lange nicht.

Wie die endgültige Heilung im Falle der Veronika aussehen wird, das zu prognostizieren, ist niemand in der Lage.

Wir kommen dem Fall einer endgültigen Heilung freilich dadurch näher, daß wir uns das Vorbild einer derartigen Heilung immer wieder vor Augen halten. Wie dieser *letzte* Heilungsvorgang der Idee nach gedacht werden kann, entnehmen wir, als Bild, einem Text von Erwin Reisner.

In dieser Geschichte – sie handelt von Jesus in dem Moment, in dem er zum Christus wird – wird auch deutlich, warum wir Heutigen diesen Vorgang immer noch als Modell für jedes Heilsgeschehen wählen dürfen.

Hier begegnen sich jetzt wahrhaft nur noch die *beiden Sonnen*, die dunkle und die helle. Die Geschichte heißt »Der Gott und der Götze.«

»Es ist die Zeit der Sonnenfinsternis, die dem Erdbeben vorangeht. Durch die Nacht strahlt wie Phosphor der bleiche Leib des sterbenden Gottes, aber er strahlt, ohne zu erleuchten. Auch die Sterne haben ihr Licht verloren; denn alles Helle hat ER in sich genommen.

Einsamkeit umgibt das Kreuz, und die Erde ist wie ausgestorben. Da ruft zwischen Todesröcheln der Heiland über die Öde hinweg:

»Gott, mein Gott! Warum hast du mich verlassen!«

Sein Ruf findet keinen Widerhall. Die Natur erkennt die Stimme nicht mehr, wie sie das Licht nicht mehr kennt.

Aber aus der Dunkelheit ballt sich der Gegengott. Auf schwarzen Wolken thronend, schwebt er heran vor das Kreuz.

– Es ist Shiva, der Zerstörer, es ist Priapos mit dem obszönen Symbol, mit der höhnenden Fratze dessen, was man Liebe nennt. Und der Götze spricht:

»Wen rufst du? Nur wir sind noch; nur du bist und ich, dein ewiger Gegensatz, sonst nichts mehr. Du rufst nach dem Gott, den du auf dich gezogen hast. In deinem Streben nach eigener Göttlichkeit hast du die Welt entgottet; wo ist noch ein Gott außer dir?

Deinen Haß wolltest du ausrotten, aber indem du dein Schwert gegen ihn erhobst, verfielst du ihm. Nun hat sich dein Geschöpf gegen dich gewandt und dich ans Kreuz genagelt. Sieh, ich bin dein Geschöpf, die Ausgeburt deines eigenen Hasses. Vernichten wolltest du mich, aber du hast mich gemästet.

Als ich dir damals die Schätze der Welt versprach, wenn du vor mir niederfielest, da verschmähtest du sie, da hassest du schon die Werke dessen, den du jetzt rufst; denn du wolltest ihm gleichen; da entgegnetest du verächtlich: Es steht geschrieben: Du sollst den Herren, deinen Gott, anbeten und nur ihm allein untertan sein.

Wer ist jetzt dein Herr, wenn nicht ich; denn nichts mehr ist außer uns beiden. Auch ich muß vergehen im Augenblick, da du stirbst. Aber war das dein ganzes stolzes Lebenswerk? Du lehrtest doch: Liebet Eure Feinde! – Jetzt liebe mich, deinen ärgsten und letzten Feind.

Nur weil deine Liebe nicht vollkommen war, hast du mich geschaffen, wie du mich in deiner gräßlichen Verzerrung vor dir siehst. Damals in der Wüste war ich schön.

Noch einmal befehle ich dir nun, mich anzubeten. Liebe mich! Erkenne, daß ich dein Gott, dein Vater bin.«

Da hebt Jesus langsam das Haupt, und seine Augen heften sich an das furchtbare Antlitz des Feindes.

Dann, von grenzenloser Liebe verklärt, spricht er zu ihm:

»Vater, in deine Hände befehle ich meinen Geist!«

Und das Licht, das dem heiligen Leib entströmt, beginnt wieder die Erde zu erhellen. Die Sonne tritt hervor, und die schwarzen Wolken, der Thron des Gegengottes, zerfließen in nichts.

Ein tiefes Donnern erschüttert die Luft, die Erde erbebt, der Vorhang im Tempel zerreißt, und offen liegt vor den Augen der Gläubigen das Allerheiligste.

Des Heilands brechender Blick umschließt die erlöste Natur. Und laut klingt seine Stimme: »Es ist vollbracht!«

(Aus Erwin Reisner, Der blaue Pokal. Hermannstadt 1923)

Christus ist deshalb *das* Modell für unsere heutige Zeit, weil seine Geschichte die Geschichte einer *endgültigen Heilung* darstellt. Es gibt in den letzten 2000 Jahren keine weitere Geschichte dieser Art. Und deshalb gilt sie noch heute. Mehr noch, wir dürfen vermuten, daß jede Abfolge der Inkarnationen eines Tages auf Golgatha endet. Da alle Zeit der Welt immer gleichzeitig vorhanden ist, da es Vergangenheit und Zukunft nicht gibt, ist Golgatha nicht etwa Vergangenheit, sondern von uns aus und durch unser Bewußtsein gesehen Zukunft; in Wahrheit aber die Pforte zum ewigen Jetzt.

Vielleicht meint Angelus Silesius eben diesen Zusammenhang, wenn er seine berühmten Sätze schreibt:

»Das Kreuz zu Golgatha kann dich nicht von dem Bösen
wo es nicht auch in dir wird aufgericht, erlösen!«
(Der cherubinische Wandersmann, München, D. J. [Goldmann] S. 25)

Vielleicht heißt *Heilung*, endgültige Heilung, durch das Kreuz hindurch ins Jetzt hinein geboren werden. Vor diesem Ereignis aber liegt noch sehr vieles, was zu tun ist. Davor liegen Veronika, Johannes, der blöde Peter, Pfarrer Haller, Ulla Uhlberg, Kater Mutzeputz – oder wie diese ganzen Geschichten für dein Leben heißen mögen.

Wir sind jetzt am Ende dieses Buches angelangt. Es war meine Absicht, die *Geschichte eines Heilmittels* zu beschreiben. Daß ich diese Absicht in das Gewand eines Lehrbuches über Esoterik eingekleidet habe, liegt daran, daß jedes Heilmittel eine Form haben muß. Auch homöopathische Heilsprinzipien haben die Form einer Tablette oder eines Globuli.

Ich fühlte mich in der Schuld eines kleinen Mädchens namens Veronika; ich spürte ihre Wirkung und den Zauber, der von ihr ausging, und es war mir wichtig, mich dem gesamten Prozeß ihrer Wirkung noch einmal auszusetzen und zu sehen, welche Symptome bei mir entstanden.

Ein wesentlicher Bestandteil der homöopathischen Heilkunst ist die Arzneimittelprüfung. Es wird eine Substanz auf ihre Wirkung hin beschrieben. Man »vergiftet« sich mit dem Mittel, damit nachfolgende Verordner Hinweise haben, bei welchen Symptomen das Mittel brauchbar ist. Das vorliegende Buch ist somit ein Protokoll über die Wirksamkeit, die das Mittel »Veronika« bei mir hatte.

Ich habe es jetzt ein Jahr lang fast täglich zu mir genommen. Der Leser kann selbst beurteilen, was in mir in Bewegung geraten ist, denn das meiste von dem, was ich hier niedergeschrieben habe, wußte ich vorher nicht.

Das, was in diesem Buch steht, beansprucht also nicht, Wahrheit zu sein, es zeigt nur, welche Wirkung dieses Mittel auf mich hatte.

Anhang

Die Texte der Phantasiereisen

Die im folgenden aufgeschriebenen Phantasiereisen leben davon, daß du sie *nicht* liest. Es gibt sie mit Musik versehen und mit einer Trance-Stimme gesprochen auf vier Kassetten, und du tust gut daran, sie dir an den entsprechenden Stellen des Buches anzuhören.

Du solltest dir für jede Kassettenseite eine Stunde Zeit nehmen und dafür sorgen, daß nichts dich stören kann (Telefon aushängen etc).

Da wir aber nicht davon ausgehen dürfen, daß jeder Geld für vier Kassetten ausgeben kann oder möchte, drucken wir sie im folgenden ab.

Dennoch, lesen solltest du sie nur, wenn es gar keine Möglichkeit gibt, sie dir *vorlesen* zu lassen. Wenn es jemanden gibt, der sie dir vorlesen kann, dann sollte er das so tun, wie man einem kleinen Kind ein Märchen vorliest. Langsam und bewegt.

Vielleicht könnt ihr dabei eine Meditationsmusik im Hintergrund abspielen und eine Kerze anzünden.

Die Reisen sind so formuliert, daß sie auch einer Gruppe von Menschen vorgetragen werden können – auch außerhalb des Zusammenhanges der Geschichte der Veronika. Da ich weiß, daß viele Gruppenleiter gern Texte für Phantasiereisen gedruckt haben möchten, war das ein weiteres Motiv, sie hier schriftlich vorzulegen.

Reise 1

Im Garten der Geister

Setze oder lege dich bequem hin, schließe deine Augen und höre mir zu.

Du hörst meine Stimme, aber du brauchst gar nicht auf meine Stimme zu achten, du läßt einfach geschehen, was ohnehin geschieht.

Und jetzt wendest du deine Aufmersamkeit deinem Atem zu. Du spürst, wie die Atemluft ganz sanft hineinströmt in deinen Leib, wie sie sich ausbreitet, wie sie jede Verästelung deines Körpers mit ihrem milden Hauch erreicht.

Und während du so deiner Atemluft lauscht, spürst du, wie dein Körper sich langsam, ganz langsam entspannt.

Ja, du spürst, wie Entspannung in deinen Körper Einzug hält, während du selbst gar nichts tust.

Du ruhst dich aus, du selbst tust gar nichts.

Es gibt nichts zu tun, es bedarf keiner Anstrengung, keines Wollens, keines Müssens, alles geht von ganz alleine, wenn du nur dem Lied deines Atems lauscht.

Und dieses Atemlied flüstert dir zu: Entspannen, entspannen, entspannen, und so – ohne daß *du* etwas unternimmst – nur durch dein Lauschen, wird deine Entspannung tiefer.

Sie wird tiefer, sie wird immer tiefer.

Ja, der Strom der Atemluft bringt eine tiefe Entspannung allein dadurch mit sich, daß du ihm lauscht. Daß du weißt, es gibt nichts zu tun, es gibt nichts zu erreichen, nichts zu leisten – und allein aus diesem Bewußtsein heraus wird deine Entspannung tiefer.

Der Atem strömt herein.

Der Atem strömt hinaus.

Und mit dem Hereinströmen kommt Tiefe,

und mit dem Hinausströmen kommt Loslassen.

Du läßt alles los, was dich festhält, was dich schwer macht, alle Gedanken des Tages, alles Wollen, Müssen, Sollen, Können.

Das Hereinströmen bringt dich tiefer,

im Hinausströmen kommt das Loslassen,

und das geschieht jetzt eine ganze Weile und beim Einströmen der Atemluft sagst du innerlich (ganz leise zu dir selbst): »Tiefer«, und beim Hinauströmen des Atems sagst du sanft (tief innen): »Loslassen.«

Tiefer und loslassen.

Du sagst es wirklich innerlich und du beginnst damit *»jetzt«* (ca. 30 Sekunden Pause).

Und jetzt, während deine Entspannung schon beachtlich tief ist, siehst du dich sitzen. Du siehst dich in einem sehr bequemen Meditationssitz sitzen. Inmitten eines Raumes, aber du wirst diesen Raum gar nicht richtig wahrnehmen. – Er ist unwichtig.

Du weißt, es ist ein Raum, er kommt dir irgendwie bekannt vor, aber du verwendest keine Aufmerksamkeit auf diesen Raum, sondern du schaust, wie es in dieser Meditationshaltung üblich ist, blicklos vor dich auf die Wand. Es ist eine ganz einfache Wand.

Deine Augen sind nur halb geöffnet, wie du da sitzt, und blicken sanft ins Nirgendwo.

Du sitzt dort und meditierst. In einem leeren Raum sitzt du mit einigem Abstand vor einer Wand.

Und wenn du jetzt in diesem tiefen inneren Raum deine Augen nur eine Spur schärfer stellst, dann siehst du, direkt vor dir – an der Wand hängend – einen Kalender mit Blättern zum Abreißen. Und auf der obersten Seite des Kalenders steht die Zahl des Jahres, in dem du dich heute befindest, also z. B. 1990. Mehr steht auf diesem Blatt nicht.

Und jetzt gleich wird etwas geschehen, was du schon aus vielen Filmen kennst. Langsam wie durch Zauberhand, ohne daß jemand den Kalender berührt, löst sich das obere Blatt des Kalenders und schwebt sanft und langsam in deine Richtung hin auf dich zu, links an deinem Kopf vorbei, und verliert sich dann im Hintergrund des Raums.

Du wendest deine Augen nicht nach dem Blatt um, sie bleiben auf dem Kalender haften, denn unter dem alten Blatt taucht sofort ein neues Datum auf. Eine neue Zahl wird sichtbar, sie ist um eines geringer als die erste Zahl. Es könnte also jetzt dort stehen »1989«.

Aber auch dieses Blatt löst sich nach einer Weile, schwebt sanft an dir vorbei, verliert sich im Hintergrund. Eine neue Zahl taucht auf, wieder ist sie um eines geringer als die vorherige. Und so geht es weiter.

Blatt für Blatt wandelt sich der Kalender und führt dich tiefer in die Zeit, tiefer in die Vergangenheit, und du spürst dabei, wie die Jahre vorbeigehen, buchstäblich an dir vorbeiziehen, wie sich die Jahre zurückziehen und in den Hintergrund verschwinden.

Und damit sinkst du tiefer ein in die Zeit.

Zeit ist jetzt kein Problem mehr für dich.

In diesem inneren Raum, in dem du dich jetzt befindest, ist die Zeit eine Gerade, und du kannst, im Inneren deiner Seele, diese Gerade sowohl nach vorne – in die Zukunft – als auch nach hinten – in die Vergangenheit – entlanggehen. – Du kannst in der Zeit spazierengehen.

Und immer noch schweben Kalenderblätter an dir vorbei – wie in einem dieser alten Schwarzweiß-Filme.

Und die Zahlen auf dem jeweils obersten Blatt des Kalenders nähern sich langsam der Jahreszahl, an der deine Geburt stattgefunden hat. Langsam schweben die letzten Jahre vor deiner Geburt an dir vorbei und du kannst spüren, wie es allmählich dunkler wird um dich herum, dunkler in diesem inneren Raum, in dem dein Körper ganz entspannt sitzt und meditiert.

Und jetzt ist endgültig die Jahreszahl deiner Geburt erreicht. Sie bildet das oberste Blatt auf dem Kalender.

Und langsam, während auch dieses Blatt sich löst und in den Hintergrund verschwindet – es taucht jetzt keine neue Jahreszahl mehr auf, das oberste Blatt ist unbeschriftet – wird es ganz dunkel in dir und um dich herum.

Dunkelheit umgibt dich rings umher.

Und fast erscheint es dir so, als wäre dein Körper gar nicht mehr da. Er hat sich in Leichtigkeit aufgelöst, er schwebt im Leeren, er ist ausgebreitet, gar nicht mehr Körper, sondern er zieht – ausgebreitet, wie eine unendlich große sanfte Decke – gleitend durch das Nichts daher.

Du bist jetzt an einem Ort, an einer Stelle, jenseits von Zeit und Raum, und doch spürst du, daß du hier nicht gänzlich verharrst, daß du nicht einfach so da bist, sondern an einem ganz sanften – unendlich sanften – Gleiten spürst du, daß du »unterwegs« bist. Daß du ein Ziel hast, daß etwas auf dich wartet, etwas dich anzieht. So, als hätte eine Art Magnet von ganz weit her seinen Strahl auf dich gerichtet.

Aber noch bist du in der unendlichen Weite einer raumlosen Zeit, eines zeitlosen Raumes.

Und du weißt auch, daß ein *Loslassen* dich in diesen zeitlosen Raum gebracht hat. Oder anders gesagt, daß dein Loslassen dich aus der Zeit hinausgetragen hat.

Und du weißt auch, daß dein *Verdichten*, dein *Zusammenziehen* dich wieder in die Zeit hineintragen wird. Und dieses Verdichten, dieses Zusammenziehen übst du jetzt einmal. Du läßt dich probeweise ein wenig *zusammenschnurren* und du wirst dabei spüren, daß in diesem Moment Sterne auftauchen, daß du dich auf einmal – wenn du dich zu sehr verdichtest – schwebend, gleitend im Weltall befindest.

Aber jetzt dehnst du dich wieder aus, tauchst wieder ein ins Nichts.

Und noch etwas kannst du spüren. In dem Moment, in dem du dich verdichtest, gibt es auch wieder »Zeit«, normale Zeit, d. h. du spürst, daß der Zeitstrom wieder in eine Richtung fließt, in Richtung nach vorn, auf die Zukunft hin.

Du bist dann kein Wanderer mehr zwischen den Zeiten oder außerhalb der Zeit, sondern tauchst damit ein in die Zeit, die linear in eine Richtung strömt.

Aber du kannst auch wahrnehmen, daß die Zeit noch nicht ihre normale Geschwindigkeit hat. Solange du noch nicht endgültig in der Dichte eines Körpers dich befindest, verläuft die Zeit zwar in eine Richtung, aber sie verläuft unendlich viel schneller; so daß für dich eine Sekunde woanders vielleicht Jahrhunderte dauert.

Und jetzt verdichtest du dich so sehr, daß du frei im Weltraum schwebst. Du hast noch keinen Körper, du bist noch ganz Seelenleib, aber auch hier wieder spürst du – durch den unendlichen Frieden dieses weiten Raumes hindurch – das Gefühl des Angezogenwerdens. Du spürst die Richtung, auf die du gleitend dich zubewegst (Pause).

Nach einiger Zeit, die freilich hier viel schneller verstreicht, siehst du vor dir – weit entfernt noch – eine blaue Kugel. Du weißt jetzt, es ist jener Ort, auf dem du dereinst landen wirst, so, wie du schon oft hier gelandet bist.

Du näherst dich dieser Kugel, fühlst das sanfte Angezogenwerden, das Langsamer-Werden, das Dichter-Werden und so tauchst du ein in die obere Schicht dieser strahlend blauen Kugel, magisch angezogen von einem Ort auf dieser Welt, von dem du weißt, daß es für eine geraume Zeit dein Platz sein wird.

Vielleicht vergehen Sekunden, vielleicht Stunden, vielleicht Jahre (nach der Zeitrechnung, die auf der Oberfläche dieser Kugel gilt), und du siehst jetzt, wie zwei der Bewohner dieser Kugel etwas miteinander tun, sie strengen sich an, beschäftigen sich sehr intensiv miteinander, und du spürst, daß dieses Tun damit zu tun hat, *dich*, der du dich langsam näherst, anzuziehen.

Du kannst sehen, wo sie es tun, wie sie es tun, ob bei Tag oder Nacht, ob im Haus oder im Freien, ob es ihnen gefällt oder ob sie es notgedrungen machen.

Sie tun das, weswegen du herbeigeeilt bist. Du spürst die Magie, die in diesem Akt liegt. Und du spürst auch, ob sie *beabsichtigen*, mit ihrem Handeln *dich* herbeizuholen, oder ob sie darauf achten, in diesem ihrem Tun nur ja *niemanden* herbeizuholen.

So siehst du zwei Menschen, die ganz in ihr Tun versunken sind, die etwas machen, was dich, deinen Seelenleib, an diese Welt binden wird. Du spürst genau, wann diese Bindung erfolgt. So siehst du jetzt diese beiden Wesen, von denen du später vielleicht sagen wirst, sie seien deine Eltern.

Dann tut es einen Schlag, du wirst noch dichter und auf einmal bist du ganz *woanders*.

Auf einmal bist du in jenem »Zaubergarten der Geister« – du hast deine Innenwelt betreten.

Hier ist alles gleichzeitig vorhanden, du bist winzig klein und doch unermeßlich groß, die Zeit steht wieder still und doch rast sie in einem bestimmten Rhythmus, dem Rhythmus eines bestimmten Herzschlages daher.

Wesen gibt es hier in dieser Landschaft, die sind wie du, zeitlos und sie reden mit dir, geben dir Kunde.

Sagen dir, was du alles noch wissen mußt.

Insbesondere eine Gestalt sticht dir ins Auge.

Es ist eine Wesenheit, die ebenfalls von weit hergekommen ist, um dir eine ganz bestimmte Einsicht zu vermitteln.

Möglicherweise fühlst du dich nicht besonders wohl in ihrer Nähe. Diese Gestalt ist ein sehr mächtiger Verbündeter, ein sehr mächtiges Symbol, das dich dein weiteres Leben noch sehr intensiv beschäftigen wird.

Hier jetzt im Garten der Geister taucht diese Gestalt ein erstes Mal auf. Mit einer Stimme, die nicht von dieser Welt ist, wird dir diese Gestalt jetzt ein erstes Mal ihre Aufgabe anvertrauen, jene Aufgabe, die sie übernommen hat, dich zu lehren. Und du wirst diese Botschaft heute ein erstes Mal entgegennehmen. Die Gestalt übermittelt dir ihre Botschaft *jetzt* (30 Sekunden Pause).

Jetzt tritt diese Gestalt wieder in den Hintergrund.

Du aber gehst weiter durch den Garten der Geister.

Doch ebenso wie du einen Verbündeten hast, der dich mit deiner ersten und wichtigen Aufgabe vertraut macht, hast du einen Verbündeten, der dir – bei dieser möglicherweise sehr schweren Aufgabe – beisteht.

Es ist eine Gestalt, die dir schon sehr bekannt ist, ein Wesen, das dir in deinem weiteren Leben Kraft und Zuversicht und Hoffnungen – Hoffnungen besonders in ausweglosen Situationen – verleiht. Und auch dieser Verbündete, dieser Freund, tritt jetzt ein erstes Mal als Seelenteil an dich heran und verkündet dir seine Botschaft, seinen Hinweis, sein Motiv, das jetzt ein Leben lang für dich gilt. Und sein Auftreten erfolgt *jetzt* (30 Sekunden Pause).

Jetzt tritt auch dieser Teil von dir wieder in den Hintergrund, wird blaß, winkt dir noch einmal zu.

Weiter wanderst du durch den Garten der Geister.

Kräfte bewegen sich hin und her, Mächte.

Nachdem du diese beiden Teile in dir kennengelernt hast, jenen Teil, der dir eine große Aufgabe gestellt hat und jenen Teil, der dir bei dieser großen Aufgabe hilfreich zur Seite steht, spürst du, daß über diesen beiden Teilen noch eine größere Einheit steht, ein Wesen, das schützend seine Hand über dich und über deine beiden Seelenteile hält.

Vielleicht kannst du dieses Wesen nicht sehen, vielleicht spürst du nur seine Anwesenheit in diesem »Garten der Geister« direkt über dir, und deine Kraft reicht noch nicht aus, deine Augen zu erheben. Aber doch spürst du das Vorhandensein dieses größeren und großartigen Wesens. Du spürst seine starke Hand schützend über dir.

Und jetzt wird dieses Wesen dir einen Blick gestatten, einen Blick in eine ganz bestimmte Richtung innerhalb dieses Gartens. Es wird deine Augen für einen Moment öffnen.

Und so wie die kleine Veronika den Glanz der silbernen Brücke in ihrem Garten hat schauen dürfen, so wirst du jetzt in deinem Teil des Gartens jenes Symbol sehen, jenen Ort, der dich dereinst zurückverbinden wird.

Zurückverbinden zu jener Stelle, von der du kamst.

Dein Engel öffnet dir jetzt für einen Moment die Augen (10 Sekunden).

Dann verschließt er deine Augen wieder.

Langsam wird es jetzt dunkel im »Garten der Geister«.

Du weißt, auch hier geht deine Zeit zu Ende.

Es wird enger hier, die Zeit vergeht schneller. Die Welt wird kleiner, dichter, der Kosmos schnurrt zusammen, so daß er sich bald anfühlt, als wäre er nicht größer als ein Schuhkarton. Und so gleitest du jetzt nach unten, hinaus aus deiner Welt und hinein in eine neue Welt, die wieder ganz anders ist. Viel größer, kälter, dichter, härter als alles, worin du gerade warst. Wieder sind Wesen um dich herum, aber es scheint fast so, als verstünden sie dich nicht.

All das, was du zu sagen hast, wird hier nicht verstanden.

Hier gibt es andere Gesetze, andere als die, die du kennst.

Und so beginnst du jetzt deinen mühsamen Weg, diese fremden Gesetze zu lernen. Du versuchst, Kontakt aufzunehmen mit jenen fremden Wesen, die dir nachgerade dumm erscheinen, so dumm, daß sie die Regeln der Welt nicht zu kennen scheinen.

Und so bist du darauf angewiesen, langsam diese Regeln der Dummheit, diese Regeln des Vergessens zu lernen. Aber du spürst auch, je mehr du ihre Regeln lernst, desto mehr gerät das, was du eigentlich sagen wolltest, was du ihnen beibringen könntest, in dir selbst in Vergessenheit.

Je mehr du ihre Welt zu der deinen machst, desto mehr verlierst du dein Wissen, deine Weisheit, deine Fähigkeiten.

O ja, du spürst es genau, eines Tages wirst du genauso dumm und hilflos sein wie sie.

So merkst du, daß du einen hohen Preis zahlen mußt, dafür, daß du mit ihnen zusammen bist.

Und so wächst du heran, wirst ein denkendes Wesen.

Und deine Augen, die schon so viel geschaut haben, werden blinder, stumpfer.

Nur manchmal noch – sehr selten – gibt es Situationen, freilich nur, wenn du allein bist, allein mit dir, in denen deine alte Sehschärfe zurückkehrt.

Manchmal gehst du dann zurück in den »Garten der Geister«. Gehst dort spazieren und siehst.

Ja, du siehst mehr als diese Wesen, die du deine Eltern nennst, Vater und Mutter, Tanten, Lehrerinnen, du siehst mehr als sie alle zusammen in deinem Garten.

Du siehst jenes Wesen, vor dem du einst etwas Furcht hattest. Auch dieses Wesen ist konkret geworden, hat Gestalt angenommen. Vielleicht die Gestalt eines Menschen, eines Menschen, den du nicht besonders gut leiden kannst.

Du schaust dir diese Gestalt für einen Moment an und dann wendest du dich ab. Aber auch bei ihr spürst du noch, daß du an ihr etwas begreifen sollst.

So wird diese Gestalt jetzt wieder etwas zu dir sagen und du merkst dir ihre Worte gut, denn sie enthalten ein Geheimnis – ein Geheimnis, das dich noch sehr lange beschäftigen wird (10 Sekunden).

Dann siehst du in deinem Garten eine andere Gestalt, eine Gestalt, die dir so wohlvertraut war. Auch sie hat in deinem Leben ihre Gestalt verändert und auch sie tritt auf dich zu und sagt dir einen Satz, einen sehr liebevollen Satz, eine Botschaft, die dir helfen wird, jenen ersten Verbündeten irgendwie zu begreifen.

Und auf eine merkwürdige Weise spürst du sogar, daß jene dritte Wesenheit noch in deinem Garten zu Hause ist. Aber du siehst sie nicht, sie ist ein unsichtbarer Wegbegleiter.

Denn es gibt auch hier im Garten deiner Kindheit eine ganz bestimmte Richtung, jene Richtung, auf die der Engel vor sehr langer Zeit einmal gezeigt hatte. Das Symbol von einst hat sich ebenfalls gewandelt, ist fester geworden, mehr von dieser Welt. Du blickst in diese Richtung und siehst auch hier etwas, was nur für dich eine tiefe, eine sehr tiefe Bedeutung hat.

Doch jetzt ist deine Zeit abgelaufen. Du weißt, für lange Zeit, für eine sehr lange Zeit, mußt du diesen Garten jetzt verlassen. Deine geistigen Augen schließen sich bald und Dunkelheit wird über dich kommen. Eine Dunkelheit, die dein ganzes irdisches Leben bei dir bleiben wird und die dich oft in Not bringen wird, weil du den Ausweg lange nicht sehen kannst.

So kann es jetzt sein, daß jenes Wesen, das du »Mutter« nennst, dich gleich rufen wird. Du sollst dir deine Hände waschen und zu Tisch kommen, das Essen ist aufgetragen.

So nimmst du denn jetzt Abschied vom »Garten der Geister«.

Du weißt, er ist da, und auch wenn du ihn momentan nicht mehr betreten kannst, so spürst du doch, daß er mit seiner Zauberkraft und mit seiner Kraft der Wahrheit dich dein ganzes Leben lang begleiten wird.

Alle Wesen darinnen hoffen mit dir, daß du dereinst, wenn die Dunkelheit und die Dummheit nachlassen, begreifst, daß du diesen Garten in Wahrheit nie verlassen hast.

Die Wesen dieses Gartens und der Garten selbst sind zu *deiner Welt geworden*. Sie leben alle hier an diesem Platz weiter, auch wenn sie vorübergehend Masken aufgesetzt haben.

Jetzt verläßt du diesen Garten und gehst zum gedeckten Tisch, an dem die anderen schon warten. Dunkelheit ist über dich gekommen, und du weißt auch, daß es keinen Sinn hat, mit den anderen darüber zu reden. Sie haben schon zu lange ihre Augen von ihrem Garten abgewandt.

Doch du weißt jetzt, dieser Garten lebt weiter, auch wenn du nun einen langen Weg zurück antreten wirst, einen Weg, der dich wieder an jene Stelle zurückführen wird, an der dein heutiger erwachsener Körper ganz entspannt sitzt oder liegt.

So wie du vorher mit deinem Atem deine lange Reise begonnen hast, wirst du jetzt mit Hilfe deines Atems zurückkehren. Diesmal atmest du ganz bewußt Frische, Ausgeruhtheit und Wachheit in deinen Körper hinein.

Du atmest dich zur Wachheit empor.

Immer mehr Frische strömt in deinen Leib.

Du spürst deine Glieder wieder, sie fühlen sich an, als hättest du lange geschlafen. Aber jetzt fühlst du das Leben wieder in ihnen. Du spürst den Drang, deine Glieder zu recken und das tust du jetzt ausgiebig und genüßlich.

Und so kommst du wieder vollständig in die heutige Welt zurück. Du öffnest deine Augen und schaust dir deine Umwelt an.

Du bist jetzt wieder ganz

WACH!

Reise 2

Be-Ziehungen

Ein Traum-Spiel

Dieses Spiel findet statt in einer Traum-Welt. Zwei Personen begegnen sich im Universum auf einer Reise zum Licht.

Sie verbinden sich für einige Zeit und sprechen über das, was sie bewegt.

Während der ganzen Zeit ist Musik um sie herum – Traum-Musik. Sphären-Musik.

Er: Ich kann dich sehen. He, du!
Ich kann dich sehen, du drehst und windest dich dort in einiger Entfernung neben mir.
Kannst du mich auch sehen? Ich bin hier, *rechts* von dir!

Sie: Ja, Hallo!
Ich sehe dich auch (Pause).
Es ist so weit hier und so einsam. Laß uns uns ein wenig aufeinander zubewegen, dann können wir ein wenig zusammen fliegen. Ich meine...

Er: Ja, wir können uns etwas zusammentun. Es macht mehr Spaß, sich zu unterhalten und gemeinsam Purzelbäume zu schlagen. Wie heißt du?

Sie: Ich heiße »Frau«. Und wie heißt du?

Er: Ich heiße »Mann« (Pause).
Schau, wir können unsere beiden Schnüre, die so aussehen als wären es Verbindungsschnüre, zusammenkoppeln.
Dann sind wir uns näher und können nicht so schnell auseinandertreiben. Wir können uns dann nicht mehr so leicht verlieren.

Sie: (Nach einer Pause des Überlegens.) Ja, das wäre ganz schön, das machen wir. (Musik, als wäre es ein Koppelungsvorgang)
So, jetzt sind wir miteinander verkoppelt (Pause).
Es ist schön, mit jemandem in die gleiche Richtung zu fliegen. Ich meine... allein ist es auch nicht schlecht, aber gemeinsam ist es doch schöner. Es ist immer wieder sehr beruhigend, zu sehen, daß es noch mehr Wesen gibt, die die gleiche Richtung, die die gleichen Interessen haben.
Sehr oft trifft man ja auf Menschen, die ganz woanders hinwollen, und dann gibt es nur Streit, Geziehe und Gezerre.

Er: Ja, ich finde auch, zusammen ist es *erhabener.* Man kann miteinander lachen und sich freuen, Spaß haben und sich Geschichten erzählen.

Sie: Es ist ja wirklich eine unendliche Weite hier draußen, so viele Sternenhaufen, *so wie wir.* Soviel Raum, so viele Welten. Sternenübersät ist das Ganze und wir fliegen ruhig und doch gemeinsam sehr schnell, in die gleiche Richtung!
Siehst du dort – unendlich weit vor uns – den riesigen Stern? Ich fliege schon sehr lange auf ihn zu und irgendwie ist er so ganz anders als alle anderen Sterne. Er ist sogar anders als alle anderen Sterne zusammengenommen.

Er: Ja, das ist auch meine Richtung. Ich wußte es lange Zeit nicht. Aber vor einiger Zeit habe ich begriffen, daß ich mich auf ihn zubewege, so als ob etwas in mir dort hin will.

Sie: So geht es mir auch. Der Stern ist irgendwie anziehend, findest du nicht, so... magnetisch.
Aber ich glaube, es dauert noch sehr lange, bis wir ihn erreichen werden.

Er: Obwohl wir doch sehr schnell sind und viele andere Sternenhaufen in Gedankenschnelle erreichen, durch sie hindurcheilen und blitzschnell vorüberziehen. Aber manchmal spüre ich es genau wie du, dieser helle Stern, dieses riesige Licht, oder was immer es sein mag, bewegt mich doch sehr.

Sie: Gedankenschnell ist das richtige Wort. Manchmal habe ich den Eindruck, ich bin selbst ein Gedanke; sozusagen eine Idee. Eine Idee,die

Flügel bekommen hat. Ich weiß natürlich, daß das nicht stimmt, aber mitunter glaube ich, ich sei ein Engel. Riesengroß und auf gewaltigen Schwingen gleite ich durchs Weltall in Richtung auf das Licht. Ich bin von dem Licht ganz bewegt, und das Licht zieht mich an, es zieht mich zu sich hin.

Er: Dabei bin ich davon überzeugt, daß dieses Licht gar kein Stern ist, also keine Sonne ist, sondern so etwas wie ein riesiges Universum, ein eigenes Universum. Nur ist es in diesem Universum nicht dunkel wie hier bei uns, sondern hell oder weiß oder gleißend oder licht. Eben ganz umgekehrt wie hier, wo wir beide uns bewegen.

Sie: Ja, aber spürst du auch manchmal, daß wir diese Welt nie erreichen werden, daß wir viel zu langsam sind, daß unsere Geschwindigkeit nicht ausreicht, je dort anzukommen? Ich fliege nun schon sehr lange, furchtbar lange, aber ich habe nicht das Gefühl, daß ich diesem Licht schon nähergekommen wäre.

Er: Ja, die Geschwindigkeit. Ich mache mir ja auch so meine Gedanken. Und manchmal glaube ich, daß es keine Frage der Entfernung ist, sondern eine Frage der Geschwindigkeit.

Sie: Du meinst, es spielt gar keine Rolle, wie weit dieses Licht entfernt ist, wenn man nur schnell genug ist, dann kommt man an?

Er: Nein, also ich denke mir das noch anders. Man kann nicht *mit* Geschwindigkeit ankommen, sondern nur *als* Geschwindigkeit. Also unabhängig davon, wie hoch deine Geschwindigkeit ist, du kommst nie an.
Denn es ist keine Frage der Strecke, die du zurücklegen mußt. Erst wenn deine Geschwindigkeit eine bestimmte Höhe erreicht hat, bist du automatisch da. Also erst die höchste Geschwindigkeit bringt dich dann im Nu hin. Oder noch anders: Die Geschwindigkeit *ist zwar das Ziel*, aber sie ist dann eben nicht mehr Geschwindigkeit, sondern etwas ganz anderes. Sie ist dann alles, sie ist dann das Licht, sie ist Anfang und Ende. Der Punkt, wo du ankommst und der Punkt, von dem aus du losgegangen bist, ist dann mit einem Mal erreicht... also so genau kann ich das mit Worten gar nicht erklären.
Einstein hatte eine ähnliche Idee, aber der hat dann ein physikalisches Gesetz daraus gemacht. Er hat gesagt, wenn man einen Körper auf Lichtgeschwindigkeit beschleunigt, dann dehnt sich dieser Körper so sehr aus, daß er alles umfaßt. Er ist dann Alles. Und weil, so sagt er, das nicht geht, kann kein Körper Lichtgeschwindigkeit erreichen. Aber ich glaube, es geht doch, nur etwas anders. Lichtgeschwindigkeit heißt nämlich, mit dem Erreichen dieser Geschwindigkeit wirst du automatisch Licht. Zu dem Licht, das du da vorne siehst. Also, das hat jetzt nicht der Einstein gesagt, das denke ich mir so.

Sie: Wie klug du bist! Aber mir ist das alles zu technisch.
Hast du eigentlich bemerkt, daß wir dauernd an anderen Sternenhaufen vorbeifliegen? Wir huschen einfach an ihnen vorbei und dabei sind es doch genau wie wir lebendige Wesen.
Aber sie bewegen sich nicht zum Licht hin, sie stehen still.

Er: Nein, sie stehen nicht. Wenn du genau hinschaust, so kannst du sehen, daß wir nur sehr viel schneller sind, und so sieht es aus, als stünden sie. Aber sie bewegen sich auch.

Sie: Meinst du wirklich?
Vielleicht hast du recht. Eben hat uns ein Sternenhaufen überholt. Da hinten saust er. Wahrscheinlich hat er von uns auch das Gefühl, wir stünden. Und schau nur, er fliegt auch in die Richtung zum Licht, in die gleiche Richtung, die wir auch haben. Vielleicht gibt es nur diese eine Richtung?

Er: Ja, ich denke, daß du recht hast. Wir fliegen alle in dieselbe Richtung – nur immer von einem anderen Punkt her; der eine langsamer, der andere schneller, der dritte sehr schnell.
Aber ich kann mir nicht vorstellen, woher es kommt, daß der eine so langsam und der andere so schnell ist.

Sie: Vielleicht werden sie mehr angezogen als wir, oder sie haben nicht so viel Masse? Sie sind vielleicht leichter als die anderen. Bei Vögeln ist es ja genauso – die schweren fliegen langsamer als die leichten. Wir sind möglicherweise noch viel zu schwer. Es ist noch zu viel Gewicht an uns. Wie bei einem Fesselballon müßten wir vielleicht Ballast abwerfen, Sandsäcke, die uns schwer machen.

Er: Ja, aber wie denn? Und was denn?

Sie: Ich weiß es auch nicht. Aber ich glaube, wir sind schon dadurch schwer, daß wir aneinander hängen. Daß unsere beiden Sternenhaufen miteinander verbunden sind.

Er: Du meinst, wenn wir uns losließen, wären wir schneller?

Sie: Ich denke schon. Aber vielleicht müssen wir nicht nur uns loslassen, sondern auch viele andere Wünsche; den Wunsch, miteinander zu spielen, Purzelbäume zu schlagen, uns zu unterhalten.
Schau mal, das Wort »unterhalten«. Darin steckt schon das »Halt« oder »Unten-Halten« drin.
Alle Ankoppelungsversuche, alle Fragen, die wir haben, alle Gespräche, alle Purzelbäume verbrauchen Energien, und die fehlen uns dann möglicherweise beim Fliegen.

Er: Du meinst, wir dürfen nicht so viele Worte verlieren?

Sie: Ich weiß es nicht, aber vielleicht müssen wir erst alle Worte verloren haben. Wir müssen sie verlieren. Wir müssen sie loswerden.

Er: Das versteh ich nicht!

Sie: Schau mal, in uns sind noch so viele Sachen, die wir noch nicht verloren haben. Zum Beispiel auch viele »Worte«, die alle noch nicht gesagt worden sind. Solange sie noch nicht ausgesprochen sind, sind sie noch in uns. Wir haben sie dann noch nicht »verloren« und vieles andere mehr auch noch nicht. Das hängt alles noch an uns, wie der Sandsack am Fesselballon und macht uns schwer.

Er: Aber wir waren doch vorher genausoschnell, bevor wir uns verbunden haben. Wir sind doch jetzt nicht langsamer geworden?

Sie: Ja, sicher. Aber solange in uns der Wunsch ist, mit jemandem zusammen zu fliegen, solange sind wir schwer. Egal ob wir jetzt zusammen fliegen oder nicht. Sieh mal, wir konnten uns ja nur verbinden, *weil* wir *gleichschnell* waren. Du bist genauso schnell wie ich, nur deshalb konnten wir aneinander ankoppeln. Vor einiger Zeit war ich mit einem Sternenhaufen verbunden, der wurde zu langsam, da hat er mich losgelassen,
da hat er mich im Stich gelassen
(Pause).
Nein, ich glaube, das stimmt gar nicht.
Ich habe mich geirrt! Nicht er hat mich verlassen, weil er langsamer wurde (sehr nachdenklich), sondern ich habe ihn verlassen, denn ich bin schneller geworden (Pause).
Jetzt verstehe ich. Ich habe geglaubt, er hätte mich verlassen, weil er langsamer geworden sei. Und das hat mich sehr einsam und traurig gemacht. Aber jetzt ahne ich, daß das gar nicht geht ..., daß man gar nicht langsamer werden kann, man kann nur schneller werden, und ich bin schneller geworden. Da hat er mich losgelassen. Er mußte mich loslassen, weil ich schneller wurde. Man kann wirklich nicht langsamer werden ...

Er: Du meinst also, es kann sein, daß auch wir uns wieder trennen werden? Ich meine ..., wenn einer von uns schneller wird?

Sie: Ja, der, der schneller wird, verläßt immer den anderen. Oder ist es umgekehrt? Eine Zeitlang versucht der eine noch, den anderen mitzuziehen. Also er versucht, ihn auf die schnellere Geschwindigkeitsbahn zu ziehen, aber dann merkt er, das geht gar nicht. Ich kann einen anderen nicht schneller machen, bloß weil ich das will.

Er: Und dann verläßt der *langsamere* ihn?

Sie: Ja, ich glaube, daß der langsamere den schnelleren verläßt. Aber der schnellere *glaubt*, er sei verlassen worden. Er leidet mehr.

Er: Das kann ich alles gar nicht glauben. Das ist mir alles zu neu. Ich muß erst einmal darüber nachdenken. Ich kann wirklich nicht glauben, was du sagst.

Ich weiß, daß *ich* bisher die anderen Sternenhaufen verlassen habe. Der andere ist mir früher oder später langweilig geworden und da bin ich gegangen.
So war es doch immer.
Ich hatte keine Lust mehr, mit jemandem zusammengekoppelt zu sein.
Und da habe ich die Verbindung gelöst und bin davongeflogen.

Sie: Und, warst du traurig?

Er: Na ja, schon. Weil ich gespürt habe, das war doch nicht der Partner, der mir eigentlich vorschwebte (Pause). Komisches Wort, wenn einem jemand »vorschwebt« – bin ich dir »vorgeschwebt«?

Sie: Nein, du schwebtest *neben* mir.
War der andere traurig, als du gingst?

Er: (Nach einer Pause.) Ja, schon, das hat es mir ja lange Zeit so schwierig gemacht, *mich* zu trennen. Ich habe ihm immer Vorwürfe gemacht, er solle nicht so an mir *ziehen*. Er ließ mir keine Ruhe, er wollte immer, daß ich etwas tue. Bis ich schließlich gesagt habe, er soll mich in *Ruhe* lassen.

Sie: Ich denke schon, er wollte, daß du schneller wirst. Er wollte dich aus deiner Ruhe herausbringen. Du solltest auch schneller werden. Genau wie er. Und dann wird euer Verhältnis *gespannt*, eure Schnüre spannen sich. Merkst du, auch bei uns gibt es bereits ein Ziehen in den Schnüren. Ich weiß gar nicht, ziehe ich an dir, oder du an mir? Gibt es da einen Unterschied?
Hör auf, an mir zu ziehen! (Pause).
Oder soll ich aufhören, an dir zu ziehen?
Laß uns lieber noch ein wenig spielen. Ich bin eigentlich ganz gerne mit dir zusammen.

Er: Aber ich ziehe nicht an dir!
Ich möchte auch gern noch mit dir zusammenbleiben, aber ich spüre auch, unsere Schnüre sind schon ganz schön gespannt.

Sie: Ja, jetzt merke ich ganz deutlich, ich werde schneller. Oder irre ich mich? Du bleibst zurück – unsere Verbindung wird gespannt.

Er: Ich glaube, ich begreife jetzt. Ich meine, ich begreife, was du sagen wolltest.
Aber ich habe noch so viele Fragen.
Bevor du gehst, sage mir doch, wieviel Geschwindigkeit müssen wir noch zulegen, bevor wir anfangen, Geschwindigkeit zu sein?
Bis wir angelangt sind?

Sie: Ich weiß es nicht. Ich glaube, wir sehen nur einen Ausschnitt, also nur *eine* Geschwindigkeitsbahn. Aber ich denke mir, es gibt sehr viele derartige Bahnen.

Wenn du der Schnellste auf einer Bahn bist, dann gibt es einen Sprung und auf einmal bist du eine Bahn höher. Aber auf dieser neuen Bahn bist du jetzt der Langsamste und alle anderen ziehen an dir vorüber. Das tut ganz schön weh, denn wenn du vorher auf der unteren Bahn der Schnellste warst – sagen wir einmal als König –, dann bist du auf der nächsten, der höheren Bahn, als langsamster vielleicht ein Bettler; ein Bettler, der noch genau weiß, wie es war, ein König zu sein.

Er: (Schon etwas im Hintergrund.) Du meinst, ein Bettler kann schneller sein als ein König?

Sie: Ja, sicher. Es kommt ganz darauf an, auf welcher Bahn König und auf welcher Bettler.
Aber das ist vielleicht gar nicht so wichtig, denn wir kommen immer nur mit der Bahn in Berührung, auf der wir gerade sind.
Wir treten immer nur mit dem Sternenhaufen in Verbindung, der genauso schnell ist wie wir selbst. Die anderen können uns gar nicht begegnen. Entweder huschen sie blitzschnell vorbei – oder wir.
Wir können nur mit denen eine Beziehung eingehen, die genauso schnell sind wie wir. Nur an ihnen können wir »ziehen«. So wie du an mir ziehst, deshalb nennen wir es ja »Be-Ziehung«.

Er: Aber ich ziehe gar nicht an dir! (Die Stimme kommt schon aus dem Hintergrund.)
Bleib doch noch ein wenig. Ich habe doch noch so viele Fragen. Du meinst, alle Wesen, mit denen wir zu tun haben, sind gleichschnell? Also niemand, der in meinem Leben eine Rolle spielt, ist schneller oder langsamer, nicht einmal meine Putzfrau?

Sie: Niemand. Eine Putzfrau ist genauso schnell wie der Kaiser, für den sie putzt. Wäre es nicht so, würde sie für jemand anderen putzen.

Er: (Die Stimme entfernt sich immer mehr.) Auch mein einjähriges Kind ist so schnell wie ich?

Sie: Auch dein einjähriges Kind.

Er: (Sehr weit entfernt.) Bleib doch noch. Ich habe noch so viele Fragen. Was soll ich denn mit meinen ganzen Fragen machen, wenn du nicht mehr da bist?

Sie: Du mußt sie fragen. Du mußt nicht nur alle Worte verlieren, du mußt auch alle Fragen fragen.

Er: (Während er weiterredet, blendet seine Stimme aufgrund der zu weiten Entfernung langsam aus. Die Musik bleibt gleich stark, so daß sich seine Fragen in der Musik verlieren.)
Aber wie mache ich es denn, alle meine Fragen zu verlieren?
Was mache ich denn, wenn du nicht mehr da bist?

Und wann werde ich alle Bahnen durchlaufen haben?
Wieso fühle ich mich auf einmal so schwer?
Hast du denn gar keine Fragen?
Habe ich dich jetzt verlassen, oder du mich?
Hörst du, ich bin traurig!
Ich bin sehr traurig!
Wo bist du denn?
Bist du vor mir? Oder hinter mir?
Bin ich jetzt schneller geworden...

Pause

Sie: (Mit ihrer normalen Stimme):
He du! Ich kann dich sehen!
Ich kann dich sehen. Du drehst und windest dich dort in einiger Entfernung neben mir.
Kannst du mich auch sehen?
Ich bin hier *links* von dir.

Er: (Es handelt sich um eine völlig andere Sprecherstimme.) Ja, hallo!
Ich kann dich auch sehen (Pause).
Es ist so weit hier und so einsam.
Laß uns ein wenig aufeinander zubewegen, dann können wir näher zusammen fliegen.

Musik wird langsam leiser und blendet dann aus.

Reise 3

Meine Bürde

Tief im Inneren unserer Welt gibt es eine Landschaft, die wir nur sehr ungern betreten.

Es ist ein Ort, an dem alles sehr schwer ist.

Fast ist es so, als seien hier die Gesetze der Schwerkraft, denen wir normalerweise unterworfen sind, nicht mehr wirksam. Man könnte glauben, daß sich dieser Ort auf einem fernen Planeten befände, der sehr viel größer ist als unsere Erde und der durch seine größere Masse eine sehr viel höhere Schwerkraft auf unseren Körper ausübt, uns sehr viel schwerer erscheinen läßt, als wir das normalerweise von unserem Körper kennen.

Möglicherweise denken wir bei diesem Ort an den Planeten Saturn, der vielfach größer ist als unser eigener Planet und der als Sinnbild dieses Themas der Schwere und Beladenheit einen Ring um sich herumträgt. Es ist ein Ring, der ihn ähnlich umgrenzt und eingrenzt, wie ein Eisenring es tat, den in früheren Zeiten ein Gefangener um seinen Hals trug.

Jener innere Ort, den ich meine, ist nämlich ebenfalls ein Ort der *Gefangenschaft*, ein Ort des *Gebundenseins*.

Jede Seele, die an diesen Ort gebunden ist, hat eine Last zu tragen, jeder Seele hier ist eine schwere Bürde auferlegt, ganz ähnlich wie wir in der griechischen Mythologie jenen Helden finden, dessen Aufgabe es ist, unentwegt schwere Steine einen Hügel hinaufzuschaffen. Dieser Held ist ebenfalls auf eine eigenartige Weise an seine Steine gebunden.

Ich weiß es nicht, und auch du weißt jetzt noch nicht, welcher Art deine Last ist, und die Bilder, die hier genannt worden sind (der Planet Saturn, der Gefangene mit dem Halseisen oder das Bild des Sisyphos), können dir nur einen sehr rohen Eindruck jenes inneren Ortes vermitteln, dem unsere heutige Reise gilt.

Eines freilich solltest du hier an dieser Stelle bereits wissen: Eine *Bürde* ist kein Thema, das sich an leblosen Gegenständen (wie Ketten, Steine oder dem Holzkasten des Juden Aron Mendel) festmacht. Eine Bürde hat immer zu tun mit Menschen, mit dem Anderen.

Ihn hast du zu tragen, an ihm hast du zu tragen. Mitunter nennst du es: Ihn habe ich zu ertragen.

Die Wahrheit ist, daß du an ihm etwas abzutragen hast.

Und weil all diese Worte zu mißverständlich sind, so als müßtest du etwas wiedergutmachen, möchte ich dir zuvor eine Geschichte erzählen, wie diese Bürde der Tendenz nach zu denken ist.

Mache es dir jetzt sehr bequem und höre meinen Worten zu. Entspanne dich bei meinen Worten.

Werde locker und entspannt,
während ich eine Geschichte erzähle.

Es war einmal ein König, der hatte eine Frau. Es war ein alter, weiser König mit weißem Haar und einem weißen Bart. Er war sehr gerecht und hatte vieles schon gesehen von der Welt und er liebte seine Gattin, die Königin, gar sehr.

Die Königin war noch sehr jung und lieblich anzusehen, sie war nämlich die Tochter des Königs.

Doch bevor du dich verwunderst über diese Unsitte, seine eigene Tochter zu heiraten, solltest du wissen, daß es Zeiten gab – z. B. im alten Ägypten – da war es ganz natürlich, daß ein Herrscher – wie weise er auch war – seine eigene Tochter zum Weibe nahm. Ja, er hatte es seiner ersten Frau auf dem Totenbett versprechen müssen, daß er ihr einziges Kind zur Königin, zu seiner Frau erklären würde. Er liebte seine Tochter so sehr, wie ein Vater sein Kind nur lieben kann, er liebte sie so sehr, wie ein Ehemann seine Frau nur lieben kann.

Und über das Jahr ergab es sich, daß seine Tochter, die Königin, seine Frau, ein Kind erwartete. Beide hatten nicht mehr damit gerechnet, er war schon alt und er wohnte seiner Frau nur noch selten bei.

Ihr Glück schien jetzt vollkommen. Der König lebte nur noch diesem Ereignis entgegen, und auch die Königin war voller Seligkeit über dieses Geschenk, das sie da unter ihrem Herzen trug und das sie ihrem Mann und Vater bald zu schenken in der Lage sein würde.

Doch wie wir heute wissen, verträgt *gleich gemischtes Blut* sich nicht immer auf das Beste, und so kam es, wie es oft in diesem Falle kommt. Das Kind, die Frucht ihrer gemeinsamen Liebe, war derart mißgestaltet, derart unförmig, daß seine Mutter bei der Geburt ihr Leben lassen mußte.

Der alte König war in tiefer Verzweiflung, er begriff die Welt nicht mehr. Was einst sein ganzes Glück war, seine geliebte Frau und Tochter, war jetzt gestorben. Übriggeblieben war ein unförmiges, gleichwohl lebensfähiges Wesen, das »Tochter« zu nennen er sich scheute.

Jetzt war der König allein, allein mit seinem Reich, allein mit seinem Elend, allein mit seinem Kind.

Alles, was von den einst so glücklichen Tagen übriggeblieben war, war dieses mißratene Kind.

Und weil es dem Ratschluß der Götter und den Sitten der Menschen zu der damaligen Zeit entsprach, ließ der König von seinem besten Künstler ein Holzkästchen anfertigen, so groß, daß sein Kind, dieses unglückselige Wesen, bequem darin Platz finden würde, kunstvoll verziert. Er legte in dieses Kästchen viele Herrlichkeiten dieser Welt, Herrlichkeiten, von denen er glaubte, daß ein Kinderherz daran seine Freude haben würde. Herrliche Rasseln, einen goldenen Kamm, seidene Halstücher, Süßigkeiten aus aller Herren Länder, die dem Kind als Reiseproviant dienen sollten. Er legte kleine Musikinstrumente hinein, Flöten, Zimbeln, Trommeln und viele kostbare Dinge mehr und als letztes tat er das Kind – den Sitten seiner Zeit folgend – in den Kasten hinein.

Er verschloß das Kästchen sorgfältig und setzte es dann an den Ufern eines großen Flusses ins Wasser. Nach einem tiefen Gebet, in das er auch die Seele seiner Frau und die Seele dieses unglücklichen Wesens einbezog, ließ er das Kästchen aus Holz hinaus auf den Fluß treiben, wo es langsam – von der Strömung fortgerissen – seinen Augen entschwand.

Es kam, wie es kommen mußte. In der geringen Zeit, die dem König noch zu leben vergönnt war, mußte er mitansehen, wie sein Reich durch kriegerische Auseinanderstzungen geteilt wurde.

Er, der jetzt ohne seine andere Hälfte, ohne seine Königin, war, verlor sehr schnell auch die Hälfte seines Landes, und dann verliert sich seine Spur im Dunkel der Geschichte...

Jahrtausende später (in jenem Raum, in dem seine Seele verblieb, waren es vielleicht nur Stunden) finden wir jene Menschenseele wieder. Diesmal ist sie kein König, sondern ein jüdischer Händler. Er trägt einen Holzkasten auf dem Rücken und aus diesem Holzkasten heraus bringt er Kindern Freude. Er trägt alle Herrlichkeiten der Welt, an denen ein Kinderherz sein Entzücken hat, mit sich herum.

Und er glaubt, daß er diesen weiten, schweren Weg geht, um seinem Enkel*töchterchen*, also der Tochter seiner Tochter, ihren Weg zu erleichtern, daß ihre Last nicht so schwer sei dieses Mal, daß der Fluch des zerstörten Tempels nicht auf ihr laste...

Jetzt geht er seinen schweren Gang für sie, nicht wissend, daß die Tempelgeschichte mit diesem Kind sehr wenig zu tun hat, aber seine *eigenen* Geschichten sehr viel.

Lassen wir diese Bilder jetzt wieder im dunkeln verschwinden. Ich habe diese Geschichte nur erzählt, damit du dir ein Bild machen kannst von der Art der Begegnung an diesem inneren Ort, den du jetzt aufsuchen wirst.

Die Logik der Bürde ist immer dieselbe. Das, was du einst weggegeben hast, was jedoch ein Teil von dir war, bekommst du heute zurück, damit du es zu Ende trägst.

Es ist ein Teil von dir, auch wenn du es lange Jahre nicht sehen kannst.

Wir werden jetzt in jenen inneren Raum eintreten, in dem diese *Bürden* zu Hause sind, oder besser gesagt, in dem der *Sinn* deiner Bürde aufbewahrt liegt.

Mache es dir jetzt noch bequemer,
entspanne deine Glieder
und richte dein Augenmerk auf deinen Atem.
Spüre, wie der Einatemstrom Entspannung in deine Glieder hineinsenkt.
Du atmest bewußt ein – und bewußt aus
und du weißt jetzt und du spürst jetzt,
daß der Strom deiner Atemluft die Eigenschaft hat,
dich tiefer in dein Bewußtsein hineingelangen zu lassen.
Das Einatmen bringt Tiefe und das Ausatmen Entspannung,
das Einatmen bringt Tiefe und das Ausatmen Entspannung.
Ein und aus.
Tiefer und loslassen.
Ein und aus.
Tiefer und loslassen.

Du machst das jetzt eine ganze Weile,
während deres dein Bewußtsein – ohne daß du dich anstrengen mußt – sich immer tiefer hinab in Richtung auf Zeitlosigkeit sich senkt.

Und jetzt stehst du tief im Inneren am obersten Absatz eines steinernen Treppenhauses, das dich tief, sehr tief in dein Inneres hinabführt.

Die Stufen sind in die Felswand eingelassen.

Fackeln hängen hoch oben an den Wänden.

Du beginnst jetzt, die Stufen der steinernen Treppe hinabzusteigen. Langsam gelangst du so tiefer und immer tiefer. Bald schon bist du so tief, daß dich das Licht der Fackeln hoch oben kaum noch erreichen kann.

Aber dennoch – aus einem sehr sicheren Gefühl heraus – steigst du weiter hinab.

So lange und so tief, bis die Dunkelheit dich vollständig umgibt. Und du steigst noch tiefer, so lange bis du das Ende der steinernen Treppe erreicht hast.

Hier herrscht wirklich schwarze Dunkelheit.

Du kannst nichts mehr sehen, und doch kannst du mit sicheren Schritten geradeaus weitergehen.

Du bist jetzt tief in deinem Inneren, in einer Art erdigem Gang und du weißt, dieser Gang endet bei einer großen Tür.

Du kannst die Tür nicht sehen, aber du spürst deutlich, daß sie da ist.

Langsam öffnest du die Tür und hinter ihr liegt ein großer hellerleuchteter Raum. Doch, du kannst nicht so ohne weiteres in den Raum eintreten, denn der Eingang wird versperrt von Kostümen, die auf einer Stange hängen und so bleibst du in der geöffneten Tür stehen und sorgst dafür, daß sie hinter dir nicht ins Schloß fallen kann, indem du deinen Fuß in der Tür läßt.

Es gibt eine Lücke zwischen den Kostümen und durch diese Lücke kannst du in den Raum hineinschauen. Es ist eine Theatergarderobe, etwas heruntergekommen, mit Schminktischen, Spiegeln und Lampen rund um die Spiegel.

Vor einem der Schminktische sitzt eine Person. Du kannst sie nicht erkennen, denn ihr Gesicht ist kein Gesicht. Es ist leer, glatt, ohne Öffnungen, ohne Erhebungen, ein gesichtsloses Gesicht.

Jetzt beginnt diese Person, von der du nicht erkennen kannst, ob sie Mann, Frau oder Kind ist, sich langsam zu schminken. Sie trägt hier etwas Schminkmasse auf, dort Puder, hier zieht sie Linien, dort klebt sie Wimpern an.

Und so verwandelt sie sich allmählich in eine Person aus deinem Leben. Eine Person, die du sehr gut kennst.

Immer weiter schreitet das Verwandlungswerk fort. Bis sie schließlich jene Konturen hergestellt hat, die genau der Person gleichen, die du aus deinem Leben kennst.

Es ist dabei unerheblich, ob diese Person aus deinem Leben bereits tot ist oder noch lebt, es ist unerheblich, ob sie Kind ist oder Erwachsener. Jetzt weißt du, sie bereitet sich auf ihren Auftritt in deinem Leben vor.

Es ist jene Person, mit der dich eine Bürde verbindet (20 Sekunden Pause).

Und dann steht sie auf und verläßt den Schminkraum durch eine Tür auf der gegenüberliegenden Seite.

Über dieser Tür stehen die Worte geschrieben:

»Ruhe – Bühne«

Der Raum ist jetzt leer.

Du aber wirst nun folgendes machen: Du nimmst ein Bündel jener Kleider, die da vor deiner Nase hängen, machst daraus ein Knäuel und legst dieses Bündel zwischen die Tür und den Türrahmen, die du immer noch mit dem Fuß offenhältst. Nachdem du dich versichert hast, daß die Tür ganz gewiß nicht zuschlagen kann, gehst du quer durch den Schminkraum zu der Tür mit der Aufschrift »RUHE – BÜHNE«, öffnest sie einen Spalt und schaust hindurch.

Du siehst jetzt auf der Bühne eine Szene aus deinem Leben, eine Szene, die mit dir und jener Person zu tun hat, die gerade den Schminkraum verlassen hat.

Du schaust dir diese Szene an (eine Minute Pause).

Du siehst dich mit dieser anderen Person auf der Bühne und gleichzeitig stehst du doch auch hier in dieser Schminkraumtür und schaust durch einen Spalt auf eine Szene aus deinem Leben.

Du hast jetzt genug gesehen, du ziehst dich wieder zurück, durchquerst wieder den Schminkraum, gehst auf die andere Tür zu, wo zwischen Tür und Rahmen immer noch das Bündel der Kleider liegt. Du öffnest die Tür ganz, hängst die Kostüme wieder auf die Bügel und trittst hinaus auf jenen dunklen Gang, durch den du vor einiger Zeit hergelangt bist.

Wieder im Gang wendest du dich um und gehst den dunklen Gang entlang nach hinten.

Fast ist es so, als gingst du gegen die Zeit,
gegen die Zeit als solche nach hinten.
Du spürst, du kannst mit wenigen Schritten Jahrhunderte durchqueren,
in die Vergangenheit zurückkehren.

Nach einigen Schritten, die mehr oder weniger Jahrhunderte umfassen, befindest du dich wieder vor einer Tür und jetzt ahnst du schon, was hinter dieser Tür liegt.

Wieder wirst du in einen Schminkraum gelangen, wieder versperren Kostüme den Eingang zur Tür, die du geöffnet hast. Aber diesmal ist der Raum leer.

Alle Schauspieler sind noch auf der Bühne.

Wieder legst du ein Bündel Kleider zwischen Rahmen und Tür (so daß sie nicht ins Schloß fallen kann) und durchquerst den Raum. Du gehst zur zweiten Tür, über der wieder das Schild »RUHE – BÜHNE« hängt.

Vorsichtig öffnest du sie einen Spalt und schaust hindurch.

Du erblickst ein altes Stück.

Die Schauspieler haben Kostüme an, an denen du ungefähr ablesen kannst, in welchem Jahrhundert dieses Stück spielt.

Du siehst dich selbst, siehst, als welche Person du diesmal verkleidet bist, als Mann, Frau oder Kind; jede Rolle ist möglich.

Du erkennst auch, als welche Person jener Schauspieler auftritt, den du vorhin, vor einigen Jahrhunderten – vielleicht sogar Jahrtausenden – in deinem jetzigen Leben in dem ersten Schminkraum gesehen hast.

Das Stück ist jetzt auf seinem Höhepunkt.

Was dort auf der Bühne geschieht, ist der Schlüssel für die Anwesenheit dieser Person in deinem heutigen Leben.

Du hast jetzt genügend Zeit, dir diese Handlung in aller Deutlichkeit anzuschauen.

Und diese Zeit beginnt *jetzt* (3 Minuten Pause).

Das Stück nähert sich seinem Ende.

Der Höhepunkt wird erreicht.

Gleich wird der Vorhang fallen.

Aber bevor die Anwesenden von der Bühne abtreten und in den Raum dahinter gehen (oder gar getragen werden), ziehst du dich zurück zur ersten Tür und versteckst dich wieder hinter den Kostümen.

Die Bühnentür öffnet sich, die Schauspieler kommen herein (oder werden hereingetragen) und die Prozedur des Abschminkens beginnt.

Leise ziehst du dich zurück, schiebst das Kleiderbündel, das immer noch die Tür offenhält, weg, verläßt den Schminkraum und schließt die Tür.

Du bleibst einen Moment im Dunkeln stehen und läßt das Gesehene auf dich wirken.

Du vergleichst die zweite Szene mit der ersten Szene und erkennst ihren inneren Zusammenhang, ihre innere Logik für dein Leben.

Du beginnst zu verstehen, warum jene Person, die dich heute so »bewegt«, im Damals jene Person war, die du gerade auf der Bühne gesehen hast.

Du hast jetzt nach irdischer Zeit eine Minute zur Verfügung, um das Gesehene zu begreifen. Du weißt auch, daß in dem inneren Raum, in dem du gerade bist – zwischen den Zeiten – diese eine Minute beliebig vielen Stunden entspricht (eine Minute Pause).

Jetzt wendest du dich wieder in Richtung auf die lange, dunkle Treppe.

Du erreichst sie, und beginnst emporzusteigen.

Während du höhersteigst, wird dein Körper wieder neu belebt. Frische strömt in ihn ein,

Je höher du gelangst, desto wacher wirst du.

Während dein Körper normalerweise vom Treppensteigen immer schwächer wird, wird er hier immer frischer, lebendiger, aktiver.

Du spürst, wie das Leben in ihn zurückkehrt, ein leichtes Kribbeln zeigt dir seine Lebendigkeit, und so reckst du dich kräftig, dehnst deinen Körper, als hättest du gerade einen sehr langen Schlaf hinter dir.

Dann öffnest du langsam deine Augen, du bist jetzt wieder ganz

WACH!

Reise 4

Räume

Im Leben eines jeden Menschen gibt es Phasen, in denen er nicht so richtig vorwärtskommt. Die Hinwendung an die Außenwelt scheint irgendwie gehemmt oder gebremst zu sein. Mitunter erlebt es der Mensch so, daß sich alle Pläne, die er sich im Außen vorgenommen hat, irgendwie zerschlagen.

Es gibt Mißerfolge, Rückschläge, kurz Phasen, in denen alles zu stagnieren scheint.

Ganz konkret mag das sogar so weit gehen, daß ihm seine Arbeit gekündigt wird, oder er findet keine angemessene Wohnung, oder seine Ehe löst sich auf. Seine Kinder bereiten ihm Kummer, haben keinen Erfolg in der Schule, wenden sich den Drogen zu – die Welt wird auf einmal sehr düster.

In solchen Phasen steht der Mensch meist recht hilflos da. Er weiß sich nicht zu helfen.

Es hat ihm niemand beigebracht, was er in einer derartigen Lage tun könnte. Nirgends lernt man so etwas.

Alle Institutionen, die wir durchlaufen haben, wollten uns immer nur lehren, was man tun kann, um weiterzukommen, was wir tun müssen, um etwas zu leisten,

was *man* tun muß, um Erfolg zu haben.

Wenn diese Rezepte alle nicht mehr fruchten, dann stehen wir oft sehr hilflos herum, fast so wie ein kleines Kind.

Deshalb möchte ich dir heute ein *neues* Konzept vorstellen.

Eigentlich ist es ein Konzept, das sehr alt ist, und doch kann es sein, daß es *für dich* sehr neu ist.

Ich möchte versuchen, dir ein wenig den Sinn derartiger Lebenskrisen zu verdeutlichen, dir also zeigen, daß diese Phasen, in denen du vermeintlich versagst, dir etwas sehr Entscheidendes zu sagen haben.

Diese Reise hat den Titel »Räume» und bevor wir uns in die eigentliche Meditation hineinbegeben, möchte ich dir diesen Titel erläutern.

Es ist nämlich ziemlich entscheidend, zu verstehen, daß es in dieser Welt ganz bestimmte Arten von »Räumen« gibt. Es gibt »Außenräume« und »Innenräume«. Über die Funktion von Außenräumen weißt du schon sehr gut Bescheid. Jeder Raum, den du so in deinem Leben betrittst, ist erst einmal ein Außenraum.

Bei deiner Geburt – in dieses Leben hinein – hat das Betreten der Außenräume begonnen. Du warst im Inneren, in der Geborgenheit des Schoßes deiner Mutter, du warst eins mit ihr, doch eines Tages hat sie dich aus diesem Raum entlassen. Du betratest den ersten Außenraum;

vielleicht ein Krankenzimmer, vielleicht das elterliche Schlafzimmer, vielleicht irgendein fremdes Zimmer. Es war der erste Außenraum deines Lebens, die Karriere deiner Außenräume begann hier.

Es ist ganz unerheblich, ob du dich an diesen Raum noch erinnern kannst oder nicht – die meisten Menschen können es nicht. Dennoch wurde das Betreten dieses Raumes gleichsam zu einem Modell für dein Betreten von Außenräumen schlechthin.

In der Art, wie du diesen Raum einst betreten hast, entschied es sich, auf welche Art du alle weiteren Räume deines Lebens betrittst.

Ob du eher neugierig bist auf den neuen Raum oder mißtrauisch, ganz begierig oder sehr ängstlich.

Die Art deines Eintretens in diese Welt ht sehr viel auszusagen über die Art, wie du dich auch heute in neue »Räume« hinein begibst.

Nach deiner Geburt gab es dann einige Räume für dich; die Wohnung deiner Kindheit, vielleicht dein Kinderzimmer. Es gab Räume von Verwandten, von Freunden, den Raum im Kindergarten, Schulräume, es gab angenehme Räume und unangenehme Räume. Der Raum des Arztes, der Krankenzimmerraum, möglicherweise Sterbezimmerräume, Prüfungsräume, vielleicht der Raum bei der Bundeswehr, Räume der Universität, erste Arbeitsplatzräume und so weiter durch dein Leben hindurch.

Der Raum im Hause deines Freundes, deiner Freundin, der Raum deiner ersten sexuellen Erfahrungen, der Raum deiner ersten Liebe, schließlich die ersten Eheräume, das Schlafzimmer, das Wohnzimmer, die Küche deiner eigenen ersten Wohnung. Und vielleicht die ersten Räume nach einer Trennung. Die Räume, in denen du einsam warst.

Ja, so geht es bis zum heutigen Tag. Es gab und gibt in deinem Leben viele, viele Außenräume. Sie alle hast du betreten oder betrittst sie noch.

Die Richtung dieser Räume geht immer *von dir nach außen*. Und wie schon gesagt, mitunter gibt es Ereignisse, da werden dir »Räume« weggenommen, es werden dir »Außenräume« weggenommen; vielleicht der Raum deines Arbeitsplatzes, oder dein ehemals so warmes Wohnzimmer, dein Raum bei deinen Eltern (sie werfen dich einfach hinaus).

Wenn sie dir nicht weggenommen werden, so werden sie doch zumindest so problematisch gemacht, daß du dich in ihnen nicht mehr richtig wohlfühlst.

Probleme tauchen auf, es geht nicht mehr so recht vorwärts, Hindernisse liegen vor deinen Füßen.

Ich erzähle dir dieses alles, weil ich möchte, daß dir über das Nachempfinden dieser äußeren Räume deutlich wird, daß es neben den Außenräumen auch *Innenräume* gibt, Räume in dir.

Ich glaube, daß du dich bei deiner *ganz bestimmten Aufmerksamkeitsrichtung*, die Richtung von dir nach außen, nur ganz selten mit deinen Innenräumen beschäftigt hast. Vor lauter Bemühungen und Anstrengungen im Außen könnte es sein, daß du übersehen hast, daß es sehr viele *Innenräume* in dir gibt.

Es sind mindestens ebenso viele Innenräume in deinem Leben, wie es Außenräume gibt oder gegeben hat.

Und es gibt ein wichtiges Geheimnis in dem *Verhältnis des Außenraumes zum Innenraum*. Dieses Geheimnis, das man erst einmal nirgends lernt, besteht darin, daß dir mitunter ein Außenraum weggenommen werden muß, damit du jetzt veranlaßt wirst, den Innenraum zu betreten.

Es waltet ein gütiges Schicksal, eine Art Kobold, in deinem Leben, und dieses Schicksal sagt eines Tages: »So, jetzt hast du dir genügend Außenräume angeschaut, ich kann dir im Moment keine neuen bieten, jetzt mußt du dir erst einmal einige Innenräume anschauen. Sonst kannst du nicht weiterkommen. Sonst hast du keine Möglichkeiten, deine Erfahrungen mit den Außenräumen zu verarbeiten.«

Doch da nur die wenigsten dieses Gesetz kennen, stehen wir erst einmal ziemlich hilflos herum und lamentieren »Alles geht schief«, »Niemand will mich haben«, »Ich bin so nutzlos« oder »Ich bin einsam.«

Würden wir einmal beginnen, diesem Gesetz zu vertrauen, diesem Gesetz, das da lautet: »Ein Außenraum wird nur *dann* weggenommen, wenn ein Innenraum betreten werden soll«, so könnten wir, statt weinerlich zu sagen »Immer ich« eines Tages dastehen, neugierig werden und sagen »Aha, jetzt soll ganz offenkundig ein neuer Innenraum betreten werden.«

Jetzt siehst du schnell auch den Grund, warum die Außenräume mitunter fahl und farblos werden müssen. Warum der Zugang zu ihnen versperrt werden muß. Damit die Innenräume Farbe erhalten, damit sie die einzigen sind, deren Türen dir jetzt offen stehen.

Es gibt manche Menschen, denen bleiben fast ihr ganzes Leben lang die meisten äußeren Räume verschlossen. Diese Menschen (vielleicht gehörst du ja dazu) sollen geradezu Pionierleistungen bei der Erschließung des Inneren erbringen. Sie sind fast dauernd im Inneren unterwegs.

Aber da die meisten Menschen auf diesem Weg in ihr Inneres – ob nun freiwillig oder gezwungenermaßen – nicht so recht wissen, wie sie diesen Weg beginnen können, wollen wir heute eine Art gezielten Abstieg in den Bereich der Innenräume durchführen.

Einen »Einstieg« in die inneren Räume.

Mache es dir jetzt sehr bequem.

Setze oder lege dich so hin, daß dich nichts Äußeres mehr stören kann. Deine Kleidung sollte dich nicht drücken, und deine Glieder legst du ganz entspannt auf deine Unterlage, so daß du sie kaum bemerkst.

Du schließt deine Augen und hörst mir zu.

Du beginnst deine Reise in die Innenwelt mitten in der lärmenden Außenwelt.

Du befindest dich im Zentrum einer großen Stadt, einer sehr bewegten und lebendigen Großstadt. Es ist Hauptverkehrszeit, Autos bewegen sich in langen Schlangen, Fußgänger hasten umher, Geschäfte preisen ihre Waren an, und die Neonreklamen leuchten um die Wette.

Es ist ein reges Gewoge.

Jetzt bist du wirklich in der Mitte dieses Trubels und siehst den Eingang zu einem Einkaufszentrum unter der Erde. Fast jede größere Stadt hat so eine B-Ebene. Rolltreppen führen hinab, und du fährst nach unten.

Auch hier ist ein reges Treiben, Läden gibt es, viele Menschen, Pflastermaler, mitunter Musikanten.

Wenn du genau hinschaust, siehst du freilich, daß die Außenwelt hier schon verblaßt ist, die Menschen sind irgendwie unwirklich. Aber es stört dich nicht.

Du schaust dich einen Moment um und dann gehst du weiter. Vor dir befindet sich wieder eine Treppe und diese Treppe führt dich weiter nach unten. Noch tiefer hinab in das Innere der Großstadt. Hier, eine Etage tiefer, befinden sich die U-Bahn-Stationen.

Du steigst die Treppe hinab und bist auf dem Bahnsteig, auf dem normalerweise die U-Bahnen halten. Im Moment ist jedoch keine Bahn da, einige Menschen warten hier, aber sie interessieren dich im Moment nicht.

Du gehst ans Ende des Bahnsteigs, dort befindet sich eine eiserne Tür. Du öffnest sie und stehst wieder vor einer Treppe, eine Eisentreppe, eiserne Stufen führen dich hinab. Wieder gehst du tiefer ins Innere der Erde.

Wieder kommst du auf eine neue Ebene. Hier leuchten nur noch ganz vereinzelt Glühbirnen, die Wände sind aus rohem Beton. Hier befinden sich die Versorgungsleitungen, Rohre, Röhren und Kabel laufen an den Wänden entlang.

Du gehst den Gang hinunter und siehst dann eine Öffnung vor dir im Fußboden. Eine eiserne Leiter ragt aus der kreisförmigen Öffnung heraus. Du betrittst die Leiter und steigst in die Öffnung hinab.

So gelangst du noch tiefer ins Innere.

Nach einiger Zeit berühren deine Füße wieder festen Boden.

Erdig riecht es hier, nach Lehm

Du bist jetzt sehr tief in deinem Inneren.

Dunkelheit umgibt dich.

Und obwohl kein Licht hier in dieser Finsternis existiert, so hast du doch genügend Sicherheit, deine Schritte in die Dunkelheit hinein zu lenken.

Es ist fast so, als würde ein inneres Licht dich leiten in dem Moment, in dem das äußere Licht ausgegangen ist. Du bist jetzt tief im Inneren deines Wesens, tief im Inneren deines Lebens.

Und bevor du weitergehst, möchte ich dir etwas erklären, was sehr wichtig sein könnte für deinen Weg.

Wenn du gleich weitergehst, dann wird der Gang nach einer kurzen Zeit eine Biegung machen und du wirst in eine ziemlich große Höhle kommen.

Diese Höhle wird recht gut erleuchtet sein und in ihrer Mitte befindet sich auf dem Boden eine etwa 30 Meter große kreisförmige Öffnung. Flammen schlagen aus dieser Öffnung, nicht sehr viele, aber doch so viele, daß die Höhlenwände davon ausreichend beleuchtet werden.

Du wirst dann an den Rand der großen kreisförmigen Öffnung treten, die Flammen sind nicht heiß, sie sind nur hell, und wenn du in den großen Schacht hinunterschaust, so wirst du sehen, daß er unglaublich tief nach unten führt.

Durch das Feuer, das in ihm lodert, ist er hell erleuchtet.

Du wirst sehen, daß sich an der Innenseite des Schachtes Öffnungen und Fenster sich befinden. Auch diese Öffnungen und Fenster reichen tief hinab. Auch sie sind von innen beleuchtet, und du wirst erkennen, daß es »Räume« sind, unglaublich viele hellerleuchtete Räume, die sich wie Etagen tief nach unten erstrecken.

Es ist fast so, als stündest du auf dem Dach eines riesigen Wolkenkratzers, blicktest nach unten und sähest viele Etagen und Fenster. Doch der Unterschied ist, ein Wolkenkratzer steht im Außen, und deshalb sind auch die Fenster außen im Gebäude, während du dich hier in einer inneren Welt befindest. So ist der innere Schacht hohl und die Fenster, die rings um das Innere des Schachtes angeordnet sind, führen in innere Räume.

Endlos führt der Schacht nach unten, und endlos ist die Zahl der *erleuchteten Fenster* im Inneren des Schachtes.

Es gibt, wie bei einem Wolkenkratzer auch, sehr viele Etagen und in diesen Etagen gibt es Räume – Innenräume.

Das alles wirst du gleich sehen, wenn du um die Biegung des Ganges herumgegangen bist.

Und jetzt gehst du los, siehst die große Höhle vor dir und den hellerleuchteten Schacht in der Mitte des Höhlenfußbodens.

Helle Flammen schlagen aus ihm nach oben.

Du gehst jetzt bis an den Rand des Schachtes, blickst nach unten und siehst die vielen, vielen erleuchteten Fenster. Du ahnst jetzt etwas von der Vielfalt der Räume, die hinter diesen Fenstern liegen.

Und noch etwas solltest du wissen. Es ist das Prinzip des Lebens, deines Lebens, daß sich in jedem dieser Räume im Inneren deines Wesens eine kleine Geschichte abgespielt hat, denn jeder dieser Räume war einmal ein Außenraum.

In jedem dieser Räume ist einmal etwas geschehen.

Aber als Außenraum hat er sich irgendwann einmal verloren, wurde im Außen nicht mehr betreten, und so wurde er zum Innenraum.

Wenn du genauer hinschaust, siehst du, daß es einige Fenster und damit Räume gibt, die sind von innen nicht mehr beleuchtet. In ihnen lebt keine Geschichte mehr. Sie sind als Innenräume neutral geworden, werden nicht mehr bewohnt. Aber alle anderen erleuchteten Fenster signalisieren dir durch ihr Licht, daß hier noch etwas auf dich wartet, daß du hier noch Kenntnis nehmen mußt, daß du dich hier – kurz gesagt – noch informieren mußt.

Du weißt jetzt auch, was du tun wirst. Du wirst dich gleich an den Rand des Schachtes stellen und hineinspringen. Du weißt, die Flammen werden dich nicht verbrennen, es ist ein helles, kaltes Feuer. Du weißt auch, du wirst nicht hinabstürzen in den Schacht, denn die Gesetze der Schwerkraft sind hier aufgehoben.

Sobald du in den Schacht hineinspringst, wirst du langsam gleitend hinabschweben; du wirst so lange hinabschweben, bis dich eines der Fenster, eine der Öffnungen magisch anzieht. Zu dieser Fensteröffnung wirst du hinschweben.

Du wirst durch das Fenster in den Raum hineinblicken und dir anschauen, welche Geschichte in dem Raum verborgen liegt.

Die Geschichte dieses Raumes wird vor deinem inneren Auge ablaufen. Das beginnt in dem Moment, in dem du in den Schacht hineinspringst und das tust du *jetzt* (30 Sekunden).

Du betrittst den Raum, der dir irgendwie bekannt vorkommt und schaust dir jetzt die Geschichte dieses Raumes an. Du schaust dir an, wer hier wohnt und was sich hier zugetragen hat (90 Sekunden Pause).

Wenn du lange genug die Geschichte dieses Raumes angeschaut hast, merkst du dir alle Ereignisse und Nuacen dieses Raumes.

Hast du alles gesehen, so verläßt du den Raum auf dem gleichen Wege wieder, wie du ihn betreten hast.

Wenn du dich jetzt wieder im Schacht befindst, so drehst du dich noch einmal um und schaust dir von außen an, ob das Licht in diesem Raum langsam erlischt, oder ob es in diesem Raum weiterhin hell bleibt.

Erlischt das Licht, so hast du das Geheimnis dieses Raumes begriffen; bleibt das Fenster erleuchtet, so wirst du wohl noch einmal zu einem späteren Zeitpunkt in diesen Raum zurückkehren müssen, um die Geschichte zu Ende zu erleben.

Aber jetzt schwebst du ebenso langsam, wie du vorher hergelangt bist, wieder nach oben.

Du landest nach kurzer Zeit wieder am Rande des Schachtes und stehst wieder in der großen Höhle.

Du schaust dir noch einmal den Schacht an und begreifst, daß du hier an einer Stelle stehst, der die Menschen seit Jahrhunderten einen bestimmten Namen gegeben haben. Sie nannten diese Stelle »Hölle«.

Es ist jener Ort, an dem all die Erinnerungen aufbewahrt liegen, die dich nicht mehr loslassen; bis du sie dir angeschaut hast. Alle Erinnerungen aus vielen Leben, alle Räume, die du einmal betreten hast und an die du, solange sie noch erleuchtet sind, gebunden bist. Und du weißt jetzt auch, daß es nur eine Möglichkeit gibt, dieser »Hölle« in deinem Inneren zu entkommen. Du mußt dir den Inhalt dieser Räume anschauen. Hast du das »Licht« des Raumes in dein Bewußtsein hineingeholt, dann wird es tief in deinem Inneren nicht mehr benötigt, und der Raum hier unten wird dunkel. Er zieht dich dann nicht mehr an.

Jetzt wendest du dich ab. Du kannst zu jeder Zeit, wenn die äußeren »Räume« fahl werden, an diese Stelle zurückkehren und dir neue Erkenntnisse holen. Du weißt jetzt, wie es geht.

Und nun wendest du dich ab und steigst wieder nach oben.

Du bist schnell wieder in dem erdigen Gang, findest die Leiter, die dich wieder zu der Etage mit den Versorgungsleitungen führt. Einzelne Glühbirnen erleuchten hier wieder deinen Weg. Du siehst die eiserne Treppe, die dich zur eisernen Tür führt, du öffnest die Tür, und der Bahnsteig der U-Bahn-Station liegt wieder vor dir.

Du spürst, daß es sehr viel heller geworden ist, seit du das letzte Mal hier gewesen bist.

Auch dieses Phänomen kann dir eine wichtige Erfahrung vermitteln: *Heller wird es außen nur, wenn du vorher ins Dunkel hinabgestiegen bist.*

Du verläßt den Bahnsteig und landest eine Etage höher wieder in der B-Ebene mit all ihren Geschäften und ihrem lebendigen Treiben, das jedoch jetzt freundlicher geworden ist. Du betrittst die Rolltreppe und läßt dich bequem wieder in den hellen Tag hineinbringen.

Während du so wieder in den Tag gelangt bist, sind deine Glieder sehr munter und wach geworden.

Jetzt reckst du deine Glieder, du spürst sie wieder sehr deutlich, du fühlst das pulsierende Leben in deinen Adern.

Jetzt öffnest du deine Augen und bist wieder vollständig

WACH!

Reise 5
Tiere und Pflanzen

Jeder Mensch kommt auf vielfältige Weise immer wieder mit Tieren und Pflanzen in Berührung.

Tiere und Pflanzen dienen dem Menschen, dazu sind sie da.

Sie dienen ihm auf drei verschiedene Arten, und wir wollen diese drei Arten in unserer heutigen Reise kennenlernen.

Tiere und Pflanzen dienen unserem Körper, sie dienen unserer Seele und sie dienen unserem Geist.

Wir beginnen bei der einfachsten Form. Bei unserem Leib.

Alles, was wir zu uns nehmen, alles, was *unser* Leib zum Überleben braucht, ist wieder ein *Leib.*

Nur ein Leib kann einen Leib erhalten.

Leben kann sich nur von Leben ernähren.

Es waltet ein hohes Gesetz in unserem Leben. Damit *wir* unser Leben erhalten, müssen wir *anderes* Leben vernichten

Entweder müssen wir den Leib der Tiere zu uns nehmen oder den Leib der Pflanzen. Dazu aber müssen wir Leben zerstören.

Ob du Vegetarier bist oder Makrobiot, du mußt einen lebendigen Organismus entweder zerstören oder – wenn du nur Körner zu dir nimmst – ihn am Entstehen hindern.

Der Aufbau einer Lebensform erheischt den Untergang einer anderen Lebensform. Das ist ein Gesetz und gegen dieses Gesetz kannst du nur verstoßen, indem du dich selbst dem Hungertode preisgibst.

Natürlich kannst du wählen, ob du hoch organisierte Lebensformen zerstören willst, also beispielsweise eine Kuh, oder ob du mit relativ niedrig organisiertem Leben zufrieden bist, also dich nur von Algen und Soja ernähren willst.

Da jedoch auch Algen und Soja organisiertes Leben in sich tragen, hast du damit nur die Ebene gewechselt, der Sachverhalt als solcher ist der gleiche.

Du kommst aus diesem Gesetz nicht heraus.

Ja, du sollst aus diesem Gesetz auch gar nicht herauskommen. Es ist das Gesetz deiner Schuld, in die du damit hineinversetzt wirst und ihr entkommst du auch nicht als Vegetarier.

Solange du noch ein Baby bist und dich von der Milch deiner Mutter – oder der Milch einer Kuh – ernährst, unterliegst du diesem Gesetz noch nicht. Hier und nur hier wird noch kein Leib zerstört. Hier und nur hier ernährst du dich noch von der einzigen Substanz, die weder durch eine Zerstörung des Lebens gewonnen wird, noch durch eine Verhinderung des Lebens zustandekommt. Doch schon bei den Haferflocken und dem Karottensaft beginnst du, unter das Gesetz zu fallen. Das Gesetz, daß um *deinetwegen* Leben zerstört wird, daß um deinetwegen andere ihren Leib opfern müssen. Damit du leben kannst, geben sie ihren Leib hin. Das ist die erste Art deiner Berührung mit Tieren und Pflanzen. Sie ist notwendig und du bist nicht lebensfähig ohne sie.

Die zweite Art deiner Begegnung mit Tieren und Pflanzen ist anders. Sie ist nicht ganz so zwingend wie die erste, jedenfalls sieht es auf den ersten Blick so aus.

Hier *dient* die Pflanze oder das Tier ebenfalls dir, aber diesmal nicht deinem Leib, sondern deiner Seele. Jede Blume, die du am Wegesrand siehst, jede Topfpflanze, die in deinem Zimmer steht, jeder Hund, der dich draußen ankläfft, jede Katze, die dir um die Beine schnurrt, erfüllt dieses Gesetz.

Ja, es ist ebenfalls ein Gesetz und es lautet: Mindestens einmal in deinem Leben muß jeweils ein Tier und eine Pflanze deiner Seele dienen. Die Betonung liegt auf dem Wort »mindestens«, denn bei manchen Menschen sind es Hunderte, ja Tausende solcher Begegnungen.

Es geht also nie ohne! In keinem Leben.

Je nachdem, an welcher Stelle du gerade stehst, gibt es also mehr oder wenige dieser Begegnungen.

Man kann fast schon die Uhr danach stellen. Immer wenn ein Tier oder eine Pflanze deinen Weg kreuzt, soll deine Seele erhoben werden, soll ein Teil deiner Seele, der bisher – für dich unsichtbar – im Dunkeln lag, ans Licht gelangen.

»Ich will den Menschen eine Hilfe machen«, sprach Gott der Herr und schuf alle Tiere des Feldes und der Lüfte.

Auf daß sie ihnen helfen bei ihrem langen Weg, vollkommen zu werden.

Und er führte die Tiere zum Menschen, um zu sehen, wie er sie benennen würde. So, wie der Mensch sie benennen würde, so sollte ihr Name sein.

Und so treten in dein Leben manchmal mehr, manchmal weniger viele Tiere und Pflanzen ein. Insbesondere eine Tiergattung ist hier herausragend zu benennen. Es sind die Tiere und mitunter auch die Pflanzen *deiner Kindheit.*

Sie haben eine sehr tiefe magische Kraft in sich, was nicht bedeutet, daß deine heutige Katze diese Kraft nicht in sich trägt. Bei ihr – mit der du täglich zusammen bist – fällt es dir nur meist schwerer, diese Wirkung deutlich wahrzunehmen. In dieser zweiten Art der Begegnung sind Pflanzen und Tiere also diejenigen, die deine Seele heilen möchten. Dazu sind sie da. Darin liegt ihre unbändige Kraft.

Die dritte Art der Begegnung schließlich umfaßt alle Tiere, die dir auf den ersten Blick unangenehm, mitunter widerwärtig sind. Gewürm, Maden, Schmeißfliegen, Nattern, Spinnen, Skorpione, Tiere mit langen dünnen Beinen, mit Panzern und Schalen, mit Fühlern und Stacheln; eben alles was da krabbelt, kriecht, wimmelt und sich schlängelt.

Es sind gefährliche Tiere – nicht etwa, daß ihr reale Wirkung (also z. B. das Gift, das sie in sich tragen) so gefährlich wäre, nein, sie sind deshalb so gefährlich, weil sie in einem Bereich zu Hause sind, in dem deine *geistigen* Kräfte ihren Ausgangsort haben.

Und diese Kräfte übertreffen mit ihren Energien die beiden vorherigen Bereiche bei weitem.

Hier befindet sich das Reich der Dämonen im Inneren deines Wesens. Und wehe dem, der hier nicht weiß, was zu tun ist. Wir werden in dieses Reich nicht hinabsteigen, sondern nur einen Vorgeschmack erhalten, indem wir uns mit dem *Wächter dieses Reiches* auseinandersetzen, mit dem Hüter seiner Schwelle.

Dieses dritte Reich ist das »Reich der Heilung« schlechthin, d. h., nur von hier aus kann ein Heilgeschehen stattfinden, nur von hier geht das Heilgeschehen aus. Wenn es auch hier nicht geboren wird, so nimmt es doch von hier seinen Ausgang, weshalb jede Heilung immer eine Geistheilung ist.

Du weißt jetzt, daß es *drei Bereiche*, drei Formen der Auseinandersetzung mit Tieren und Pflanzen gibt. Und wir werden jetzt in jedem dieser drei Räume eine lange schon in uns liegende Erfahrung machen, wenngleich wir auch in das dritte Reich nicht eintreten werden.

Mache es dir jetzt sehr bequem.

Schließe deine Augen und atme tief ein und tief aus.

Du weißt jetzt schon, daß dein Einatmen Tiefe und dein Ausatmen Entspannung mit sich bringt.

Du weißt jetzt schon, daß du dich mit jedem Atemzug tiefer in deine Entspannung, tiefer in deine Ruhe, tiefer in dein Inneres hineintragen lassen kannst.

Das tust du jetzt eine ganze Weile. Tief ein- und tief ausatmen (Pause).

Und während du weiteratmest, tief ein und tief aus, werde ich dir eine besondere Technik des Atmens schildern, für die du jetzt langsam reif geworden bist.

Es gibt in unserem Gehirn eine Struktur, in der sind die Erfahrungen der gesamten Evolution aufbewahrt.

Du ahnst bereits, daß du selbst schon eine lange Kette von Existenzformen durchlaufen hast, daß du jede Wesenheit, die diesen Erdball bevölkert, selbst schon einmal warst und du wirst heute erleben, daß du diese Erfahrungen immer noch in dir gespeichert hast.

Die gesamte Entwicklung des Lebens, jede Lebensform, ist in deinem Gehirn nach wie vor unauslöschbar eingraviert.

Sie ist gespeichert in einem Hirnteil, den wir anatomisch den Hirnstamm nennen (oder das Stammhirn). Diese Struktur sitzt hinten in deinem Schädel, an der Stelle, an der normalerweise deine Haare enden, eine Spur höher als dein Genick; hinten unten.

Damit du diese evolutionsgeschichtlichen Strukturen abrufen kannst, atmest du jetzt gleichmäßig und entspannt tief in das Innere dieses Hirnstammes hinein.

Tief hinein, so tief, daß *als erstes* in dir die alten Erinnerungen deiner Vergangenheit *als Fisch* wiederbelebt werden.

Langsam, mit Hilfe deines Atems, kannst du spüren, wie es ist, ein Fisch zu sein.

Welche unendliche Ruhe und Gelassenheit damit verbunden ist, sich langsam – im Wasser treibend – durch deine Welt zu bewegen.

Du spürst auch, mit welchen Körperteilen du eine Richtungsänderung im Wasser vollführen kannst (Pause).

Aber du hältst dich hier nicht weiter auf, sondern gehst mit Hilfe deines Atems weiter durch die Geschichte des Lebendigen hindurch.

Wieder atmest du ganz entspannt in diese alte Hirnstruktur hinein und du siehst dich jetzt als ein Amphibium, als ein Tier, halb im Wasser und halb auf dem Land lebend.

Träge bist du, schwer, mit einer harten Haut.

Weiter trägt dich dein Atem, jetzt in das Reptilstadium hinein. Hier lebst du schon mehr auf dem Land, deine Abstecher ins Wasser sind seltener geworden. Du spürst deinen Panzer.

Jetzt trägt dich dein Atemstrom in die alten Erinnerungsstrukturen eines frühen vierbeinigen Wesens, vielleicht eines Wolfs, eines Schakals, eines schnellen vierbeinigen Tiers. Erinnerungsbilder tauchen auf, vielleicht wie du in einem schnellen Lauf die Landschaft an dir vorbeiziehen siehst. Erinnerungsfetzen ziehen vorbei.

Du atmest weiter. Tief und entspannt in den Hirnstamm hinein. Weiter führt dich dein Weg durch die Geschichte des Lebendigen hindurch, in neue Zeiten hinein.

Immer noch bist du Tier, aber jetzt taucht in deiner Umgebung der Mensch auf. Jenes zweibeinige Wesen, mit dem dich bald eine enge Geschichte verbinden wird.

Die Bilder werden deutlicher, und jetzt bist du ein Tier in der unmittelbaren Nähe des Menschen.

Du bist angebunden, um dich herum sind Menschen.

Eine Art Fest wird begangen, und obwohl du Tier bist, stehst du irgendwie im Mittelpunkt dieses großen Festes.

Musik ist da, Trommeln, Menschen tanzen, Lichter brennen. Die Menschen sind gespannt und aufgeregt, aber auch irgendwie erhaben.

Du atmest dich ganz in diese Umgebung hinein (Pause).

Und jetzt erscheint vor dir einer dieser Menschen. Er ist merkwürdig gekleidet und er hält ein großes Messer in seiner Hand.

Jetzt bindet er dich los, er befreit dich von der Stelle, an der du festgebunden warst, und du schaust dir genau an, was jetzt mit dir geschieht (eine Minute Pause).

Langsam werden die Bilder blasser.

Du atmest weiter. Jahrhunderte vergehen. Jahrtausende vergehen, du bist immer noch Tier, ein großes Tier, ein starkes Tier.

Diesmal bist du mit vielen Tieren zusammen.

Unruhe ist unter euch. Menschen sind da.

Die Menschen treiben euch in eine bestimmte Richtung.

Roh behandeln sie dich und deine Gefährten.

Du hörst dumpfe, brüllende Schreie und jetzt spürst du auch, daß du selbst ebenfalls diese Schreie ausstößt.

Über allem liegt eine Atmosphäre von Düsternis, von Gewalt und ein süßlicher Geruch von Blut ist in der Luft.

Du spürst ein unbekanntes Gefühl in deinem Herzen; Angst.

Unbarmherzig treiben die Menschen euch voran, in eine ganz bestimmte Richtung, in ein Haus hinein.

Du schaust dir jetzt an, was in diesem Haus passiert. Du schaust es dir ganz genau an (1 Minute Pause).

Die Bilder werden blaß, die Bilder ziehen sich zurück.

Wieder trägt dich dein Atmen durch unendliche Weiten, durch Zeit und Raum, tief hinein in das Zentrum des Lebens.

Die Tierinkarnationen verblassen, Menschheitsbilder tauchen auf und vergehen, tauchen auf und vergehen, im Rhythmus deines Atems.

Nachdem du so durch Zeit und Raum geglitten bist, tauchst du nun ein in dein jetziges Leben, aber nicht in die heutige Zeit, sondern in einen Raum deines Lebens, in eine Begebenheit deines Lebens, in der ein sehr deutliches Erinnerungsbild aufbewahrt liegt, ein Bild, das du mit einem Tier erlebt hast, einem Tier, das dir sehr nahe gekommen ist.

Vielleicht ist es die Zeit deiner Kindheit, vielleicht lag dieses Ereignis vor vielen Jahren, du siehst es selbst.

Es taucht jetzt ein Tier, mit dem dich etwas sehr Tiefes verbunden hat, in der inneren Welt deiner Seele auf.

Das Tier wird deutlicher, dein Atem gibt ihm Konturen.

Es blickt dich an. Es schaut dir mit seinen Augen mitten ins Herz hinein.

Du nennst seinen Namen, den Namen, den dieses Tier sein ganzes Leben lang getragen hat. *Den Namen seines Körpers*. Du nennst ihn.

Du redest zu dem Tier, das da in deinem Inneren vor dir aufgetaucht ist.

Und alle Bilder, die dir zeigen, auf welche Weise dieses Tier mit dir verbunden ist, tauchen wieder auf.

Es kann sein, daß dich diese Erinnerungen sehr traurig machen, dein Atem atmet sie herbei.

Du überläßt dich jetzt eine Weile diesem Tier und deinen lebendigen Erinnerungen (1 Minute).

Jetzt wird dieses Tier von dir gehen, möglicherweise stirbt es, wird zum Tierarzt gebracht oder verschwindet sonstwie aus deiner Umgebung.

Aber bevor dieses Tier dein Leben verläßt, stellst du dich noch einmal – im letzten Moment – kurz bevor ihr einander verliert, dem Tier gegenüber.

Du schaust ihm in die Augen und sagst zu dem Tier die Worte: »Bitte, verrate mir deinen wahren Namen.

Hilf mir dabei, deinen wahren Namen zu erfahren.

Ich möchte dich einmal bei deinem wahren Namen nennen.«

Das Tier nennt dir seinen wahren Namen (10 Sekunden).

Nach dem es dir seinen wahren Namen genannt hat, berührst du das Tier bei der Stirn und nennst – zum Abschied – das Tier bei seinem wahren – nur für dich gedachten – Namen. Dann ziehen sich die Bilder zurück.

Wieder tauchst du ein in den großen Strudel der Zeit.

Dein Atem trägt dich sicher durch Zeit und Raum.

Du atmest tief und entspannt, und atmest dich so in eine eigenartige Landschaft hinein.

Eine Landschaft, die *vollständig* jenseits der Zeit liegt.

Diese Landschaft betritt nur der, der das Geheimnis von Zeit und Raum schon kennt, der schon weiß, daß Geist und Zeit miteinander nichts zu tun haben, der schon weiß, daß Geist und Raum miteinander nichts zu tun haben, der schon weiß, daß die Bilder der Seele, die Bilder des Schmerzes und der Angst und der Hoffnung und des Leidens sehr unwirkliche Bilder sind.

Hier in dieser Landschaft gelten sie nicht mehr.

Hier sind Zeit und Raum zu Spinnengeweben zusammengezogen, zu Gespinsten, die mit einer Handbewegung fortgewischt werden können.

Und du befindest dich jetzt inmitten eines großen steinernen Domes, ähnlich dem Dom einer alten Kirche, nur daß hier keine Verzierungen angebracht sind.

Es erscheint dir so, als wäre die gesamte Kuppel des Domes, unter der du dich befindest, aus schwarzem Marmor und riesig groß.

In der Mitte der riesigen Kuppel befindet sich auf dem Fußboden eine Erhöhung, fast wie ein dunkles Taufbecken, nur größer.

Du trittst näher und siehst, daß sich in der Mulde dieses riesigen Taufbekkens eine dunkle Masse, etwa von der Größe einer Menschenfaust, befindet. Du trittst nicht zu nahe an das Becken heran, hältst einige Meter Abstand.

Du weißt, daß hier unter diesem Taufbecken der Eingang liegt zu dem Reich des Geistes. Er darf nur von jenen betreten werden, die das Geheimnis von Leben und Tod bereits in sich aufgenommen haben.

Du wirst diesen Eingang nicht durchschreiten.

Du bleibst in einiger Entfernung vor dem Taufbecken stehen.

Dämmerlicht herrscht hier, eigentlich Dunkelheit.

Hier liegt der Eingang in das Reich deiner Alpträume, aber du wirst ihn nicht betreten, du wartest ab.

Nach einiger Zeit – die hier unten nicht gilt – erstrahlt von oben senkrecht aus der Spitze der Kuppel ein blauer Lichtstrahl. Gebündeltes blaues Licht ist direkt auf den dunklen Klumpen im Inneren des riesigen Taufbeckens gerichtet.

Und du siehst auch, daß unter dem Einfluß des Lichtes die Masse sich nach kurzer Zeit zu bewegen beginnt.

Ausbuchtungen erscheinen. Blasen wölben sich, die Masse wächst. Unförmig noch, wird sie größer.

Seltsame Töne dringen aus ihrem Inneren.

Ein gedämpftes, murmelndes Raunen, Zischen oder Grunzen. Das Gebilde hat jetzt schon die Form und Größe eines Kartoffelsackes, aber es dehnt sich immer noch weiter aus.

Ausbuchtungen, Ecken, Kanten erscheinen unter dem scharfen Strahl des blauen Lichtes. Die Geräusche, die es ausstößt, werden lauter, tönender. Jetzt ist es schon so groß wie ein Mensch. Es wächst weiter, die Geräusche wachsen in ihrer Lautstärke, werden bedrohlicher, an manchen Stellen zerreißt die Hülle und das Brüllen und Zorngeheul wird heftiger.

Das Gebilde ist jetzt doppelt so groß wie ein Mensch, ein Riese.

Und du siehst an den Stellen, an denen die Hülle zerrissen ist, daß Ketten diese Wesenheit umgeben. Sie ist gefesselt.

Und jetzt in einem letzten Ruck steht dieser Gigant vollständig ohne seine Schutzhülle da.

Starke Ketten halten ihn gebunden, er ist am Taufbecken befestigt. Aber der Lärm, den dieses Wesen ausstößt, ist ohrenbetäubend. In seiner Wut, in seinem Zorn ist es außer sich.

Jetzt schaust du es dir in seiner ganzen Größe und Gestalt genau an. Du bist einige Meter zurückgewichen in deiner Angst, es könnte sich dir nähern. Aber diese Angst ist unbegründet, es kann seinen Ort nicht verlassen. Nur sein unbändiges Brüllen und Toben erreichen dich und fast ist es so, als würde ein Sturm, ein Sturm, bestehend aus Gebrüll, dich zurückwerfen. Du hältst deine Arme schützend vor dich, um das Getöse von dir abzuhalten, um irgendwie dem Sturm doch noch standzuhalten.

Aber du schaust weiter hin.

Der Dämon ist jetzt total anwesend.

Es gibt in dir ein starkes Verlangen, einfach fortzulaufen, aus dem riesigen, schwarzen Dom zu fliehen.

Aber du weißt auch, daß das deine *übliche* Reaktion ist, die normale Reaktion, die, die dir nicht hilft.

Denn du begreifst jetzt, daß dieser Dämon – wie jeder andere Dämon auch – nicht irgendwo da draußen existiert, sondern *in dir*. Du kannst nirgends hinlaufen, du nimmst ihn überall mit hin. Er ist da in deinem Inneren!

Und so gibt es in dir ein Besinnen.

Wenn du ihn schon nicht fliehen kannst, wenn du nicht weg von ihm kommst, so drehst du deine Richtung ganz einfach um. Statt eine größere Entfernung zwischen ihn und dich zu bringen, verringerst du die Entfernung. Du gehst auf ihn zu. Du streckst deine rechte Hand weit vor dich, öffnest die Hand ganz, wie man sich gegen die Sonne schützt, und bewegst dich langsam auf ihn zu.

Sofort schwillt der Lärm an. Das Toben des wütenden Dämons wird größer, seine Bewegungen unter den Ketten nehmen zu. Seine Augen funkeln vor Zorn und Zerstörungswut.

Aber auch wenn der Sturm seines wütenden Tobens an Heftigkeit noch erheblich zunimmt, du gehst näher.

Und je näher du kommst, desto deutlicher spürst du: Das will er nicht! Er will nicht, daß du näher kommst.

Sein Toben wird gigantischer.

Und du kannst noch etwas spüren: Unter all diesem Lärm, dieser Wut, diesem mörderischen Gebrüll, steckt noch etwas anderes. Der Dämon hat Angst!

Du näherst dich noch mehr. Und langsam verändert sich das Gebrüll, es geht über in das heulende Wehklagen eines verwundeten Tieres.

Du spürst den Schmerz, die Angst, die Verzweiflung.

Du gehst noch näher.

Deine Hand ist jetzt nur noch um Körperlänge von ihm entfernt. Und jetzt spürst du es ganz deutlich: er möchte die Flucht ergreifen. Seine ganze Wut ist verschwunden, der Dämon ist jetzt nur noch ein von Schmerzen gepeinigtes Wesen, das um sein Leben ringt.

Es kann sein, daß du Mitleid hast, daß du spürst, je näher du kommst, desto mehr geht es mit ihm zu Ende. Dein Herz wird angerührt von dem Schmerz dieser todwunden Kreatur.

Aber deine Aufgabe ist noch nicht beendet.

Deine ausgestreckte Hand wird jetzt gleich den Dämon berühren. Du überwindest dich zu diesem letzten Akt – wie auch immer die Reaktion des Dämons sein wird, wenn er spürt, daß du vor diesem letzten Schritt nicht zurückscheust, du wirst ihn berühren.

Und in dem Moment, in dem du ihn berührst, muß er vergehen. Er weiß es, sein Körper wird zusammenfallen, sich auflösen und auf dem Boden des riesigen Taufbeckens wird nichts zurückbleiben – außer einem winzig kleinen Tier.

Einem Krabbeltier. Einem kleinen unscheinbaren Krabbler.

Und du berührst den Dämon *jetzt* (Musik bricht ab).

Du schaust dir jetzt an, welches Tier dort liegt.

Und jetzt *nimmst* du dieses Tier, es ist eines, vor dem du immer eine ziemliche Angst oder ein Gefühl des Ekels hattest, jetzt nimmst du dieses Tier in deine rechte Hand.

Und mit deiner linken Hand streichst du sanft über seine Oberfläche. Zärtlich streichelst du es.

Dieses Tier wird ab heute ein mächtiger Verbündeter für dich sein. Es war schon immer ein sehr mächtiger Verbündeter für dich, für deine Seele, aber du hast es immer befeindet.

Jetzt ist es ein Teil von dir geworden. Es gehört zu dir.

Du setzt jetzt diesen kleinen Krabbler wieder in sein Taufbecken. Er hütet weiterhin die Schwelle, hinein in jenes Reich, von dem du heute einen Vorgeschmack erhalten hast.

Du prägst dir die Gestalt des Tieres genau ein und dann wendest du dich wieder ab.

Wieder richtest du deinen Atem auf das Innere deines Gehirns. Aber diesmal nicht mehr in die alte Region des Hirnstammes, sondern dieses Mal in die vordere Region deines Gehirns, direkt über der Stirn.

Und so atmest du dich wieder in das Bewußtsein von Zeit und Raum hinein.

Du atmest in dein Zentrum für Wachheit und Frische und Ausgeruhtheit.

Dein Körper, deine Glieder kehren in dein Bewußtsein zurück.

Frische durchströmt sie.

Du reckst, du streckst dich, wirst immer munterer und wacher. Und öffnest dann, wenn du genügend Wachheit in die spürst, deine Augen.

Du bist wieder ganz im Hier und Jetzt. Ganz da.

Ganz WACH!

Reise 6

Meine Tränen

Wir werden heute eine Reise unternehmen in das »Reich der Tränen«.

Doch bevor wir in jenen Bereich hinabsteigen, in dem unsere Tränen vielleicht schon viele viele Jahre darauf warten, daß du zu ihnen gelangst, möchte ich dir eine Geschichte erzählen.

Eine Geschichte, die dir helfen wird, einzutauchen in jenes Dunkel deiner Vergangenheit, in das hinein deine Tränen sich verloren haben.

Tränen gehören zum Menschsein, und auch wenn es von außen so erscheinen mag, als ob die Tränen nur einer ganz bestimmten Phase des Lebens, nämlich der Kindheit, vorbehalten sind, so ist das doch ein Irrtum. Tränen gehören zu jedem Menschenalter. Ganz gleich, ob du 8 Jahre alt bist oder 80.

Und es ist nicht etwa so, daß du aufhörst zu weinen, *weil* du älter wirst, sondern gerade umgekehrt. Du wirst alt, wenn du aufhörst zu weinen.

Und so kannst du vielleicht selbst sehen, wie alt du bereits bist, du kannst es daran sehen, daß du dich fragst, wann du das letzte Mal wirklich geweint hast.

Tränen sind etwas sehr Kostbares, etwas Heilsames, ja, Heiliges, daß ich dir gern ein wenig über ihre Reichweite erzählen möchte.

Tränen reichen sehr weit, denn sie kommen von sehr weit her. Sie sind – um in einem Bild zu sprechen – die Brücke, die zu *dir* geführt hat und sie sind auch die Brücke, die dich zu neuen Ufern hinführen kann.

Doch dazwischen gibt es immer wieder Unterbrechungen, da verlierst du deinen Weg aus dem Auge; du verlierst deshalb deinen Weg aus den Augen, weil du deine Tränen verlierst. Du kommst vorübergehend nicht weiter, deine Augen werden trocken, starr und blind.

In diesen Phasen kann es mitunter sehr wichtig und hilfreich sein, daß du dich fragst: »Wo sind meine Tränen?« Daß sie meinen Blick wieder klarmachen, daß sie mir helfen, weiterzugehen auf meinem Weg.

Die Geschichte, die ich dir erzählen möchte, spielt jenseits von Zeit und Raum in einer inneren Landschaft, in einer Welt, die nicht von dieser Welt ist. In einer Welt, die viel mehr Macht hat, viel mehr Wirklichkeit besitzt, weil sie einen direkten Einfluß hat auf deine Seele. Es ist die Landschaft *deiner* Seele.

In dieser Welt gibt es seit Anbeginn der Zeit eine Quelle und diese Quelle verläuft unterirdisch. Sie durchzieht das ganze Reich der Seele vom Anfang bis zum Ende. Sie ist immer da, sie sprudelt unaufhörlich. Und du, der du dich auf der Oberfläche dieses Reiches befindest, mal über die Landschaft hinweggleitest, mal auf ihr wandelst, weißt genau, daß in der *Mitte deines Reiches ein Brunnen steht*. Ein Brunnen, der mit dem Wasser dieser Quelle angefüllt ist bis zum Rande.

Aus diesem Brunnen – es ist der »Brunnen der Tränen« – schöpfst du deine *Kraft der Veränderung*. Jedesmal, wenn du zu dem Brunnen gelangst und das Wasser des Brunnens in dich aufnimmst, veränderst du dich ein wenig, und jedesmal, wenn du dich ein wenig veränderst, verändert sich die Landschaft deines Inneren.

So hast du im Laufe vieler Leben viele Male diesen Brunnen aufgesucht und dementsprechend hat sich deine innere Landschaft viele, viele Male verändert. Sie ist von einer vulkanischen Einöde zu einer Wüste, von einer Wüste zu vereinzelten Oasen, von den Oasen zu einer Steppe, von einer Steppe zu einem Wald geworden. Jedesmal wenn du wieder zu dem Brunnen kamst und von seinem Wasser nahmst, jedesmal wenn du wieder zu deinen Tränen gelangtest, hast du neues Leben, neue Fruchtbarkeit, neuen Wandel aus dir heraus in die Landschaft hinein entlassen.

So schufest du durch deine Tränen das Leben in dieser Landschaft, du schufest unter Tränen die Pflanzen, du arbeitest unter Tränen an der Entwicklung der Tiere, an der seelischen Entwicklung der Tiere, ja, du schufest unter Tränen auch die Menschen, die diese Landschaft besiedelten.

Deine Seele ist bevölkert von all jenen, die du unter Leid und Tränen aus dir heraus geboren hast. Jede *Veränderung*, die je in deinem Leben stattgefunden hat, ist eine Veränderung, bei der du unter Tränen neues Lebens aus dem alten hervorgebracht hast.

So werden die Tränen aus diesem Brunnen des Lebens, der ein »Brunnen der Tränen« ist, zu einem Motor für die Veränderung der Welt.

Solange du regelmäßig zu diesem Brunnen zurückkehrst, zu diesem *Born*, kann dir und aus dir heraus Neues geboren werden. Und so hast du bereits einen sehr weiten Weg zurückgelegt, du bist schon viele tausend Male zu jenem Lebensborn zurückgegangen, damit du anders werden konntest. Damit du *Neues* aus dir heraus entlassen kontest. Davon lebst du, davon lebt die Welt.

Doch diese Geschichte, dieses Bild, wäre nicht vollständig, würde ich dir nicht von jenen Perioden berichten, da du an den Brunnen zurückkehrtest und bemerktest, daß er kein Wasser führt.

Ist er oft bis zum Rand gefüllt mit dem Wasser des Leben, so gibt es Phasen, da führt er kein Wasser.

Du brauchst dich gar nicht erst zum Brunnen zu bemühen, du merkst es schon an der Landschaft ringsumher. Sie ist verdorrt, leblos und aus den Bäumen, die sonst vom Lärm der Tiere, der Vögel, belebt sind, hörest du »kaum einen Hauch«. – Wenn du genauer hinsiehst, spürst du sogar, daß die Bäume zu sterben begonnen haben. Das Leben stirbt ab.

Derartige Phasen im Leben der Welt gab es schon oft und jedesmal war das ein Hinweis darauf, daß der Brunnen der Tränen im Leben vieler Menschen versiegt war, daß die Menschen nicht mehr weinen konnten, daß sie keine Tränen mehr hatten, daß sie »unfähig werden, zu trauern«, wie es vor einiger Zeit ein Fachmann genannt hat.

Wenn du auch in der normalen Welt keinen Zugang hast zu dem Brunnen des Lebens, so erkennst du es doch mit Sicherheit an den Bäumen der Welt. So weißt du auch, daß wir heute wieder – auf der ganzen Welt – an jener Stelle stehen, wo die Tränen der Menschen versiegt sind, wo die Natur stirbt, wo die Tiere sterben.

Doch du mußt verstehen, sie sterben zuerst in dir, in deiner Landschaft. Ja, die Landschaft deines Innern ist leblos geworden.

Und da du diesen Weg nicht das erste Mal gehst, da nicht das erste Mal deine Bäume und Tiere sterben, weißt du auch, daß es an der Zeit ist, etwas zu unternehmen, damit der Brunnen des Lebens, der Quell deiner Tränen wieder Wasser führen darf.

»Und führe uns zu den Wassern des Lebens«, steht an der entsprechenden Stelle in der Bibel.

Aber hier in deinem Inneren gibt es nur einen Weg, eine Möglichkeit, deine Quelle wieder ans Licht kommen zu lassen.

Du mußt hinein, ins Innere der Erde und nachschauen, an welcher Stelle der unterirdische Born ins Stocken geraten ist.

Es gibt nämlich Kräfte in dir, die möchten »Veränderung« verhindern, die möchten, daß alles beim alten bleibt. Es sind die Kräfte des Rückschrittes, Kräfte der Dunkelheit. Sie sind unter der Erde zu Hause. Und »unter der Erde« heißt, daß sie aus deiner Geschichte, aus deiner Vergangenheit stammen, sie haben sich festgesetzt und sie bilden jetzt einen *Pfropf*, der den Strom der Wasser des Lebens zu hindern versucht. Es ist das Alte, das Alter, das hier am Werk ist, die Kräfte der Vergangenheit.

Und so wirst du jetzt die Landschaft, die ich dir gerade beschrieben habe, absuchen, so lange, bis du an jenen Höhleneingang gelangst, an jene Öffnung, die ins Innere der Erde führt und über deren Eingang eine Aufschrift angebracht ist, die Dante schon vor 700 Jahren so hat lesen können:

»Durch mich geht man ein zur großen Stadt der Tränen,
durch mich geht's ein zum ewigen Reich der Schmerzen,
durch mich geht's ein zum Volke der Verdammten.«

Wenn du diese Öffnung, die dich in das Innere der Erde führen wird, gefunden hast, trittst du ein.

Dunkelheit umfängt dich, es riecht nach Erde, dumpf, modrig und ein wenig feucht ist es hier. Und du gehst weiter. Der Weg führt dich tiefer ins Innere, es ist ein schmaler Weg, der sich entlang steiler Wände nach unten bewegt.

Dämmerlicht herrscht hier.

Der Lichtschein, der von oben kommt, verschwindet hinter der nächsten Biegung, und jetzt leuchtet es ganz schwach, ganz leise von unten herauf.

Und je tiefer du hinabsteigst,
desto mehr spürst du auch,
daß dein Bewußtsein Tiefen ereicht,
die dir sonst nur im Schlaf möglich sind.

Aber du bist ganz wach,
nur dein Bewußtsein sinkt stetig und unaufhörlich tiefer.
Tiefer in jenen Zustand der Entspannung,
den man auch als Trance-Zustand bezeichnen kann.
Und so gehst du weiter,
tiefer in das Innere der Erde,
tiefer hinab in deine Seele.

Obwohl es immer dunkler rings um dich herum wird, spürst du doch schon, daß deine inneren Augen jetzt deutlicher wahrnehmen und sehen können.
Und jetzt kommst du ans Ende des steilen Weges.
Und dieses Ende des Ganges
führt dich näher an den Anfang deiner Geschichte.
Du stehst jetzt hier,
tief im Inneren deiner Seele an einer Stelle,
da ist der Weg, der von oben kommt, zu Ende,
sternförmige Öffnungen gehen von diesem Ort aus,
viele Öffnungen,
die dich alle zu einer ganz bestimmten Situation in deiner Vergangenheit führen werden,
zu Situationen, in denen du etwas ganz Bestimmtes noch nicht getan hast.
Du siehst, es sind viele Abzweigungen,
die von hier ihren Ausgang nehmen
und du weißt auch schon,
in welche Öffnung, in welchen Gang du heute eintreten wirst.
Du weißt, du bist hier, weil *du* eine ganze Reihe von Tränen noch nicht geweint hast,
und weil daraufhin deine Landschaft vertrocknet, verdorrt ist. Und so trittst du ein in einen Gang,
weil du weißt,
hier am Ende dieses Ganges findest du Zugang zu einem wichtigen Ereignis aus deiner Vergangenheit,
findest du Zugang zu einem Teil deiner Seele,
die hier vielleicht schon viele, viele Jahre auf dich wartet.
Du gehst den Gang entlang.
Er ist schwach beleuchtet,
und du gelangst schnell an sein Ende.
Eine alte Tür aus morschem Holz taucht vor dir auf.
Du weißt, hier unten weißt du es,
daß es einige Wesen in deinem Leben gegeben hat,
die von dir gegangen sind.
Auf einmal waren sie nicht mehr da.

Sei es dein Opa, deine Oma, deine Mutter, sei es ein Tier, das dir besonders nahe war. Du weißt es selber, um wen es sich diesmal handelt.

Du weißt auch, daß diese Person oder dieses Tier noch nicht endgültig von dir gegangen ist, daß du sie im Inneren deiner Seele aufbewahrst und konserviert hast.

Du hast noch nicht in *der Form* Abschied genommen, die es dieser Person oder diesem Tier auch wirklich ermöglicht hat, zu gehen.

Hier unten tief im Inneren deiner Seele halten sich diese dir so lieb gewordenen Wesen immer noch auf.

Und jetzt stehst du vor der Tür und weißt, hinter dieser Tür in einem Raum in deinem Innern findest du eine dieser Personen – oder eines deiner Tiere.

Du schaust nach oben, denn vielleicht kannst du das Schild mit dem Namen jenes Wesens lesen, das hier all die Jahre auf dein Kommen gewartet hat.

Wenn du das Schild entziffern kannst, so weißt du, wer hier auf dich wartet. Aber auch wenn die Schrift zu undeutlich oder schon ganz zerfallen sein sollte, wirst du gleich die Tür öffnen und in das Innere dieses Raumes treten.

Du wirst dir dann den Raum anschauen, du wirst dir anschauen, wer sich dort – möglicherweise zuerst etwas versteckt – in dem Raum aufhält.

Ich werde dich jetzt eine Weile nicht mehr stören, aber ich möche, daß du dir anhörst, was dieses Wesen dir zu sagen hat und ich möchte auch, daß du ihm all das sagst, was du durch sein plötzliches Weggehen damals zu sagen versäumt hast.

Ich werde mich bald wieder bei dir melden, aber du öffnest jetzt langsam die Tür und trittst ein (3 Minuten Pause).

Wenn du *deine Worte* jetzt gesagt hast, so möchte ich, daß du diesem Wesen gegenüber folgende Wort sprichst. Du nennst das Wesen bei seinem Namen, den du sehr gut kennst, und sagst zu ihm: »Es war sehr schön mit dir, und ich freue mich, daß ich dich noch einmal sehen durfte. Aber jetzt möchte ich, daß du deinen Weg gehst. Du bist hier nicht zu Hause. Dein Platz ist an einem anderen Ort, dein Weg ist noch nicht zu Ende. Ich werde mich jetzt von dir verabschieen. Aber zum Abschied möchte ich von dir meine Tränen zurückhaben.

Ich weiß, ich habe hier bei dir meine Tränen zurückgelassen. Bitte, gib sie mir zurück. Denn auch du wirst von ihnen hier festgehalten.«

Und jetzt streckst du deine Hand aus und berührst die Wange dieses Wesens, das sich da vor dir befindet und schon so lange auf dich wartet.

Und die Tränen, die aus den Augen dieses Wesens, sei es Mensch, sei es Tier, hinabrinnen, fließen in deine Hand.

Und du kannst auch spüren, daß sie das Kostbarste sind, was du je berührt hast.

Wärme durchströmt deinen Körper, und Tränen stehen in deinen Augen, und du fühlst, daß deine Tränen und seine Tränen eins sind.

Und in diesen gemeinsamen Tränen spürst du auch, wie ihr beide euch *verändert*. Ihr werdet heller, klarer, reiner, anders. So, als wäret ihr miteinander mehr, als ihr ohne einander wart.

Und jetzt verabschiedest du dich von diesem Freund aus früherer Zeit; du hattest ihn einmal als Freund, und jetzt wird er seiner Wege gehen.

Ganz ebenso, wie du jetzt deiner Wege gehen kannst.

Du läßt deinen Abschied eine heilige Handlung sein, denn jeder Abschied heilt unsere Seele.

Verabschiede dich jetzt.

Wenn du dich verabschiedest hast, wendest du dich ab und verläßt diesen Raum wieder. Du gehst durch die Tür, durch die du den Raum betreten hast und du siehst, was mit dem Namensschild passiert, das über dem Türrahmen befestigt war.

Du weißt jetzt auch, daß in der gerade durchgeführten Handlung der Brunnen des Lebens auf eine geheimnisvolle Weise wieder reines klares Wasser zugeführt bekommen hat.

Du weißt noch nicht, ob der Brunnen dadurch bereits wieder vollständig aufgefüllt worden ist. Es sind noch andere Gänge da, andere Räume, in denen möglicherweise noch weitere Personen (oder Tiere) sehnsüchtig auf deinen Besuch warten.

Aber du spürst, daß du *heute* etwas Entscheidendes getan hast, etwas, das du jederzeit mit den anderen Räumen ebenfalls durchführen kannst.

Jetzt aber gehst du wieder zu der Abzweigung, hin zu jenem Ort, wo die vielen Gänge münden,

und wo du den nach oben führenden Gang erkennen kannst.

Du schaust dir noch einmal die anderen Abzweigungen an und steigst dann langsam nach oben.

Du wendest deine Aufmerksamkeit von den tiefen Schichten deines Bewußtseins ab und richtest sie auf die Schichten weiter oben.

Automatisch spürst du, wie dein Körper dabei wieder in deine Aufmerksamkeit tritt.

Du nimmst deine Glieder wieder wahr, merkst, wie sie ganz gelöst auf ihrer Unterlage ruhen, spürst, wie Wachheit in sie einzieht.

Sie werden durchpulst vom Leben und der Lebendigkeit in diesen obersten Schichten der Wachheit und Aufmerksamkeit.

Jetzt wendet sich dein Bewußtsen wieder dem Außen zu. Der Welt in der dein Körper lebt.

Deine Glieder dehnen und recken und strecken sich, und ganz am Schluß öffnest du vorsichtig wieder deine Augen. Du orientierst dich in deiner Umgebung und bist wieder ganz

WACH!

Reise 7

Karneval

Einmal in jedem Jahr ist eine ganz besondere Zeit, eine magische Zeit.

Der Jahresverlauf besteht aus vielen Geheimnissen, aus vielen Orten, die wir, da wir allesamt Kinder sind, noch nicht recht verstanden haben.

Das sichtbare Leben beginnt im Frühling, es hat seinen Höhepunkt im Sommer, es beginnt seinen Sterbeverlauf im Herbst, es schläft tief im Winter, und es beginnt wieder mit einem neuen Frühling.

Das ist der Lauf der Welt.

Nichts und niemand stirbt endgültig, alles beginnt immer wieder von vorne. Aber inmitten dieses Jahresverlaufes gibt es verzauberte Punkte, verzauberte Orte, Weihnachten, Ostern, Pfingsten, Allerseelen, Totensonntag.

Es sind dies Orte innerhalb der Zeit, da geschieht etwas.

Ob du es willst oder nicht, ob du es bemerkst oder nicht.

Die meisten Menschen fädeln sich nicht ein in diese Orte. Sie schlafen so tief, sind so tief entschlossen, nicht mitzumachen, daß sie die geöffneten Tore übersehen und draußen vor der Tür stehenbleiben.

Als wir noch Kinder waren, war das anders.

Wenn Weihnachten kam, dann mußten wir vor der Tür stehen und warten. Wir wußten, heute öffnet sich die Tür, hinter der ein Geheimnis liegen wird. Die Eltern tuschelten und werkelten. Es roch anders, die Luft war anders, die Zeit war anders, der Ort war anders. Was einst das Wohnzimmer war, wurde jetzt mit dem geschmückten Baum zum Ort des Geheimnisses.

Und wir wußten auch, wenn die Zeit herangekommen war, dann würde sich die Tür öffnen und wir würden eintreten in das Geheimnis.

Natürlich ist das, was ich hier beschreibe, nur ein Bild für etwas ganz anderes. Man hat uns Kinder auf diese Weise gelehrt – sagen wir besser, man hat uns wieder erinnert (ohne daß unsere Eltern wußten, was sie taten) –, daß es Orte gibt, innerhalb der Zeit, da öffnet sich zur richtigen Stunde eine Tür, und du kannst eintreten in das Mysterium.

Die Zeit gibt eine Öffnung frei. Jetzt ist es an dir, dich für das Eintreten bereit zu machen.

Alle diese Orte innerhalb des Jahresverlaufes, alle diese Tore haben nur eine Aufforderung: Du mögest eintreten, denn hier im Inneren dieses Ortes wartet ein Geheimnis auf dich.

Ein Geheimnis, das dir etwas sehr Wichtiges, etwas sehr Entscheidendes *über dich* mitteilen möchte.

Auch wenn es auf den ersten Blick eigenartig klingt, an all diesen Orten findet »Therapie« statt.

An all diesen Orten kommen dir Bilder entgegen, Bilder aus dem *Inneren deiner Seele*. Die Aufforderung dieser Orte lautet: Nimm die Bilder zu dir, sie gehören zu dir, es sind deine Bilder.

Für jeden Menschen, der unserem Kulturkreis angehört, ist das Bild des Ortes »Weihnachten« zu einer mächtigen Quelle der inneren Welt geworden; sei es positiv, sei es negativ. Manche Menschen spüren noch als 50jährige den Zauber, der in dem Geheimnis der Weihe-Nacht seit der Zeit ihrer Kindheit immer wieder aufs neue ausgelöst wird.

Andere spüren noch heute die Enttäuschung und den Kummer, mit dem dieser Ort beladen ist.

Kaum einer hat gar kein Gefühl für diesen Ort in der Zeit.

Doch Weihnachten ist nur ein Beispiel, es gibt andere Orte in der Zeit, mächtige Orte und auch bedrohliche Orte.

Zu einem dieser mächtigen und bedrohlichen Orte innerhalb des Jahresverlaufes wird uns unsere heutige Reise führen.

Dieser Ort trägt den Namen »Karneval«.

Du weißt schon, welch eigenartiges Ritual an diesem Ort stattfindet. Es ist das Ritual der Masken, das hier jedes Jahr aufs neue durchgeführt wird.

Die Bezeichnung »Karneval« ist dabei jedoch nur die eine Seite, gleichsam die äußere Seite, der Name für das Fernsehpublikum. Blickt man mit dem inneren Auge zu jenem Ort, so gibt er schnell seine eigentliche Benennung frei.

Sie lautet: »der Tanz auf dem Vulkan.«

Dieser Ort – du siehst es schon an seinem Namen – ist nicht ganz ungefährlich, und bevor wir ihn aufsuchen, möchte ich dir ein wenig über ihn erzählen.

Jeder Mensch trägt eine Maske vor seinem Gesicht. Vielleicht ist es nicht nur eine Maske, vielleicht sind es viele.

Doch du solltest davon ausgehen, daß jeder sie trägt. Deine Mutter, dein Vater, deine Frau, dein Mann, Freund, Freundin, deine Kinder *und du selbst.*

Diese Maske setzt sich zusammen aus vielen Ideen. Doch der Kern einer jeden Idee besteht darin, daß du mit Hilfe dieser Maske etwas verbergen möchtest.

Alle Menschen haben im Laufe ihres Lebens ein Bild gewählt, wie sie gerne wären: hilfreich, edel, schön, liebreizend, fromm, unschuldig, aufmerksam, verantwortungsbewußt, geradlinig, mutig und was dergleichen Attribute mehr sind.

Aus diesen – in der Regeln wohltönenden – Eigenschaften haben sie sich ihre Maske zurechtgezimmert und diese Masken tragen sie jetzt auf dem Gesicht.

Diese Masken sind so sehr zu unserer zweiten Haut geworden, daß man sie von außen gar nicht mehr als Masken erkennen kann. Und auch von innen sind sie nicht mehr als Masken wahrnehmbar, denn wir selbst halten diese Maske für unser wahres Gesicht.

Diese Masken prägen unser Verhalten und unser Aussehen.

Natürlich sammelt sich jetzt hinter der Maske all das an, was im natürlichen Gegensatz zu der äußeren Form dieser gewählten Maske steht: Egoismus, Verschlagenheit, Häßlichkeit, Geilheit, Boshaftigkeit, Verantwortungslosigkeit, Brutalität, Herrschsucht und dergleichen mehr.

Und so kannst du dir leicht ausmalen, daß hinter unserer Maske der Lieblichkeit ein anderes Gesicht lauert: *eine Fratze.*

Karneval ist jener Ort innerhalb des Jahres, da darf – aus Gründen der Wahrheit – die Maske, die wir das ganze Jahr über tragen, fallengelassen werden und die Fratze zum Vorschein kommen.

Das ist die Idee, die hinter jedem »Karneval« liegt.

Daß diese Idee in unserer heutigen Zeit nicht mehr richtig zum Tragen kommt, daß Mann und Frau heute meist in Smoking und Abendkleid die Faschingsveranstaltung bevölkern und nur noch eine Narrenkappe tragen, zeigt, wie sehr bereits die Idee des Karnevals korrumpiert worden ist.

Aber in manchen Gegenden findest du es heute noch. Da setzen sich die Menschen furchterregende Masken auf, Dämonenmasken, Teufelsfratzen und dergleichen mehr, damit sind sie diesem magischen Ort bereits sehr nahe gekommen.

Es gibt hier ein Paradoxon. *Eine Maske aufsetzen heißt in Wahrheit, eine Maske abnehmen.*

Unter der neuen Maske – die eigentlich das Abnehmen der alten Maske ist – darf jetzt der lange schon eingesperrte Teil von dir zum Vorschein kommen.

Der Tanz auf dem Vulkan – wenn auch nur für drei Tage – kann beginnen.

Noch etwas mußt du wissen: Im Karneval geht es nicht nur um *die Masken*, die dir deine andere Seite zeigen, es geht auch um die Masken, die dir eine andere *Zeit* zeigen. Jedesmal wenn du ganz bewußt am Karneval teilnimmst, trittst du ein in eine längst vergangene Inkarnation. Du trittst wirklich aus der Zeit heraus, und in eine neue Zeit, die natürlich eine ganz alte Zeit ist, ein.

Jedes *historische Kostüm*, das du im Karnveval siehst, versetzt seinen Träger zurück in das Damals (wenn auch nicht mit allen Teilen seiner Person).

Natürlich weiß er das nicht und er muß es auch nicht wissen.

Aber er begegnet hier jenen Teilen von sich, oft ebenfalls in historischen Kostümen, mit denen er etwas zu »lösen« hat.

Ob er es löst, ist dabei nicht gesagt, aber die Puppen stehen nebeneinander und das erste, was sie im Karneval tun, ist, *sie tanzen.*

Du kennst diesen Spruch schon länger, daß man heute einmal die »Puppen tanzen lassen wird«, und du weißt jetzt auch, daß dieser Spruch sich immer auf das Damals bezieht.

Und so wirst du jetzt eintauchen in einen inneren Raum, in einen Raum in dir, in dem schon seit undenkbaren Zeiten der »Karneval« abgehalten wird, in dem schon lange die Puppen tanzen.

Du überprüfst noch einmal deine Position, spürst in deinen Körper hinein, ob er immer noch bequem auf seiner Unterlage ruht, schaust, ob du deine Lage noch verändern mußt und hörst dann meinen Worten zu.

Du atmest tief ein und tief aus,
tief ein und tief aus,
und während du so ganz entspannt und tief einatmest,
spürst du, wie dein Körper in jenes wohltuende entspannte Gefühl hineingerät,
das du jetzt schon so gut kennst.
Du atmest tief ein und tief aus,
und jeder Atemzuug bringt dich tiefer hinab in dein Inneres. So atmest du weiter.
Und während du atmest, wirst du gleich spüren,
daß du dich – tief in deinem Inneren –
inmitten eines strömenden und wildbewegten Flusses befindest.
Doch du verwendest keinen Gedanken an diesen Fuß, wie er dich auf seiner Oberfläche schnell und bewegt dahinträgt, sondern du atmest tief und entspannt weiter. Während man auf einem normalen Fluß Schwimmbewegungen macht und sich mit den Armen und Beinen über Wasser hält,
konzentrierst du dich hier, in deinem inneren Fluß,
einzig und allein auf den Strom deines Atems.
Er trägt dich
du brauchst keine Schwimmbewegungen zu machen,
einzig das Ein und Aus deines Atems hält dich über Wasser.

Und so atmest du ganz bewußt und dein Atem trägt dich – ein und aus.
So gelangst du in diesem wildbewegten Fluß sicher im Gleichmaß deines Atemstromes flußabwärts, immer tiefer in das Innere deiner Welt.
Ein und aus.
Mitunter siehst du das Ufer an beiden Seiten des Stromes, in dessen Mitte du immer noch sehr schnell davongetragen wirst.
Du treibst weiter. Der Tag neigt sich seinem Ende zu, die Nacht bricht herein.
Doch je tiefer du in das Innere deiner Welt gelangst, desto mehr spürst du, daß es eigentlich gar nicht richtig Nacht wird.
Wenn du nämlich nach oben blickst,
so siehst du, daß eine Sonne am Himmel steht, doch du siehst auch, daß es keine Sonne ist, die Helligkeit spendet, es ist eine dunkle Sonne, und sie spendet Dunkelheit.
Die Landschaft rings umher ist in dunkles Licht getaucht, und du treibst weiter.
Noch etwas fällt dir eigenartig auf.
Während die normale Sonne Schatten wirft und diese Schatten sind dunkel, wirft die dunkle Sonne ebenfalls Schatten, aber hier sind die Schatten hell.
Du kannst es ausprobieren und deine Hand probeweise aus dem Wasser der dunklen Sonne entgegenstrecken.
Schau dir den Schatten deiner Hand auf dem Wasser an.
Jetzt trägt der Fluß dich in ein Tal hinein.
Du kommst von oben und siehst das Tal von oben.
Du siehst auch, daß du – im Gleichmaß deines Atems – schon sehr nahe an eines der Ufer dieses breiten Flusses herangetragen worden bist.
Am Ende des Tales steht eine Festung mit riesenhohen aus Fels bestehenden Mauern.
Eine dunkle Festung.
Der Fluß bringt dich näher zu dieser Festung hin.
Kurz vor dem Erreichen der Festung trägt der Fluß dich an sein Ufer.
Du steigst aus dem Wasser, watest an Land.
Vor dir erheben sich majestätisch und unglaublich hoch die felsigen Wände der dunklen Festung.
Das Dunkel der dunklen Sonne hüllt die Festung ein in dunkle Helligkeit.
Ruhe herrscht hier, absolute Lautlosigkeit, und vor dir tut sich ein sehr hohes dunkles Eingangstor mit einem Fallgitter auf. Das Fallgitter ist halb nach oben gezogen.

Neben dem großen Tor steht eine vermummte Gestalt. Sie ist klein von Wuchs, die Kapuze weit über das Gesicht gezogen. Die Gestalt macht eine Bewegung, die dir bedeuten soll, du habest ihr zu folgen, dann wendet sie sich um und geht rasch in das Innere der schwarzen Festung hinein.

Du folgst ihr.

Es geht über Treppen und Gänge, durch Bögen und Räume, alle dunkel und doch von einer dunklen Helligkeit erfüllt. Die Gestalt ist dir immer um einige

Schritte voraus und so sehr du dich auch bemühst, sie einzuholen, sie ist schneller. Weiter geht es, Treppen hinauf, Gänge entlang, Treppen hinab. Vorbei an Hallen, Feuerplätzen, Eßräumen, Innenhöfen, immer weiter in das Innere der dunklen Festung hinein. An keiner Stelle eures Weges begegnet ihr Menschen.

Schließlich durchquert ihr einen letzten großen Raum und tretet dann wieder ins Freie.

Ihr steht jetzt vor der Gartenanlage der dunklen Festung.

Sie breitet sich in ein Tal hinein aus.

Doch es sind keine Pflanzen hier.

Der Boden des Gartens ist mit dunklen Marmorplatten belegt und erstreckt sich so weit das Auge reicht. Füllt das ganze Tal aus.

Ihr seid ins Freie getreten, und du siehst in einiger Entfernung, etwa in der Mitte des Gartens eine größere Ansammlung von Menschen. Musikfetzen dringen von dort an dein Ohr.

Der Vermummte deutet mit einer Bewegung seines Armes zu den Menschen hin, dann tritt er wieder zurück ins Innere des Hauses und schließt die große gläserne Tür hinter sich.

Du bist jetzt wieder allein. Erst zögerst du noch, doch dann gehst du näher auf die Menschenansammlung in der Mitte des Gartens zu.

Je näher du kommst, desto lauter und deutlicher wird die Musik, desto klarer siehst du auch, was hier geschieht.

Es ist Karneval, das *Fest der Masken*.

Aber es ist nicht irgendein Karneval. Es ist das Fest des Karnevals in dir. Und alle Menschen, die hier versammelt sind und ausgelassen ihre eigenen Masken fallengelassen haben, indem sie neue Masken aufgesetzt haben, sind Menschen, die du sehr gut kennst, Menschen aus deinem Leben.

Durch ihre Masken hindurch erkennst du sehr genau, wen du vor dir hast. Du erkennst genau, wer da vor dir auf dem »Vulkan« tanzt.

Du trittst jetzt näher, niemand beachtet dich, alle sind so sehr ihr Treiben vertieft, so sehr mit ihrem »Tanz« beschäftigt, und du schaust dir jetzt dieses Tun sehr genau an (3 Minuten).

Es kann gut sein, daß Abscheu dein Herz erfüllt, daß du dich am liebsten davonmachen würdest vor soviel Lasterhaftigkeit und Ausschweifung.

Doch jetzt kommt eine Gestalt auf dich zu – du kennst sie gut – und sie deutet auf deine Brust.

Du schaust an dir hinab und sieht, daß vor deiner Brust ebenfalls eine Maske baumelt.

Die Gestalt gibt dir zu verstehen, daß du sie aufsetzen sollst. Du störst, wie du so dastehst und glotzt.

Aber du weißt genau, du selbst wirst nicht teilnehmen an diesem Treiben, du nicht.

Nicht du!

Da tritt die Gestalt noch näher und setzt dir kurzerhand deine eigene Maske auf. Dann entfernt sie sich wieder.

Niemand beachtet dich.

Noch zögerst du, aber du spürst, daß von der Maske ein unwiderstehliches Gefühl der Sicherheit und Verwegenheit ausgeht.

Jetzt bist du inmitten dieser tanzenden, schreienden, jubelnden und taumelnden Gestalten.

Du hast jetzt drei Minuten Zeit, um zu sehen, welche Impulse in dir aufsteigen und diese drei Minuten entsprechen aller Zeit. Alle Zeit der Welt steht dir jetzt zur Verfügung (3 Minuten).

Jetzt hört das übermütige Treiben langsam auf.

Die Bewegungen der Tänzer werden langsamer, das Geschehen verläuft jetzt wie in Zeitlupe.

Eine Uhr beginnt zu schlagen.

Die Musik wird leiser. Du zählst die Schläge der Uhr, die Gestalten werden stiller, lebloser, sie nehmen ihre Masken ab. Ihre normalen Gesichter werden sichtbar.

Entspannte Geschter, liebenswerte Gesichter, fröhliche Gesichter, die Menschen haben wieder ihre normalen Kleider an.

Aber immer noch werden sie durchsichtiger, gestaltloser.

Und wenn du an dir herabschaust, so siehst du, daß auch du durchscheinender wirst.

Beim 13. Schlag der Uhr liegt die Landschaft, der Garten der dunklen Festung total verlassen und unberührt da.

Es ist jetzt ein Garten wie jeder andere auch, mit Bäumen und Büschen, Wegen und Blumen.

Und auch die dunkle Festung ist verschwunden.

Ja, der Garten kommt dir irgendwie bekannt vor.

Es ist der »Garten der Geister«, der Garten deiner Kindheit, den du schon einmal betreten hast.

Er lebt und atmet, er ist unberührt in seiner Schönheit und er ist durchpulst von deinem Herzschlag.

Du lauscht in den Garten hinein und alles, was du hörst, ist dein eigener Herzschlag. Das Leben im Garten ist noch nicht erwacht, es ist noch Nacht. Aber du weißt, der Garten ist da, und es wird Morgen werden in diesem Garten.

Wieder hast du ein Geheimnis dieses Gartens in dich aufnehmen dürfen und du verstehst es.

Du verstehst, daß der Garten der Geister viele Gesichter hat.

Und langsam, wie auf leisen Sohlen, verläßt du den Garten wieder.

Du weißt jetzt, er hat so viele verschiedene Seiten, und all diese Seiten gehören zu deinem Leben.

So machst du dich jetzt daran, zu erwachen.

Es ist so, als hättest du geschlafen und wärst im Schlaf an die Grenzen des Gartens getragen worden.

Jetzt aber erwachst du.

Du wendest dich wieder deinem Atem zu,

atmest wieder tief ein,
und diesmal strömt die Wachheit in deine Glieder.

Wachheit, Frische, Munterkeit kehren zurück in deinen Leib. Dein Körper wird spürbar, ein angenehmes Kribbeln macht sich bemerkbar.

Du atmest weiter und tauchst so aus der Tiefe deiner Erinnerungen empor.

Jetzt füllst du deine Glieder mit frischer Luft, sie recken sich bald schon fast automatisch, dehnen und strecken sich.

Ganz zuletzt öffnest du, ein wenig blinzelnd deine Augen.

Du bist jetzt frisch, ausgeruht und

WACH!

Reise 8

Der Meister

Tief in unserem Inneren existiert eine Gestalt, die du möglicherweise noch nicht allzugut kennst.

Diese Gestalt nenne ich »den Meister«.

Doch dieser Name ist nicht sein wahrer Name, man kann ihn so nennen, es gibt jedoch andere Bezeichungen für ihn. »Verbündeter« ist einer seiner Namen, manche nennen ihn den »inneren Führer«, den »Schutzengel«, den »Wegbegleiter« etc. Jeder Mensch hat einen »inneren Führer«, denn jeder Mensch ist ein »Geführter«.

Nun ist die Idee der »Führung« nicht allzu bekannt und es lohnt sich, diese Gedanken einmal etwas deutlicher auszubreiten. Ich möchte dir diese Idee einmal in der Form eines Bildes veranschaulichen. Dieses Bild ist das Gleichnis des »geworfenen Steines«.

Von einem alten Philosophen stammt der Spruch:
»Wenn der geworfene Stein ein Bewußtsein hätte,
dann würde er sagen: Ich fliege, weil ich das will.«

Nun,wir alle sind geworfene Steine. Wir alle sagen entweder: »Ich fliege, weil ich das so will« oder: »Ich wollte eigentlich ganz woanders hinfliegen.«

Das Geheimnis unseres Lebens läßt sich in diesem Bild des geworfenen Steines sehr schön zusammenfassen.

Wir alle haben mit unserer Geburt einen Startpunkt eingenommen, sind ausgestoßen worden und jetzt fliegen wir. Seit unserer Geburt stehen drei Größen fest

– die *Anfangsenergie* des Wurfes, d. h. die Wucht, mit der wir geschleudert worden sind,
– die *Richtung*, in die wir gestoßen worden sind,
– der *Winkel*, mit dem die Höhe unserer Flugbahn festgelegt wurde.

Diese drei Größen sind seit unserer Geburt vorgegeben.

Niemand, weder du selbst, noch sonst jemand, kann an diesen drei Größen auch nur einen Deut verändern.

Du bist der geworfene Stein, oder besser, *der geworfene Mensch*, der ins Hier und Heute hineingeworfene Mensch, und das einzige, was dir helfen kann, ist, dir über dein Geworfensein klarzuwerden.

Da du aber ein Mensch mit Bewußtsein bist, und Bewußtsein immer bedeutet, daß du ein Ego hast und dieses Ego sich mit einer so festgelegten Flugbahn nicht abfinden will, versucht das Ego, seine Machtfülle dadurch zu demonstrieren, daß er sagt: »Ich möchte nicht nach Süden, ich möchte nach Norden.« Daß es sagt: »Ich möchte nicht langsam fliegen, ich möchte schnell fliegen. Ich will keine flache Flugbahn, sondern eine steile, ganz hoch hinaus«, und was dergleichen Ego-Spiele mehr sind.

Nun, darin liegt nichts Falsches. Spiele müssen gespielt werden. Es ist die Aufgabe des Ego zu sagen: »Niemand bestimmt meine Flugbahn, nur ich selbst.«

Mein Ego kann sich einfach nicht dareinfinden, anzuerkennen, daß es einen anderen gibt, der über *meine* Flugbahn längst entschieden hat.

Die symbolische Übersetzung für »Ego« lautet: »Die Flucht vor Gott.« Derjenige der meine Flugbahn bestimmt, ist nichts anderes als jene Instanz, die wir in unserer Kultur »Gott« nennen.

Weil aber jeder von uns über dieses höchste Wesen eine andere Vorstellung entwickelt hat, möchte ich dir eine kleine Geschichte über unsere Flugbahn erzählen.

Es gab einmal eine Zeit, da war der Mensch nicht auf einer Flugbahn. Da gab es noch keine *Menschen*, sondern es existierte nur »der Mensch« in der Einzahl.

Wir kennen diese Geschichte aus dem Religionsunterricht als die Geschichte von *Adam*, dem ersten Menschen.

Diese Geschichte ist etwas kompliziert, denn es war nicht die Geschichte *eines* Wesens und dennoch war es ein Mensch.

Der Mensch des Anfangs bestand nämlich aus zwei Teilen. Aus einem männlichen und einem weiblichen Teil. Adam und Eva. Beide waren *der Mensch*.

Beide waren nicht auf einer Flugbahn. Sie ruhten im Schoß Gottes. Sie waren nicht bewegt, nicht in der Geschichte.

Obwohl sie zu zweit waren, waren sie in der Einheit, im Paradies.

Sie waren jenseits von Zeit und Raum, nicht in dieser Welt. Aber es gab einen Punkt, da stieß dieser Mensch, Adam und Eva genannt, der sich in der Einheit befand, einen Teil von sich ab. Es war jener Teil, der vom Apfel gegessen hatte:

»Es war nicht ich, der vom Apfel aß«, sagte Adam,
»es war Eva, sie war schuld.«
»Es war nicht ich, der vom Apfel aß«, sagte Eva,
»es war die Schlange, sie war schuld.«

In diesem Moment stieß der Mensch, der Adam und Eva hieß, zwei Teile von sich ab, und hier liegt die Ursprungsgeschichte der Flugbahn.

An dieser Stelle und seit dieser Stelle befindet sich der Mensch, jeder Mensch – denn jeder Mensch ist ein direkter Abkömmling aus dieser ersten Abspaltung, aus diesem ersten Hinauskatapultieren – seit dieser Zeit befindet sich der Mensch auf einer Flugbahn.

Seit dieser Zeit ist jeder Mensch kein vollständiger Mensch mehr, sondern nur ein Absprengsel jenes ersten Menschen, der da Adam und Eva hieß.

Wir kennen die Namen der nächsten Absprengsel von Adam und Eva, sie hießen Kain und Abel. Täter und Opfer.

Und so geht die Zahl der Absprengsel durch die Jahrtausende hindurch in die Milliarden.

Auch du, der du dich heute auf einer Flugbahn befindest, bist – wie schon gesagt – ein direkter Abkömmling jenes ersten Menschen.

Du bist Adam, wenn auch nicht der ganze Adam.

Du bist Eva, wenn auch nicht die ganze Eva.

Wie gesagt, seit dieser Zeit fliegst du, seit dieser Zeit bist du der aus dem Paradies hinaus- und in das Leben hineingeworfene Mensch.

Kehren wir zurück zu *deiner* individuellen Flugbahn.

Ich hatte gesagt, der Anfangspunkt, von dem aus du losgeflogen bist, steht fest. Die Flugbahn und der Flugwinkel stehen ebenfalls fest. Damit aber ergibt sich mit Notwendigkeit jener Punkt, an dem du wieder zum Stillstand gelangen wirst. Im Leben eines Menschen, der hier auf Erden weilt, ist dieser Endpunkt der Punkt des Todes. Auch er steht fest und zwar bereits seit deiner Geburt.

Das ist wieder so etwas, was dein Ego nicht vertragen kann. Weder dein gesundes Leben – jeden Tag Körperübungen und nur biodynamische Nahrung – noch alle Errungenschaften der heutigen Intensivmedizin können daran auch nur ein Jota verändern. Der Punkt steht fest.

Er ergibt sich rein ballistisch aus dem Abflugwinkel und der Anfangsgeschwindigkeit. Weder das eine noch das andere kann unterwegs verändert werden; weder kannst du während des Fluges beschleunigen, noch kannst du aus eigener Machtfülle höher hinaufsteigen.

Es liegt nicht in deiner Kraft, diese Daten zu verändern.

Wir geraten hier unversehens in eine philosophische Frage von höchster Tragweite. Es ist die Frage: Freiheit oder Determiniertheit. Die einen sagen, der Mensch existiere in Freiheit und kann nach seinem Belieben sein Schicksal verändern – und damit auch die Flugbahn.

Die anderen sagen, das Schicksal der Menschen sei vorherbestimmt, er kann nichts verändern – und damit auch die Flugbahn nicht.

Sind wir also nun frei oder vorherbestimmt?

Die Antwort dürfte hier – wie in jeder anderen wirklichen Frage auch – nicht in einem »Entweder-Oder« liegen, sondern in einem »Sowohl-Als-Auch«.

Du bist sowohl in der Vorherbestimmtheit als auch in der Freiheit. Aber es ist eine andere Freiheit, die hier gemeint ist.

Vorbestimmt ist deine Bahn immer, und niemand hat sie je geändert und wird sie je ändern. Solange der Stein fliegt, fliegt er nach den Gesetzen der Schwerkraft. Noch kein Stein hat sie aufgehoben.

Die *Freiheit* liegt an einer ganz anderen Stelle. Sie liegt an jener Stelle, da hast du die Macht, zu entscheiden, ob du JA zu deiner Flugbahn sagen möchtest oder weiterhin dich dagegen wehrst mit den Worten »Da will ich aber nicht hin«.

Wenn du dir deine Flugbahn anschaust, so wirst du schnell feststellen, daß du von ganz allein in eine bestimmte Richtung getragen wirst, sagen wir einmal nach Garmisch-Partenkirchen. Ein Problem beginnt jedoch in dem Moment, da du in dir – aus welchen Gründen auch immer – mit Festigkeit behauptest: »Ich will nach Westerland auf Sylt.«

Störe dich nicht daran, daß ich deine Orte hier geographisch benenne, es ist ja nur ein Bild. Aber dieses Bild kann dich weit tragen.

Jetzt sagt dein Ego die ganze Zeit, während du sicher nach Garmisch-Partenkirchen fliegst: »Nein, nicht nach Süden, ich *will* nach Norden.«

Du wehrst dich gegen deine Flugbahn, machst Ruderbewegungen, bietest der dich umgebenden Luft (denn du fliegst durch die Luft) so viel Widerstand wie möglich entgegen. Du richtest deinen Kopf nach Norden, deine Beine nach Süden, so daß du jetzt *rückwärts* fliegst und gar nicht siehst, was dir da so alles entgegenkommt, in deinem gierigen Bemühen, um jeden Preis nach Norden zu fliegen.

Natürlich sollst du dich dabei nicht wundern, daß deine Beine, ja, dein ganzer Körper dauernd mit irgendwelchen anderen Flugobjekten zusammenstoßen. Du schaust ja gar nicht nach vorn.

Zwar beeinflußt du damit auch nicht deine Flugbahn, aber ganz schön durchgeschüttelt wirst du trotzdem.

Und noch gegen Ende – Garmisch-Partenkirchen ist schon in Sicht – schreist du tief enttäuscht »nein«.

Noch dein sterbender Mund lallt die Worte »Westerland auf Sylt«.

Kurzum, du kommst immer da an, wo du hinsollst, wo du hinmußt und nie da, wo du *hinwillst*, wo dein Ego hin will.

Was hat das alles mit dem »Meister« zu tun?

Nun, der Meister ist jene Instanz in dir, die genau weiß, wo du hinsollst. Der Meister hat seinen Teil des Fluges hinter sich gebracht, er kennt deinen Weg, denn es war einst seiner. Er ist zu einem Teil deines Gesetzes geworden und jetzt ist er derjenige, der dir in die Freiheit helfen möchte, in die Freiheit, die darin besteht, daß du das, was ohnehin geschieht, auch als deines sehen kannst.

Das hört sich hier so harmlos an und doch gehört es zum Schwersten.

Der Meister, der innere Meister, ist keine Gestalt von dieser Welt. Er war einmal Teil dieser Welt. Er war genauso ein sichtbares Absprengsel von Adam, wie du noch heute eines bist. Der Meister aber ist auch ein Absprengsel von dir, ein Teil von dir, der in die Zeitlosigkeit hinein abgespalten worden ist. Jetzt verfügt er über das Wissen *deiner* Vergangenheit und damit Zukunft, und aus diesem Wissen heraus kann er dir helfen und Hinweise für deinen Weg geben.

Mache es dir jetzt sehr bequem.

Schließe deine Augen, entspanne deine Glieder und atme dich hinab, so wie du es schon einige Male getan hast.

Du atmest tief ein und tief aus,

und dein Atem bringt dich langsam und sicher immer tiefer hinab in jenen Bereich, in dem Raum und Zeit nicht mehr ihre normale Gestalt haben.

Einatmen und Ausatmen werden hier unten ganz langsam und ganz allmählich zu einem Kreis.

Es ist eine kreisförmige Bewegung, die dich immer tiefer aus der Zeit herausträgt.

Einatmen und Ausatmen werden zu einem Strom
ohne Anfang, ohne Ende.
Die Zeit mit ihrem einen Ende der Vergangenheit
schließt sich mit ihrem anderen Ende, der Zukunft, zusammen und bildet ebenfalls einen Kreis,
der von der Kreisbewegung deines Atems getragen wird.
Ein und aus.
Ein und aus.
Ein und aus.
Und je tiefer du in jenen zeitlosen Raum,
in jene raumlose Zeit hineingetragen wirst,
je tiefer du hinabsteigst durch Zeit und Raum hindurch,
desto deutlicher schälen sich Konturen heraus.
Es ist Nacht, du sitzt in einem alten Zimmer
an einem alten Schreibtisch.
Vor dir auf dem hölzernen Tisch stehen drei Kerzen.
Du schaust in die Kerzen hinein
und du weißt, es ist jener Raum im Inneren deiner Seele, in dem du schon oft Kontakt zu deinem Meister erhalten hast.
Du sitzt da, schaust in die drei Kerzen.
Und während du so in das Licht schaust,
kommen die Kerzen irgendwie näher, wachsen immer mehr und immer näher zusammen, so daß sie ganz langsam – als sei es eine optische Täuschung – sich verdichten und es aussieht, als würden sie zu einer Kerze.
Du merkst es daran, daß die Kerzen auf einmal heller werden. Und du schaust weiter in die drei Kerzen,
die zu einer zusammengewachsen sind.

Während du weiter in die Kerzen blickst, verdunkelt sich rings um dich herum das Zimmer total. Du spürst, daß hinter den drei Kerzen, die wie eine leuchten, ein großer Schatten in das Zimmer getreten ist.

Du wendest deinen Blick nicht von den Kerzen.

Der Meister ist in das Zimmer getreten,

aber du schaust nicht auf, du würdest ihn im Dunkel des Zimmers ohnehin nicht erkennen können.

Du blickst weiterhin in die drei Kerzen, die wie eine leuchten.

Der Meister beginnt zu sprechen:

»Ich möchte dich heute auf eine Reise mitnehmen, auf eine Reise an den Anfang der Zeit, auf den Anfang deiner Zeit.

Es ist jetzt die Zeit gekommen, daß du ein Bild bekommst, ein Bild über dein Gesetz.

Du weißt schon, daß ich dazu da bin, dir dabei zu helfen, etwas mehr Kenntnis über dein Gesetz zu erlangen. Und so werde ich dich heute auf eine lange Reise begleiten.

Schließe deine Augen!«

Der Meister tritt hinter dich, berührt von hinten sanft deine Augen und während er das tut, spürst du, wie die Zeit in diesem zeitlosen Raum langsam wieder in Bewegung gerät.

Fast ist es dir so, als befändest du dich hoch in der Luft und unter dir zögen die Landschaften der Welt vorbei, aber es sind nicht die Orte der Welt, es ist die Zeit der Welt, die unter dir vorbeizieht.

Du siehst Dörfer, Menschen auf ihrem Weg, Menschen bei der Arbeit, du siehst Schlachtfelder, brennende Städte. Du siehst Menschen, die pilgern. Menschen, die feiern. Ernste Menschen, fröhliche Menschen, alte Menschen, junge Menschen. Du siehst Hochzeiten und Hinrichtungen, du siehst, wie Baumeister Kirchen bauen, du siehst Hunnenscharen und gebrandschatzte Dörfer. Du siehst Liebende und alte Menschen, die an Gräbern stehen. In wildem Flug zieht die Zeit unter dir vorbei, und es ist nicht zu erkennen, ob sie sich gerade nach vorn bewegt oder zurück, denn du siehst moderne Städte und alte Gemäuer, du siehst Raketensilos und Kreuzfahrer.

In dem wilden Taumel der Zeit zieht das alles unter dir vorüber. Mal friedliche Landschaften, mal Kampfstätten, mal Panzer und mal tanzende Menschen und alles befindet sich in einem wilden Taumel.

Du näherst dich jetzt der Oberfläche der Zeit, gerätst immer mehr in diesen Strudel, in dem alle Zeit der Welt tanzt. Immer mehr tobt die Zeit um dich herum, bildet einen wilden Reigen, einen Wirbelsturm, und du dringst ein in diesen wirbelnden Orkan. Laut umtost er dich, um dich herum dreht sich das Karussell der Welt, das Karussell der Zeit.

Doch auf einmal wird es still um dich herum, du spürst, du bist im Inneren des Zyklons. Eine absolute Stille umgibt dich.

Du bist durchgedrungen durch den Strudel der Zeit, stehst in ihrer Mitte und hier in der Mitte ist es windstill.

Du spürst deine Füße stehen auf einem Hügel, auf altem Boden. Etwas benommen noch versuchst du dich zu orientieren, du blickst nach vorn.

Du siehst vor dir drei Pfähle, die in den Boden gerammt sind.

Du streckst deine Hand aus und willst den mittleren der drei Pfähle berühren, da tropft etwas auf deine Hand.

Jetzt weißt du auch, wo du bist. Es ist die neunte Stunde und der Ort heißt Golgatha.

Du schaust nicht nach oben.

Deine Augen heben sich etwas, und du kannst jetzt zwei Füße sehen.

Sie strahlen in einem hellen Licht. Ein großer Nagel ist durch die beiden Füße hindurchgetrieben.

Und du siehst nur diese beiden Füße, die dort in einem milden Licht strahlen.

Der Meister, der immer noch hinter dir steht, sagt die Worte: »Hier an diesem Ort kannst du jetzt eine wichtige Frage über *dein* Gesetz stellen, hier bekommst du jetzt eine Antwort, hier zu den Füßen des wahren Meisters.«

Und dann tritt er einen Schritt zurück, und du kannst jetzt deine Frage stellen oder einfach nur lauschen, was du im Angesicht der Füße des Meisters vernehmen kannst. Du hast jetzt genügend Zeit, zu fragen oder zu lauschen (eine Minute Pause).

Und nachdem du deine Antwort bekommen hast, merkst du auf einmal, wie es zu Donnern beginnt. Die Erde bebt, Dunkelheit kommt über das Land, und das Vorhang im Inneren des Tempels zerreißt.

Während es langsam wieder hell wird, siehst du wieder in die helle strahlende Kerze, die vor dir auf dem hölzernen Tisch steht, und die sich langsam wieder in drei einzelne Kerzen auseinanderverwandelt.

Der Raum wird wieder etwas heller, die Gestalt des Meisters ist verschwunden.

Woher er kommt, wohin er geht, wer vermag das zu sagen. Jetzt verschwindet auch der alte Raum wieder in das Dunkel deiner Seele, und du spürst wieder deinen Körper, der ganz entspannt in deinem vertrauten Zimmer sitzt oder liegt.

Du atmest wieder ein und aus
und spürst deine Glieder.
Du merkst, wie der Atem deinen Körper durchströmt,
wie er Frische, Wachheit und Ausgeruhtheit mit sich bringt.
Du bewegst deine Zehen,
du bewegst die Zunge im Inneren deines Mundes hin und her.
Du blinzelst mit den Augen
und bewegst deine Finger ganz langsam.

Während du weiter ganz bewußt atmest, wirst du jetzt endgültig wach. Du bist jetzt wach und öffnest deine Augen.

Du bist wieder im Hier und Jetzt.